人物叢書

新装版

# 徳川家康

とくがわいえやす

藤井譲治

日本歴史学会編集

吉川弘文館

東照大権現像（徳川記念財団蔵）

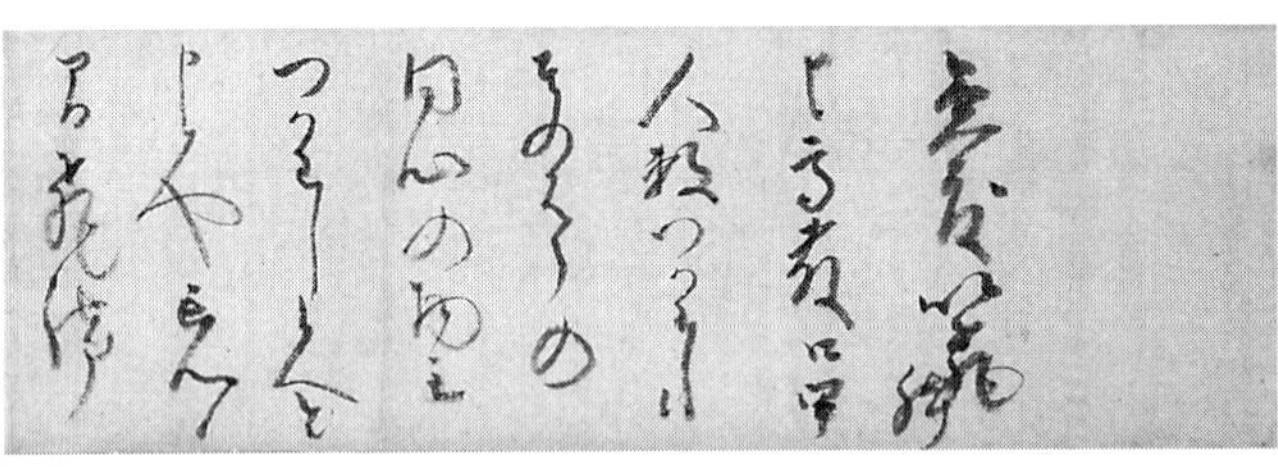

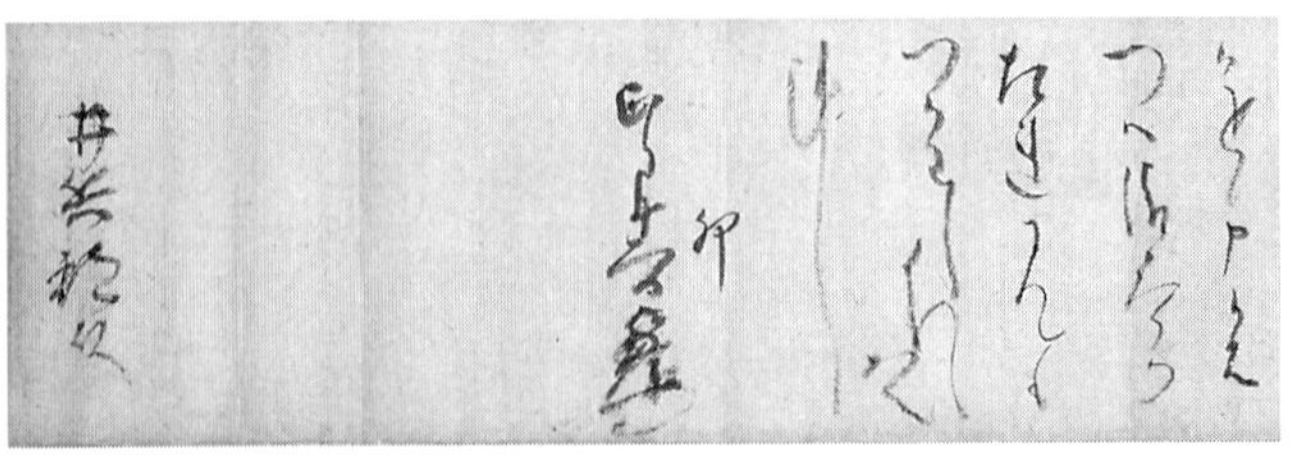

**徳川家康自筆書状**（天正11年正月12日）
（彦根城博物館蔵，画像提供：彦根城博物館 /DNPartcom）

急度以飛脚
申候、高藤（遠）口甲（押）
人数つかわし候、
そのはう（方）の
同心の物主
つかわし候へと
申候や、忘候
間、飛脚
進候、申候は
つハ清三郎（木俣守勝）か
たれ（誰）にても
つかわし候へく候、恐々
謹言
（天正十一年）卯
正月十二日　家康
井兵部（井伊直政）殿

# はしがき

江戸幕府を開いた徳川家康を知らぬ人はなかろう。またその評価もさまざまである。それゆえに家康像をいかに描くはきわめて難しい。

家康は、江戸時代には神君とされたように、その顕彰を中心に据えて、それに添った家康像が描かれてきた。その過程で、さまざまな逸話が事実のごとく創出されてきた。近年、しばしば「徳川史観」と批判されてきている叙述の一つである。

本書は、そうしたバイアスのかかった家康像から脱するために、できるだけ江戸時代に成立した軍記物や編纂物によらず、一次史料である古文書・古記録などによって、家康の生涯を淡々と描こうとするものである。そのため、できうる限り根拠とした史料を明示するよう努めた。

家康に関わる一次史料は、たとえば家康発給の文書だけでも四二〇〇通を越す膨大な数がある。しかし、その一方で、家康が出した文書のすべてが、また日記などの古記録も、すべての年に万遍なく残っているわけでもなく、一次史料に拠る場合にも限界は自ずとある。そのことを、あらかじめお断りしておきたい。

また、叙述にあたってもう一つこだわったのは、家康の行動を、できるだけその居所を踏まえつつ、かつ時系列に従って描くことである。そのため、前後の動きとはうまくそぐわない日常的な事柄をも時系列に従って記すことになり、読者には全体の流れが理解しずらく思われることになろう。しかしこうした事柄も、家康にとっては同時に進行した事柄であり、そうした点を包括的に理解できないかと考えたからである。

家康の一生をどのように区分するか、これまでの家康伝でもさまざまになされているが、大きく四つの時期に分けられよう（括弧内は各期の終わりの年齢と本書該当章）。

・第一期は、誕生から一九歳で人質から開放されるまでの時期（～一九歳、第一）、

・第二期は、三河を平定し、ついで遠江浜松へと居城を移し、甲斐武田氏との攻防に明け暮れ、遠江高天神城を奪還し、信長の信濃・甲斐攻めに加わり武田氏を滅亡させ駿河を手にするまでの時期（～四一歳、第二）、

・第三期は、本能寺の変のあと、甲斐・信濃への進攻、小牧長久手の戦いを経て、秀吉に臣従し、豊臣政権下にあった時期（～五七歳、第三・第四）、

・第四期は、秀吉の死を契機に「天下人」をめざし、関ケ原の戦い、将軍宣下を経てそれを実現し、その死にいたるまでの時期(〜七五歳、第五〜第八)、

各期、二〇年前後である。そうした点も念頭におきながら家康の一生を描いていく。

ところで、本書を執筆するにあたって、膨大な先行のお仕事を利用させていただいた。なかでも、中村孝也氏の『徳川家康文書の研究』、徳川義宣氏の『新修徳川家康文書の研究』から受けた恩恵は、計り知れない。また、伝記としては、中村孝也氏の『徳川家康公伝』、近年書かれた本多隆成氏の『定本　徳川家康』や笠谷和比古氏の『徳川家康』などからも多く学ばせていただいた。いうまでもなく先行の研究や業績がこれに尽きるものではなく、巻末に叙述にあたって利用・参考にさせていただいた書目をあげた。

最後に、本書が徳川家康またその時代を研究する上で、どのようなかたちであれ長く利用・参照されるものとなることを願っている。

二〇一九年十二月

藤井讓治

# 目次

## 口絵

東照大権現像
徳川家康自筆書状

## 挿図

## 挿表

# 第一　誕生から三河平定まで

## 一　誕生と祖先

〔家康1歳〕竹千代誕生

徳川家康は、天文十一年（一五四二）十二月二十六日、三河国松平家の嫡男として三河国岡崎（額田郡）に誕生した。父松平広忠は一七歳、母於大は一五歳。当時、広忠は三河国岡崎城主であり、母の於大は三河国刈屋（碧海郡）城主水野忠政の娘で、前年に広忠のもとに嫁した。

産所の魔除けのための蟇目の役は石川清兼、臍の緒を切るのに用いる胞刀の役は酒井正親が勤め、大浜（碧海郡）称名寺の住持其阿が先例によって竹千代と命名した（『徳川家康公伝』）。

祖先についての新研究

家康の直接の祖先は、初代親氏、二代泰親、三代信光、四代親忠、五代長親（本書では、平野明夫『三河松平一族』に従い、以下「長忠」とする）、六代信忠、七代清康、八代広忠とされてきたが、近年の研究では新たな位置づけがなされるようになった（松平氏略系図参照）。

### 三河松平郷

徳川家の初代とされる親氏は、三河東加茂郡松平郷の太郎左衛門の婿となって松平氏を起こしたとされ、その前歴は時宗の遊行僧とされてきたが、近年は遍歴する職人だったとする見方がある。二代泰親は親氏の弟で、岩津城（額田郡）を築き、のち親氏の跡を継いだとされる。親氏の嫡男とされる信広は松平郷を本拠とするが、家名衰え姿を消す。三代とされる庶子の信光が岩津に居を据えるとともに、室町幕府政所執事伊勢氏の被官となったと推定され、事実上、この岩津松平氏が松平の惣領家の位置を占めた。

### 惣領家の交替

信光の嫡男親長は、岩津を本拠とするが在京していたため、明応二年（一四九三）の中条氏との戦いで、庶子で安城（碧海郡）を本拠とした親忠が戦いを指揮したことにより、松平一族のなかで勢力を伸張した。四代親忠の跡を継いだ五代とされる長忠（長親）の時、永正三年（一五〇六）の今川氏との戦いで岩津城が陥落し、惣領家であった親長の岩津松平氏が没落した。その結果、安城松平氏が惣領家的立場に立った。長忠は早く隠居し、信忠に家督を譲るが長生で、八代広忠の代まで生きた。

### 松平清康

六代とされる信忠は、仏事に執心したため安城の実務は弟の信定（桜井松平氏）が果たした。こうしたなか、七代とされる信忠の嫡子清康は、三河山中城（額田郡）に居を移し、

### 岡崎入城

さらに岡崎松平氏を攻め、明大寺にあった岡崎城に入った。享禄三年（一五三〇）、清康は明大寺の地から現在の岡崎城の地に城を移す。その後、父信忠が死去したことで安城松

平氏の家督相続が問題となるが、叔父の信定が安城城主のまま、清康は「安城四代」を称したようである。

天文四年（一五三五）、清康は尾張守山（東春日井郡）攻めの最中、家臣の阿部定吉の子弥七

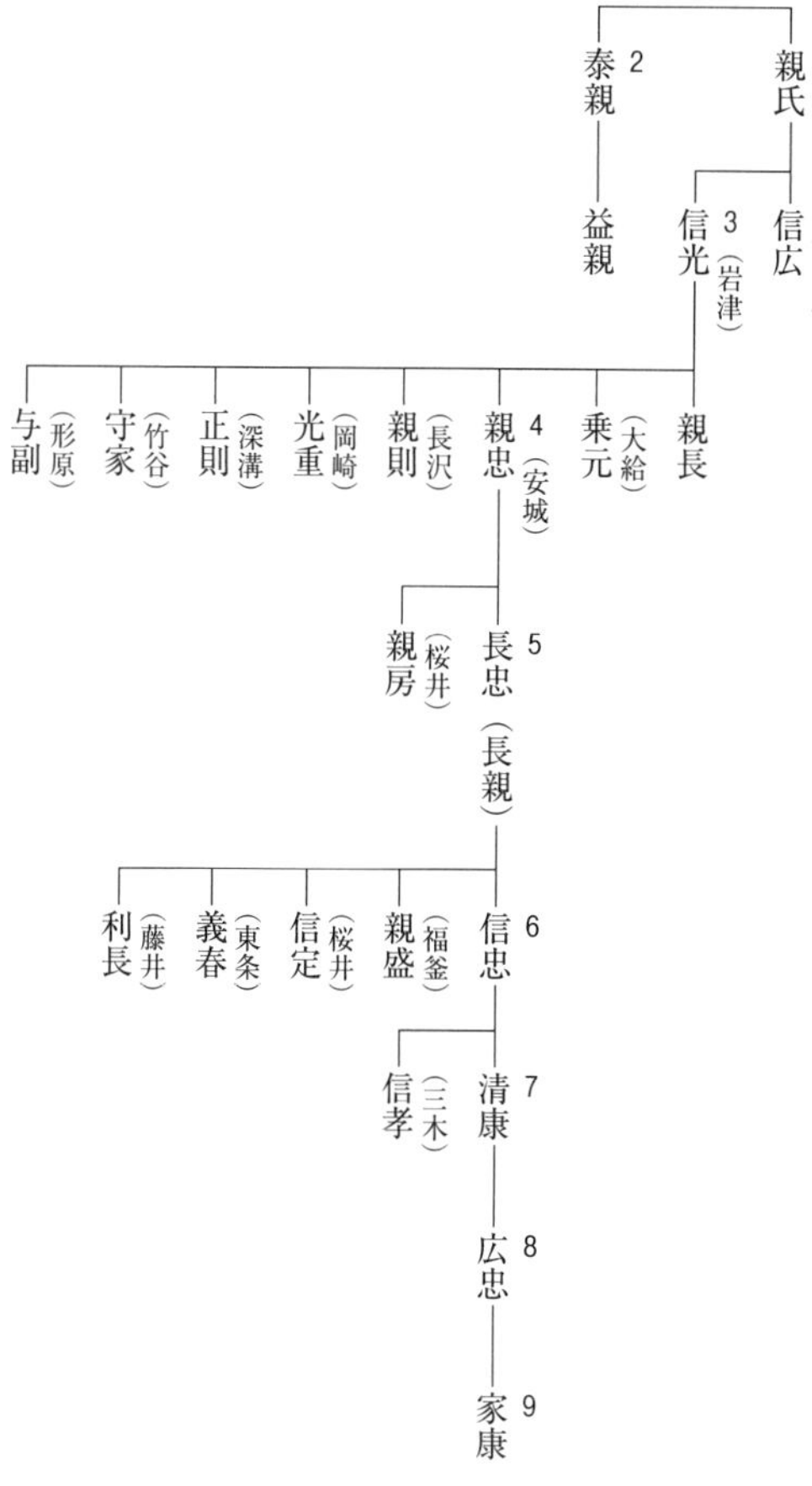


松平氏略系図

数字は通常の歴代

平野明夫『三河松平一族』所収の松平氏系図を加工

郎に殺された。この後、岡崎城には清康の叔父信定が入り、一族の惣領的立場につく。清康の子広忠は、いったん伊勢に逃れ、その後は今川氏を頼って遠江・駿河にあり、天文六年に岡崎に帰還した。

直接の祖は清康

三河の松平家は松平郷以来、惣領家が連綿と続いて家康に至るのではなく、惣領家の衰退、庶家への交代を繰り返した。家康の直接の祖先は遡っても長忠、さらに清康の山中城・岡崎城への移転を重くみれば、清康が直接の祖ということになろう。

## 二　人質時代

天文十六年（一五四七）、六歳となった竹千代は、天文十八年までの二年あまりは尾張織田氏の人質となり、ついで織田氏と駿河今川氏との人質交換で今川氏の人質となる。その後、一九歳となる永禄（えいろく）三年（一五六〇）まで一一年間、駿府で人質生活を送る。本節では、織田氏および今川氏のもとで人質として過ごした一三年間を見ていく。

天文十二年（一五四三）七月十二日、松平広忠の外舅（がいきゅう）にあたる三河刈谷城主水野忠政が没した。跡を嗣いだ信元がそれまで属していた今川方から離れ、尾張の織田信秀（おだのぶひで）に付いたことで、今川方の広忠と敵対関係となり、翌年九月に広忠は室である於大を離別し、刈

〔家康3歳〕

屋に返した。竹千代は数え三歳であった。天文十四年、広忠は三河田原（渥美郡）城主戸田康光の娘の真喜姫を娶った。

織田信秀の人質となる

天文十六年、織田信秀が三河に侵攻して安城城を攻略したのを受けて、広忠は今川義元に援助を求め、その見返りの証しとして竹千代を今川氏のもとに送ることにした。ところが、竹千代は今川氏の人質として駿府に行く途中、織田方についた戸田康光に奪われ、尾張の織田信秀の元へ送られた。竹千代を得た信秀は使者を岡崎に遣わし、広忠に服属するよう迫るが、広忠は応じなかった。竹千代は尾張熱田（愛知郡）の加藤順盛に預けられ、その後三年、熱田に居たとも、名古屋万松寺に移されたとも伝えられる（『朝野旧聞裒藁』他）。

父広忠、殺害される

天文十七年三月十九日、三河小豆坂（額田郡）で、今川義元勢と織田信秀勢とが激突した。今川勢優勢のうちに合戦は収束し、西三河は一時落ち着くが、翌天文十八年三月六日、広忠が岡崎城中で岩松八弥に刺し殺された（『松平記』他）。享年二四であった。

於大の方像（楞厳寺蔵）

今川による人質交換

この報に接した今川義元は、岡崎城を今川氏の保護下に置いた。さらに今川勢は、織田信秀の子信広が守る安城城を攻め立てて十一月九日に城を落とし、守将の信広を捕虜にして信広と竹千代との交換を条件に和を結び、二人の交換がなされた。この結果、竹千代は一時岡崎へ帰還するが、すぐさま駿府に赴いた。十一月二十九日とも二十二日ともいう。岡崎帰還から駿府に発つまでのわずかのあいだに、亡父広忠の墓所に詣でている。

〔家康8歳〕今川の人質となる

華陽院に養育される

駿府での竹千代の養育は、祖母にあたる大河内氏（於久）華陽院があたったとされる。華陽院ははじめ水野忠政に嫁して竹千代の母於大を産み、その後、松平清康に嫁した。

一方、尾張では天文二十年三月六日、織田信秀が死去し、その子信長が跡を嗣ぎ名古屋城に居した。

〔家康14歳〕

元服し、元信と称す

天文二十四年（弘治元、一五五五）三月、一四歳となった竹千代は今川義元の加冠、関口氏純の理髪で元服し、烏帽子親である義元の一字を与えられ、松平次郎三郎元信と称した。

元信の初見

この元服で元信の今川義元への臣従が明確となる。「元信」の名を一次史料で初めて確認できるのは、元服した年の五月六日付で淵上大工小法師に宛てた石川忠成他五名連署状である。そこには「大工職の儀、相違あるべからずの由、元信より仰せ越され候あいだ、おのおの一筆遣し候」（「岡崎菅生安藤氏所蔵文書」）と見える。

また弘治二年（一五五六）六月二十四日、元信は、母於大が天文十二年に創建した岡崎の大仙寺に改めて寺地を寄進し、殺生禁断、寺内・門前の竹木伐採、祠堂徳政の免許、棟別・門別・追立夫（おったてぶ）の免除などの特権を認めた。そこには「松平次郎三郎元信（黒印）」の書判がある（「大泉寺文書」）。今のところ家康文書の初見である。

築山殿を娶る

元信は弘治二年か三年に、今川氏一家衆の関口氏純の娘を娶った。のちに駿河御前また築山殿（つきやまどの）と呼ばれる人である。

〔家康16歳〕

弘治三年五月三日、三河額田郡の高隆寺に条々を下し、従来の寺領を安堵し、竹木伐採の禁止、諸役免除、坊中家来の成敗許可を認めた（「高隆寺文書」）。ここでも「松平次郎三郎元信」と署名し、花押（かおう）を据える。家康の花押としては初見のものである。

〔家康17歳〕初陣、元康に改名

弘治四年（永禄（えいろく）元、一五五八）二月五日、義元に命じられて岡崎に帰り、寺部城（てらべじょう）（東加茂郡）の鈴木重辰を攻めた。元信の初陣である（『三河物語』）。三月二十五日、三河加茂郡足助（あすけ）の鈴木重直に、屋敷地の諸役を免除した（「書上古文書」）。七月十七日、三河額田郡六所大明神神主の大竹善左衛門に、諸役を免除したが（「三川古文書」）、そこには「元康」の署名があり、この時までに元信から元康に改名したことが知られる。ただこの文書は写であり、真偽にはなお検討が必要である。

〔家康18歳〕信康誕生

永禄二年三月六日、妻の関口氏とのあいだに、嫡男となるのちの信康が駿府で誕生した。五月十六日には、元康は岡崎の家臣に七ヵ条の定を出した（「弘文荘所蔵文書」）。その内容は、①公事裁許の日限に不平を述べることを禁じ、②駿府在の元康の裁断に従うこと、③奉公無沙汰の者は改易、④万事おのおの分別のこと、⑤おのおのへ相談なく判形を出すこと、⑥公事（裁判）場での助言、⑦喧嘩口論時の贔屓禁止などである。署判は「松次　元康（花押）」である。

また同年十一月二十八日、三河碧海郡大浜の七ヵ寺に寺領を、同じ大浜の熊野社には社領を、新たに寄進した（「福地源一郎所蔵文書」「京都大学国史研究室所蔵文書」）。署判はいずれも「蔵人佐元康（花押）」である。

この時期の元康は、駿府で人質の身とはいえ、本領の寺院や家臣に禁制や定を出すなど、本領に一定の権限を保持していた。

## 三　桶狭間の戦いと今川氏との決別

〔家康19歳〕

永禄三年（一五六〇）五月十九日、桶狭間の戦いで今川義元が敗死する。本節では、義元の死を機に、元康は三河岡崎への帰還を果たし、三河の諸将、一族への領知の安堵などを通して三河支配の地歩を固めていく過程を追っていく。

**義元の先鋒として出陣**

永禄三年五月八日、今川義元が三河守に任じられた。今川氏の三河支配を象徴する出来事である。五月十二日の義元の駿河出陣に先立ち、元康はその先鋒として駿府を発った。本隊は藤枝（駿河志太郡）・掛川（遠江佐野郡）・浜松（遠江敷知郡）・吉田（三河渥美郡）・岡崎、十七日に知立（三河碧海郡）に着陣。元康は十八日に大高城（尾張知多郡）への兵糧入れを果たし、十九日夜明け前には丸根の塁を攻め落とすと、大高城に入った（『信長公記』）。この直前、知多郡阿古子屋に居た生母水野氏を訪ねたと『東照宮御実紀』は記している。

大樹寺

**今川義元死**

同じ十九日、桶狭間（尾張知多郡）で織田信長に攻められた義元は戦死した。義元戦死の報を得た元康は、その日の夜半に大高城を出て、翌二十日に岡崎大樹寺に入り、二十三日には岡崎城の今川勢が引き上げるのを待って入城したという（『三河物語』他）。

**人質生活の終わり**

義元の死は、結果として元康を今川の人質から解放した。この時の元康を、武田信玄は「武道分別両方達したる人也」と賞したと伝えられる（『甲陽軍鑑』）。

五月二十二日には、水野信元の使者として今川義元の死をいちはやく元康に告げた浅井道忠に、その忠節を賞し領知を宛行った（『譜牒余録後編』）。六月三日には、三河碧海郡崇福寺境内に、①山林竹木伐採、②陣取放火禁止、③殺生禁止、④諸役免除、⑤下馬、を命じる五ヵ条の禁制を出した（「崇福寺文書」）。七月九日には、三河山中（額田郡）にある法蔵寺に「山中法蔵寺領之事」なる定書を与えた。定書の内容は、①寺領の本成（年貢）は六〇俵とする、②寺内門前の棟別・押立・陣僧・飛脚・徳政の貪銭・諸役免除、③薪取り・草刈りのため鉢底山に寺内門前の人馬が毎日出入することを先規に任せ免許、というものである。この法蔵寺に同日、①守護不入、②竹木伐採禁止、③陣取禁止、④殺生禁断、⑤下馬、からなる定を出した（「法蔵寺文書」）。署判はいずれも「松平蔵人佐元康」である。八月朔日には筧重成に、知多郡石瀬での戦功を賞した（『譜牒余録後編』）。

桶狭間の戦い後、元康は、三河西加茂郡の今川氏に属した挙母・梅ケ坪・広瀬や、沓掛を攻めた。

〔家康20歳〕足利義輝に早道馬を進献

永禄四年二月十二日には大橋義重に、三河額田郡坂崎郷で知行を宛行った（「竹内勇氏所蔵文書」）。このころ元康は、室町将軍足利義輝の求めに応じ「早道馬」を献じている。義輝は三月二十八日付で誓願寺泰翁宛に、「松平蔵人（元康）」から「早道馬」が進献されたこと、「織田三介（信長）」にも所望したがいまだ到来しない、と報じた（「誓願寺文書」）。

三月二十一日、元康は設楽郡の簗瀬家弘らの帰参を認めて起請文を発給し（『譜牒余録』）、二十五日には、阿佐見金七郎に徳政免除などの特権を与え（『譜牒余録』）、翌日には三河針崎表（オモテは方面・地域の意）での功を賞した（「諸家所蔵文書」）。四月三日には深溝松平家の康定に、奔走を賞し宝飯郡で知行一〇〇貫文を宛行い、また本領を安堵した（『譜牒余録』）。五日、都筑右京進に三河東条（幡豆郡）での忠節に対し、領知を宛行った（『譜牒余録』）。

さて、四月上旬の信長の動向だが、西加茂郡の梅が坪城、伊保城を攻め、麦苗を薙ぎ、帰陣した（『信長公記』）。

**今川氏と決別**

このころの三河幡豆郡には、同郡東条城に吉良義昭、同郡西尾城には牧野定成など、今川方に付く諸将がいた。岡崎にいた元康は東条城を攻め、その後は一進一退が続くが、ようやく九月に両者を降伏させた。こうした動きのなか四月十一日、今川方の三河牛久保（宝飯郡）に軍勢を出す。このことを今川氏真が「今度松平蔵人（元康）敵対せしむ」と書いているように、元康はこの時点で反今川の姿勢を鮮明にする（「牧野文書」）。十五日には、

**源姓を署判に用いる**

今川方に属していた菅沼定直らに、元康側に付くにあたって三河額田郡の菅沼貞吉の遺領相続を約束した（「久能山東照宮文書」）。この文書には「松蔵　源元康（花押）」の署判が見えるが、今のところ元康が源姓を署判に用いた最初の文書である。この後しばらく、署

松井忠次への起請文

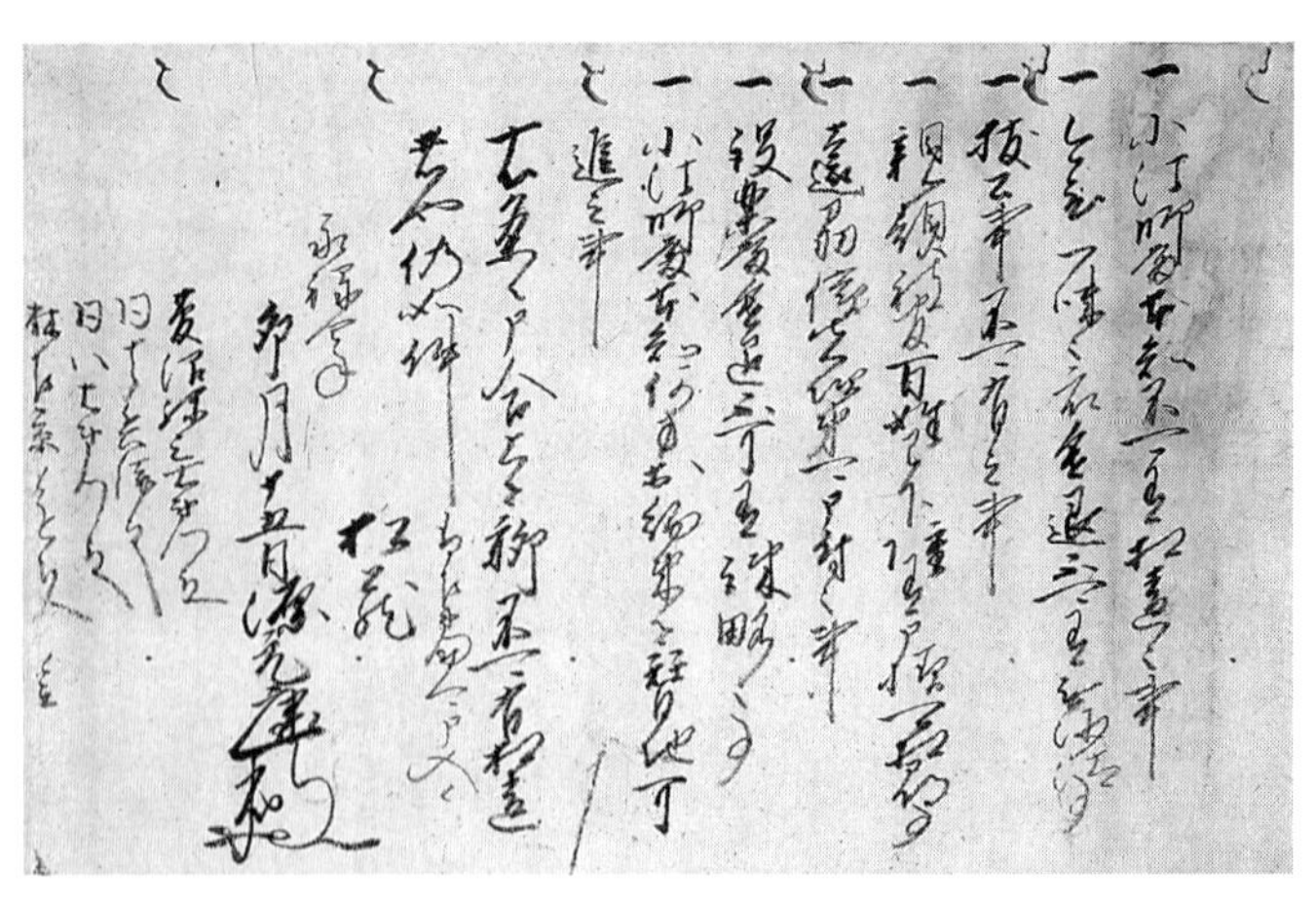

松平元康覚書（永禄４年４月15日）（久能山東照宮博物館蔵）

判に「源」を記したものが見られる。

五月九日には、額田郡深溝松平家の松平伊忠に、鵜殿長持から譲られた下地などを安堵し（「松平千代子所蔵文書」）、同月二十八日には、牧野正重の起請文提出に応えて進退を保証し、本知を手にしえないあいだは、少しばかりの新知を与えた（「徳川恒孝氏所蔵文書」）。

六月六日、松井忠次に五ヵ条の起請文を出した（「松井家文書」）。これは、弘治二年（一五五六）二月に遡るが、東条松平家初代の義春が三河日近城（額田郡）で討ち死したため、その後に生まれた子の亀千代が幼少ゆえ、縁者の忠次に元康が命じて家老としたことによる。この起請文は、①忠次家中の被官以下の訴えは取り上げない、②亀千代領中の被官以下の諸事は忠次が判断する、③亀千代成人後、万一何かと申すことがあっても忠次を見放さない、④元康の宿老中が忠次家中のことに何かと申すことがあっても取り上げない、⑤諸公事は一切筋目次第に異見するように、用事については直談する、というものであった。

### 西三河での特権付与

六月十八日には、宝飯郡の形原松平家の新七郎に、「康」の偏諱を与えた（「形原松平家譜」）。二十七日、本多広孝に対し、幡豆郡小牧に砦を築き富永伴五郎を討ち取ったことを賞して富永の旧領を（『譜牒余録』）、同日松井忠次には幡豆郡津之平に砦を築いた勲功を賞して津之平郷を宛行い（「松井家文書」）、二十九日には菅沼定氏にその忠節を賞し、菅沼貞吉支配下の城代を命じ、八名郡吉河郷などを与えた（『譜牒余録後編』）。七月に入ると、九日には三河加茂郡足助の鈴木重直に、元康への臣従の契約により従来の給分を与えた（「鈴木文書」）。また十七日には、設楽郡川路の設楽貞重に軍勢の動員を求めた（「書上古文書」）。この時期、元康は西三河を中心に自身への帰属を計るため、領知宛行・安堵や徳政免除などの特権付与を進めている。

八月二日には簗瀬家弘・原田種久に、設楽郡下立・菅沼の領地の替地を加茂郡武節郷で与えた（『譜牒余録』）。九月三日、長田平右衛門に徳政免除を認め（個人蔵）、十八日、河合宗在に額田郡作岡の代官職を安堵した（「河合文書」）。十一月に入ると、一日には本多広孝を、幡豆郡東条城合戦での高名を比類なきものと賞した（『寛永諸家系図伝』）。

美濃
信濃
北設楽郡
東加茂郡
西加茂郡
尾張
足助
寺部
挙母
大給
松平
三
河
南設楽郡
作手
岩津
知立
長篠
瀧山
刈谷
碧海郡
大樹寺
額田郡
岡崎
安城
八名郡
明大寺
野田
桜井
三木
小豆坂
遠江
長沢
藤井
宝飯郡
深溝
竹谷
五井
西尾
横須賀
幡豆郡
東条
形原
吉田
大浜
称名寺
吉良
渥美郡
田原
は松平一族の拠点

三河国略図

東三河への勢力拡大

十一月六日には元康は、西郷清員（きよかず）の求めに応じて、東三河の八名（やな）郡五本松城主だった西郷元正の子の孫太郎義勝が成人するまで、その名代たるよう命じた（『譜牒余録』）。これには、西郷元正が今川方の朝比奈泰長に攻められ城を焼いて死去し、その後、弟の西郷清員が朝比奈を撃破し本領を取り戻した経緯があった。東三河への勢力拡大の一つである。九日には松井忠次に、三河幡豆郡での今川方との戦いに際し、松崎城などの扱いを三ヵ条にわたって指示した（「松井家文書」）。十二月二十二日、深溝松平家の康定に、再度、宝飯郡の拾石・両赤河分の地を安堵した（『譜牒余録』）。

岡崎城

このように四月以降、今川氏と決別した元康は、今川方にあった三河の武将をみずからの側に取り込み、また一族への安堵などを通して、みずからの三河支配の地歩を固めていくが、この時期は今川方に付く三河の諸将も多く、今川方の三河支配はいまだ根強いものがあった。この年は亡父広忠の十三回忌にあたり、元康は岡崎に能見山瑞雲院松応寺を建立した。

**〔家康21歳〕足利義輝の和睦工作**

年が明けて永禄五年（一五六二）正月二十日、将軍足利義輝は今川氏真に御内書を遣わし、「関東之通路不合期」を理由に、元康と和睦するよう求めた（「真崎文庫所蔵文書」）。元康への御内書は残されていないが、同様のものが出されたと考えられる。この今川氏真と元康の和睦工作にあたって、義輝から三条西実枝と孝阿が遣わされ、さらに北条氏康・武田信玄にも「意見」を加え、和与への馳走（奔走・尽力）を求めている（「真崎文庫所蔵文書」「秋田藩家蔵文書」）。なお、この年の正月、尾張清須で織田信長と元康が会見し、両者間で同盟が結ばれたとする従来の見解は、現在の研究段階では否定されている。

**鵜殿長照子と母子の交換**

二月、所伝に異同があるが、元康は宝飯郡上之郷城主の鵜殿長照を攻め、長照を殺し二子を捕らえたという。長照の母は今川義元の妹で、氏真とは従兄弟関係にあったことから、この二人と駿府にいた妻の関口氏・子の信康とを交換したといわれている（『三河物語』他）。この月六日、鵜殿長照を討ち取った伴与七郎を賞した（『譜牒余録』）。四月十三日、元康は前年に続き松井忠次に東条城代を命じ（「松井家文書」）、同日、忠次に五ヵ条の誓紙を出した。そこでは亀千代については無沙汰しないと約するとともに、忠次の進退を保証し、家中の支配を忠次の裁量にまかせること、さらに亀千代が若気で忠次に「如在」（手抜かり）ある時には、元康が忠次を扶助すると約束した（「光西寺文書」）。

**遺領の宛行と安堵**

四月十八日には、三河幡豆郡の無量寿寺に「平坂寺内不入」を命じた制札を掲げた

（「参州寺社文書」）。五月、六月は宝飯郡に入って富永・牛久保・吉田などを転戦し、五月二十二日には深溝松平家の伊忠に、本領を安堵した（「松平島原文書」）。

領知の宛行安堵

七月二十四日には、今川方にあった菅沼定盈（さだみつ）が元康に帰属したのをうけて、三河国内で富永郷ほか一九ヵ所を本地として安堵し（「菅沼家文書」）、八月六日には元康の妹を妻とした長沢松平家の康忠に、宝飯郡小坂井・八幡など一八一〇貫文を宛行った（「徳川恒孝氏所蔵文書」）。九月、加茂郡の明昌寺に三ヵ条の禁制を出した（「妙昌寺文書」）。

ところで、元康は今川氏真と、九月二十九日に三河宝飯郡八幡で、十月十三日に額田郡大代口で戦ったが、今川優位で終わったようである（「牧野文書」他）。

十一月、松井忠次に宛行った領知を改めて保証した（「松井家文書」）。十二月十七日、形原松平家の家広に宝飯郡の本知を安堵し（『譜牒余録』）、同月、松平親広・康忠に東条本地のうち貝吹・駒場・公文給・弾正給・次見三ヵ所を宛行った（「徳川恒孝氏所蔵文書」）。

この時期の宛行状・安堵状は、戦功や戦いで死去した者の遺領安堵が多く、前年同様、今川氏との抗争のなかで宛行・安堵を通して勢力圏の拡大・確保が計られ、西三河をほぼ手中に収めた。

## 四　一向一揆の鎮定と三河平定

元康は西三河の次には、東三河平定を進める。そうしたなか永禄六年（一五六三）、元康は家康と名を改める。同年九月、家康家臣団を二分する三河の一向一揆が勃発し、翌年二月ようやく一揆を鎮定する。本節では、家康が永禄六年から九年にかけて、東三河を平定し、さらには遠江へと進攻していく過程を追う。

〔家康22歳〕信長との同盟

永禄六年三月二日、嫡男の信康（五歳）と織田信長の娘の徳姫（五徳）との婚約が成立し（永禄十年五月結婚）、元康と信長との同盟関係が本格的に始まった（『徳川家譜』他）。

東三河の平定を進める

また四月以降、東三河の平定が進んだ。この年のものと思われる四月十六日、竹谷松平家の清善に幡豆郡・宝飯郡・額田郡で所領を（「竹谷松平家文書」）、五月には東条松平家の家忠に、三河碧海郡下和田から同郡筒針一五〇貫文への替地を命じた（「松井家文書」）。当初、この替地に家忠は異論を申したようだが、後に同心（味方）し、替地は実施された。ついで六月、額田郡深溝城にいた松平伊忠を、武田勢の侵攻を防ぐために宝飯郡長沢城に移した。これに伴い六月一日、伊忠に幡豆郡永良郷とその接続地である村松給などを一円宛行った（『譜牒余録』）。同日、長沢松平家の親広・康忠に書状を送り、深溝の松平伊忠の長沢在城と、深溝の松平康定へ宝飯郡拾石・両赤川を与えたこと、さらに形原の松平家広にそれにともない替地を遣わしたことを、報じた（『譜牒余録』）。さらに、同月、碧海郡佐々木郷の松平直勝に加茂郡大野呰の在番を命じ、それにともない佐々木郷などの所領を安堵した（「蓮馨寺所蔵文書」）。

家康と改名

このように元康はこの年の前半、三河平定を目指して諸将の移動を積極的に実施し、今川義元から与えられた偏諱を捨て、家康と改名した。改名の日時は『徳川幕府家譜』では永禄六年七月六日に「家康ト御改号」とするが、一次史料では永禄六年六月付の松平三蔵直勝宛所領安堵状（「蓮馨寺所蔵文書」）に「蔵人元康」と署名し、同年十月二十四日の松平亀千代（家忠）宛の知行宛行状には「家康（花押）」と署判しており（「松井家文書」）、この間に改名がなされたことが確認できる。

三河の一向一揆勃発

三河平定がなるかと思ったこの年九月、家康家臣団を二分する三河の一向一揆が勃発した。鎮圧までに半年を要した一揆勃発の原因については諸説ある。松平氏による不入特権の侵害、松平氏の流通統制強化、兵糧米をめぐっての偶発的な出来事などである。一揆は碧海郡・幡豆郡・加茂郡・額田郡の西三河地域に広がり、拠点寺院は三河三箇寺といわれた額田郡佐崎の上宮寺、碧海郡野寺の本証寺、額田郡針崎の勝鬘寺（しょうまんじ）であった。

こうしたなかにあって家康は十月二十四日、松平亀千代・松井忠次へ三河幡豆郡での

〔家康23歳〕
一揆鎮圧、
西三河平定

忠節により、知行を起請文の形式で安堵した（「松井家文書」）。十二月七日には、本多広孝に三河の一向一揆と戦った忠節を賞し、碧海郡土井城を安堵し、富永伴五郎らの旧領を与えるとともに、永代売借銭などに関する権限を保証し、閏十二月にも幡豆郡・碧海郡の所領を与えた（『譜牒余録』）。また閏十二月には、東条城を攻めた松井忠次にその忠節を賞し、東条城ならびに知行五〇〇貫文の地を与えた（「松井家文書」）。

一方、寺院に対しては十一月に、額田郡広忠寺門前・門内に守護不入などの定を出し（「広忠寺文書」）、閏十二月には三河大樹寺進誉上人に宛てて、諸法度勤行を先規のごとくとし、寺領・祠堂・所々田畠などの直務と、寺中・門前屋敷の従来通りの支配などを命じた（「大樹寺文書」）。

永禄七年（一五六四）に入って正月十一日、一揆勢は大久保一族（忠世・忠佐や忠教〈彦左衛門〉がいる）が守備する額田郡上和田砦を攻めた。家康は後詰めとして救援に向かった。二十八日には深溝の松平伊忠に、一向一揆攻めの忠節を賞し徳政を認めた（「本光寺文書」）。二月三日には松平直勝に、上宮寺方となった「中納言（不明）」の跡職（家督・財産の相続）を与え、上宮寺については戦いが落着した時には直勝の判断に任せること、敵方の寺内で直勝が借用した米銭は返弁を免除する、と約束した（「蓮馨寺所蔵文書」）。二十七日には設楽郡作手の奥平貞能に、宝飯郡・八名郡・加茂郡・額田郡において三五〇〇貫文の地

渥美郡へ進攻

表1　一向一揆平定後の知行宛行・安堵・禁制交付

| 月日 | 宛先　内容 | 出典 |
| --- | --- | --- |
| 3月22日 | 松崎左平<br>幡豆郡西条の所領安堵，増分免除 | 譜牒余録 |
| 4月4日 | 佐野与八郎<br>碧海郡熊野社の領知・屋敷竹木安堵 | 譜牒余録後編 |
| 4月7日 | 小笠原重広・富田康元<br>幡豆郡の居城・知行安堵 | 記録御用所本古文書 |
| 4月14日 | 三河幡豆郡花岳寺　寺領寄進 | 花岳寺文書 |
| 4月 | 三河渥美郡小松原東観音寺<br>三ヵ条の禁制 | 徳川家判物并朱黒印 |
| 5月13日 | 渥美郡戸田重貞<br>知行3000貫を起請文で宛行 | 杜本志賀文書 |
| 5月14日 | 岩瀬河内守<br>帰参を許し宝飯郡の所領など安堵 | 譜牒余録 |
| 5月27日 | 三河渥美郡大岩寺<br>富士先達職安堵，諸役免許 | 大岩寺文書 |
| 5月 | 三河宝飯郡菟足社　三ヵ条の禁制 | 菟足神社文書 |
| 5月 | 渥美郡太平寺　三ヵ条の禁制 | 徳川家判物并朱黒印 |

を与えた（「松平奥平家古文書写」）。そうして二月二十八日にようやく一揆を鎮圧し、矢作（やはぎ）川流域を主とする西三河を平定した。

一揆平定後、家康は三月から五月にかけて、表1にあげたように、知行宛行・安堵、禁制の交付を行った。

ついで東三河の計略にとりかかった家康は、六月五日には西郷清員に、遠江宇津山東筋が肝要であるので、現在の知行の替地として幡豆郡吉良河嶋、設楽郡作手領、遠江引佐郡井谷領等を当座の替地として宛行い、もし東筋で変わったことがあればその分は家康から進めると約束した（『譜牒余録』）。六月十一日には渥美郡田原の浄土宗城宝寺恵慶に、その住持職を安堵している（「城宝寺文書」）。

六月二十二日には酒井忠次に東三河の支配を任せ、渥美郡室・吉田小郷一円を与え、吉田城に入った時に新知を申し付けるとの覚書を与えている（「致道博物館所蔵文書」）。また本多広孝には二十五日、渥美郡の下郷人足の使役を認めたほか（『譜牒余録』）、同月、渥美郡田原・梶の砦を申し付けて、その忠賞として田原郷など七ヵ所を領地として与え、今後の検地を免除した（『譜牒余録』）。高木清秀には碧海郡の領地を安堵し、諸公事を免許した（『譜牒余録後編』）。

七月二十日、河合宗左に徳政免除の証文を与え（「美和町歴史民俗資料館所蔵文書」）、二十四日には家康方に付いた松平周防守に、加茂郡大給（おぎゅう）領の替地として幡豆郡吉良・東条で替地を与え、三河砦番を勤めるよう命じ、加茂郡大給の松平親乗（ちかのり）と敵味方になっても、あらかじめ申し合わせると約束した（『譜牒余録後編』）。八月六日には松平清宗に、渥美郡吉田の石田民部らの借銭などを返済しないよう命じ（「竹谷松平家文書」）、十二日には渥美郡野田村の運昌寺に寺領を安堵した（『徳川家判物并朱黒印』）。

## 東三河から遠江へ

十一月十六日、戸田忠重の戦死をうけ、弟の忠資に新知・本知とも先判に相違なしとの起請文を出した（「名古屋市立博物館蔵文書」）。十一月、三河の舟大工甚左衛門に舟大工職を安堵し（「都筑文書」）、十二月には三河額田郡の高隆寺恵定坊に、寺領を寄進した（「高隆寺文書」)。こうした家康の宛行状・起請文の発給から、東三河の平定と遠江への侵攻の様子をうかがうことができる。

〔家康24歳〕吉田・田原城攻略

永禄八年(一五六五)に入り、家康は三月になってようやく渥美郡の吉田・田原城を攻略した。この時に家康が、本多重次・高力(こうりき)清長・天野康景を三河の三奉行として民政や訴訟を担当させたと従来いわれてきたが、近年の研究を踏まえるとなお検討が必要であろう。三月十九日、牟呂兵庫介らに替地として新知を与えた(「江崎庸三氏所蔵文書」)。

寺院安堵の増加

寺社に対しては、四月二十八日には三河渥美郡の東観音寺に寺領を安堵し、棟別・人別・押立などの免許、漁船五艘分の諸役免許状を出し(「東観音寺文書」)、五月十九日には渥美郡の長仙寺に寺領を安堵して、石川数正の名で長仙寺および末寺の年中勤行執行について定めた(「長仙寺文書」)。六月七日には額田郡の桜井寺大坊に、牛久保・吉田領における白山先達職の安堵状を出している(「桜井寺文書」)。八月十八日、河村与次右衛門に幡豆郡大浜の地などを宛行い(「本成寺文書」)、九月十三日には宝飯郡三明寺に別当職の安堵状を出した(「三明寺文書」)。

前年までの国人領主への調略をも含めた領地・知行の宛行・安堵とは少し趣を変え、寺院などへの安堵が多くみられるようになり、支配下に入った地域を中心に地域の安定策が実施されている。

**足利義昭の要請に応じず**

この年、少し遡るが京都では五月十九日に、将軍足利義輝が京都二条邸で三好義継らに殺される事件が起こった。義輝弟の足利義昭は大和を逃れ、近江の和田惟政のもとに身を寄せた。その惟政から家康に、義昭が入洛のため近国の者に出勢を求めていると報じてきたのに対して、十一月二十日、「当国の儀は疎意なし」「重ねて御意を得たい」と返答した。しかし、「疎意なし」（疎んじることはない）としながらもすぐには応じなかった（「和田文書」）。

**遠江侵攻の本格化**

この年末には、遠江引馬城にあった飯尾致実の遺臣江馬泰顕・時成が、家康に降伏して城を明け渡したので、十二月三十日に両人へ宛てて、申出に相違しないこと、加勢すること、知行方には無沙汰ないことを約束する酒井忠次・石川数正連署の起請文を出した（「御家中諸士先祖書」）。翌九年二月十日のことになるが、家康は江馬泰顕・時成に対し、加勢や引馬城の城代、浜松庄の知行などを誓う起請文を出し（「譜牒余録」）、江馬時成には遠江の本領一二二〇貫文を安堵した（「和歌山東照宮文書」）。家康の遠江侵攻が本格化しはじめたことがうかがえる。

永禄八年か九年のことと推定されるが、家康が碧海郡の明眼寺にある恵心僧都作の阿弥陀仏を所望したところ、寺からは本寺に届けたうえで返答すると答えてきた。それに対し改めて、まずしばらく預け置いてほしいと申し入れたところ了承され喜んでいるとした上で、他の寺へ寄進しようというのではなく、みずからの持仏堂に安置するためであると礼状を送った(「妙源寺文書」)。

〔家康25歳〕

永禄九年正月九日、本多左近左衛門に額田郡根石原新市の三ヵ年の諸役を免除し(『譜牒余録』)、三月には大樹寺進誉上人に公方年貢・段銭などの諸役を免じて宝樹院領を寄進したほか(「大樹寺文書」)、同月、渥美郡の長興寺に寺領を安堵した(「長興寺文書」)。

牧野成定の帰参

五月九日には、今川方に属していた宝飯郡牛久保城主の牧野成定が帰参した折、①所々より雑説(種々の噂)を申し来ても糺明のうえ申し付ける、②煩いの時に出仕がなくとも咎めない、③在来の領地は他よりの競望を許さない、との約定を与えた(「牧野文書」)。これにともなって同日、牧野成定に与えることになった牛久保領について、松平康忠に替地を与えた。また同日、三河宝飯郡の牧野正重に知行を安堵した(「徳川恒孝氏所蔵文書」)。二十一日には石川家成(石川数正の叔父)が三河碧海郡青郷内の買得田地を、大樹寺昇蓮社の進誉上人に寄進したことを承認した(「大樹寺文書」)。

義昭、家康の畿内出兵を策す

ところで、足利義昭は七月一日ころ、斎藤竜興・織田信長とともに家康の畿内への出兵を策した(『上杉家文書』)。また義昭は十七日にも大和の十市兵部少輔に、信長参陣に従って三河・美濃・伊勢の諸勢が進発したと報じた(『多聞院日記』)。

八月に入ると家康は、八日に牧野定成へ宝飯郡平井郷の知行を(『譜牒余録』)、同月に大樹寺の進誉上人に寮屋敷を安堵した（「大樹寺文書」）。この年と推定される九月にも、大樹寺伝翁に鎮誉上人隠居所皇蓮社の寺領を安堵した（「大樹寺文書」）。

十二月には、額田郡伊賀の八幡宮に戸帳を奉納したほか（「伊賀八幡宮文書」）。三河岡崎の随念寺に寺領を寄進した（「随念寺文書」）。

## 五　三河守任官と徳川への改姓

〔家康26歳〕

三河守に叙任

永禄十年（一五六七）、家康は従五位下三河守に叙任され、松平を改め徳川を名乗る。本節では、叙任と改姓の事情を見ていく。

家康の従五位下三河守叙任の日付は、永禄九年十二月二十九日付である。だが、叙任が勅許されたのは翌十年正月三日のことである。『御湯殿上日記』（おゆどののうえのにっき）永禄十年正月三日条に、「徳川しよしやく（叙爵）、おなしくみかはのかみくせん（三河守口宣）、頭弁（とうのべん）におほせられて、けふ（今日）いつる」とあることで確認できる。また同じ『御湯殿上日記』の記事から、この叙任が近衛前久（このえさきひさ）から高倉永相（ながすけ）を通して奏聞され、正親町天皇（おおぎまちてんのう）が勅許したことがわかる。

本姓と改姓の問題

この叙任に際してはいくつかの問題があった。一つは本姓を「源」とするか、「藤原」とするかである。二つ目は、松平姓から徳川姓への改姓である。

### 「藤原家康」

本姓を「源」とすることは、永禄四年から五年にかけての家康の判物に「源家康」と記したものがみえ、叙任直前の永禄九年十二月の三河国素盞鳴社の棟札にも「領主源家康」とみえるように、家康自身は本姓を「源」と考えていた。しかし実際に出された口宣案には「藤原家康」とあった。

この間の事情は、家康が将軍宣下を受ける前年の慶長七年（一六〇二）二月二十日に、近衛前久が子の信尹に送った消息から知られる（「近衛家文書」）。

そこには、家康の家は古く徳川であるとの訴訟があったが、先例がないので公家にはできないと正親町天皇が考え、この件は滞っていたところ、万里小路のところで先例を記した旧記を見せられた吉田兼右がそれを「はなかミ」に写し、前久にそっと渡してくれた。その内容は、徳川には源氏にて二流あり、惣領の筋が藤氏になった例があるとし、兼右がそれを写し鳥子紙に系図を書き、系統を示す朱引をしてくれた、と記している。かなり時間を経た後の前久の記憶だが、家康の叙任にあたって正親町天皇の意向に応えるために、「源」を「藤原」としたようである。この問題は、三代将軍家光が正保二年（一六四五）に、家康関係の口宣案などを全面改定させるまで引きずる。

### 徳川姓となる

二つ目の徳川姓については、永禄九年十二月三日付の誓願寺泰翁宛の近衛前久書状（「誓願寺文書」）に、「松平家の儀徳川の由慶深申し候、かの家の儀は、昔家来に候き、定てその国にも分別たるべく候」とあるように、誓願寺の納所であった慶深は、徳川は昔は近衛家の家来であったと主張している。この背景には、松平姓での叙任は難しく、徳川姓にすることで叙任されようとした家康側の動きが見え隠れする。ともかく『御湯殿上日記』に「徳川叙爵」とあるように、朝廷においては家康の姓は「松平」ではなく、「徳川」姓となった。

自らはあまり名乗らず

徳川姓について二つ注意しておきたい。叙任された永禄九年までに家康が出した文書で、「徳川」を名乗ったものは、今のところ一通もない。その後も永禄十二年六月二十五日付で大樹寺登誉上人に宛てた書状（「大樹寺文書」）の封紙上書（うわがき）に「徳川参河守　家康」とあるのと、天正十一年（一五八三）七月五日付の北条氏直宛書状（「北条元子爵家文書」）に「徳川家康」とあるのを除けば、みずから「徳川家康」と書くことはなかった。

「得川家康」

もう一つは、先にあげた近衛信尹宛前久消息に、「徳川は得川、根本この字にて候、徳の字は子細候てのこと候」とあるように、叙任の根拠とされた系図では「得川」であったようで、この後も吉田兼見の日記天正十五年八月十二日条に「得川家康下国云々」（『兼見卿記』）と見え、かなり後まで公家のあいだでは「徳川」ではなく「得川」と認識されていたようである。

叙任の礼物進上

叙任の礼物については、先の前久消息によれば、前久には毎年銭三貫文と馬一疋を進献するとの約束であり、その時の礼として一〇〇貫文を献上するとのことであったが、二〇貫文を進上しただけである。馬は一両年は進上され、その後も所望すれば進上され、また家康が思いよれば献上されたが近年はない、という。また、助力した吉田兼右にも馬の進上が鳥居伊賀を通して約束されていたが、兼右の存命中に進上されることはなかったとしている。

天皇、四方拝の費用を求める

叙爵が決まった永禄十年（一五六七）正月三日、正親町天皇は家康の叙爵に際し、年頭の四方拝の費用を支弁するよう女房奉書（天皇に近仕する女官が勅命を奉じて発給する文書）をもって家康に申し送っている（『御湯殿上日記』）。

信康と徳姫の婚姻

美濃稲葉山城攻めを前にした五月、織田信長は先年来約束していた徳川家康の嫡子信康と、娘徳姫との婚姻を実行し、家康との同盟関係をより強固なものとした。同月、家康は奥平貞能に美作守の受領名を与えた（「松平奥平家古文書写」）。また六月、戸田忠重の子虎千代（康長）に渥美郡の本領を安堵し（「名古屋市立博物館所蔵文書」）、松平姓を与えた。松平姓の下賜はこれが最初とされている。

本章で見たように、こうして家康は一三年におよぶ人質時代を過ごしたのち、桶狭間の戦いを機に一九歳で三河岡崎にもどり、その後六年あまりのうちに、西三河ついで東三河を平定し、東海での戦国大名の一人となった。永禄十年正月には、それに応じる官職「三河守」に叙された。この間、三河一向一揆の危機を乗り越え、また尾張の織田信長との関係を深めていったのである。

# 第二　遠江浜松移転と甲斐武田氏との攻防

## 一　甲斐武田氏との同盟と遠江侵攻

〔家康27歳〕

西では織田信長との同盟関係にあるなか、家康は永禄十一年（一五六八）、甲斐の武田信玄と同盟を結び、三河の東、遠江への進攻を開始する。本節では、こうしたなか朝廷から相次いで法事などの費用の拠出を求められるようになる。

武田信玄との同盟

永禄十一年二月、家康から武田信玄に、また信玄からも家康に誓紙が送られ、両者は同盟を結ぶ（「本光寺常磐歴史資料館所蔵文書」）。二月十日には、深溝松平の家忠から遠江浜名郡入手に陣取ったとの報を受けるが、それを不届きとし、同郡宇津山城に移り、城番を勤めるよう命じた（「丹波亀山松平家譜」）。三月には、戸田吉国に松平寅千代（戸田康長）の名代を命じ、その心得書を与えた（「名古屋市立博物館所蔵文書」）。

三河から東へ

また五月十一日、誼を通じてきた駿府の守将の岡部正綱に、身上を保証することを内々に報じた（『寛永諸家系図伝』）。岡部は今川氏真の家臣だが、家康がかつて駿府にいた時からの知音で、氏真が駿府を退去した後は駿府城を預かり、のち武田氏へ城の引き渡しを行なっている。ここに家康の三河より東への侵攻が本格的に始まる。

**信長入京**

この年、九月二十六日には、織田信長が足利義昭を奉じて入京した。この信長上洛軍に家康自身は従わなかったが、代理として松平信一（松平利長長男、藤井松平氏）の率いる軍勢二〇〇〇が上洛軍に加わったといわれている（「松平記」）。

**禁裏法事費用を進献**

こうしたなか家康は、九月に朝廷で行なわれた法事の費用として二万疋を進献した。正親町天皇は十一月十日、山科言継に女房奉書を出し、家康からの進献を喜び、それを家康そして仲介した織田信長に伝えるように指示した（『言継卿記』）。この一件を記した『言継卿記』同日条に「三州徳川左京大夫所へ沢路隼人佑差し下す」とみえる。ここでは家康を「徳川左京大夫」と呼んでいる。永禄九年（一五六六）十二月二十九日付で従五位下三河守に叙任したことはすでに述べたが、この記事が示すように永禄十一年十一月十日以前に、家康の朝廷での官職は三河守ではなく、左京大夫となっている。

**家康の左京大夫任官**

家康の左京大夫任官は、叙任を記録した「歴名土代」（東京大学史料編纂所蔵）には「永禄十一年」とのみあり、月日を記さない。一方、日光東照宮に残されている左京大夫の口宣案の日付は「永禄十一年正月十一日」である。この年の正月十一日に任じられたともみえるが、この口宣案はのちに三代将軍徳川家光の要請で、正保二年（一六四五）に改めて作成されたもので、そのまま受け入れることはできない。ただ、先の『言継卿記』の記事から永禄十一年十一月十日以前に任官していたことは動かしがたい。また、左京大夫という官職名が使用されるのは、朝廷関係の史料以外にはみえず、家康は左京大夫任官後も三河守を使用し続けた。なお、天正十一年（一五八三）十月五日付の島津義久宛近衛前久書状に「徳川左京大夫家康」とみえるのが、最も新しいものである（『島津家文書』）。

さらに、太政大臣（だじょうだいじん）から殿上人（てんじょうびと）までの公家の名列を記した元亀（げんき）二年（一五七一）の「公家次第」（徳大寺本）には、殿上人の一人として「左京大夫家康」の名が見え、遅くとも元亀二年以前に家康が殿上人として扱われていたことがわかる。

**武田信玄の駿河進攻**

この永禄十一年（一五六八）も終わろうとする十二月に入ると、武田信玄が六日に甲斐府中を発ち、駿河の今川氏真を攻めた。氏真はこの攻撃を凌ぐことができず、十三日に遠江の朝比奈泰朝居城の掛川城（遠江佐野郡）に退去し、駿河は武田氏の勢力下に入った。

**今川氏真、掛川城に退去**

一方、駿河東部には、北条勢が侵攻してきた。

**西遠江への計略**

家康の方は遠江西部の計略を開始する。まず十二月十二日、遠江引佐（いなさ）郡都田の菅沼忠久、井伊谷の近藤康用（やすもち）、瀬戸の鈴木重時に、井伊谷から遠州口へ兵を出したことを本望とし、井伊谷の跡職・新知などを保証し、甲斐の武田信玄からどのように言ってきても見放さない、と起請文をもって誓約した。さらにこの三人に、井伊谷筋の案内を勧めた忠節を賞し、井伊谷跡職をはじめ遠江の各所と、三河には渥美郡田原で三〇〇貫文を与えると約束した（「鈴木重信氏文書」）。同日、菅沼定盈に、菅沼正久・近藤康用・鈴木重時を招致したのを賞して、遠江の本領川合郷・高部（設楽郡）に加え、新知一五〇〇貫文を宛行うことを約束した（「菅沼文書」）。ついで家康は遠江に侵攻し、井伊谷・刑部・白須賀（浜名郡）・宇津山（浜名郡）の諸城を落とし、十八日には引馬（浜松）城に入った。

そして十二月二十日には、今川氏真の旧臣で家康に属した遠江豊田郡匂坂の領主匂坂吉政に、このたびの忠節を賞し所領を安堵した（「匂坂文書」）。翌二十一日には、遠江周智郡久野の領主久野宗能に、今度の忠節を賞して今川時代と同様に本地の安堵を約束した。また、人質となった宗能の子の千菊にも、二十八日に領地を与えた（「久野文書」）。いずれも家康の遠江への侵攻を担保する施策である。

**掛川城を攻める**

こうしたなか、駿河に侵攻していた武田信玄から十二月二十三日付で、駿河出馬に際し、家康が機を逸せず出陣したのを満足とし、遠江への侵攻は駿河仕置のため一両日延引して、三日のうちに始めるので、家康は掛川城攻めを始めるよう求めてきた（「陽雲寺文書写」）。これを受けて家康は二十七日、掛川城の今川氏真を攻めた。なお、このころ遠江の城東郡高天神城の小笠原氏助が来降した。

**高天神城の小笠原長忠来降**

これに先立ち、家康は十二月二十六日、三河宝飯郡西郡城の城主鵜殿氏長ら九人に、

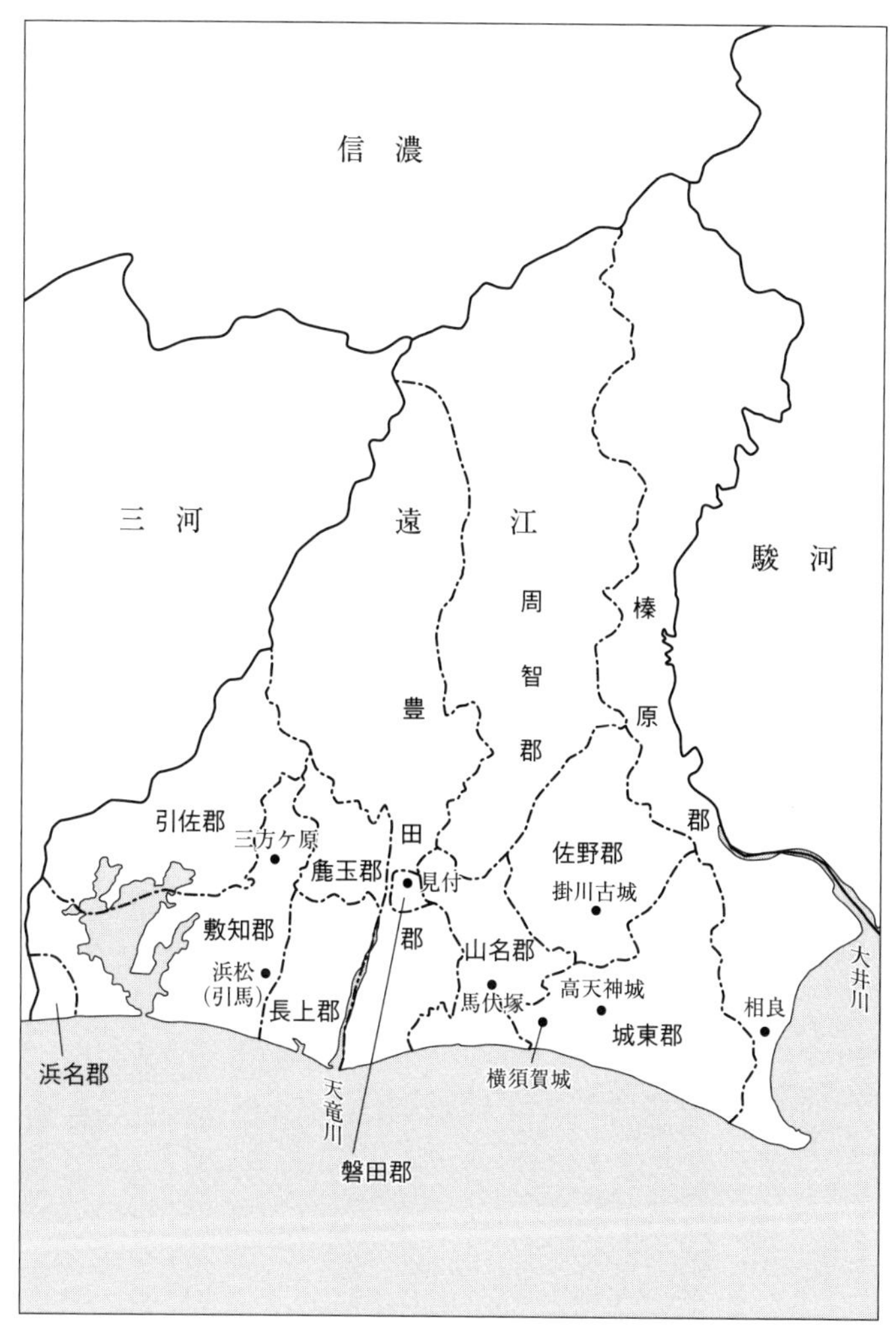


遠江国略図（郡名は江戸時代）

遠江豊田郡二俣城と領知を渡すことを誓約した起請文を出した（『譜牒余録後編』）。

信玄に違約を詰問

〔家康28歳〕

この永禄十一年末に家康は、前年に武田の将である秋山虎繁ら伊奈衆が、信濃より南下し遠江に入り、磐田郡見付まで侵攻したのを違約とし、信玄に詰問した。年が明けて永禄十二年（一五六九）正月八日、信玄は家康に疑心を生じさせたことを陳謝し、秋山らの撤兵を告げるとともに、掛川城攻めが肝要と申し送ってきた（「松雲公採集遺編類纂」）。十七日、家康は掛川城攻めに出馬する。

東遠江も勢力圏内へ

出馬に先立ち、家康は帰属した武将たちへ知行などの安堵を行なう。正月二日は遠江周智郡犬居城の天野藤秀らに（「天野文書」）、十一日は遠江城東郡の牧野源介、遠江榛原郡の中山又七に（「早稲田大学図書館所蔵文書」）、十二日には遠江の大村弥十郎らと（『歴代古案』）大村弥兵衛同心四人に（「御家中諸士先祖書」「富永文書」）、十五日は遠江山名郡の加々爪政豊に（『記録御用所本古文書』）本領を安堵した。出馬後も、二十日には遠江の小笠原清有に城東郡で新知行四三二貫文を（「小笠原文書」）、二十六日には遠江の石谷政清に知行を（『記録御用所本古文書』）与え、二十八日には遠江の朝比奈十左衛門らに佐野郡・榛原郡本知の替え地を与えた（「朝比奈文書」）。こうして家康は、東遠江をもその勢力圏内に取り込んでいった。同月二十日、三河の奥平信光に忠節を賞し感状を与えた（「加藤庄一郎氏所蔵文書」）。

遠江侵攻の状況を報ず

正月二十七日には、武田一門の穴山信君が敵城（掛川城）の様子を尋ねてきている。また二月四日には信長から、改年の祝儀として家康に鯉を送られたことを謝すとともに、家康の遠江侵攻にあたって船の件は心得た、兵についても心置きなく申すように、との書状が送られてきた（「本光寺常磐歴史資料館所蔵文書」）。

二月二日には江馬一成に遠江の本知を安堵し（「紀伊国古文書」）、十一日、尾張熱田の賀藤（加藤）順盛に掛川城包囲の陣中へ音信が届けられたことを謝した（「徳川美術館所蔵文書」）。十八日には上杉輝虎家臣の河田長親に、駿河の今川と甲斐の武田との合戦に家康も遠江へ出馬したところ、遠江の諸士は降参し、今川氏真が楯籠もる掛川城だけが敵対しているが、それも攻略中でいずれ落居すると報じた（『上杉家文書』）。

二月十九日には松下筑後入道に浜名庄の本知を（「古文書集」）、二十六日には遠江の都筑秀綱に敷地郡の本知をそれぞれ安堵し（「都筑文書」）、三月二日には三河の西郷清員に替地として遠江榛原郡内七〇〇貫文を（『記録御用所本古文書』）、八日には大村高信に遠江金薬師での奉公を賞し新知八〇〇貫文を与えた（『譜牒余録』）。なお、家康は六日、三河浄珠院に父広忠の菩提のため、鐘と鐘楼を寄進した（「浄珠院文書」）。

**今川氏真と和睦す**

掛川城を攻めあぐねた家康は三月八日、今川の家臣の小倉勝久に和睦を申し入れた（「松平記」他）。そして四月八日、今川の家臣である犬居城の天野景貫に重ねて本領を安堵する起請文を出し（「天野文書」）、十三日に改めて所領宛行状を出し、石川数正には遠江河根郷の年貢を納入するよう命じた（『譜牒余録』）。十二日には、今川氏真に属した遠江敷地郡堀江城主大沢基胤らに引き続き居城とすること、本知安堵、新知として呉松を与えること、当知行分の従来の特権を認める、という内容の起請文を出し（『譜牒余録』）、同日、大沢基胤には改めて本知宛行状を出した（『譜牒余録後編』）。また同じ日、中安兵部太輔・権田織部にも同様の起請文を出した（「伊藤本文書」）。十三日には奥山兵部丞・同左近将監に引佐郡奥山の本知を安堵した（「奥山文書」）。

今川氏真は五月十五日、掛川城を開城し、義父にあたる北条氏康からの迎えの兵とともに城をあとにした。これを受けて家康は、受け取った掛川城を石川家成に守らせた。

武田・上杉の同盟

上杉・北条の同盟

一方、武田信玄は北条氏の駿河東部での攻勢のなか、四月二十四日に駿河を撤退する。それとともに、信長を通じて将軍義昭に御内書を出してもらうことで、越後の上杉氏との和与を七月ころには成立させ、窮地を脱する。他方、上杉輝虎は北条氏との越相同盟の交渉が進み、北条氏康の子三郎（景虎）の養子入りが決まると、信玄と輝虎のあいだの同盟は消滅する。

本知安堵、定の発給

そうしたなか、家康は閏五月十七日、三河渥美郡細谷の百姓中に野々山四郎右衛門への年貢納入を命じ、六月二十日には野々山四郎右衛門に下細谷の知行を安堵している（「野々山千万住氏所蔵文書」）。なお、細谷百姓中宛の朱印状が、家康の朱印使用のいまのと

升座定

ころ初見である。閏五月二十日、鱸(すずき)源六郎に榛原郡家山の本知を（「阿波国古文書」）、渡辺三左衛門に周智郡犬居の本知を（「和田文書」）、尾上正長に山香(やまか)郡（周智郡）の本知を安堵し（「尾上文書」）、閏五月下旬には石川数正を遠江に残し、三河に戻ったようである。閏五月、遠江舞坂における伝馬・押立夫(おったてぶ)・押立馬を停止する定(さだめ)を出した（「堀江文書」）。このように遠江攻略はきわめて順調に進められた。

　六月二十五日には、三河大樹寺登誉上人に寺中・門前の殺生、喧嘩の禁止、不入の地、国中の諸士の惣門前での下馬、諸役免許を内容とする定を出した（「大樹寺文書」）。七月二十四日、天野景貫(かげつら)の一族である天野八郎左衛門に遠江周智郡犬居の本知を安堵し（「諸家文書纂」）、さらに二十九日には、景貫が今川氏真に内通した花島という者を成敗したのを賞し、花島の跡職を景貫に与えた（「諸家文書纂」）。家康はまた、七月には遠江見付の升座に五ヵ条の定を出した（「中村文書」）。その定の内容は、①升座に一二人を申し付けてその独占を認め、②升取り以外の者へ家を売ることの禁止、③座役は明後年に決めること、④家康出陣以外の宿並の伝馬免許、⑤米座の運送物を従前通り支配すること、である。

　八月三日には、遠江浜名郡の法華寺に竹木伐採禁止の禁制を出し（「妙恩寺文書」）、同日、瀬戸方久に遠江井伊谷の買得地を安堵し（「瀬戸文書」）、七日には遠江周智郡秋葉寺別当光播に、別当職と諸勧進寺務を安堵した（「志賀槇太郎氏所蔵文書」）。十二日には、大給松平真乗に遠江浜名郡の笠居島在陣を命じた（『譜牒余録』）。二十八日、遠江周智郡の久野宗能には、主君は今川氏真であると反逆した久野一族の跡識を与えた（「久野文書」）。九月に入り、一日に門奈直友に遠江浜名郡の河匂元の名職を安堵した（『記録御用所本古文書』）。十六日、家康は松平真乗に、掛川城の番手に加わるよう命じた（「西尾松平文書」）。

### 二万疋を禁裏へ献上

こうした遠江攻略の最中、正親町天皇は父の後奈良天皇十三回忌の懺法講執行の費用を拠出するよう、家康に求めた（『言継卿記』）。この命を受けた山科言継は七月八日に京都を発ち、途中岐阜で織田信長に対面した。家康への用件を聞いた信長は驚き、「老足」「極暑」のうえ、家康は駿河境に在陣中なので三河行きは無用であり、信長から飛脚をもってこの件を伝えるので、その間は岐阜に逗留するよう、もし家康による費用調達が不調の場合は信長が一、二万疋を進上すると内々申し出た。そこで言継は岐阜に逗留し、家康からの返事を待つ。これに応えて家康は二万疋を進上し、九月に後奈良天皇十三回忌の法会が執行された。

### 正親町天皇の女房奉書

この法会の費用を進上した家康は、正親町天皇から山科言継宛の十一月五日付の女房奉書を受けとった（『言継卿記』）。その文言は次のようなものである。家康からの二万疋の進上を「神妙」とし、懺法講がつつがなく執り行なわれたのを天皇が喜んでいること、またこの件は信長にも申したので、信長からも家康に申し渡されたであろうこと、さらに緞子五反を遣わすので、そのことを言継から家康に申し伝えるようにとのこと、さらに端書で正月の四方拝の「御惣用」をやがて調えられるように、と追記している。

信玄の駿河再進攻

十二月初め、武田信玄は北条勢力下となった駿河に再び侵攻し、翌年二月にかけて駿河に在陣し、中部・西部を押さえた。一方、家康は十二月十三日、掛川城番手に加わっていた大給松平家の真乗に、遠江榛原郡で知行を宛行った（「松平家所蔵文書」）。十二月、家康は三河渥美郡桐岡院に寺領を安堵するとともに、門前の者が他に被官の契約をすることを禁じた（「普門寺文書」）。

この年の家康による領知安堵や宛行状は、武田信玄と約束した大井川西側、すなわち遠江を対象に、掛川城の今川氏真攻めを軸とした遠江侵攻時に、家康への帰属や忠節に応じて出されている。

## 二　浜松移転と三方ケ原の戦い

〔家康29歳〕信長の上洛要求に従う

永禄十三年（元亀〔げんき〕元、一五七〇）三月、信長に従って上洛する。家康にとって初めての京である。四月の信長の朝倉攻め、六月の姉川の戦いへの参陣、八月の武田信玄との絶縁を経て、越後上杉輝虎との同盟関係に入る。元亀二年は、信玄の動きをみながらも比較的平穏であったが、十二月に北条氏康が没したことで情勢が変化する。元亀三年は信玄が遠江に侵攻するなか、十二月、家康は三方ケ原で信玄に敗北する。本節では、こうした永禄十三年から元亀三年（一五七二）の動向を追う。

家康は永禄十三年正月二十三日付で、織田信長から二月中旬の上洛にあたって北畠具教らとともに在京を命じられた。ついで二月十五日、信長は改めて北畠具教・徳川家康・姉小路嗣頼らに「禁中の御修理・武家の御用、その外天下いよいよ静謐」のために上洛を求めた（「二条宴乗記」）。

武田信玄に京の様子を報ず

これを受けて家康は三月五日、信長に随って上洛、在京し（『信長公記』）、十七日には将軍足利義昭に家臣の騎乗をみせた（『言継卿記』）。京都から武田信玄に京内外が静謐であると報じたのに対し、四月十九日付の信玄の返書が届いている（「白崎良弥氏所蔵文書」）。

越前朝倉攻めと撤退

信長は四月二十日、越前朝倉攻めのため京を発する。若狭を経て二十五日、越前敦賀に入り、天筒山城・金ケ崎城を攻撃しこれを落とした。この侵攻に家康も加わった。しかし近江小谷の浅井長政が兵を起こし朝倉方に応じたため、追い込まれた信長は敦賀を跡に近江朽木谷を経て、四月三十日、京都へ撤退した。家康も同様の経路で撤退したと考えられる。

家康は五月三日には、訪ねてきた山科言継らとなにごとか談合し、飯を振る舞った（『言継卿記』）。その後ほどなく浜松に帰ったようである。

### 姉川の戦い

六月下旬には再度出陣し、二十八日、信長勢とともに近江姉川で数時間にわたって戦い、浅井・朝倉勢を打ち破った（姉川の戦い）。信長はこの時の家康の戦闘の様子を戦い当日、細川藤孝へ「今度岡崎家康出陣、我ら手廻の者ども、一番合戦議論のあいだ、家康に申し付けられ候、池田勝三郎（恒興）・丹羽五郎左衛門（長秀）相加え、越前衆に懸り候て、切り崩し候」と報じている（「津田文書」）。八月十三日には、姉川の戦いで、家康の見ているところで戦死した遠江敷知郡堀江城主の中安定安の忠節に応え、子の中安満千代に先判どおりの知行を安堵した（「古文書集」）。

### 浜松城入城

家康は前年の秋より、遠江進攻のために遠江見付城普請を進めていたが、信長の意見で見付城の普請は取り止め、六月には見付より西に位置する引馬城を改修して移り、九月十二日に本城に入った。この時、従来の引馬の名称を浜松と改めた。当時の浜松城について『当代記』は「本城普請あり、惣廻り石垣、その上にいずれも長屋立てらる」と記している。浜松を居城とするにともない、岡崎を嫡子信康に譲った。信康は八月に元服しており、岡崎次郎三郎信康と名乗った。

### 武田と絶縁

この元亀元年（一五七〇）八月、家康は武田信玄への不信が深まるなか、信玄と絶縁する。

**上杉と同盟**

使僧の権現堂叶坊光播を上杉輝虎のもとに遣わし、「無二之入魂」（懇意あるいは昵懇）を告げ、信長と朝倉義景との「一和」の仲介、武田との断絶などを伝えた。これに輝虎が応え、八月二十二日付で酒井忠次、大給松平真乗に「無二申し合わすべき心中に候」と申し送ってきた（「田島正十郎氏所蔵文書」・『歴代古案』）。これを受けて家康は十月八日、信玄との手切れ、信長に輝虎と入魂となるよう、また武田と縁組みしないよう遠回しに意見することを約束する起請文を輝虎に送った（『上杉家文書』）。

**本願寺反旗**

信長は九月、三好長逸を攻めるため摂津野田・福島に軍勢を出したが、十三日に大坂の本願寺が三好方につき、信長方に反旗を翻した。本願寺が反旗を翻した翌日、将軍足利義昭は家康に御内書を送り、大坂中島表に進発したこと、近く三好は信長に討ち果たされるであろうと報じるとともに、畿内その外から諸卒が馳せ集まっているので、外聞を考え、家康も参陣するよう求めた（「武田文書」）。この御内書の宛名は「徳川三河守」でも「徳川左京大夫」でもなく、叙任以前の呼称である「松平蔵人」とある。

**京に着陣**

こうしたなか、浅井長政・朝倉義景らが南近江に兵を進めたのを受けて、信長は九月二十三日、摂津から近江坂本へと兵を移した。この時浜松にいた家康は、九月二十四日に松平信一（藤井松平氏）・石川家成を先発させ、みずからも十月二日までに京都東福寺・清水・粟田口あたりに着陣した。十月二日、家康は平岩親吉にあて、岡崎にいる信康に留守を守るよう指示した（「関戸守彦氏所蔵文書」）。十四日には、三河岡崎随念寺麐誉に遠江井賀谷寺領を寄進している（「随念寺文書」）。十二月には、三河碧海郡小山新市に楽市の定を出した（「松平乗承氏所蔵文書」）。

〔家康30歳〕元亀二年の信長と家康

年明け元亀二年（一五七一）正月、武田信玄は北条方の駿河深沢城（駿東郡）の北条氏繁を攻めた。これに対し北条氏政が援兵を出し、また上杉輝虎も武将を派遣した。こうしたなか信玄は兵を引き、氏政も二月二十五日に兵を収めた。家康は三月五日、上杉輝虎への返書で関東表が平穏になったことを悦び、駿州口の行（策略）を申し合わせている（『上杉家文書』）。なお十三日には、遠江山名郡小野田村の領知を、本間八郎三郎に安堵した（「本間文書」）。

朝廷からの要請

ところで家康は、五月十三日付で延暦寺別当代らから、また七月十八日付で天台座主曼殊院覚恕から、八月七日には綸旨をもって、遠江周智郡蓮華寺領と一宮社僧職を還付するよう求められた（「蓮華院文書」）。これに家康がどのように対処したかその詳細は知りえない。ついで八月二十八日付で正親町天皇は家康に、東大寺大仏殿再興への奉賀を求める綸旨を送った（「晴豊公記」）。このようにこの時期、朝廷からの要請がしばしば家康になされたが、こうした要請は家康に限ったことではない。

六月、遠江見付の問屋役を安堵した（「成瀬文書」）。八月二十六日、浜松で観世宗節父

### 能興行

子が能を演じた際に家康も能を演じた（『当代記』）。今のところ、家康の能興行を知りえる最初の事例である。

### 上杉輝虎との入魂

上杉輝虎に「いよいよ入魂あるべきの由」を申し入れ、唐頭（からのかしら）の兜を送ると、八月一日付で輝虎より礼として鴾毛（ときげ）馬が送られ、両者の入魂が確認された（『歴代古案』）。

家康は九月三日、三河の仙昌院・小林三郎左衛門に、菅沼定仙・同半五郎知行の境目にある鉛山の諸役を免除し（「清水文書」）、十月には遠江榛原郡石雲院に寺領を安堵し（「石雲院文書」）、十一月六日には久須見土佐守に、分国中諸浦における船一艘分の諸役を免許した（「久住文書」）。

### 比叡山焼打ち

他方、信長の動向だが、この元亀二年五月に伊勢長島の一向一揆を、八月に近江小谷城の浅井長政を攻め、九月四日には比叡山焼き討ちを決行した。しかし、家康はいずれの軍事行動にも参陣していない。

十一月二十六日、信長の家臣佐久間正勝と佐々一兵衛尉に、信長の江北出馬を聞いた家康は、寒天のなか心許なく思い使いを遣わすこと、様子を細かに承りたいこと、軍勢が必要ならばいつでも出すこと、信長へ直札（じきさつ）をもって申し上げたので取り成しを頼むと申し送った（「徳川美術館所蔵文書」）。

### 今川氏真を受け入れる

こうしたなか、小田原の北条氏康が十二月三日に没した。跡を継いだ氏政は、上杉輝虎との同盟を破棄し、武田信玄とあらたに同盟を結んだ。これにともない小田原にいた今川氏真は小田原を脱出し、浜松に逃れた。それを家康は受け入れた。

〔家康31歳〕

元亀三年（一五七二）二月三日、瀬戸岩松に遠江引佐郡井伊谷の買得地を安堵した（「藤波家旧蔵田畠沽券」）。このほか二月に同国浜名郡本興寺に、寺中の成敗は住持が、陣僧・飛脚・棟別の免許、普請人足などの免許、造営鍛冶・番匠の諸役免許、殺生停止、舟役免許を内容とする条書（じょうしょ）を出した（「本興寺文書」）。

武田信玄の西上

他方、信玄は十月、大軍を率いて甲府を出陣して西上を開始し、同時に反信長勢力である浅井・朝倉両氏と本願寺にこのことを伝えた（「安養寺文書」「顕如上人御書札案留」他）。

駿河から遠江に入った信玄は、掛川の高天神城を攻略した後、天竜川を渡り浜松へと向かうルートをとらず、見付から北上して豊田郡合代島（ごうだいじま）に本陣を置いた。こうした動きに対し家康は十月二十七日、竹谷（たけのや）松平家の清善に遠江浜名郡の宇津山の砦に軍勢を入れたことを忠節と賞し、千貫文の地を与え（「竹谷松平家文書」）、十一月六日には武田の別動隊が信州表へ侵攻してきたと美濃岩村から申越したので、大給松平の真乗に、三河北部の加茂郡武節に移動するよう命じた（「西尾松平文書」）。十九日には足利義昭の御内書に謝意を表し、遠江に武田信玄が手出しをしてきたので、岐阜の織田信長からの援兵をえて数度敵陣に向けて戦いをいどんだが、特別なことはないと報じた（「塩川利員氏所蔵文書」）。

足利義昭の御内書

岐阜にいた信長は十一月二十日、信玄の遠江・三河侵攻を聞き、上杉輝虎への書状で信玄の所行を「前代未聞之無道」「侍之義理」を知らない者と非難するとともに、信玄とは「未来永劫」相通ずることはないと告げ、さらに家康にも加勢の者を送ったと報じた（『歴代古案』）。実際、信長からは平手汎秀（ひらてひろひで）・佐久間信盛らが遣わされた（『信長公記』）。

**三方ケ原の敗戦**

信玄は合代島を出発し、十一月晦日に二股城を攻撃してそれを落とし、三河へと軍を進めた。それを知った家康は十二月二十二日、居城浜松の北、三方ケ原で武田軍を背後から襲うが、反撃にあい敗退した（『信長公記』他）。家康の一生で最大の敗北となった。この信玄の勝利を聞いた義昭は、反信長の姿勢を鮮明にした。本願寺も各地の一向一揆に決起を促す。

家康は年末の十二月二十九日、遠江河副に郷中狼藉を禁じる禁制を出した（「松野文書」）。同月、河合湊三郎に忠節を賞し、三河・遠江で所領を与えた（「臆乗鈔」）。

**〔家康32歳〕**

**信玄の徹兵と死**

元亀四年（天正元、一五七三）、遠江刑部（おさかべ）で越年した信玄は正月半ば、菅沼定盈・松平忠正が籠もる三河野田城を囲み、二月にそれを攻略した。

家康は正月十七日、遠江浜名郡龍禅寺に禁制を出し（「龍禅寺文書」）、また二月二日には、原田正信と簗瀬家弘に三河幡豆郡・設楽郡で所領を与えた（『記録御用所本古文書』）。家康は四日、上杉輝虎へ、旧冬の武田との戦いについて遠路飛脚をくれたことに礼を述べ、信玄の野田城攻めにともない、家康自身は三河吉田城に移って尾張・美濃の衆と同陣し、後詰は近日に信長が出馬するので、その節に討ち果たすつもりであること、また輝虎が加賀方面に進攻したことを悦び、信濃に侵攻するとのことだがすぐに「手合」したいと申し送った（「古今消息集」）。十六日には輝虎に、信玄が野田にいると報じた（『記録御用所本古文書』）。野田城を落した信玄は、十七日には野田から長篠城（三河設楽郡）に移った。しかしこのころから病が悪化し、やむなく軍を返すと、四月十二日、信濃駒場で五三歳の生涯を閉じた。

奥平氏、誼を通ず

信玄が死するおよそ一ヵ月前の三月十九日、上杉輝虎は長景連（ちょうかげつら）への書状で、輝虎と信長・家康が申し合わせ信玄を討ち果たすと申し送っていた（「旧高田藩和親会所蔵文書」）。

七月十七日、家康は設楽貞通に、七月二十日に山中筋へ向かうので軍勢を出すよう求めた（『譜牒余録後編』）。また、信玄に降っていた山家三方衆の作手城（設楽郡）の奥平定能（さだよし）（貞能）・信昌が家康に誼を通じてきたので、八月二十日に七ヵ条の誓紙を与えた（『譜牒余録』）。その内容は、①九月中の縁辺（血縁・婚姻による親族関係）を約束し、②本知などの安堵、③田嶺跡職（あとしき）などの宛行、④長篠跡職などの引き渡し、⑤新知行三〇〇〇貫文を三河と遠江で宛行うこと、⑥三浦跡職の扱い、⑦信長から起請文を取ること、などである。そして長女の亀姫（母は築山殿、瀬名今川氏）を、奥平信昌に嫁がせると約束した。

長篠城を攻略

九月十日、家康は長篠城を攻め落とす（「本成寺文書」他）。二十一日、武田方に攻められ作手城を退き、額田郡宮崎瀧山城に入っていた奥平貞能に、長篠城の守衛を命じた（『当代記』他）。二十三日には上林越前に、三河土呂八町の新市の支配を命じ（『譜牒余録』）、晦日は鈴木重直に、三河幡豆郡吉良庄内前後堤の内の地を宛行った（「鈴木文書」）。

また、十一月には堀宗政に、子の堀吉之が後嗣がないまま十月二十日の瀧山合戦（額田郡）で討ち死にしたので、安城で一庵を結んで菩提を弔うよう、ついては寺領に不入の特権を与え、諸役を免許した（「大樹寺文書」）。十一月十一日には、遠江池田渡船場にいずれの地にも渡船場を設ける特権を認めるとともに、河原における昼夜の奉公を求めた（「大庭文書」）。同日、馬籠渡船場にも同様の文書を出した（「水野文書」）。

## 三　長篠の戦い

武田信玄の死後も武田方の駿河・遠江進攻は続き、家康は天正（てんしょう）元年（一五七三）、二年とそれに対抗し続け、中央の動きに直接関与することはなかった。天正三年、織田信長と連合して長篠の戦いに勝利したものの、それで武田氏が没落したわけではない。本節では、天正元年から三年までの家康と武田氏の攻防を見ていく。

天正元年十一月、父信玄の死により跡を継いだ武田勝頼が甲斐から駿河を経て大井川を渡って遠江に入り、掛川・久野を焼き見付に陣を据え浜松に迫るが、やがて甲斐に引き上げている。

〔家康32歳〕武田勝頼の遠江侵攻

家康はこの年十二月には、六日に三河伊良湖の六郎左衛門に網二条について不入の特権を認めた（「糟谷六郎左衛門氏所蔵文書」）。八日に、鈴木太郎左衛門尉に遠江豊田郡池田庄内前野村神明社などの社領・寺領を寄附し（「鈴木文書」）、二十一日には遠江浜名郡大福寺、遠江敷知郡金剛寺に寺領を寄進し（「大福寺文書」「金剛寺文書」）、遠州浜名神戸惣社明神にも社領を寄附した（「初生衣神社文書」）。

〔家康33歳〕上杉に呼応する

年が明けると、上杉輝虎が天正二年正月九日付で、家康家臣の榊原康政を通じて、近く西上野に侵攻すること、この機会を逸すれば甲斐・信濃攻略はかなわないので、家康から信長にも共同するよう申し入れてきた（「榊原家文書」）。重ねて二十三日付で、輝虎家臣の村上国清から榊原康政を通じて、輝虎が十八日に西上野に向け出馬したこと、ついては家康は信濃・甲斐へ出陣するように、と求めてきた（「榊原家文書」）。それに応えて家康は、浜松から北上して武田方となった遠江二俣城を攻めた。この報を受けた輝虎は、家康家臣の酒井忠次を通して、二月七日付で上野沼田に入ったこと、十六日には西上野で放火するのでそれに応援するよう求めてきた（「徳川黎明会所蔵文書」）。

輝虎からのこうした報に加え、三月十三日には村上国清から上野沼田表に着馬したとの報を得て、家康は以前より申していたように駿河に向け発向すると報じた（『上杉家文書』）。十五日には石川数正も村上国清へ、応援のため十九日には家康父子が出馬して駿河に侵攻すると伝え、甲信滅亡の調略への馳走を求めた（「栃窪村与右衛門所蔵文書」）。しかし、この時、家康が駿河に侵攻した様子はない。

駿河には進攻せず

この間の二月十二日には、一色藤長から三河来訪の意向を伝えてきたのに対し、それを歓迎すると応えている（「榊原家所蔵文書」）。また、家康は三月四日、三河大恩寺に祠堂銭で買得された東八幡領・一宮領の地を本銭を返したうえで新たに寄進し（「大恩寺文書」）、十一日には遠江の某寺に浜松村野河原とも一円を寄進し（「安穏寺文書」）、十二日には上林越前に、三河土呂郷中の番匠・諸職人の支配を命じた（『譜牒余録』）。

ところで、足利義昭から、今般信長の専横が積もり都を離れているが、この節、武田と和談し天下静謐の馳走をするように、との三月二十日付の御内書が送られてきた（「別本士林証文」）。一方、家康の動向だが、四月六日に浜松より北上して、武田方になっていた遠江周知郡犬居城を攻めるが、落とせず引き上げた（「大須賀記」他）。九日には、この時の小笠原長国・匂坂加賀守・小笠原広重の忠功を賞している（「小笠原文書」）。

義昭、武田との和談を求む

五月、武田勝頼が遠江に侵攻してきた。家康の武将小笠原氏助が守る高天神城が包囲

高天神城落とさる

され、信長からの援軍も間に合わず、六月十七日に落城した。家康にとって大きな痛手となった。十九日、遠江浜名郡今切まで軍を進めていた信長・信忠父子は、落城の知らせを聞き、三河吉田城に引いた。家康は出馬を謝すため、そこに出向いた（『信長公記』）。

この間、五月三日に三河大恩寺に三ヵ条の禁制を与えた（「大恩寺文書」）。また、家康は二十二日、武田方に包囲されていた高天神城への使を果たした匂坂牛之助の功を賞し、遠江周智郡宇苅郷にて一〇〇貫文の領地を与え（「浅羽本系図」）、同月、遠江周智郡気多郷に忠節に対し放火・乱妨を止める禁制を与えた（「水月明鑑」）。七月十日には本間政季に、高天神城攻防での功を賞し、遠江山名郡小野田村の本領を安堵した（「本間文書」）。

輝虎の疑念に弁明する

七月九日、家康は上杉輝虎に、当秋の信濃・甲斐への侵攻は互いの出馬が肝要とし、また信長が信濃・甲斐への出兵を疎意にしているとの輝虎の疑念に対してはそうではないこと、家康から信長に遠回しに諫めるので問題ないと報じた（「反町茂雄所蔵文書」）。なお、信長からは輝虎に宛てて、六月二十九日付で信濃・甲斐侵攻に対応できていないことを弁明する書が送られている（『上杉家文書』）。

信長に遠江・三河の様子を報ず

家康は九月十三日、内容は不明だが信長に、先日堀平右衛門をもって申し上げた件に懇ろに応えられたことに謝意を表し、また遠江に出勢してきた武田勢が退去したことを報じ、遠江・三河の儀はこのたびの御使が見聞きしていると申し送った（「西蓮寺文書」）。

剣法伝授

十月に入り下旬には、信長から摂津伊丹城攻めの様子を報じた十月二十四日付の書状を受け取った（「谷井文書」）。その四日後の十月二十八日、家康は奥平久賀に剣法伝授を受けるにあたって、「相伝の太刀他見有間敷」との起請文を書いた（「奥平文書」）。

諸役免除

十一月には、堀平右衛門に遠江乾表で討ち死にした堀定誠の跡職を安堵し、菩提寺の安祥寺の諸役を免許したほか（「武徳編年集成」）、二十八日には遠江妙香城寺に、寺領を寄附し、諸役を免除した（「古案」）。なお閏十一月九日、信長には、三河吉良表（幡豆郡）の鷹野に御越しになることを本望とし、当年は一段と鶴・雁が多く見られると申し送った（「彰考館所蔵文書」）。

十二月九日、清水政晴に保尾郷（渥美郡）での諸役などを免許し（「書上古文書」）、十三日には遠江浜名郡妙立寺に寺領・門前の山林竹木などの伐採禁止、諸役免除の特権を与えた（『徳川家判物并朱黒印』）。二十八日になると、遠江浜名郡の今切新居渡船場に定を出すとともに（「御庫本古文書纂」）、同日、遠江新居の善住坊に、先規に任せて寺領を寄附し、その地を不入の地とし、勤行などを懈怠なく勤めるよう命じた。また、浜名郡の法花寺にも、先判にしたがい寺領を寄附し、諸役を免許し不入を認めた（『徳川家判物并朱黒印』）。

書札礼に見る信長との関係変化

家康と信長との関係を書札礼からみていくと、信長が上洛した永禄十一年（一五六八）以降、信長は家康への書状に黒印状を用いており、家康のほうが一段下位にあったといえるが、書止文言は「恐々謹言」と対等の形を残している。天正元年(一五七三)四月六日の家康宛信長黒印状(「古文書纂」)での宛名は「三河守殿進覧之候」とあり、書止文言も「恐々謹言」である。また、天正二年九月十三日の信長宛家康書状(「西蓮寺文書」)では、宛名は「岐阜殿人々御中」とあり、書止文言も「恐々謹言」と大きな変化はない。

ところが、天正二年十月二十四日付の家康宛信長黒印状(「谷井文書」)では、宛名は「三河守殿」のみで脇付はみえず、書止文言が薄礼の「謹言」へと変化し、さらに同年閏十一月九日の信長宛家康書状の書止文言は「恐惶謹言」(「彰考館所蔵文書」)と、信長上位、家康下位に変化している。「謹言」「恐惶謹言」の書札礼の変化は、対等な関係から臣従関係への変化とみなすことができる。この変化がどのような契機で生じたのかは明らかではないが、信長がこの年三月十八日に従三位参議に叙任されたことが反映しているとも考えられる。

〔家康34歳〕謙信との入魂を再確認

天正三年、上杉謙信(輝虎の出家名)の客将村上国清から、謙信と家康の入魂について申入があり、家康は二月四日、本多忠勝より村上国清へ、入魂の取り成しを諒解した旨を伝えるとともに(「村上家伝」)、松井松平家の貞政を越後に遣わした。貞政は越後で謙信に会い、謙信から「向後において無二の御入魂」の意向を伝えられた。これを聞いた家康は、二十日に満足の旨を村上国清に報じた(「村上家伝」)。

二月八日には三河随念寺に寺領を寄進し（「随念寺文書」）、十六日には遠江国の池田渡船場・馬籠渡船場に三ヵ条の定書を出した（「池田村共有文書」「水野文書」）。

さて、家康は三月十三日、信長に対し、武田氏との戦いに備えて送られてきた兵粮とともに、諸城の見廻に佐久間信盛を遣わされたことを謝している（「大阪城天守閣所蔵文書」）。四月に入り、十二日には奥平信光に設楽郡津具郷での戦功を賞し、十四日には石川数正を通して武田勢の動向を報告するよう求めた（『譜牒余録』）。

勝頼、長篠城を攻める

ところがその翌十五日、武田方によって三河東加茂郡の足助城などが落とされ、設楽郡野田城も攻略された。二十九日には武田勝頼によって吉田城が攻められ、支援にきた家康も吉田城に追い込まれた。五月に入ると勝頼は長篠城を囲むが、城主奥平信昌の奮戦により、城は持ちこたえていた。

長篠の戦い

家康から救援を求められた信長は、五月十三日に岐阜を発ち、岡崎で家康と合流し、武田軍との合戦場となる南設楽郡有海原（あるみはら）に堀を作り、柵を構築した。さらに鉄砲一〇〇〇挺（鉄砲使用・数については諸説ある）を準備し、武田の騎馬隊を迎え討ったと通説では語られてきたが、近年の研究成果ではそれほど特筆する戦いではなかったとの評価がなされている。信長は極楽寺山、家康は高松山に陣した（『信長公記』）。五月十九日、家康は石川数正・鳥居元忠に、武田勢が「馬一筋」に攻めてくることを想定し、柵などを設置

岐阜の信長の元へ

長篠合戦図屏風（徳川美術館所蔵，© 徳川美術館イメージアーカイブ／DNPartcom）

するよう指示した（「龍城神社文書」）。

二十一日早朝に始まった戦いは、未刻（午後二時）ころまで続き、織田・徳川軍の鉄砲隊に武田軍の騎馬隊が大敗を喫して終わった。長篠の戦いである。鉄砲と鉄砲隊というあらたな武器による戦法が合戦の帰趨を決定した。しかし、この戦いで勢力図が大きく変化したわけではない。

五月二十五日、家康は岐阜の信長の元に行き、まもなくして浜松に帰ると、余勢をかって駿河に入り、伊豆境まで侵攻した（「編年文書」他）。その後、遠江に帰ると豊田郡に毘沙門堂・鳥羽山などの砦を築いた。

六月に入ると家康は、鳥羽山を本

陣として二俣城を攻めるが落とせなかった。十五日には、長篠城における松平勝次の戦功を賞し（『記録御用所本古文書』）、二十二日には京都知恩院に対し、長篠の戦いで武田勝頼を破ったことを報じている（「知恩院文書」）。二十四日には遠江周智郡光明城を落城させた。八月二十四日には榛原郡諏訪原城を落とし、名を牧野城と改めた。さらに榛原郡小山城を攻めるが、勝頼の兵の来援により牧野城に引いた。

この間、七月十三日には周智領家郷に対し、百姓らの忠節により郷中放火・濫防狼藉を止める禁制を与え（「秋葉神社文書」）、十月十四日には随念寺に寺領を寄進した（「随念寺文書」）。

十一月二十六日、信長が家康に、武田領との境界にあった美濃岩村落城と、吉良辺で鷹野の折にでも直談しようと伝えてきた（『古美術品展観目録』）。一ヵ月後の十二月二十四日、武田方の二俣城の守将依田信蕃（よだのぶしげ）が城を明け渡して去ったのを受けて、家康は大久保忠世・阿部忠政を入れた（「松平記」他）。

## 四　高天神城の攻防

天正三年（一五七五）の長篠の戦いで武田氏に勝利したが、二年前に武田氏に奪われた高天神城が、武田氏の遠江進攻の拠点となっていた。本節では、天正四年から天正九年三月に高天神城を奪取するまで、家康が遠江に釘付けになっていた状況をみていく。

〔家康35歳〕今川氏真を受入れ

天正四年三月十七日、今川氏真を駿河に入国させるにあたって、東条松平家の家忠・松井松平家の康親に、遠江国牧野城の城番を命じた。その際、両者に富士山南麓の山東半分を与えるが、いまは制圧しきれていないので大井川下流左岸の山西を与えること、氏真に諸事異見すること、両名が家康の先鋒であるため逆心を企てていると申す者があっても究明を遂げ下知すること、敵地より帰順する者がある時には、松平家忠に尋ねたうえで同意すると約束した（「松井文書」）。

勝頼とのにらみ合い

これにともない、武田勝頼が高天神城に糧食を運び込もうとするのを聞いた家康は、遠江城東郡横須賀・榛原郡瀧堺に兵を出すが、勝頼が榛原郡相良に砦を築いて兵を引いたので、家康も引いた。

四月二十八日、大給松平家の真乗が、家康父子・石川数正に疎意なきことを誓った（「松平乗承家蔵古文書」）。ここからは、この時点になっても家康が松平一門を十分に掌握しきれていない状況がうかがえる。六月十日には家康は、遠江豊田郡山中郷の太郎右衛門に忠節を尽くすよう命じ、知行は望み次第与えると約束した（「可睡斎文書」）。遠江犬居城を攻めた家康は、退去する天野景貫を追い、八月に駿河に入るが、勝頼が兵を出したのを聞き、遠江中郡に引いたとされる（「浜松御在城記」他）。

〔家康36歳〕

天正五年（一五七七）、信長が正月十四日に上洛したのを聞いた家康は、書を送った。これに対し信長からは、二十二日付でその「芳問」を喜び、一両日中に安土に帰ること、また安土に来るとのことだが、深雪の時分なので暖かいころに来られたい、と言ってきた（「久能山東照宮文書」）。

二月十八日には、平野孫八郎に三河・遠江の諸湊浦に着岸しての商売を許し、船役を免許した（「多田厚隆氏所蔵文書」）。また四月二十三日、服部保次に、遠江の境目の調略にあたって討死するようなことがあっても、宛行った遠江・三河での知行一二〇貫文は息子に与えると約束した（『記録御用所本古文書』）。同日、匂坂牛之助に遠江浜名郡の地を宛行い、先年の高天神城での戦功などを改めて賞した（「古案」）。

横須賀に出兵

八月に入り、武田勝頼が横須賀に兵を進めたのをみた家康は、信康とともに出陣した。八月五日には、遠江浜名郡吉美（よしみ）郷に対し、棟別銭六貫五〇七文を差し出すよう求めている（「松野文書」）。九月十一日、遠江樽井山城の守将の安部元真に、このたびの武田方の来攻を退けたことを賞する感状を出した（「安部家文書」）。十月になって、武田勝頼が遠江榛原郡の小山城に入ったのに対し、家康は横須賀の馬伏塚（まむしづか）城に兵を出す。しかし二十日に勝頼が甲斐に兵を引いたので、二十二日には浜松に帰陣した（『家忠日記』）。

ところで、この年の十月から、家康の家臣で三河深溝の国衆であった松平家忠の日記が残されている。このことにより、家康の動きがこれ以前に比して格段に判明する。

『家忠日記』

〔家康37歳〕信長吉良へ

天正六年（一五七八）正月十八日、家康の以前からの誘いにより、信長が鷹野のために三河吉良を訪れた（『信長公記』）。その後、家康は三月七日ころ浜松を出陣し、九日には駿河志太郡田中城を、十三日には遠江引佐郡の今城（いまじろ）を攻め、十八日ころ浜松に帰陣した。四月十七日には信康が、浜松の家康のもとに挨拶にきた（『家忠日記』）。この間の三月十三日、徳川と同盟関係にあった上杉謙信が急死した。

上杉謙信死

家康は、信長に播磨表の様子を問い、また武田勝頼が信濃飯山に居陣した旨を伝える書状を送った。西国平定を進める信長はこの時、羽柴秀吉に毛利攻略を命じていたのである。信長からは六月二十五日付の返書が来た。そこには播磨での戦況が述べられ、また勝頼の件はさしたることではなかろうとし、変わることがあれば聞きたい、と記されていた（『中村不能斎採集文書』）。

七月三日ころより遠江横須賀に砦の普請を始めた家康は、十五日ころに終えると、駿河へ信康とともに軍勢を動かし、八月二十一日には遠江榛原郡の小山城を攻めた。八月、玉丸局に伊勢田丸の船一艘について、三河・遠江の諸湊での諸役を免許した（『記録御用所本古文書』）。

九月四日には榛原郡牧野まで戻り、六日に浜松に帰った。十二日には戸田康長の祝言を祝うため岡崎に行き、十四日に浜松へ帰った（『家忠日記』）。二十九日には、鈴木重直に三河で開発した新田を永代にわたって宛行った（「鈴木文書」）。晦日、家康は志摩の九鬼嘉隆に、本願寺攻めの加勢を大儀とし、武田勢の敗北は間近だと報じている（「九鬼文書」）。

高天神城を攻撃

十月に入り、大須賀康高らに命じて高天神城を攻めさせた家康だったが、十一月二日、武田勢が小山・相良筋へ進出してきたので、信康とともに馬伏塚に陣取った。翌三日、勝頼の軍勢が横須賀城の向かいまで進んできたので、家康も出陣し総社山に陣取ると、武田勢は高天神まで引いたので、家康は本陣に戻った。四日にも武田勢の物見が横須賀に入ってきたので、家康は佐野郡に進んだ。なお七日には、諸将に着到付の提出を求めた。一方、勝頼は十二日に高天神を去り、十四日には大井川を越えて駿河へと去り、二十五日、駿河より軍勢を引いた。これを受けて家康は、晦日に浜松に帰陣し、十二月二日は岡崎へ行った（『家忠日記』）。

〔家康38歳〕

吉良へ鷹野

天正七年（一五七九）正月二日、浜松で諸士の礼を受けた家康は、十九日には岡崎に行き、翌日より吉良に鷹野に出かけ、二十九日に深溝まで帰った。二月九日、国衆に十八日よりの浜松普請を命じ、十六日には鷹の雁（鷹が獲った雁）を、二十二日には鷹の鶴（鷹が獲

大樹寺七ヵ条の法式

度々の勝頼進攻へ対応

高天神城跡（提供：掛川市）

った鶴）を国衆に振舞った（『家忠日記』）。

三月二十一日、岡崎の大樹寺に七ヵ条の法式を出した（「大樹寺文書」）。その内容は、①訴訟の取り扱い、②祠堂物の徳政免除、③④寄附された寺領の悔い返しの禁止、⑤諸末寺の年三度の出仕、⑥諸役免許、⑦方丈などの被官が他権門に従う時には寺内門前を払うこと、であった。同日に上林政重に、三河土呂の茶園の管理を命じた（『譜牒余録』）。

この三月は、武田勝頼が遠江佐野郡国安に侵攻してきたので、馬伏塚まで出陣した家康だったが、勝頼が引いたので帰陣した。四月二十三日、また勝頼が駿河庵原郡江尻まで進出したのを受けて、国衆に二十六日までに浜松に来るよう命じると、二十六日に浜松を出陣し、再び馬伏塚まで進んだ。勝頼が軍を引いたので、大井川を渡り駿河田中城を攻めるが、二十九日に浜松に帰陣している（『家忠日記』）。それに先立ち二十五日には、酒井忠次に三河額田郡山綱村を、賀藤甚十郎に引き渡すよう命じた（『譜牒余録』）。なお、この間の四月七日に浜松で、のちに徳川二代将軍となる長丸（秀忠）が誕生している。

秀忠誕生

七月一日、家康は出羽米沢の伊達輝宗に初めて書を送り、鷹を得るため鷹師を遣わしたのでその路次往還を依頼し、向後は申し談じたいとの意向を告げ、さらに上方に御用があれば尽力すると報じた（『伊達家文書』）。

信康と徳姫の仲

ところで、これより先、嫡男信康と信長の娘徳姫とのあいだが険悪となっていた。その仲裁のため、家康は六月五日に岡崎に行き、七日浜松に帰った（『家忠日記』）。しかし徳姫が信康の非行を信長に訴えたことで、酒井忠次が信長のもとに遣わされることになった。七月十六日、信長から徳姫の書状をみせられた忠次は弁解に窮し、信長は信康の切腹を命じた（『信長公記』他）。この報を受けた家康は八月一日、忠次を再度安土に遣わし、信長の近臣堀秀政に取り成しを依頼した。その返事を受け八日に堀秀政へ、信康を岡崎から四日に追い出したと報じた（「信光明寺文書」）。信康は大浜へ移った（『家忠日記』）。

嫡子信康を自刃させる

八月五日、家康は深溝松平家の家忠に弓鉄炮衆を連れて西尾へ行くよう命じ、みずからも西尾へ行った。七日に岡崎へ戻り、本城の番を松平上野・榊原康政に、北端城の番を松平玄蕃・鵜殿八郎三郎らに命じた。そして十日、岡崎に国衆を集め、信康と内音信しないよう命じて起請文を取り、十三日に浜松に帰った（『家忠日記』）。九月九日、信康を遠江堀江城へ、ついで二俣城へと移し、十五日に自刃させた。それに先立つ八月二十九日、信康の母である築山殿を殺害した。この信康・築山殿一件についてはいろいろな評価があるが、ここでは一次史料で判明することのみを記すにとどめる。

築山殿を殺害

ところで、武田勝頼との同盟関係を解消した北条氏政が、九月五日付で家康に使いを送ってきて勝頼を夾撃すると約束した（『家忠日記』他）。家康はこの日、今川氏真の側近であった朝比奈泰勝に、かつて氏真が約束していた駿河での一三三〇貫文の地を宛行った（『記録御用所本古文書』）。十七日ころには駿河に向け出陣するが、二十五日には井籠まで、晦日には遠江牧野まで戻り、十月一日に浜松へ帰陣した（『家忠日記』）。

出陣と帰陣

十月十九日に掛川まで出陣、二十四日には掛川から牧野まで進んだが、いったん浜松に戻り、十一月十一日に掛川、翌十二日には馬伏塚に進んだ。十四日には鷹が煩ったので浜松に帰った。しかし武田勢が二十四日に駿河田中まで進攻し、二十六日には勝頼が高天神に入ったとの報を受ける。家康は二十七日、見付まで兵を出したが、晦日には武田勢が引いたので、翌日浜松に帰陣した（『家忠日記』）。

〔家康39歳〕

天正八年の家康

天正八年（一五八〇）正月二日、浜松で諸士の賀を受け、十六日には岡崎へ行った。二十四日には西尾に鷹野に出かけ、二十七日岡崎へ、二月五日ころ浜松に帰った。十七日にふたたび岡崎へ行き、信長の娘徳姫を安土へ送り、二十一日に浜松へ帰った（『家忠日記』）。この間、二月四日には加島孫尉・弥太夫に遠江での諸役を免許し、奥山の材木を出す時の兵粮給与を約束し、筏下りを安堵した（「田代文書」）。

徳姫を安土に送る

明珍の具足

三月十一日には、安土の鎧師明珍に注文した具足が届き、その見事な出来映えを悦び、先年の具足は遠江への出陣で着用し大変良かったと報じた（「大沢米二郎氏所蔵文書」）。十三日、五郎太郎に遠江浜松庄における大工職を安堵した（「御庫本古文書」）。十七日に、高天神方面へ出兵（『家忠日記』）。四月二十五日には、三河南設楽郡の鳳来寺に一二ヵ条の、三河岡崎の大林寺に三ヵ条の定書を出している（「参州寺社古文書」「大林寺文書」）。

さて家康は五月一日、掛川まで出陣し、三日には駿河田中まで進み、五日の合戦後、掛川まで戻った。その後、浜松に帰ったようだ（『家忠日記』）。五月二十一日に、三河隣松寺に殺生禁断・竹木伐採禁止の定と、寺領安堵の証文を（「隣松寺文書」他）、二十八日には遠江龍雲寺に寺務職の安堵状を出した（「龍雲寺文書」）。

家康は六月十日には横須賀まで出陣し、その後、浜松に帰陣した。二十五日には、高天神の陣で法度に背いた大須賀弥吉に、腹を切らせた。七月二十日、掛川まで行き、二十四日には田中筋・小山筋で苅田をさせ、二十六日に戻ると、翌二十七日に浜松に帰陣した（『家忠日記』）。

そのようななか、八月十六日、武田勝頼と黄瀬河で対峙していた北条氏政が、援助を求めてきた（『家忠日記』他）。九月三日には遠江引佐郡の方広寺に材木の伐り取り禁止、祠堂ものと徳政免除、無縁所の特権を安堵している（「方広寺文書」）。

攻城戦始まる

家康は十月十二日に高天神城へ向け兵を出す。本格的な攻城戦の始まりである。この後、高天神城の周りを堀や鹿垣（ししがき）によって取り囲むと、二十八日にいったん馬伏塚まで戻った。十二月二十日には信長の使者が陣所に来て、二十一日に陣場を見聞。二十二日には信長の使者を送るため、浜松まで戻った（『家忠日記』）。

## 五　遠江平定と駿河拝領

〔家康40歳〕

家康は天正九年（一五八一）三月、総攻撃をかけて高天神城を落とす。本節では、数年続いた武田氏との攻防に区切りをつけ、遠江を平定した家康が、翌天正十年の織田信長の信濃・甲斐攻めにあたって、駿河口を任されて甲斐に入り、武田氏滅亡後、功を賞され信長から駿河を与えられるまでを扱う。

信長、高天神城攻めに意見を述べる

家康は天正九年の正月は陣場で迎えた。四日、信長は高天神城攻撃に際し、水野直盛・水野忠重らを遠江横須賀城へ派遣し、二十五日に水野忠重へ、高天神城攻めについて指示する朱印状を送った（「水野文書」）。それは、高天神城から矢文で助命と引き替えに高天神・滝坂・小山の三城明け渡しを言ってきたようだが、この提案は受け入れず、家康には長陣になっても一両年内での信長の駿河・甲斐攻めを待つか、それとも高天神城攻めを続け、その後巻（うしろまき）として出陣してくる勝頼を迎え討って決着をつけるか、信長には分別しがたいので、水野からこのとおり家康に伝え、家康の家老とも談合して決するように、というものであった。

高天神城を奪還

三月二十二日、家康は総攻撃をかけ、高天神城を落とした。七年ぶりにこの城を奪還したのである。これにより遠江一国がほぼ平定された。二十四日には浜松に帰陣し（『家忠日記』）、五月九日には高天神城の戦いで忠節を尽くした奥山惣十郎に、遠江奥山の地を安堵するとともに、信濃遠山領で一〇〇〇貫文を宛行った（「萩原文書」）。この後、数ヵ月間は、近年にない穏やかな日々を過ごしたようである。

信長への土産

四月五日、家康は自身の上洛にあたり、信長への土産の金・馬鎧などの費用を国衆に割り当てると、五月十四日には信長への馬鎧の良し悪しを吟味する者を派遣した（『家忠日記』）。しかし、この時の上洛はなかった。その間、四月十六日に三河大樹寺へ、①所化衆の喧嘩口論を禁じ、②狼藉を禁じ、③日暮れに女人の寺家への立ち入りを禁じ、④住持の悪事は訴え出ること、⑤寺中にて開山以来の法度に背く僧は訴え出ることを内容とする条規を出した（「大樹寺文書」）。

六月二十八日に見付まで出馬した（『家忠日記』）。八月八日には榊原又右衛門に、三河東条領の地七貫九〇〇文のうちの新開分についての水役を五ヵ年免除した（「稿本藩士名寄」）。十月に入ると、十二日に三河幡豆郡今済寺、福泉庵、阿弥陀院、岩松庵に寺領を、二十六日に幡豆郡西条の道興寺、東光坊、長久院に寺領を、二十八日には幡豆郡光粒庵・向春軒に寺領を安堵した（「三河国朱印状集」他）。

伝馬手形を発給

さて家康は、十一月八日に三河・遠江の宿宛に、北条氏康の使者へ馬七疋の伝馬手形を出し、十二日にも浜松宿中に伝馬六疋の伝馬手形を出した。これらの伝馬手形は、家康発給の伝馬手形としては最も古いものである。この十二日には、下野国皆川城主の皆川広照より馬を進上された信長がたいそう悦び、帰途の使者をもてなすよう信長から命じられたこと、またこうした念の入った懇ろの対応は初めてのことであり、上方での仕合がよかったからであろう、さらに上方への通路にいるので相応のことは疎意はないと広照に報じた（「皆川文書」）。

また十二月五日、三河幡豆郡西条の義光院、楽善庵に寺領を（「三河国朱印状集」他）、翌六日には同所の修法庵他五ヵ寺（「西角井正慶氏所蔵文書」）、観音院他三ヵ寺（「東光寺文書」）、安養寺他一ヵ寺（「三河国朱印状集」）に寺領を安堵した。十五日には、馬伏塚で鷹野を行なった（『家忠日記』）。

ところで家康は、三河東条城主であった松平家忠の死去に伴い、天正八年（一五八〇）に誕生した家康の四男の忠吉にその跡を継がせ、松井松平家の康親に補佐を命じた。二十日には家忠の本知を認め、与力・被官は前々のごとく康親の計らいとすること、駿河へ入国した時には諸事にわたって康親が申し付けると約束し、かつ康親の本知を安堵した（「松井家文書」）。

〔家康41歳〕信長の命で甲斐攻め

天正十年（一五八二）正月十四日、毎年のごとく、家康は岡崎へ出向いた（『家忠日記』）。二月三日、信長から甲斐武田攻めにあたって駿河口を任され（『信長公記』）、六日には信長の甲州攻めを間近に、陣用意を命じた。十六日、勝頼の属城遠江小山城から守兵が逃走したことで、遠江全土が家康の支配下に入った。十八日には掛川まで出陣し、十九日に牧野へ、二十日には駿河田中城を囲んで守将依田信蕃を退去させ、二十一日に駿河府中に進んだ（『家忠日記』他）。同日、家康勢の手出しを禁じる朱印状（「足久保文書」）を、駿河志太郡の当目郷（「原田昇左右家所蔵文書」）、駿河安倍郡広野・小坂・足久保とに、翌日には駿河安倍郡の建穂寺に軍勢の濫妨狼藉、放火、人取りを禁じた三ヵ条の禁制（「建徳寺編年」）を出した。さらに同日、駿河阿部三ヵ郷に、このたびの忠節に対し当軍勢の手出し禁止を約束した（「旧浜当目村鹿五郎文書」）。

穴山梅雪を調略

家康は三月二日、駿河庵原郡江尻城にいた信玄の娘聟の穴山梅雪（信君）に、甲斐攻めにあたって信長方に帰服するならば、甲斐を宛行うよう、また年貢徴収が可能となる以前は二年でも三年でも信長から扶持を得られるよう斡旋する、それがうまくいかない時には家康が扶助すると申し送った（『記録御用所本古文書』）。穴山梅雪はこれに応じ、信長方についた。四日、梅雪から太刀折紙・鷹一・馬一疋が進上され、家康からは刀・鉄炮一〇〇張が贈られた（『家忠日記』）。

三月三日には駿河庵原郡清見寺、甲斐巨摩郡大聖寺、同南松院、その末寺の松岳院など四寺に三ヵ条の禁制を与え、駿河臨済寺にも同様の判物を与えた（「清見寺文書」「大聖寺文書」他）。

甲斐武田氏の滅亡

家康は八日には駿河の興津に、九日には「まくさ」に進み、十日に甲斐西八代郡市川に着いた（『家忠日記』）。十一日、織田方の滝川一益・河尻秀隆らに攻められた武田勝頼は、新府の城に火を懸けて落ち延び、八代郡田野で自刃した。甲斐の武田氏はここに滅亡した。

この日に甲府に入った織田信忠のもとに、家康は穴山梅雪とともに出向いた（『家忠日記』他)。信濃伊奈谷を進軍してきた信長は十四日、下伊奈郡波合で勝頼父子の首実検を行なった。十七日に家康は信長を諏訪で迎えるため赴き、十九日に上諏訪で信長を迎え、二十三日に諏訪から甲斐市川に戻った(『家忠日記』)。

勝頼父子の首実検

三月二十五日には、前年の秋に家康に誼を通じてきた常陸下館城主の水谷勝俊に、次のような書状を送った(『記録御用所本古文書』)。勝俊から家康の元に派遣され、家康の返書を持って帰国の途次、武田方に捕らえられ甲府に監禁されていた家臣の石野持次が、家康の元に馳せ参じたので相模まで送り届ける、またこれまで路次不自由で通信が絶えていたが、このたび信長が動座して勝頼を討ち果たし、山道海道を平均されたので、そちらへも様子が伝わっていると思う、と報じた。

駿河を与えられる

三月二十九日、信長は甲斐攻めの論功行賞を行なった。これにより家康は駿河を与えられた。ちなみに河尻秀隆には穴山梅雪の領地を除いた甲斐と信濃諏訪、森長可には信濃高井・水内・更級・埴科四郡、木曽義昌には本知木曽と安曇・筑摩二郡、毛利秀頼には伊奈郡、滝川一益には小県・佐久二郡と上野国が与えられた(『信長公記』)。

浜松で信長を饗応

家康は四月三日以降、甲府に入った信長に従ったと思われる。信長は、十日は甲府より東八代郡右佐口、十一日は西八代郡本栖、十二日には駿河富士郡大宮に泊まる。その時々に家康は信長を饗応し、信長からは秘蔵の脇指(作吉光)・長刀(作一文字)・黒駮の馬を与えられた。十三日に江尻、十四日に田中、十五日に掛川、そして十六日、家康の居城浜松に到る（『家忠日記』）。信長への家康の饗応は、『信長公記』に「家康卿万方の御心賦り、一方ならぬ御苦労、尽期なき次第なり、あわせて何れの道にても諸人感じ奉る事、御名誉申し足らず、信長公の御感悦申すに及ばず」と記されている。

## 京・堺を巡る

五月十一日、家康は穴山梅雪とともに浜松を発ち、この日は岡崎に泊まり（『家忠日記』）、十四日には近江坂田郡番場、十五日に安土に着いた。信長から結構な振舞を受けた。その饗応役として明智光秀らが命じられた。この間、信長から京・奈良・堺見物を勧められ、二十一日に京都、そして二十九日に堺に入り、信長の側近であり茶人の松井友閑から振舞を受けた。六月一日は、朝は今井宗久、昼は天王寺屋宗及、夕は松井友閑方にて催された茶会に臨んでいた（『信長記』他）。

本章でみたように、三河平定後の家康は、東の遠江へと勢力拡大を計った。そのため、まず甲斐の武田信玄と同盟関係に入るが、信長との関係を強めるなか、遠江平定のために拠点を三河岡崎から遠江浜松に移し、さらに信玄と絶縁し、信玄と対抗していた越後の上杉輝虎と同盟を結んだ。しかし甲斐武田の力は大きく、家康の遠江攻略は容易には進まず、三方ケ原の戦いでの敗北にみられるように、ときにみずからが滅亡するかもしれない危機的事態に陥った。信玄の突然の死、信長の援護による長篠の戦いでの勝利、さらに長期戦となった遠江高天神城をめぐる武田氏との攻防をどうにか勝ち抜き、信長の信濃・甲斐攻めの結果、駿河を手にした。しかし、当初は対等に近かった信長との関係は、信長の中央での地位向上とともに、臣従化していったのである。

# 第三　五ヵ国領有と秀吉への臣従

## 一　本能寺の変のあと——甲斐・信濃掌握——

〔家康41歳〕信長の死と伊賀越

天正十年（一五八二）に本能寺の変が起こった時、家康は和泉堺にあり、すぐさまそこを脱出して岡崎に帰る。信長の弔い合戦のために上洛しようとするが、山崎の戦いで羽柴秀吉らによって明智光秀が破れたのを聞き、上洛をとりやめる。本節では、武田氏旧領に版図を広げた織田信長の死によって、権力の空白化が生じた甲斐・信濃の攻略へと矛先を変えた家康の動向を追うことにする。

天正十年六月二日、織田信長が明智光秀に攻められ、京都本能寺で憤死した。二日、堺を発ち上洛しようとしていた家康は、その途上で信長自刃の報をうけ、そこから山城宇治田原で一泊、翌三日は近江信楽の小川村で一泊、四日は伊賀柘植・伊勢鹿伏兎・関・四日市を経て、那古（または白子）にいたって船に乗り（「石川忠総留書」坤）、三河大浜に着岸（『家忠日記』他）。遅くとも五日には岡崎城に入り、ようやく危機を脱した。「伊賀越の御難」と後に語られる出来事である。同じ時に堺にいた穴山梅雪(あなやまばいせつ)は、宇治田原で一揆に殺害された。

家康は四日、近江日野の蒲生賢秀(がもうかたひで)・氏郷(うじさと)からの報を受け、日野城を堅固に抱えていることを了とし、信長年来の厚恩に応えるために、明智光秀を成敗すると報じた(「山中文書」)。

六日、家康は駿河清水城の岡部正綱に書を送り、甲斐に侵入して下山に築城するよう命じた(『寛永諸家系図伝』)。また伊賀越えの際、家康に忠節を尽くしたとして、十二日には和田定教に身上を保証する誓紙を与え(「和田家文書」)、六月には大和の筒井順慶ら五人にもその助力に感状を出した(『記録御用所本古文書』)。少しあとになるが十一月十二日にも、伊勢から三河大浜までの船を世話した吉河平助に、その功を賞した感状を与えた(『譜牒余録』)。

山崎の戦いと家康徹兵信長の弔い合戦

本能寺の変より一一日を経た六月十三日、山崎の戦いで羽柴秀吉が明智光秀を破った。この報を手にする以前に家康は、美濃の吉村氏吉らに、信長の弔い合戦のため十四日に浜松を発ち尾張鳴海に至ったと報じ、それへの尽力を求めていた(「吉村文書」他)。同様の書状を美濃の佐藤六左衛門尉にも送り(「金森文書」)、美濃今尾城主の高木貞利には、本多忠勝を通じてそのことを伝えていた(「高木文書」)。

**山崎の戦いの報**

十九日に羽柴秀吉から使者がきて、十三日の山崎の戦いで明智光秀を破ったと告げられると（『家忠日記』）、二十一日には尾張・美濃方面で特段の動きがないとして兵を収め、浜松に帰った（「古今消息集」）。

**北条と家康の甲斐侵攻**

この間の北条氏の動向に触れておこう。北条氏に信長自刃の報が届いた正確な日時は明確ではないが、北条氏政はまず嫡子氏直を派遣し、上野厩橋城にいた滝川一益を攻め、六月十九日に上野と武蔵の国境での合戦で滝川を破った。敗れた滝川は、いったん箕輪に退くが翌日には信濃へ、そして居城である伊勢長島に帰った。一方、北条勢は滝川の跡を追い、碓氷峠を越えて信濃小諸に入り、そこにいた家康方の依田信蕃を追い、さらに南下し甲斐に入ろうとしていた。家康はこの動きに応じ、甲斐に向かった。

**甲斐侵攻の地ならし**

そのための地ならしとして家康は六月十二日、甲斐中巨摩郡の加賀美右衛門尉に本領を安堵して忠義を求め（「古今消息集」）、二十日には同郡鷹尾寺に大須賀康高の黒印状にて寺領を安堵し（「深沢文書」）、二十一日には甲斐の小池筑前守に信州表へ侵攻したことを褒め、いっそうの忠節においては恩賞の地を与えると申し送った（「徳川尾張元侯爵家所蔵文書」）。また二十二日、穴山梅雪の遺臣である甲斐武川郷の有泉信閑ら武将たちに、甲斐郡内一揆を討ち鎮めたのを賞し、尾張・美濃口については異議ないとして、昨日二十一日に浜松に帰ったと申し送った（「伊藤文書」）。二十四日にも、大須賀康高の黒印状をもって、甲斐の長田織部佐に知行を与えた（「甲斐国志」）。

家康自ら甲斐へ

甲斐侵攻の地ならし後、七月三日には有泉信閑らに家康諸将の新府への嚮導を求め、かつ家康も今日浜松を出馬したと申し送った（『記録御用所本古文書』）。三日に掛川、四日が駿河田中、五日は江尻に宿した（『家忠日記』）。六日には、駿河から甲斐への通路にあたる甲斐九一色郷の在地武士集団の頭である渡辺囚獄佐と一騎与力の者に、甲斐・駿河の路地往還の警固に奔走するよう命じた（「古文書集」）。

大宮から甲府へ

家康は七月七日、信濃伊奈郡下条城主の下条頼安に「大宮」に着いたと報じるとともに、諏訪表へ打ち出すよう求めた（「下条文書」）。八日「しやうし」に泊まり、九日に甲府へ着いた（『家忠日記』）。

厚礼の秀吉書状

一方、家康の元に七月七日付の羽柴秀吉からの書状が届いた（「大阪城天守閣所蔵文書」）。信長不慮にともない信濃・甲斐・上野に置かれていたものがその地を離れ帰ってきた、ついてはこの三ヵ国を敵方に渡さないよう軍勢を遣わし、お手に属するよう命じられるのが尤もと思う、と申し送ってきたのであった。この時の書止文言は「恐惶謹言」、宛名は「家康様参　人々御中」と厚礼であり、秀吉は家康をみずからの上位にあるものとしている。

争乱の関東

この間、上野では真田昌幸が北条氏から離れて家康方につき、関東の佐竹・結城・宇都宮氏が反北条の立場から家康と通じたことで、関東は北条氏を中心に争乱状況に戻った。

家康が甲斐に入った七月九日、甲斐の武士である小池筑前守に信濃表での計策を賞し、いっそうの忠信を求めた（「尾張徳川文書」）。同日、家康の甲斐入部に先立ち、武田氏旧臣で北巨摩郡の津金胤久と小尾祐光が、妻子を人質として差し出してきたことに対し、その忠節を賞し知行一〇〇貫文と玄米一〇〇俵を与えた（『譜牒余録後編』）。

信濃攻略

七月十日には、信濃伊奈の知久（ちく）頼氏に、九日の甲府到着を報じるとともに、すぐに諏訪表へ侵攻し、すでに遣わした先勢と相談して郡中へ押し出すよう求めた（「知久文書」）。翌十一日、信濃佐久郡の平尾平三と同郡の守山豊後守・同兵部丞に、それぞれ同郡での忠節と尽力を賞して領地を与え、さらなる粉骨により新知を与えると約束した（『譜牒余録』『譜牒余録後編』）。十二日には、甲斐九一色の諸商人に、諸商売の課役を免許し（「甲斐西湖村共有文書」）、同日に甲府一蓮寺に禁制を与えた（「一蓮寺文書」）。二十三日には、甲斐八代郡祖母口郷の百姓らに、往還の伝馬を勤める代償として塩・四十物（あいもの）（塩魚・干し魚）などの諸役を免許した（「右左口区有文書」）。

信濃仕置

家康は信濃の仕置を酒井忠次に命じるにあたり、七月十四日、信濃一二郡の棟別四分一と諸役を出し置くこと、三河より引き連れてきた面々の計らいを任せること、信濃平定がなった時には二年間は本知の所務を認め、年貢高が平均にならないうちは本知はそのままとする、などを約束する五ヵ条の条々を出した（「致道博物館所蔵文書」）。同日、信濃小県郡祢津城主の祢津信光に、家康への忠信を祝着として身上を約束するとともに、近く信濃へ出張するつもりである、と申し送った（『譜牒余録』）。

翌十五日には、信濃下条城主の下条頼安に、信濃高遠城を攻め取ったことを賞するとともに、諏訪高島の様子、上杉景勝が川中島へ出張していると報じた（「下条文書」）。同日、甲斐巨摩郡の武川衆の米倉忠継・折井次昌には、巨摩郡での働きを賞し、いっそうの忠信を求めた（『寛永諸家系図伝』）。十九日、信濃依田郡の依田信守に、伴野攻めで疵を負いながら戦功をあげたことを賞し（『寛永諸家系図伝』）、二十六日には、依田信蕃に信濃諏訪・佐久両郡を、知久頼氏に信濃伊奈郡の本領を安堵することを約束し（「依田文書」「知久文書」）、いずれにも、いっそうの尽力や忠信を求めた。

このように家康は甲府に居て、家臣の酒井忠次を信濃へ派遣するとともに、その地の城主たちに領知安堵、新知宛行などを約束するなどして、南信濃の掌握を進めていった。

北条氏直、南下す
甲府から新府へ移る

しかし八月に入ると、北条氏直が南下し、諏訪高島城を包囲していた酒井忠次らを攻撃し、忠次らは甲斐新府に撤退した。八日、家康は甲府から新府に移り、十二月初めまで在陣した。これに対し北条氏直の大軍が北から迫り、家康は甲斐北巨摩郡若神子に陣した。この対陣は十月二十九日の講和まで約八〇日にわたって続く（『家忠日記』）。

### 武田旧臣への領地安堵・宛行状

こうしたなか、武田氏の旧臣である甲斐の諸将諸士を家康側に繋ぎ止めるために、家康は表2に示したように領地安堵・宛行状を大量に発給した。

このうち八月九日から十月末にかけて出された本領の安堵状には、その文末に「右本領たるの由言上候あいだ、宛行うところ相違あるべからず、いよいよこの旨を守り、軍忠を抽（ぬき）んずべき状、件（くだん）のごとし」の文言、あるいは同等の文言があり、家康と武田氏旧臣の諸将諸士との関係は、なお確固としたものではなかった。一方、後述の北条氏との和議がなってからは、「本領たるの由言上」に基づいて先に宛行った領地も含め、多数の本領安堵、本領の得替（領地替え）を伴う宛行状が出されている。

表2　甲斐侵攻開始以降の甲斐で出された安堵・宛行状等

| 月 | 文書で確認 | 甲斐国志 | 合計 |
|---|---|---|---|
| 7月 | 2件 | | 2件 |
| 8月 | 38件 | 9件 | 47件 |
| 9月 | 12件 | 1件 | 13件 |
| 10月 | 6件 | | 6件 |
| 11月 | 29件 | 2件 | 31件 |
| 12月 | 90件 | 20件 | 110件 |
| 合計 | 177件 | 32件 | 209件 |

### 信濃の調略

八月十一日には、巨摩・山梨両郡の境の御岳衆の相原巧助・深沢一左衛門・藤巻因幡・御岳十人衆に、御岳足沢子屋中の仕置と長子の番所について厳重に警護するよう命じるとともに、その身上は保証するが、内通者があれば言上するよう命じた（「金桜神社文書」）。十二日、飯田に籠城して北条軍と戦っていた信濃下条城主の下条頼安に、その無二の忠信により、松尾（小笠原領）・知久を除いた信濃伊奈郡を、手柄次第で宛行うことを約束するとともに、鉄炮玉薬を送り、近く韮山に陣を寄せると報じた（「龍嶽寺文書」）。同日、甲斐東八代郡に侵入してきた北条氏忠勢を、甲府留守役の鳥居元忠・水野勝成らが黒駒で撃破した。この戦功によって、鳥居元忠に都留郡を与えた（『寛永諸家系図伝』）。

八月十九日、武田氏旧臣の辻盛昌の部下である今井兵部に、信濃芦田での戦功を賞し、今後の戦忠を求めた（「武徳編年集成」）。二十三日には伊勢大湊の角屋秀持に、四百石船の分国中諸湊の出入役などを免許した（「角屋文書」）。晦日には、北条方に属していた木曽義昌が家康方についたのにともない、義昌が信長から与えられていた安曇・筑摩両郡と本領に相違ないことを約束し、無二の入魂を求め（「古今消息集」）、九月二日には義昌からの書状を受けて諏訪表への出兵を求めた（「木曽旧記録」）。さらに十日、義昌に「無二入魂」などを約束した誓紙を送り、信濃伊奈郡の箕輪の諸職を進めると約束した（「古今消息集」）。

正親町天皇の女房奉書

こうしたなか、正親町天皇が八月三日付の女房奉書をもって、駿河臨済寺が後奈良天皇の勅願所であったのを理由に、再興するよう家康に求めてきた（「臨済寺文書」）。

九月十日、織田信雄老臣の飯田半兵衛へ、信雄から珍物を送られたことを謝し、駿河名物の蜜柑と馬一疋を進上するので信雄に披露してほしい、と申し送った（「古今消息集」）。

十三日、下野宇都宮城主の宇都宮国綱に送った書の内容は、次のようであった（「小田部庄右衛門氏所蔵文書」）。路次が不自由で無音に過ごしてきたが、甲斐表の様躰は前に申したとおりであり、近く羽柴秀吉・丹羽長秀・柴田勝家ら上方衆が甲斐へ出征する計画のあることが、敵方にも聞こえていると思う。上方の軍勢が着陣すれば敵を根切りにするだろう。また、家康と国綱との入魂は隠れなきことであるので、かの佞人の北条氏政が種々計策し和与を申してくるかも知れぬが一切応じてはならない。小田原の謀略は今に始まったことではない、今後は深重に申し談じる。このように申し送った。この段階で秀吉らが甲斐に軍勢を進めることは現実的には想定できないが、あえてこう伝えることで、宇都宮国綱の翻心を止めようとしたのであろう。

宇都宮国綱への書状

真田昌幸の帰参

加津野信昌（真田信尹）から、実兄の真田昌幸が家康方に味方し忠信を尽くすとの報を受け、九月十九日に信濃埴科郡の屋代秀正へ、真田攻めを遠慮するよう、この件は上杉景勝へも申し断ったと報じた（「屋代忠雄氏所蔵文書」）。二十八日には、真田昌幸の一味と忠信のことを報じてきた加津野信昌に、それを加津野の取りなしゆえと悦び、以来無二の入魂を本望とし、さらに北条氏直との手切れの軍事動員については、依田信蕃らと相談するよう求めた。同日、加津野に金五〇両を送り（『譜牒余録後編』）、また真田の件で尽力した日置五右衛門には、信濃志賀の地の替わりとして遠江・甲斐・駿河に知行を宛行った（『譜牒余録』）。真田昌幸には同日、上野長野一跡、甲斐で二〇〇〇貫文、信濃諏訪郡そして当知行を進めると約束し、いっそう軍功に励むよう求めた（「矢沢文書」）。

十月二十四日、信濃高遠の保科正直へ、家康方についたことを神妙の至りとし、さっそく北条方を攻めるならば信濃伊奈半郡を与える、と約束した（『寛永諸家系図伝』）。

織田信雄・信孝の勧告

二十七日には、依田信蕃と梶原政慶にそれぞれ、上方が落ち着かないので甲信での和平を計るよう織田信雄・信孝がたびたび勧告してきたこと、自分は信長の厚恩もあるので和与することにしたことを申し送った（『譜牒余録』「養林院文書」）。さらに二十八日、常陸下館城主の水谷勝俊に、前日の依田信蕃への報とほぼ同様の趣旨を述べるとともに、北条氏直に信長在世時の「惣無事（和平）」について申し入れたので、下総の結城晴朝にも和平について諫言するよう申し送った（『記録御用所本古文書』）。

新たな北条・徳川同盟

こうしたさまざまな調略を踏まえて十月二十九日、徳川・北条の和睦がなり、北条方は占拠していた信濃佐久郡と甲斐都留郡を徳川方に引き渡し、かわりに上野国は北条領とすること、両者の人質交換、家康の娘（督姫）が氏直に嫁すことが約束された（『家忠日記』他）。ここに北条・徳川の同盟が新たに成立した。この後、家康による甲斐支配が本格化するのである。

織田信雄の擁立決まる

そうしたなか、家康家臣の石川数正宛に、十一月一日付の秀吉書状が届いた（「小川文書」)。この書状の文末には「この由御物語仰せ上げられ候」とあり、秀吉の意向を家康に伝えることが求められた、事実上家康宛のものである。そこには、柴田勝家の謀りで織田信孝が「御謀叛」を企てられたので、丹羽長秀・池田恒興・羽柴秀吉の三人が申し談じ、織田信雄をたて尽力することに大形極まった、家康が信雄に従うと決した時には仰せ越されたい、とあった。信雄擁立の承認を家康に求めてきたのである。秀吉は同書状で、家康が甲信を掌握したことを満足とし、浜松への帰陣を勧め、かつ家康の誓紙を申し請けた時には家康の「御異見次第」にするとも報じている。

**甲斐の秤所**

家康は十一月九日、信濃の今井主計、小田切昌茂に、信濃の本領の替わりとして甲斐で所領を与え、信濃が平定できた時には信濃の本領を還補すると約束した(「別本古今消息集」「士林泝洄」)。二十六日には、守随彦太郎に「甲州一国一人の秤所」を命じた(「守随文書」)。

**甲府を発つ**

甲斐国の統治にあたり、家康はまずは十二月十二日、信任厚い平岩親吉を甲府に置き甲斐郡代とし、成瀬正一・日下部定吉の二人を甲斐の奉行として残した。そして、鳥居元忠には都留郡内に所領を与え、大久保忠世に信濃佐久郡平定を任せ、柴田康忠を信濃諏訪郡高島城に置き、自身は甲府を出発した(『家忠日記』他)。浜松到着は十六日である(「水野文書」)。

本能寺の変から半年の間に、家康は甲斐をほぼその手中に収めたが、信濃についてはその掌握はなお半ばであった。

## 二　二度目の甲斐仕置と駿河仕置

〔家康42歳〕

天正十一年（一五八三）、家康は信濃を掌握するために軍勢を派遣する。そして甲斐については、みずからも甲斐に出向き、再度の本領安堵を通じて甲斐支配を堅固なものとしていく。本節では、家康が北条氏政と同盟関係を深めることで、関東の「惣無事」にも関与しようとする動向をみていく。

秀吉の近江出陣の報

天正十年十二月十七日、叔父の水野忠重から、羽柴秀吉と丹羽長秀が近江佐和山まで出陣したとの報を受けた家康は、昨日十六日に浜松に帰城したこと、また甲斐表の加勢として長々の在陣の辛労を忠重に謝した（「水野文書」）。

秀吉への返書

二十六日には羽柴秀吉に、近江まで出陣（長浜の柴田勝豊攻め）の由を承った、様子をよく承りたいので西尾吉次を使者として遣わすこと、また近江での様子を仰せ越され本望であること、自分も指示次第に出勢すること、さらに織田信雄を引き立てると申されたのを喜んでいることを申し送っている（「弘文荘所蔵文書」）。

一方、秀吉は十二月七日に京都を発ち、十一日に佐和山に入り、柴田勝家の養子である勝豊の長浜城を攻略した。十六日に大垣まで軍を進め、織田信孝の岐阜城を攻めて降伏させ、信孝のもとにあった三法師を安土に移した。こうした動きに信孝は家康からの援助を期待したが、その時には家康は動かなかった。

織田信孝に助力せず

天正十一年正月を浜松城で迎えた家康は、十六日には岡崎、十八日には星崎（尾張愛知郡）に行き、織田信雄に会った。二十日には吉良へ鷹野に出向き、閏正月一日に浜松に帰っている（『家忠日記』）。

信雄に会う

この間、正月十二日、井伊直政に信濃高遠口の押さえとして軍勢を遣わすにあたって、改めて直政の同心木俣守勝を遣わすよう指示し（「木俣文書」）、翌十三日、穴山梅雪遺臣の穂坂常陸介と有泉信閑に、家中ともども甲府へ行って岡部正綱・平岩親吉と相談し、その指図に従い、河口・河尻か新府か、状況に従い兵を移すよう指示した（『寛永諸家系図伝』）。同日、武田旧臣の小浜景隆と間宮信高に、岡部正綱に代わって甲府の留守を命じている（『寛永諸家系図伝』）。

信濃・甲斐の手当て

二十四日には、真田昌幸の弟加津野信昌から、信濃小県（ちいさがた）郡の所々で逆心の企てあり、との報を受け、雪が消えたら出馬し凶徒らを退治する、と申し送った（『譜牒余録』）。二十七日、平岩親吉へ、甲斐の諸侍に甲斐山梨郡と推定される一条山の普請を申し付けるよう、また石垣積みの者を近日差し遣わす、と報じた（「名古屋城所蔵文書」）。

信雄の安土着城を祝す

閏正月五日、織田信雄の老臣飯田半兵衛から、信雄が安土に着城したこと、宿老中が馳走したとの報を受け、それを大慶と返書した（『譜牒余録』）。十四日には、武田氏旧臣で前年に本領の安堵を約束した者に、多くは本領をそのまま安堵し、一部は削減して与えた（「早川家文書」他）。十九日、駿河富士郡の上井出宿中に、去年の戦乱で伝馬が退転したので、改めて問屋・伝馬屋敷を与え諸役を免許し、伝馬役を務めるよう命じた（「上井出村文書」）。

信濃の動向

さて、家康は二月八日、信濃に出兵していた鳥居元忠と平岩親吉から、信濃深志での戦闘の様子、諏訪まで帰陣したこと、諏訪に金子城を築城すること、信長の甲斐侵攻で落城した高遠城を普請するとの報を受け、それを認め、いよいよ油断なきよう求めた（「稲垣進一氏所蔵文書」）。十二日には信濃佐久郡前山城にいた依田信蕃に、前山城の番替を伊奈郡衆に命じたことを伝えるとともに、出城の兵員を減少するよう、また近く家康自身が甲府に出馬すると報じた（「依田文書」）。十八日、駿河三枚橋城の守将松平康親に、これまでの功を賞し、駿河川東において二万五〇〇〇貫文を与え、河原二郡の郡代を命じている（「松井文書」）。

義昭帰洛の報への対応

この間、毛利輝元より足利義昭帰洛への助力を求められたので、それに対し十四日付で返書を送った（『毛利家文書』）。その内容は、次のようなものであった。義昭帰洛についての珍簡を受け取った。ことに、添えられた信雄・秀吉、その外の家老衆の御請の書状を見た。私は「各次第」と考えているので、いささかも無沙汰には思っていない。東国筋で御用の子細があれば仰せを蒙りたい。つまり、家康は義昭の帰洛については同意するが、積極的な対応は控えているのである。

武田の残徒

三月に入ると、十日の真田昌幸への返書で、信濃佐久・小県表の武田残徒を討伐するために近日出馬する、と報じた（「続旧記集」）。十四日には、信濃屋代城主の屋代秀正が家康方に帰属したのを受けて、信濃更級（さらしな）郡領掌を約束し、いっそうの忠信を励むよう求めた（「屋代忠雄氏所蔵文書」）。

駿河・甲斐を見回る

そして十九日ころ浜松を発つと、同日家康は北条氏に、上野国から小田原への帰陣を悦び、みずからは駿河・甲斐を見回るために出馬したところである、と報じた（「旧後権鎰取鎖是氏文書」）。二十一日、信濃知久城主の知久頼氏・頼龍兄弟に、信濃佐久・小県郡で反抗した者を成敗するため軍勢を派遣したので、頼氏の軍勢を来月一日、二日に新府まで出すよう、また頼龍は先手として甲府に向かうよう命じた（「知久文書」）。二十三日には、北条氏政の家臣と思われる人物に、北条との講和後に使者を送っていないので竹谷（たけのや）松平家の清宗を遣わす、と報じている（『思文閣古書資料目録』一六二）。そして二十八日までに甲府に入った。二十八日には諏訪頼忠に、家康方に一味したことで信濃諏訪郡を宛行い、いっそうの忠信を求めた（『譜牒余録』）。

家康はこの天正十一年は、閏正月から四月にかけて、武田旧臣に再度甲斐の本領を安堵し、また新知を与えている。その数は五〇を超える。

屋代秀正への連絡

四月三日、織田信雄老臣の飯田半兵衛尉から、秀吉・信雄による伊勢攻めの様子、また柴田攻めの情報を得て、みずからは信濃佐久・小県の逆徒退治のため、甲斐に出馬していると報じた（「竹中氏雑留書」）。そして十二日、信濃屋代城主の屋代秀正に、家康の幕下に属したことを忠信の至りとし、真田昌幸・依田康国と談合し、油断なく事に当たるよう指示した。他方、屋代秀正からは十八日、軍事行動を起こしたいと言ってきたので、柴田康忠を遣わすので相談するよう申し送り、さらに十九日、屋代秀正へ、真田昌幸がこの方へ一味したので屋代から真田を攻めることなどは遠慮していることを、上杉景勝にも断りを申した、と報じた（「屋代忠雄氏所蔵文書」）。また、家康は四月十八日から二十七日にかけて、甲斐の七二以上の寺社に所領安堵状を出している。

甲斐金山衆に諸役免許

四月二十一日には保科惣左衛門へ、二十四日には蘆沢兵部左衛門尉へ、馬役・棟別などの諸役を免許し、いっそうの金増産を求めた（「大泉叢誌」「芦沢家文書」）、また二十一日、依田宮内左衛門尉ほか七名の甲斐金山衆、保坂次郎右衛門ほか六名の甲斐金山衆にも、田地役を除く諸役を免許した（「田辺紀俊志所蔵文書」「田辺家文書」）。さらに甲斐黒川金山衆に対しては、金山における金産出の減少をうけ、ひと月に馬一疋の諸役を免じた（「田辺紀俊志所蔵文書」）。

**賤ケ岳の戦いと家康**

一方、四月二十日の賤ケ岳（しずがだけ）の戦いで、秀吉勢は柴田勢を打ち破っていた。まだその情報が家康の元に届いていない二十二日、家康は秀吉宛に、柴田勝家が江北の境目へ軍勢を進めたので秀吉がすぐさま長浜へ移動したと聞いたこと、様子が心配なので急ぎ飛脚を遣わすこと、また最前線に築いた東野山砦で、堀秀政が柴田勢を多数討ち取ったことを「心地好く候」とし、自分の方も信濃表が存分に属したのでやがて帰陣するつもりであること、などを申し送った（「古今消息集」）。ちなみに秀吉は、この二十二日には越前府中に侵攻していた。翌二十三日には北庄（きたのしょう）城を攻め落とし、柴田勝家は自刃したのであった。

**信濃を制圧**

家康は四月、甲斐八代郡広済寺に五ヵ条の禁制を与え（「広済寺文書」）、二十二日に信濃を含め甲斐と駿河の仕置が一段落すると、五月九日に甲斐より浜松に帰った（『家忠日記』）。二十一日、石川数正を坂本在城中の秀吉の許に遣わし、大名物（おおめいぶつ）の茶入れ初花肩衝（はつはなかたつき）を贈り、賤ヶ岳の戦勝を賀した（『家忠日記』「武徳大成記」）。それに応えてか、秀吉は八月六日に津田左馬を遣わし、不動国行の刀を家康に贈った（『家忠日記』）。

北条氏直と督姫の祝言

ところで家康は、先に約束した次女の督姫と北条氏直との祝言について、河尻下野守を氏直の許に遣わすと祝着との意を示されたので、それを大慶とする書状を七月五日に氏直に送った（「北条元子爵家文書」）。督姫と氏直の祝言は二十日の予定が雨で延期され（『家忠日記』）、八月十五日に行なわれた（「名将之消息録」）。家康は二十四日には、信濃表を睨みながら再び甲斐に出馬し（『家忠日記』）、ひと月あまり甲府に滞在した。滞在期間中には武田旧臣に本領安堵、替地、新地を与えた。ここに甲斐での仕置がほぼ完了する。

甲斐仕置と駿河仕置

九月二十八日には、信濃屋代城主の屋代秀正に、甲斐に滞在中たびたび飛脚を遣わしてきたことを喜び、甲斐仕置が進んでいる旨を申し送っている（『譜牒余録』）。そして十月二日には甲府から駿河江尻に移って（『家忠日記』）約四十数日滞在し、寺社領安堵を中心に駿河の仕置にあたった。五日、去就を明確にしなかった信濃木曽義昌の城などを攻めて戦功をあげた小笠原貞慶（さだよし）に、それを比類なきことと賞し、いよいよ油断なきよう求めた（『譜牒余録』）。十二月四日には浜松に帰城している（『家忠日記』）。

関東の「無事」

このころ家康は、みずからの手で関東の「無事」、具体的には北条氏と関東の諸領主との和睦を実現させると秀吉に伝えたようである。これに対し秀吉から十月二十五日付で、次のような旨の書状を送ってきた。関東の「無事」がいまだ実現していないが「如何之儀（いかがのぎ）」かと家康に問いただし、また信長の在世時にはいずれも「疎略」なき者たちであったのだから「無事」が調うのは当然で、なにかと「無事」を引き延ばそうとする者があれば、家康と談合のうえ軍勢を派遣して成敗したい旨がしたためられていた（「武徳編年集成」）。この時に秀吉は、家康に鷹を「進上」している。このことは両者の関係が上下、主従の関係ではなく、対等であったことを示している。

〔関東惣無事〕

秀吉の書状を受けた家康は、十一月十五日に北条氏直へ、秀吉から「関東惣無事」について言ってきたのでそれを伝えるが、よくよく考えたうえで返事をしてほしい、と求めた（「高岡秀一氏所蔵文書」）。しかしこの要請は簡単には実現せず、次節で述べる小牧・長久手の戦いで、秀吉と家康の関係が敵味方へと転じるなか、うやむやになった。

## 三　小牧・長久手の戦い

〔家康43歳〕

天正十二年（一五八四）三月、家康は、秀吉の「恣（ほしいまま）の振舞（ふるまい）」に業を煮やした織田信雄に誘われ、対秀吉戦に加わる。本節では、長久手の戦いで大勝し、いまにも「上洛」せんとの勢いを見せるが、この後の秀吉との戦いは膠着状態にはいり、十一月、秀吉と信雄が和議を結んだことで、戦いが終わりを告げるまでを見ていく。近年、この戦いを仮に「天下分け目の戦い」とする見解がある。そうした視点からみることも必要であろうが、家康は戦後も秀吉には臣従しておらず、関ケ原の戦いとは歴史的位置づけは同じにはならないだろう。

### 「密事の御旨」

天正十二年となり、家康は元旦には遠州衆から、正月二日には三州衆から年頭の賀を浜松で受けた（『家忠日記』）。二月に入って家康は、織田信雄の居城の伊勢国長島城へ使いを遣わし、「密事の御旨」を告げた（「岩田氏覚書」）。密事の内容は明らかではないが、小牧・長久手の戦いへとつながる事柄とも考えられる。三月三日には三河・遠江に、永代売の田地、質物を入れ置いた借銭以外について徳政令を出し（「蜂前神社文書」・『家忠日記』）、同日に城で能を興行した（『家忠日記』）。

### 信雄、秀吉と断交

他方、織田信雄が三月六日、その老臣である尾張星崎城主の岡田重孝、苅安賀城主の浅井長時、伊勢松ヶ崎城主の津川雄春（義冬）を斬って、羽柴秀吉と断交する。三老臣斬殺の原因は、これに先立って秀吉がこの三人と滝川雄利を招いて供応したあと、雄利が三人に叛心があると信雄に密告したことにあるといわれている（「吉村文書」「香宗我部家伝来文書」・『当代記』）。信雄は翌三月七日、四国の長宗我部元親の弟である香宗我部親泰に書状を送り、秀吉との断交を伝えるとともに、元親の援助を求めた（「香宗我部家伝証文」）。

一方、家康は七日戌刻（午後一〇時）に、三河吉田より岡崎に入った（『家忠日記』）。この対応の早さは、三老臣斬殺以前に織田信雄と家康とのあいだで、なんらかの約諾があっ

**清須へ**

たと考えられる。翌八日には岡崎を発し、十三日に尾張清須に着き（「佐竹文書」）、そこで信雄と会見。そして九日には北条氏直に、秀吉の「恣の振舞」につき、織田信雄と申し合わせ討ち果たすため出馬した、上方の治まりはほどなきことと思う、と報じた（「水府明徳会所蔵文書」）。

**秀吉との戦い始まる**

秀吉との戦いは、三月九日に北伊勢で始まり、十日には信雄の将である佐久間正勝の籠もった峯城が陥落させられる。この前後から、紀州の雑賀一揆（一向一揆集団）・根来衆（根来寺の僧兵集団）に信雄・家康の連名で大坂攻撃を求め（『譜牒余録』）、家康は同盟関係にあった北条氏に援軍を要請し、越中の佐々成政にも働きかけた。

けれども美濃大垣城の池田恒興、岐阜城の池田元助、兼山城の森長可は秀吉方に付いた。このことで戦線は尾張・美濃へと移っていく。十三日には、尾張と美濃の国境の犬山城が、池田恒興に攻め落とされる。十三日に尾張清須に入った家康は、翌十四日に清

**小牧山を本陣に定む**

須で軍議を開き、小牧山を本陣と定めた。こうした状況に秀吉は、淡路の仙石秀久には長宗我部元親を、宇喜多秀家には毛利輝元を、前田利家・丹羽長秀には佐々成政を、そして蜂須賀家政・黒田孝高・中村一氏らに雑賀一揆・根来衆への対処をさせた。

**調略をすすむ**

家康は三月十八日、尾張の緒川先方衆と常滑先方衆が帰参してきたのに対し、本領安堵を約束するとともに、桑名に向かった水野忠重と行動を共にするよう求め、さらな

る忠信によっては重ねて新知を申しつけると約束した（『記録御用所本古文書』）。また十九日には、誼を通じてきた美濃の今尾城主の吉村氏吉、美濃の鈴木重次、鱸重愛らに、身上の保全や本領の宛行を約するなど調略を進めた（「吉村文書」「川辺氏旧記」）。調略の範囲は、紀伊の保田花王院・寒川行兼、誼を通じてきた近江甲賀の石部一揆（国人集団）にも及んだ（『譜牒余録』）。こうした調略はこの後も続く。

三月二十五日には、下野の皆川広照に次のような書状を送る。秀吉の恣の働きに、信雄と申し合わせて十三日に清須に出馬し、十七日には尾張と美濃境の羽黒に立て籠もった池田恒興と森長可とを打ち破り大勝を収めた、また五畿内・紀伊・西国・中国にも調略が及んでおり、まもなく上洛することになろう、と報じた（「佐竹文書」）。

一方、秀吉は二十六日、佐竹義重へ、家康は清須に居陣しており、明日二十七日に越河して清須近辺まで押し寄せ、一戦し討ち果たすつもりだと報じている（「佐竹文書」）。

家康は、二十八日には清須から小牧に陣替えした（『家忠日記』）。二十九日には近江多賀大社町に、三ヵ条の禁制を与えた（『譜牒余録』）。四月三日には、信濃松本城主の小笠原貞慶に、上杉景勝の属城となっていた信濃麻績・青柳城をめぐる戦いでの戦功を喜び、いよいよ油断なく奔走することが肝要と報じている（「小笠原系図」）。

四月六日夜、秀吉方は、秀吉の甥の秀次を主将に、池田恒興・森長可らの軍勢が三河に向けて動き出す。それに気づいた家康は四月八日夜半に小牧山を発ち、小幡城に入った。翌朝、小幡城を出て秀次隊を急襲し、堀・長谷川隊、ついで池田・森隊を破った。長久手の戦いである。なお、十日には小牧山に帰陣している。

家康は、戦い直後の九日の申刻（午後四時）に、平岩親吉と鳥居元忠に「今日午の刻、岩崎口において合戦に及び、池田恒興・森長可・堀秀政・長谷川秀一ほか大将分、人数一万余を討ち捕った、すぐに上洛を遂げるので本望を察せられるよう」と報じた（「尾張徳川文書」）。なお、堀秀政・長谷川秀一はこの時、戦死していない。この戦いでの大勝は、家康をしてすぐさま「上洛」へと気持ちを高ぶらせたろうが、その後の展開はそのようにはならなかった。

四月十日、家康は上野国に出陣していた北条氏政・氏直にも、長久手の戦いでの戦勝を報じた。二十二日にこの書状を受け取った氏政は、翌二十三日「此度之戦功、前代未聞」と賞する書状を家康に送った（「古証文」）。

畿内へ調略開始

家康は同時に、秀吉の勢力圏内にある丹波・近江・山城・大和への調略を始めた。四月十日には、本願寺を味方に付けようと、今度織田信雄が上洛を遂げた時には先規のごとく大坂を返し、また加賀二郡も、織田信長が約束したようにその領知を認める、と申し送った（「大谷派本願寺文書」）。

十九日には信濃松本城主の小笠原貞慶に、四日の麻績・青柳城攻めでの戦功を神妙とし、いっそうの忠信を求めた（「書簡并証文集」）。二十三日、小笠原貞慶から、長久手の戦いでの戦勝を賀した書状を受けとった家康は、それを祝着とし、近々長沼で秀吉を討ち留めるつもりなので安心されたい、また上杉景勝の動きに油断なく対応するよう申し送った（「書簡并証文集」）。さらに二十七日には、上杉方から家康方に付いた信濃の屋代秀正に、戦いは日を追って思うに任せていると伝え、その表の調談を油断なく行なうよう求めた（『記録御用所本古文書』）。

秀吉、竹鼻城を落とす

こうしたなかで秀吉は五月一日、本陣としていた尾張楽田から美濃に退いた。家康のほうは小牧山を動かなかった。二日に竹鼻城が秀吉によって攻撃されるが、守将の不破広綱はそれを凌いだ。翌三日、秀吉は織田信雄方の美濃加賀野井城を攻め、七日に落城させた。この間、家康は五日に、信雄方についた伊勢の藤方朝成に返書を送り、尾張表の敵を討ち洩らしたが、方々で調策をしておりほどなく上洛するであろう、その地を堅固に抱えているのは比類ないと賞し、いよいよ丈夫に保つよう求めた（『譜牒余録後編』）。

五月十五日、小浜晃隆・間宮信高に伊勢生津・村松での戦功を賞した（「三重県立博物館文書」）。これに先立つ十日、秀吉は改めて竹鼻城を水攻めにする。二十四日、家康は不破広綱へ、城を堅固に守っていることを満足とし、援軍の派遣、また関東から北条軍の近日出勢、さらに敵国内で計策を巡らしているので凶徒の敗北も間近であり、この時に討ち留めるので、城中油断なく手立てするよう申し送った（「不破文書」）。しかし六月十日、不破広綱は竹鼻城を守りきれず、明け渡して伊勢長島に引いた。

### 伊勢へ進軍

家康は六月十二日、小牧から清須へ退き、小牧城には酒井忠次を置いた（『家忠日記』他）。ところが十六日、滝川一益が、織田信雄家臣の佐久間信栄が城主をつとめる尾張蟹江城に侵攻したとの報が入り、家康は清須を発し、十八日夜、織田信雄とともに蟹江城にほど近い下市場城を攻め、まずは九鬼嘉隆を海上に追いやった（『家忠日記』他）。しかし滝川一益が籠もる蟹江城は容易には落ちず、七月三日にようやく明け渡され、滝川一益は伊勢に退いた（『家忠日記』他）。

### 清須に戻る

七月五日、伊勢に入った家康は、十二日には伊勢一志郡木造城主の木造具政らに、その城への兵糧米搬入が難風でできず、ひとまず伊勢浜田に砦を申し付けたと報じた（「小笠原文書」）。そして十三日に清須へ戻った（『家忠日記』）。翌十四日には、甲府城代の平岩親吉からの音信に応え、伊勢表への出馬、砦を申し付けて十三日に清須に戻った旨を告げ、甲斐の東境目が静謐であるとの報を了解した、と伝えた（「松涛棹筆」）。

家康は八月五日、信濃高遠の保科正直へ、小笠原貞慶が木曽義昌を攻めるために木曽谷に侵攻した旨を告げ、伊奈の菅沼定利に従って木曽谷に侵攻するよう求めている（「保科元子爵家文書」)。また八日、長宗我部元親の弟の香宗我部親泰への返書では、讃岐での戦闘を賞し、その後に淡路へ渡海するとのことを専一とし、当秋には関東の諸勢が出陣するので、各方面申し合わせ押上るつもりである、と報じた(「香宗我部家伝証文」)。

**再び小牧へ**

十八日ころ、家康は再び小牧に入った。同日、秀吉の方は上杉景勝に書状を送り、家康が小牧に在陣しているということなので、明日十九日に木曽川を越えて小牧表に押し詰め、付城(敵城を攻める時にその近くに築く城)を申し付け、家康が退かないように「行」(手立て)すると報じている(「大阪城天守閣所蔵文書」)。

他方、家康は十九日、香宗我部親泰への返書で、秀吉が美濃に侵攻してきたがさしたる子細はないこと、また四国で油断なく計策を巡らしているとのこと本望である、と申し送った(「香宗我部家伝証文」)。この時に元親の誓紙が家康の元へ送られてきた。二十八日には清須から尾張岩倉へ陣を移した。九月に入ると和睦が取沙汰されるが、七日には破談となった。これにより同日、尾張中島郡重吉に陣を移した(『家忠日記』他)。

**重吉に陣を移す**

**高野山に加勢を求む**

九月十三日、家康は高野山惣分中に、鉄炮五〇〇挺を持ち忠信に励むならば大和で二万石を渡し、また高野山の聖などの廻国を免許すると約束した(「三宝院文書」)。秀吉包囲網に関わる調略である。また二十四日には、高野山金剛峯寺惣分中に、南河内の遊佐と申し合わせ、河内表で軍事行動に出るよう求めた(「三宝院文書」)。

また、少し遡るが十五日、南河内で紀伊根来衆・雑賀の一揆とともに秀吉に対抗していた柴田勝家の甥の保田（やすだ）安政が、南河内での戦いの様子を報じてきた。それに対し、戦功を比類なきものとし、いよいよ粉骨を尽くすならば「信雄御前」のことは疎略にしないと報じた（『譜牒余録後編』）。二十七日には、信雄とともに重吉から清須へ戻っている（『家忠日記』）。

**重吉から清須へ**

**秀吉叙任**

こうしたなかにあって正親町天皇は十月二日、それまで「平人」であった羽柴秀吉を、「五位ノ少将」に叙任しようとした。それを聞いた秀吉は「一段」の「機嫌」であった。家康は十月十一日は小牧にいたが、十七日、酒井忠次を清須に、菅沼定盈（さだみつ）を小幡に、榊原康政を小牧に留めて、自身は浜松に帰った（『家忠日記』）。十一月一日には浜松を発ち（『譜牒余録』）、九日に清須まで出馬している（『家忠日記』）。

**秀吉と信雄講和**

**家康、和議に応ず**

**義伊を秀吉の元に送る**

伊勢での秀吉攻勢のなか、十一月十一日、伊勢桑名南方の矢田河原で、秀吉と織田信雄両者が会見し、講和が成立した。このときの条件は、信雄が秀吉に人質を出し、北伊勢五郡を除く伊勢と伊賀を引き渡し、家康からは家康の実子・石川数正の実子を人質として出すというものであった（「宇野主水日記」）。講和がなったことで、十六日に家康は兵を引き、二十一日に西三河の西尾から深溝（ふこうず）を通り、浜松へ帰った（『家忠日記』）。その後、家康は十二月十二日に、二男の義伊（於義丸・結城秀康）を秀吉の養子として、そのもとに送った（『家忠日記』他）。石川数正の子勝千代、本多重次の子仙千代がこれに随従した。実質的には人質といってもよい。

十二月十四日、浜松の家康のもとに信雄が来た。また一方で、二十五日には越中の佐々成政が浜松に来て、秀吉と戦うことを説いたが、時すでに遅かった。

## 四　真田攻めと秀吉の「家康成敗」

〔家康44歳〕

天正十三年（一五八五）、家康は信濃制圧をめざして上田城の真田氏を攻めるが、逆に撃退され、信濃制圧は思うにまかせなかった。本節では、そうしたなか家康を臣従させようとする秀吉から、宿老中の人質の差し出しを求められ、それを家康が拒絶するや、秀吉が「家康成敗」に踏み出していく状況をみていく。

天正十三年の正月を浜松で迎えた家康は、家臣から歳首の礼を受け、二日は謡い初めが行なわれた。十六日に岡崎へ行き、二月一日、浜松へ帰る（『家忠日記』）。

長宗我部、秀吉に屈服

一方、羽柴秀吉は、三月に根来・雑賀の一揆を攻め滅ぼし、ついで長宗我部元親を攻め、八月六日には屈服させ、土佐一国を安堵した。

家康は三月十九日、秀吉のもとに実質は人質として差し出した義伊（秀康）のことを、所司代の前田玄以への書状で、義伊と特別に懇意とのこと祝着に思う、いよいよ指南を願いたい、と申し送った（「加賀田達二氏所蔵文書」）。四月十二日には、遠江浜名郡の普済寺に五ヵ条の条規を定め、諸末寺の無沙汰を戒め、造営・普請の無沙汰を禁じ、祠堂銭を無沙汰するものへの催促、入院時などの祝儀を定め、それを造営に宛てるよう命じた（「普済寺文書」）。

浜松から甲斐へ赴く

三月にかけて浜松にあった家康は、四月ころ甲斐に行き、五月二十四日、佐々成政の家臣佐々喜右衛門尉に、たびたびの芳心を謝したうえで、秀吉との講和については、近々織田信雄が上洛するにあたって請書を求めてきたので、石川数正を遣わした、きっと決着するであろうから安心されたし、と申し送った（『田安徳川家入札目録』）。二十七日には甲斐巨摩郡の折井次昌へ、約束どおり本領の替地を甲斐国内で与えるなどして（「田中暢彦氏所蔵文書」）、六月七日に浜松に帰った（『家忠日記』）。

信雄五つの対応を提示す

ところが、六月十一日になって織田信雄が、秀吉が小牧・長久手の戦いで信雄・家康側に付いた越中の佐々攻めを始めるにあたり、家康の対応を提示してきた。もちろん秀吉の意向を踏まえてのことである。そこでは、①佐々成政成敗に出馬する秀吉と、家康はその間柄をどのようにするのか、②秀吉の越中在陣中に家康の家老中の人質二、三人を出してはどうか、その理由はこのごろ家康と佐々成政が通交しているとの報が方々から秀吉の耳に入っているからだ、③義伊・石川勝千代は人質とはいえ、秀吉は人質とはしておらず、宿老中人質二、三人を清須まで出すのがよかろう、万一人質が重なっていると思うのであれば、越中在陣中は義伊と石川勝千代を岡崎まで寄越すとのことである、④秀吉が出馬後、成政が家康分国に走り入った時には、秀吉の意向に任すこと、というものであった（「久能山東照宮文書」）。

千利休は、七月八日の細川家老臣の松井康之への書状で、越中の儀については家康の家老衆より人質を出すか、もしくは佐々成政が秀吉に越中国を引き渡すか、この二つに秀吉の方針が定まった旨を報じている（「松井家譜」）。

一方、京都では五月ころから左大臣近衛信輔（のぶすけ）と関白二条昭実とのあいだで関白職をめぐって争論が起こり、その処理を求められた秀吉は、「いずれが非となってもその家の破滅となり、それでは朝家のためによろしくない」とし、みずからが関白となることを近衛信輔に提案し、その条件として秀吉が信輔の父前久（さきひさ）の猶子（ゆうし）となり、信輔と兄弟の契りを交わし、いずれは関白を信輔に譲るとし、かつ近衛家には一〇〇〇石、他の摂家には五〇〇石を与えることを約束した。この秀吉の攻勢に前久は「是非に及ばざる次第なり」（やむを得ない）とし、信輔も「当家の再興になるならば」とやむなく賛成した。ここに、藤原姓の従一位関白秀吉が誕生する。七月十一日のことである。

#### 上田城攻めに失敗

七月に入って家康は、真田昌幸に上野沼田城を、北条氏へ引き渡すよう命じる。しかし昌幸はこれに従わず、秀吉方についた。家康は兵を信濃に派遣し上田城を攻めるが、昌幸の逆襲にあい敗退した。八月八日、甲斐城代の平岩親吉に、甲斐の軍勢を引き連れ、大久保忠世の指図にしたがって出陣するよう命じ（「松涛棹筆」）、閏八月八日に上田城に総攻撃をかけたが、またも昌幸の奮戦により撃退され、兵を引かざるをえなかった。

#### 再度の真田攻め失敗

閏八月二十日、家康は信濃伊奈の小笠原信嶺らに小県郡に出陣するよう、また鳥居元忠・大久保忠世・平岩親吉と相談して真田昌幸攻めの軍事行動を起こすよう命じた（「渥美義路氏所蔵文書」）。そして、大久保忠世らに上田城を攻撃させたが、上杉景勝の支援を受けた真田は屈せず、大久保らは上田から撤退した。

家康は信濃の地固めのため、閏八月二十六日には、信濃丸子城での真田との合戦で奮戦した岡部長盛とその家臣大井又五郎ら一〇人にそれぞれ感状を与えた（「岡部文書」他）。二十八日には、大久保忠世に被官金沢杉千代の粉骨を賞し、また海野弥吉・大沢勘兵衛尉にも、丸子での戦功を比類なきものとし、いっそうの戦功に励むよう求めた（『朝野旧聞裒藁』）。同じ日、信濃埴科郡の屋代秀正に大久保忠世から上申された上田での戦功を（「古文書纂」）、井伊直政の同心中に高遠方面での働きを（「木俣文書」）、上田攻めの根津口で戦功をあげた松平（依田）康国にも上田白根津口での戦功を（『朝野旧聞裒藁』）、それぞれ犒い油断なきよう求めた。九月十一日にも、松井宗直に丸子河原での戦功を賞し、軍忠を励むよう求めた（「古文書集」）。

山門再興の綸旨

こうしたなかにあって家康は九月十二日、正親町天皇からの比叡山再興を求める綸旨に対し、叡慮の旨は承知したので宜しく奏達するよう、万里小路充房に書状を送っている。また同時に五辻為仲へ、山門再興の綸旨を謹んで頂戴した、よって家康の分国中での奉加（寺社造営などのための寄進）については叡慮の旨を知らせるが、関白（豊臣秀吉）の命なくして請けることは憚られる、心中は疎意ではない、これらの趣を正親町天皇に披露してほしい、と申し送った（「延暦寺文書」）。先述したように、ここでの家康の署名は「三河守」ではなく「左京大夫」である。同日、山門別当代にも、山門再興について綸旨と天台座主の令旨を頂戴した、また巻数（願主の依頼に応じて読誦した経文等の題名や度数を記した文書）・杉原（和紙の一種）・鷹大緒（鷹を据えるときなどにとめる組紐）などを贈られて悦んでいると述べ、分国中の奉加については五辻宛の書状と同様のことを申し送った（「延暦寺文書」）。九月十五日には駿府より浜松に帰り、そのあと二十五日には三河吉田、二十六日西尾、晦日には岡崎に入り、十月三日には浜松に戻った（『家忠日記』）。この前日の十月二日、北条方から家康方に付いた信濃の中沢清正に対し、信濃で領知を宛行い、いよいよの忠節には重恩を出すと約束した（『記録御用所本古文書』）。

家康は十月二十八日に家臣を浜松に集め、秀吉へ家老中から人質を出すか否かを協議させた。国衆は人質を出すのは良くないと決し、また北条氏から家老衆二〇人の起請文が届き、家康の方からも各国衆から起請文を北条氏に送った（『家忠日記』）。同日、本願寺に三河馬頭寺内を安堵する、ただし家康の勘気にあった者は寺内に置いてはならない、この旨をもって仏法興隆が肝要、と命じた（「本願寺文書」）。

国衆と対応を協議

石川数正の出奔

ところが十一月十三日、岡崎の留守居石川数正が妻子を伴い、また小笠原貞慶も質子を伴い、秀吉の元へ立ち退いた（「武家事紀」）。おそらく石川数正は人質を秀吉に出すべきとの意見を持っていたのであろう。家康の側近であった数正の出奔という事態に、家康はただちに岡崎に入った。

十一月十五日、北条氏直にこのことを報じ、数正の出奔は秀吉との申し合わせのあってのことと思うので、油断しないよう申し送った（「武江創業録抄写」）。十九日には信濃伊奈郡下条城主の下条牛千代に、石川数正の出奔を伝えるとともに、人質を差し越したことを祝着とし、万一敵が軍事行動を起こした時にはそれに対する軍事行動が専一と報じた。二十一日にも下条牛千代に、自身が信濃伊奈郡の知久まで出張してきたことを祝着とし、その方を疎略には扱わないと約束し、十二月二日には美濃の本知を安堵するとともに、他の本知の一部を美濃で替地として宛行った（「下条文書」）。

岡崎入り

十一月十五日には吉田に行き、十六日岡崎に入り岡崎城の普請を行なうと、二十二日には国衆に鶴の振舞をし、そのあと西尾へ行き、二十七日岡崎に戻った。二十八日には北条氏規への返書で、石川数正出奔以後は手許を固めていること、上方の儀は特に子細はないと報じ、さらに加勢の申し出に謝意を表した（「野村きく子所蔵文書」）。

十二月十四日には保科正直に、秀吉方についた小笠原貞慶との一戦で戦功をあげたのを賞し、刀一腰を遣わした（「古今消息集」）。

東海で大地震

石川数正出奔の対応に追われていた十一月二十九日、東海地方で大地震が発生した。十二月二十三日ころまで余震が続いた（『家忠日記』）。家康は年末には浜松に帰ったと考えられる。

「家康成敗」

この間、秀吉は九州の島津氏に停戦命令を出す一方、家康とのあいだでの人質交渉が進展しないなか、十一月十九日までに「家康成敗」を決断、年末には上杉景勝をはじめ諸大名にそれを伝え、さらに翌年正月初旬には、二月十日に出馬すると報じた。

## 五　秀吉への臣従

〔家康45歳〕

天正十四年（一五八六）、秀吉は「家康成敗」を断念すると、妹の朝日姫と家康との婚儀を成立させ、また家康を参議に引き上げるなど、さまざまに働きかけてくる。本節では、そうしたなかで同年十月に家康が上洛し、大坂城で秀吉に臣従の礼をとるまでをみていく。

秀吉と正式に和睦

天正十四年、家康は浜松で越年したと考えられる。正月十日、岡崎へ行った（『家忠日記』）。京都では二十一日に、豊臣秀吉と家康との「無事」が調ったとの噂が流れていた（『兼見卿記』）。二十七日、秀吉と家康の和睦を仲介するために来た織田信雄と岡崎で会い、正式に和議が調った（『当代記』）。しかし、この和議によっても、秀吉は家康を完全に屈服させることはできなかった。二十九日に家康は浜松へ帰った（『宇野主水日記』）。

この和睦を受けて秀吉は、真田昌幸らに、家康が人質を出し「如何様（いかよう）にも秀吉次第の旨」を懇望したので赦免したと報じ、秀吉優位のもとこの講和がなったとした（『真田家文書』）。しかし、秀吉側からは妹の朝日姫が家康の正室として三河に下ることになり、また甲斐・信濃の支配を家康の裁量にまかせるなど、けっして秀吉優位の一方的な和睦ではなかった。

里見義康への誓詞

さらに、家康の方ではこの和睦が成立するや、三月九日には伊豆三島に出向き、北条氏政と対面して入魂を確かめ、また十一日にも氏政と沼津で対面した。浜松帰城は二十一日である（『家忠日記』）。二十七日には安房の里見義康に、三ヵ条の誓紙を送っている

（「羽柴文書」）。その内容は、里見と徳川は同じ姓であるので義康の身上を引き立てること、義康の身上にいかなる事態が生じても表裏別心あるまじきこと、子息の梅鶴丸（忠義）の将来についても義康同様に引き立てること、であった。

四月十一日には秀吉の妹の朝日の輿入が明らかとなり、いったん祝言は二十八日と決まった。家康からは天野康景を秀吉の元に遣わすが、秀吉は天野が「御存知の仁」ではないことに腹を立て、酒井忠次・本多忠勝・榊原康政のいずれかを遣わすよう、秀吉と信雄から使者が来た。それに対し家康は「いろ〳〵六ケ敷儀」を申すので「事切れ候ハんか」と決裂の意向を口にするが、そうなっては信雄が面目を失うと信雄の使者が申したので、本多忠勝を二十三日に遣わした（『家忠日記』）。

### 朝日姫との婚儀

五月九日に予定された祝言は「互いの起請文」のことで再び延期となったが、十一日に朝日姫の迎えに内藤信成ら七人を三河の池鯉鮒まで遣わし、尾張の西の野でもらい受けた。秀吉からは浅野長吉ら四人、織田信雄からは織田源五・飯田半兵衛が従ってきた。行装は長柄の輿一二挺、つり輿一五挺、代物三〇〇〇貫、金銀二駄、道具は数を知らず、というものであった。十四日、朝日姫を浜松に迎え婚儀が成り、朝日姫は家康の正室となった。婚儀の日より三日後の十六日に行なわれた三日の祝いに、浜松の御座敷で能が催された（『家忠日記』）。

従三位参議に叙任

この祝儀にあわせ、二月二十七日付で家康の従三位参議叙任がなされた（「勧修寺家文書」）。家康の朝廷での官位は、それまで従五位下左京大夫であったが、この時に一気に従三位参議にまで昇進した。これと同時に遡及して元亀二年（一五七一）正月五日の叙従五位上、元亀二年正月十一日の任侍従、天正二年（一五七四）正月五日の叙正五位下、天正五年正月五日の叙従四位下、同日の右近衛権少将、天正八年正月五日の叙従四位上、天正十一年十月七日の任中将の口宣案（くぜん）が出された。これらの口宣案が、いつ家康のもとに届けられたかは明らかではないが、この叙任で上卿・職事を勤めた公家たちへ贈られた礼金の七月五日付の受取書が残されている（「勧修寺家文書」）。

真田攻めを中止

家康は七月十七日には、前年に撃退された上田の真田昌幸を攻撃するため、駿府まで出馬した。しかしこれは、秀吉の仲介で八月七日には出馬を取り止めることになり、二十日に駿府より浜松へ帰った（『家忠日記』）。

誠仁親王の急死

さて七月二十四日、正親町天皇の跡を受けて近く即位する予定であった誠仁（さねひと）親王が、死去し

朝日姫像（南明院蔵）

た。突然の死去だったことで、さまざま噂が流れたようである。奈良興福寺の僧英俊はその日記に、親王の病気を疱瘡あるいは麻疹としながらも、親王が「腹を切り御自害」との噂を記し、もし自害であれば、秀吉が王（当時「王」とは天皇の意である）、弟の秀長が関白になり、家康が将軍となると記している。

「三位中将藤原家康」

浜松より駿府へ

家康は九月七日、遠江国の浜名郡大通院、引佐郡龍潭寺、敷知郡鴨江寺の三ヵ寺へ、それぞれ条々を出すが、そこでの署名は「三位中将藤原家康（花押）」であった（「大通院文書」「龍潭寺文書」「鴨江寺文書」）。同日に駿府へ行き、十一日には前年より普請中であった駿府城へ「屋渡り」（引越し）の儀式を行ない、拠点を浜松から駿府へ移すことを明らかにし、十三日には浜松へ戻った（『家忠日記』）。

駿河浅間社造営の勧進

翌日の九月十四日には遠江国中・甲斐国中に、十五日には三河国中に、駿河に在国するにあたって奇瑞があり、駿河浅間社を造宮することにしたので、その勧進として貴賤を問わず在家一軒に米一升を出すよう、また奉加のものは志に任せる、と命じた（「静岡浅間神社文書」他）。

秀吉に応じ上洛す

九月二十四日には、秀吉からの上洛催促の使者が岡崎に来たのにともない、家康は岡崎に入った（『家忠日記』）。秀吉は、上洛要請に容易に応じない家康に、上洛の担保として秀吉の母である大政所を三河に下向させることを伝え、重ねて上洛を求めた。そして二十六日に上洛が決まり、翌二十七日、家康はいったん浜松へ戻った（『家忠日記』）。

大政所岡崎着

十月八日には、秀吉の弟の豊臣秀長の家臣である藤堂高虎に、家康の京都での屋敷普請に尽力した労を悦び、人足のことは申し付けると報じた（「藤堂文書」）。こうして家康は十四日に上洛のため浜松を発ち、その日は三河吉田に泊まった。十五日吉良、十六日西尾、十八日には大政所が岡崎に着いた。それを確認し、二十日、岡崎を発ち京へと向かった（『家忠日記』）。その時に家康に従った人数は「六万騎程」と『多聞院日記』は記しているが、これはかなり過大であろう。二十四日に京都に着き、二十六日には人数（軍勢）三〇〇〇ほどで大坂へ行き、豊臣秀長の屋敷を宿とした（『多聞院日記』他）。

秀吉に臣従

その時の様子を、松平家忠はその日記に次のように記している。十月二十七日に秀吉と対面する予定であったが、二十六日の夜に秀吉が家康のもとにやってきて、家康の手をとり奥の座敷に招き、思いを述べられ入魂の間柄が確認された。その後、酒盛りがあり、秀吉が家康にまず酌をして家康に盃を進め、次に家康が酌をして秀吉に進めた。二十七日、家康は大坂城に登城し、正式に秀吉に臣従の礼をとった。この時、家康から秀吉へ馬一〇疋・金子一〇〇枚・梨地の太刀が進上され、秀吉からは白雲壺・正宗の脇指・三好からの刀・巣大鷹（すおおたか）（大鷹の雛）・唐の羽織が進められた（『家忠日記』）。また、秀吉から近江守山付近で在京領三万石を与えられた。

ここに両者は「入魂」となり、家康は「何様にも関白殿次第」と秀吉に臣従する姿勢をとった。その折に秀吉と家康が談合した結果、「関東之儀」は家康に任せることになる（『上杉家文書』）。しかしその内実は、北条氏と関東諸領主との抗争の和睦＝「惣無事」の仲介であり、北条氏を秀吉に臣従させる手助け、具体的には北条氏直あるいは父氏政の上洛を実現させることにあった。

**「関東之儀」は家康に**

この家康の上洛・臣礼は、家康が秀吉へ臣従したことを示すものではあったが、秀吉自身が「入魂」と表現したように、家康との関係は対等な要素をなおも残すものであった。さらに家康は十一月五日、秀吉に従い織田信雄・豊臣秀長・豊臣秀次と参内し、この日、秀吉の執奏によって、秀長とともに正三位中納言に叙任された（『兼見卿記』他）。『公卿補任』などは中納言任官の日を十月四日とするが誤りである（拙稿「徳川家康の叙位任官」）。松平家忠は家康の任中納言を、日記の十一月七日条に記している。なお、家康はこの時に本姓を藤原姓から源姓に変更したようである（「勧修寺家文書」）。

**中納言に叙任**

そして京都を八日に発ち（『兼見卿記』）、十一日には尾張の大高より岡崎に入り、十二日に大政所を井伊直政をして大坂へ送り届け、自身は十九日まで岡崎に滞在した（『家忠日記』）。この日、延暦寺別当代へ、元三会（がんさんえ）（元三大師良源の忌日法会）領還付の求めについて、諸国がいずれも返還するのであれば家康もそのようにすると伝えた（「延暦寺文書」）。二十

**大政所を送り届ける**

日に浜松へ行き、十二月四日には浜松を発って駿府に帰った（『家忠日記』）。

後陽成天皇即位
秀吉太政大臣

家康が京都を発つ前日の十一月七日、正親町天皇が譲位し、二十五日に和仁（かずひと）親王が即位して後陽成天皇となった。それを沙汰した秀吉は、即位に先立って太政大臣に任官し、天皇に即位灌頂（そくいかんじょう）（即位式の際、高御座（たかみくら）に臨む天皇が行なう密教儀式。摂関家が天皇に伝授するもの）を伝授した。

## 六　聚楽行幸

前年に秀吉に臣従の礼をとった家康は、天正十五年（一五八七）には一度（大納言任官のため）、十六年には二度（聚楽（じゅらく）行幸のため）、上洛する。本節では、家康が秀吉への臣従の度を深めていく過程を追う。

〔家康46歳〕
駿府城普請を開始

家康は駿府で越年して天正十五年を迎えた。正月十五日には、かな屋七郎左衛門に駿河・遠江の鋳物師・惣大工職を命じた（「山田文書」）。そして二月はじめより駿府城の普請を開始。二月二十日には、駿河富士郡下方・厚原・久爾郷の百姓二二人に、従来畠・屋敷であった土地を田とした時には二年間は畠年貢とし、新開田畠は二年間年貢免除、新宿についても二年間諸役を免許するとした（「植松文書」）。

三月十一日には駿府から遠江へ赴き、十七日に駿府に戻った。十八日には、信州上田の真田昌幸と松本の小笠原貞慶が、豊臣秀吉の命によって来訪してきたため面会した（『家忠日記』）。五月四日には、九州の島津氏を攻めていた豊臣秀長老臣の藤堂高虎に、九州表の様子を伺い、その労を犒（ねぎら）った。また六月二十五日、甲斐と思われる金山衆六十人中に金採掘にかかる諸役・棟別などを免許した（「渡邊文書」）。

権大納言に叙任

駿府を発ち、七月二十九日に岡崎に至った家康は（『家忠日記』）、八月五日、秀吉に近江大津で出迎えられて入京した。八日には秀吉の奏請により、豊臣秀長とともに従二位権大納言に叙任され（「勧修寺家文書」他）、翌九日、秀長とともに叙任御礼のため院の御所へ参り、御三間（おみま）にて正親町院に対面した。その場で盃の儀があった（『御湯殿上日記』『院中御湯殿上日記』）。

この時の上洛は非常に短期間で、十二日には近衛前久に見送られて京都を発ち（『兼見卿記』）、十三日に船で田原（大津）に着き、十四日に岡崎に入った。十七日まで岡崎に逗留したあと、駿府へ向かっている（『家忠日記』）。

鹿狩り・鷹野

さて、この年は九月以降、狩りを楽しんでいる。九月十八日には三河田原へ鹿狩りに出掛け、十九日に小松原へ進んだ。二十一日も田原で鹿狩りをし、十月三日田原より駿府に帰城した。十一月二十三日にも三河での鷹野のため駿府を発ち、その日は田中に泊まっている。十二月三日は岡崎、九日に西尾へ行き、十八日まで西尾で鷹野を楽しんだようだ。十八日に岡崎に入り、翌十九日には発って駿府へ帰った（『家忠日記』）。

なお、十二月二十八日に家康が左近衛権大将に任じられ、同時に左馬寮御監に補されたとする見解がある。しかしこれは、のちの正保二年（一六四五）に三代将軍家光が、家康の叙任文書を源姓で再発給させた際に作為されたもので、叙任の事実はない。

〔家康47歳〕

天正十六年（一五八八）、駿府で越年した家康は元旦、年頭の礼を受けた。正月二十九日には遠江中泉へ鷹野に出かけ、二月五日に駿府へ帰った。三月一日、上洛のため駿府を発ち、この日は中泉に泊まった。五日には、家康の正室朝日姫も上洛の途につく（『家忠日記』）。六日に岡崎に入り、しばらく逗留した（「河野文書」）。

最上義光への書状

三月九日には、出羽山形の最上義光に書状を送っている（「書上古文書」）。最上義光は前年に大宝寺氏を攻撃したが、その際に上杉氏のもとに逃れた大宝寺義勝は、本庄繁長の実子であった。年が明けて天正十六年二月に、伊達政宗と最上義光とのあいだで合戦が起きたのを機に、八月に上杉氏が本庄氏・大宝寺氏に庄内侵攻を命じ、最上氏は大敗した。こうした事情を最上義光は、秀吉家臣の富田知信を通じて秀吉に訴えていた。家康の書状は、この抗争が富田から秀吉に披露され、秀吉は別状なしとの意向を示したと富田から家康に書状が来たので、一覧のためにその書状を進める、京都の様子は義光の使者が詳細を知っており、自分もやがて上洛するので秀吉にも申しあげる、しかし境目での軽率な軍事行動は無用である、また伊達政宗とは親類なのだから入魂にするように、というものであった。

## 大坂へ下る

家康は三月十四日に岡崎を発ち（『家忠日記』）、京都に入り大坂に下った。このことを伝えた『多聞院日記』は、「家康上洛、則大坂へ下了云々、関東一円無事ニ調、天下一同相摂云々」と記す。上洛前の十七日、家康は最上義光に書状を送った。そこには、家康から日々秀吉に申し上げたところ別状なしとの仰せで、義光へ秀吉から御朱印が出されたので、その方から然るべき者を上洛させるように、家康もやがて上洛するので、秀吉の御前は然るべきよう申し上げる、と記された（「書上古文書」）。十八日ころには京都に戻ったようで、二十二日には上洛してきた秀吉を東寺まで迎え（『家忠日記』）、二十九日には秀吉とともに鷹野に出かけた（『家忠日記』）。

四月三日より前のことになるが、秀吉から茶器とともに、兵粮二〇〇〇俵を贈られている（『家忠日記』）。六日には最上義光へ、秀吉の御前はよく義光の身上も不沙汰にすることはないとの仰せであるので、早々上洛するのが専一である、と報じた（「書上古文書」）。さらに五月三日には義光に、庄内の儀については存分どおりに秀吉が命じられたと報じ、かつ義光の上洛は遅延しても構わないとの秀吉の意向であり、領内を異儀なく仕置することが肝要、と申し送った（「書上古文書」）。

### 聚楽行幸と清華成

ところで、四月十四日より十八日まで、秀吉が内野（平安京内裏跡）に建てた聚楽への後陽成天皇の行幸があった。聚楽行幸を前にした三月二十九日、秀吉の執奏で、家康は織田信雄・豊臣秀長・豊臣秀次とともに清華成した（『院中御湯殿上日記』他）。「清華」家とは、公家においては摂関家に次ぐ家格で、摂関にはなれないが太政大臣まで昇進可能な家のことである。ただし、家康らの清華成は儀礼の場での必要から家ではなく個人に与えられたものであろう。

### 饗宴

行幸の初日は七献の饗宴と管弦があった。饗宴には二一人が相伴し、このなかに家康もあった。この時に相伴したのは、秀吉・六宮（智仁親王）・伏見宮邦房親王・中務卿宮・准后九条兼孝・准后一条内基・前関白二条昭実・左大臣近衛信輔・右大臣菊亭晴季・前内大臣徳大寺公維・内大臣織田信雄・右大将西園寺実益・前大納言大炊御門経頼・大納言久我敦通・左大将鷹司信房・大納言徳川家康・大納言豊臣秀長・中納言豊臣秀次・三位中将菊亭季持・参議花山院家雅・参議宇喜多秀家である（『御湯殿上日記』）。

### 三ヵ条の誓詞

翌四月十五日、秀吉は誓紙の提出を諸大名に命じた。その内容は、①聚楽行幸に際し、昇殿を許されたことへの御礼、②禁裏御料所と公家・門跡領の保証、③関白秀吉の命には何事であろうといささかも背かないこと、というもので、この誓紙の眼目は③にあった。家康も、織田信雄・豊臣秀長・豊臣秀次・宇喜多秀家・前田利家とともに連署で誓紙をあげた（「聚楽亭行幸記」）。十六日の聚楽第での歌会で家康の詠んだ句が残されている（「徳川美術館所蔵文書」）。

みとりたつ松の葉ことに、此君の千年のかすをちきりてそ見る

北条氏と秀吉の決裂

家康が駿府に帰着したのは四月二十七日である。四月末は小田原北条氏との交渉がうまくいかず、五月六日には北条氏と秀吉とのあいだが決裂の様相となった（『家忠日記』）。六月二十一日、家康は北条父子に、兄弟衆の今月中の上洛と父子の秀吉への出仕を求め、もし聞き入れないのであれば我が娘を返せと、たんに書状ではなく起請文をもって迫った（「鰐淵寺文書」）。

そうしたなか閏五月十四日には、浅倉六兵衛に駿河安倍三ヵ村の棟別諸役を先規どおり免除し（「浅倉文書」）、遠江榛原郡志戸呂に在留する瀬戸の者には分国中での焼物商売の役などを（「加藤文書」）、甲斐の金山衆には金採掘にかかる諸役・棟別などを（「大泉叢誌」）免許した。

朝日姫と上洛

六月二十二日、秀吉と自身の母である大政所の煩いの報を受けて、朝日姫は上洛する。二十三日、家康も岡崎に到着し、七月二日以前に京都に着いた（『家忠日記』）。十四日、家臣の朝比奈泰勝を、北条氏規（うじのり）に上洛遅延を督促するため使者として送り、できれば家

康が在京するあいだに上洛するよう求めた（「書上古文書」）。二十七日には後陽成天皇から懸袋を下賜された（『御湯殿上日記』）。

北条氏規の上洛

八月八日、入京していた毛利輝元の旅宿を、織田信雄・豊臣秀長とともに訪問した（「輝元上洛日記」）。二十二日には北条氏直の叔父氏規が上洛し、聚楽第で秀吉に謁した（『多聞院日記』「輝元公御上洛日記」）。二十九日には豊臣秀長の迎えをうけ大和郡山へ、九月一日には奈良興福寺の成身院（じょうしんいん）を訪れ、秀長には樽八・金子一〇〇枚・太刀を贈った。二日に笠置（『多聞院日記』）、四日には田原（大津）に着き、駿府に戻った。朝日姫は、八日に岡崎まで戻った（『家忠日記』）。

大和郡山へ

十月二十六日には伊達政宗に書状を送り、家康が奥羽表の「惣無事」を扱うよう秀吉から命じられたのでお請けした、そこで使者を遣わして和与を申し扱おうと思っていたところ、さっそく「御無事」とのこと、ことに最上義光とは親類でもあるので互いに「入魂」であることが専要だと、申し送った（『伊達家文書』）。十一月二十二日には岡崎へ行く。十二月二十一日、吉良へ鷹野に行き、翌日秀吉から鷹を贈られ、二十四日には吉良から駿府に帰った（『家忠日記』）。

〔家康48歳〕

天正十七年（一五八九）も駿府で越年した家康は、元旦に駿河・遠江の詰衆から、正月二日に三河衆から、年頭の賀を受けた（『家忠日記』）。七日には秀吉から命じられた小笠原貞慶より子の秀政への代替わりにともない、信濃筑摩・安曇両郡を先規どおり安堵し、軍役などを堅く申し付けるので忠信を励むよう命じた（「書簡幷証文集」他）。

**駿府城で連歌を催す**

また二十七日には、分国中の連歌をたしなむ者を二月十日ころ駿府に集めるよう命じて、二十九日には鷹野のため遠江中泉に向かい、二月四日に駿府へ帰城した。そして十一・十四・十六日に城で連歌を催した（『家忠日記』）。連歌を催したのは、京都に送り点を付けさせ、それを家康が見るためであったという。十三日には、真田昌幸が家康のもとに、長子信之を人質として送ってきた（『家忠日記』）。

**検地を実施**

こうしたなか家康は、二月に遠江、三月に駿河、八月に三河、九月に甲斐、南信濃で検地を命じた。検地は給人・寺社などの区別なく一村ごとに実施され、田畠の所在地・田位・面積・田畠の別・名請人（分付け記載）が記され、太閤検地とは違い一反＝三六〇歩、大半小制（大は二四〇歩、中は一八〇歩、小は一二〇歩）が採用された。

**七ヵ条の郷村法令**

検地に続いて、七ヵ条の郷村法令を三河・遠江・駿河・甲斐の村々に出した（「御庫本古文書纂」他）。出された期間は七月七日より翌年二月十五日におよぶが、残る一三四通の約六〇％にあたる七九通は七月七日付のものである。国別では、遠江七七通、駿河三一通、三河一二通、甲斐一四通が知られている。なお、現在のところ信濃に出された事例を見いだしえない。七ヵ条の内容は、

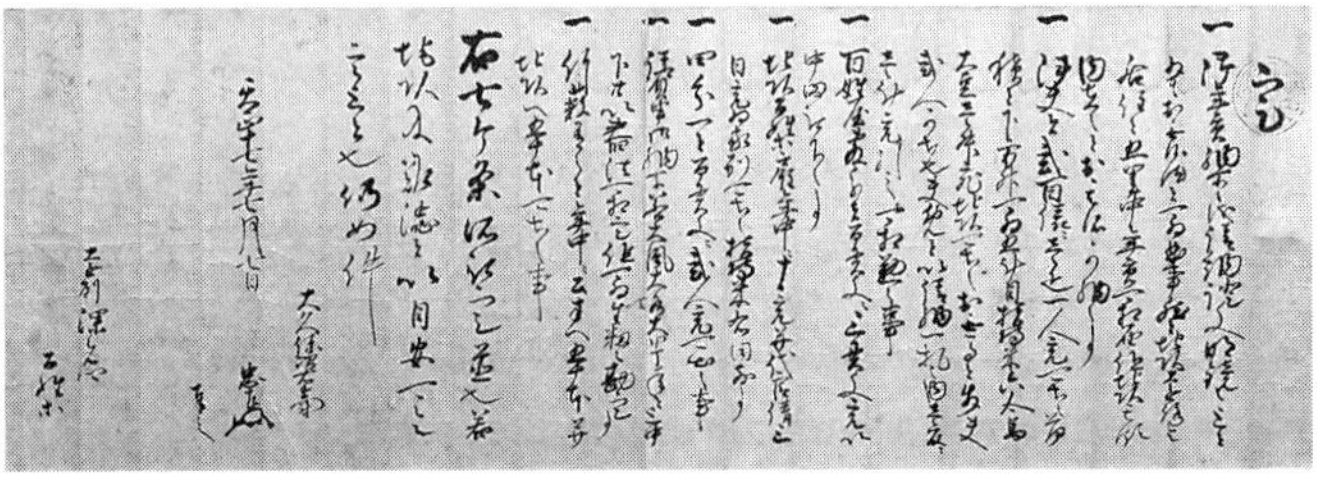

徳川家七ヵ条定書（深見村宛）（天正17年7月7日）（袋井市歴史文化館提供）

①　年貢の無沙汰は曲事（くせごと）であり、地頭が遠くに居住している時は五里内は百姓が年貢を運ぶこと、領主が領中にいる時はその所で収めること、

②　陣夫は二〇〇俵に一疋一人ずつ出すこと、荷積は地域の升で五斗、扶持米（ふちまい）は六合、馬大豆は一升を地頭が出すこと、馬がない時には歩夫二人を出すこと、人夫に徴発された者は夫免（ふめん）として一反に付一斗年貢を引くこと、

③　百姓屋敷の年貢は、一〇〇貫文に三貫文充中田の斗代で免除すること、

④　領主が百姓を使役するのは年二〇日、代官の場合は三日ずつ、家別に出すこと、扶持米は人夫と同じ、

⑤　四分一役は一〇〇百貫文に二人出すこと、

⑥　請負った年貢は、大風・大水・大旱損の時には上・中・下を舂法（ついほう）（稲穂を籾にすること）で定めること、ただしその勘定は生籾で行なうこと、

⑦　竹藪を所持している者は年中に公方（家康）に五〇本、

領主に五〇本出すこと、

というもので、最後にもし領主が難題を申し懸ける時には、目安（訴え）をもって言上するとある。この検地および郷村法令は、家康がその領国を統一的に掌握したものとして注目される。

二月二十四日に予定されていた上洛が雨で延び、また二十六日は朝日姫の煩いで延び、二十八日にようやく駿府を発し、この日は田中に泊まった（『家忠日記』）。三月初旬には京都に入ったと考えられる。

棄の七夜の祝い

五月二十二日、織田信雄・豊臣秀長・宇喜多秀家とともに参内し、太刀馬を献じた（『御湯殿上日記』）。六月四日には、五月二十七日に秀吉と淀殿とのあいだに生まれた若君（棄）の七夜の祝いをして京都を発った。この時に秀吉から、銀二〇〇〇枚・金二〇〇枚を贈られた。七日に船で田原（大津）まで帰り、翌日中泉に進み、岡崎には寄らずに駿府に向かったようである（『家忠日記』）。

富士山麓で大仏材木

七月中旬、秀吉は大仏殿造営の材木を諸大名に命じた。八月になって、家康も大仏殿の柱を富士山より伐り出すよう命じられ（『当代記』）、家臣を富士山の木引普請に動員した。松平家忠は、八月二日から十一月六日までこの木引に動員された（『家忠日記』）。富士山麓での木材の切り出しにともなってか、家康は八月二十七日に駿河富士郡大宮を訪れ、二十八日には甲府に向かい、九月二十六日には甲府から郡内を通って沼津へ出て、駿府に帰った（『家忠日記』）。

## 七　小田原北条攻め

家康は天正十七年（一五八九）十一月、秀吉が発した北条氏への弾劾状を受け、翌年二月、北条攻めの先鋒として小田原に向けて軍勢を進める。本節では、北条氏攻めの開始から翌年七月に北条氏が秀吉に降伏するまでを扱う。

名胡桃城事件

話はさかのぼるが、前年の天正十六年八月二十二日に、北条氏直の叔父氏規が上洛し、聚楽第で秀吉に謁見したことは先述した。これをもって秀吉は北条氏が臣従したものとし、北条氏と真田氏とのあいだで懸案であった上野沼田領について、この時に、三分の二を北条領、三分一を真田領と裁定した。ところが、これに不満を抱いていた北条氏は翌天正十七年十一月に、真田分の名胡桃城（なぐるみ）（沼田城の支城）を攻略するという、秀吉裁定を無視する行動に出た。

真田方より知らせを受けた家康は、十一月十日、信濃上田の真田信幸（信之）へ、次のような返書を送った。上野名胡桃の件は了解した、そこもとの様子を知っている秀吉の家臣富田知信・津田信勝に、信幸から使者を差し上げれば、その使者から上野国の件は秀吉に披露されるだろう、というものだった（『真田家文書』）。

秀吉、吉良で鷹野

一方で、家康は十四日、藤堂高虎への書状で、まず両度の飛脚への礼を述べ、来たる十五日に上洛しようとしていたが、秀吉がお忍びで三河吉良へ鷹野に御成とのことで延びてしまっている、また豊臣秀長が煩い気で有馬で湯治とのことだが、いかがか、さらに朝日姫の煩は少しよいとのこと大慶、と報じた（「藤堂文書」）。

北条氏への弾劾状

北条氏に裁定を無視されたかたちとなった秀吉は十一月二十四日、五ヵ条からなる弾劾状を北条氏政に送るとともに、各大名にこの弾劾状の写を送付した（『伊達家文書』他）。同日付で秀吉から家康に、北条氏が秀吉の裁定した上野沼田城について、その裁定を無視し、真田の持ち分の名胡桃城を乗っ取ったことをあげ、来春早々に出馬すると告げ、その手立てのため二、三日の逗留で馬一〇騎ほどで上洛するよう、さらに北条氏へ弾劾状を送ったのでその返事によっては成敗する、との朱印状が送られてきた（「富岡文書」）。

この秀吉の朱印状をうけて、家康は十二月三日、吉田より岡崎へ向かい、五日に岡崎を発って上洛した（『家忠日記』）。十二月九日には北条氏直と氏政それぞれより、弁明と取り成しを求める書が家康に送られるが（「古証文」）、この時にはすでに上洛中で、駿府にはいなかった。

小田原攻め決定

家康は十日に聚楽第へ赴いて秀吉に会い、上杉景勝・前田利家らとともに、北条氏討伐の議に与（あずか）ったとされる（『家忠日記増補』）。十三日には三河にいた松平家忠のもとに、京都から小田原攻めの触れが届き、来年正月二十八日に家康、二月五日に織田信雄、三月一日に秀吉が出馬、と報じられた。十二月十六日に家康は西尾まで帰り、十七日は岡崎、十八日には吉田を経て、駿府に帰着した（『家忠日記』）。

家康は、北条氏が「関東堺目無異義」と返報してきたことを秀吉に伝えた。しかし、秀吉は十二月二十八日付で、それを聞き入れる用意はまったくなく、場合によっては出馬を早めようかと思うが、諸卒の用意もあることなので、自身の出馬は三月一日とし、また兵粮米は成り次第に馳走する、と申し送ってきた（「三条文庫」）。

〔家康49歳〕嫡男長丸を上洛させる

天正十八年（一五九〇）も駿府で越年した家康は、北条攻めに先立ち、先手を打って、天正七年に誕生した三男で嫡男とされた長丸（のちの秀忠）を秀吉のもとにいわば人質として送った。長丸は正月三日に駿府を発ち、五日に岡崎（『家忠日記』）、十三日に京都に着いたとされる。この長丸上洛は、秀吉が織田信雄の娘を養女とし、長丸と娶せるためのものといわれた（『家忠日記』）。長丸上洛をうけて秀吉から家康へ、正月二十八日付の書状が送られてきた（「難波創業録」）。その内容は、長丸に対面したこと、長丸は一段と利発で家康に劣らず公儀を大切に思っているようだ、このまま在洛するとのことだが、万一人質だと関東辺で取沙汰となっては、家康のためにもいかがかと思うので、さっそく駿河に帰すことにする、小田原から帰陣後に上洛した折に長丸の官位昇進のことも命じよう、その後は緩々(ゆるゆる)と在京するように、というものであった。

### 朝日姫の死

ここには、家康と秀吉の細かな駆け引きをうかがうことができる。そして天正十八年正月二十五日、長丸が京より戻った（『家忠日記』）。なお、この間の正月十四日、つまり長丸が京都に着いた翌日だが、正室の朝日姫が聚楽第で死去した。享年四八。法号は南明院殿光室総旭大姉。東福寺に埋葬された。

さて、家康は二月四日、出羽山形の最上義光へ、旧冬贈られた鷹の礼を述べたのち、義光の上洛を秀吉に申し上げたところ無用との御意であり、秀吉の小田原動座の際に御越しになることが専一、と申し送った（「書上古文書」）。

### 小田原へ出陣

小田原攻めは、二月六日が雨により出馬を延引し、翌七日に酒井家次・本多忠勝・榊原康政・平岩親吉・鳥居元忠・大久保忠世・井伊直政を先発させた。十日に駿府を出た家康は賀島に進んだ。二十一日に富士川に船橋（船を並べてつなぎ、その上に板を渡して橋にする）を架け、二十四日には駿河駿東郡長久保に、二十五日には沼津に着陣した（『家忠日記』）。

### 一五ヵ条の軍法

この出陣に際し、家康は一五ヵ条におよぶ軍法を定めた（「鳥居家文書」他）。その内容は、

①秀吉の朱印での御諚（ごじょう）に背かないこと、
②喧嘩口論の禁止、
③下知（げち）（命令）なく先手を差し置き物見を遣わすことの禁止、
④先手を差し越し高名（こうみょう）をあげても軍法に背いた者は妻子以下まで成敗、
⑤子細なく他の備（そなえ）へ相交ることの禁止、
⑥進軍にあたって脇道の禁止、
⑦諸事奉行人の差図に従うこと、
⑧遣わした使者の申すことを守ること、
⑨小荷駄押（こにだおし）（兵粮輸送）は軍務に交じらぬよう申し付けること、
⑩陣取において馬を放たないこと、
⑪下知なき男女の乱取（らんどり）（掠奪）禁止、また敵地の家を下知なく放火しないこと、
⑫下知なき陣払いの禁止、
⑬進軍の時小旗・鉄炮・弓・鑓の順序を決め奉行を添えて進むこと、
⑭持鑓は主人の馬廻に一丁、
⑮諸商売・押買・狼藉の禁止、

である。そして文末を、以上の条々に違反するものは容赦なく成敗すると結んでいる。

三月十八日の秀吉書状

家康は三月十八日、豊臣秀長への書状に、近く秀吉が着座するであろうこと、家康みずから案内者のため、小田原表は手間はかからないので安心されたい、煩いが良くなっているとのこと大慶に思う、と申し送った（「円光寺文書」）。

他方、秀吉からは同日付で、十六日付の家康からの書状を受け取ったこと、信濃の牢人が阿江木・白岩へ籠もったのを徳川勢が討ち取ったのを尤もとし、その折に粉骨の働きをした依田康国に言葉をかけるよう、また今日駿河田中城（益頭郡）に着いたこと、明日十九日は駿府まで進み、一両日逗留したあと三枚橋（駿河国駿東郡）へ動座するが、そのあいだは清見寺（駿河国庵原郡）で一泊する、そのように心得よ、と申し送ってきた（「依田家文書」）。

家康は二十日、秀吉を迎えるため、いったん長久保から駿府に帰り、二十二日に長久保へ戻っている（『家忠日記』）。同二十二日には、最上義光への書状で、まず贈られた鶴の礼を述べ、義光が秀吉に贈った鷹は駿府で秀吉に献じたこと、一段の思し召しであったこと、関東静謐も間近であるので身上も安堵されるであろう、と申し送った（「書上古文書」）。

小田原に着陣す

小田原攻めに出馬してきた秀吉を、家康は織田信雄とともに、三月二十七日に駿河の三枚橋で出迎えた。二十九日には伊豆山中城を攻略し、翌四月一日に箱根山近くに陣を張った。二日、三日には小田原まで進み（『家忠日記』）、城近くに砦を築いた。以後、小田原落城まで攻囲軍の陣中にいる。

小田原から諸将へ連絡

家康は四月五日、浅野幸長に早川口へ向かったことを聞き、その地の様子を尋ねるとともに、みずからは敵の惣構えの向かいの山に陣取っていると報じている（『浅野家文書』）。また、十日には三河大樹寺へ、その来翰を謝すとともに、小田原では敵城構えまで押し詰めたこと、北条の滅亡も間近であると報じた（「大樹寺文書」）。十九日には、豊臣秀長の老臣の桑山重晴へ、陣中見舞いを謝すとともに、秀長の煩いが本復と聞いてそれを悦び、その家秘法の虫薬（腹痛・ひきつけの治療薬）の到来を謝した（「篠岡文書」）。二十五日には、明日に相模玉縄へ移動することを報じてきた浅野長吉への返書で、家康方の軍勢を申し付けること、家康方となった江戸、相模油壺に異議なしと報じている（「太祖公済美録」）。

こうした小田原在陣中にあって家康は五月三日、伊達政宗へ、最上義光との和睦を悦び、秀吉が義光に対して一段と懇ろであるので、義光とは別意なく談合するよう報じた（『伊達家文書』）。十一日には、松平（依田）康国の跡職を松平康貞に安堵するとともに、陣中は上杉景勝の指図に従うよう命じた（「蘆田文書」）。

六月に入ると、家康は北条氏規に対して、家康の差図に従い、ともかく下城し、氏政父子のことを秀吉に詫び言することが専一であると、六月七日に申し送った（「古文書集」）。

同日、本多忠勝・平岩親吉・鳥居元忠に対し、武蔵岩槻城攻めに参加していたこの三名の戦功を、浅野長吉が秀吉に伝えてくれたので、よくよく浅野長吉に礼をいうようにと命じている（「古文書集」「松涛棹筆」）。



六月二十五日には、秀吉より本多忠勝・平岩親吉・戸田忠次・鳥居元忠・松平庸貞に、相模筑井（つくい）城の受け取りを命じられたので、それを受け取り、矢立（やたて）（矢筒）・兵粮などをよくよく調査するように、と家康は命じた（「古文書集」）。

この相模筑井城受け取りの命を受ける前日の二十四日、韮山にいた北条氏規が家康の陣に来て投降した（「天正日記」他）。そして七月五日には、北条氏直が滝川雄利の陣に投降した。翌六日、榊原康政が小田原城を受け取り（『家忠日記』）、家康は十日に小田原城に入った。

## 八　家康の妻妾と子女

本節では、家康の妻妾・子女についてその概要を述べておく。家康には正室・後室と一六人の側室・妾が確認されているが、ここでは子をもうけた女性を中心に記述する。



正室である築山殿は、今川氏一家衆の関口氏純（これまで今川義元の妹婿である関口親長とされてきた）の娘で、弘治二年（一五五六）か三年に輿入れ、長男の信康、長女の亀姫を産む。天正七年（一五七九）八月二十九日に信長の意向もあって殺害された。

後室朝日姫

後室となった朝日姫は、豊臣秀吉の異父妹で、天正十四年（一五八六）四月、浜松城へ輿入れ、天正十八年正月十四日に聚楽第にて死去した。

側　室

側室西郡の方（西郡局）は、鵜殿長忠の養女という。奥勤めをし、岡崎で二女督姫を産む。慶長十一年（一六〇六）五月十四日死去。

お万の方は、出自は明確ではない。浜松で二男秀康を産む。小督局とも呼ばれた。元和五年（一六一九）十二月六日に秀康が拝領した越前北庄で死去。享年七二。

お愛の方（西郷局）は、遠江掛川西郷荘の戸塚五郎太夫の娘という。伯父の西郷清員の養女として家康に侍した。浜松で三男秀忠・四男忠吉を産む。天正十七年五月十九日に駿府で死去した。享年二八。

お竹の方は、甲斐市川氏の娘という。天正十年ころ奥向きに勤め、三女振姫を産む。寛永十四年（一六三七）三月十二日に死去。

阿茶局は、甲斐飯田直政の娘という。神尾忠重に嫁ぐが、忠重の没後、家康に侍し、大坂冬の陣では和睦の使者などを勤めた。家康の没後も厚遇を受け、秀忠の娘の和子が後水尾天皇に入内する際には母代を勤め、元和九年（一六二三）の皇女（明正天皇）誕生の際、従一位に叙され、神尾一位殿といわれた。寛永十四年正月二十二日死去。享年八三。

下山の方は、武田信玄六女とも秋山虎康の娘ともいう、穴山梅雪の養女として奥勤めをし、浜松で五男信吉を産む。慶長八年九月十二日に死去。享年二七。

お茶阿の方は、遠江金谷鋳物師の妻であったとされ、浜松で奥勤めをし、浜松で六男忠輝、七男松千代を産む。元和二年、家康の死後落飾し、元和七年六月十三日に死去。

間宮氏は、間宮康俊の娘という。文禄（ぶんろく）四年（一五九五）に四女松姫を産むが、事跡は明らかではない。

お亀の方は、石清水八幡の神職志水清家の娘で、志水宗清の養女という。伏見で八男仙千代と九男義直を産む。家康死去後に落飾し相応院と称した。寛永十九年閏九月十六日に尾張名古屋で死去。享年七〇。

お万の方は、上総大滝城主であった正木邦時の娘で、蔭山刑部の養女となる。伏見で一〇男頼宣・一一男頼房を産む。家康死去後に落飾し養珠院と称した。承応（じょうおう）二年（一六五三）八月二十一日に死去。享年七四。通称は蔭山殿。

お梶の方（お勝と改める）は、江戸但馬守の娘で太田康資の養女という。家康が特に目をかけた女性である。頼房の養育に預かる。また結城秀康の二男忠昌を養子とした。家康死去後に落飾し、英勝院と称した。寛永十九年八月二十三日に死去。享年六五。

## 子供

家康の子供については、生年順にその概略を記すに止める。

長男信康は、永禄（えいろく）二年（一五五九）三月六日に駿府で誕生し、幼名を竹千代といった。母は築山殿である。織田信長の娘徳姫と結婚するが仲悪く、天正七年九月十五日、信長の意向もあって生害された。享年二一。

長女亀姫は、永禄三年に駿府で誕生、母は築山殿である。奥平信昌に嫁す。寛永二年五月二十七日死去する。享年六八。

次女督姫は、永禄八年に岡崎で誕生、母は西郡の方である。天正十一年、小田原の北条氏直に嫁す。氏直没後、文禄二年に池田輝政に再嫁する。輝政死後は落飾し、元和元年二月四日に死去する。享年五一。

二男の秀康は、天正二年（一五七四）二月八日に三河有富村で誕生、幼名を義伊また於義丸といった。母はお万の方である。天正十二年に秀吉へ人質として出され、養子となる。天正十八年に結城家の家督を継ぎ、慶長五年の関ケ原の戦い後に越前福井六七万石を領す。最終の官は権中納言であり、慶長十二年閏四月八日に福井で死去する。享年三四。

二代将軍秀忠

三男の秀忠は、天正七年四月七日に浜松で誕生し、幼名を長丸といった。母はお愛の方である。慶長十年、家康の跡をうけて将軍となる。元和九年、将軍職を嫡男の家光に譲る。最終の官は太政大臣であり、寛永九年正月二十四日に死去。享年五四。

四男の忠吉は、天正八年九月に浜松で誕生し、幼名を福松といった。母は秀忠と同じお愛の方である。慶長五年の関ケ原後に尾張清須五二万石を与えられるが、慶長十二年三月五日に死去する。享年二八。

三女振姫は、天正八年に浜松で誕生した。母は下山の方である。慶長元年に蒲生秀行へ嫁すが、秀行の死後、元和二年三月七日に浅野長晟に嫁す。翌三年八月二十九日に死去する。享年三十八。

五男信吉は、天正十一年九月十三日に浜松で誕生し、幼名を武田万千代丸といった。母は下山の方である。のち松平平七郎と改め、文禄元年下総佐倉一〇万石を拝領、慶長七年に常陸水戸一五万石を与えられるが、慶長八年九月二十一日に死去。享年二一。

六男忠輝は、文禄元年（一五九二）に浜松で誕生、幼名を辰千代といった。母はお茶阿の方である。長沢松平家を継ぎ、慶長七年下総佐倉四万石、同八年信濃川中島一四万石、同十五年越後高田六〇万石を拝領した。元和二年七月十二日、秀忠の勘気により伊勢朝熊（あさま）へ遠流（おんる）され、天和（てんな）三年（一六八三）二月二十二日に諏訪で死去する。享年九二。

七男松千代は、文禄三年（一五九四）に浜松で誕生。母はお茶阿の方である。慶長四年正月十二日に死去する。享年六。

八男仙千代は、文禄四年に伏見で誕生し、母はお亀の方である。慶長五年三月七日に死去する。享年六。

四女松姫は、文禄四年に伏見で誕生。母は間宮康俊の娘である。慶長三年正月二十九日に死去する。享年四。

### 尾張徳川の祖義直

九男義直は、慶長五年（一六〇〇）十一月二十八日に伏見で誕生し、幼名を千々世丸また五郎太丸といった。母はお亀の方である。慶長八年に甲斐二五万石、同十一年元服、義利と名乗る。同十二年に尾張などで六一万石を領す。同十六年に義直と改める（尾張徳川家の祖となる）。寛永三年に大納言に任じられる。慶安三年（一六五〇）五月七日に江戸で死去する。享年五一。

### 紀伊徳川の祖頼宣

一〇男頼宣は、慶長七年三月七日に伏見で誕生し、幼名を長福といった。母はお万の方である。同八年水戸二五万石、同十一年に元服して頼将と名乗る。同十四年に駿河・遠江で五〇万石を拝領。同十六年に頼宣と改める。元和五年、紀伊和歌山五五万石に転封（紀伊徳川家の祖となる）。寛永三年に大納言に任じられる、寛文十一年（一六七一）正月十日に紀伊で死去。享年七〇。

### 水戸徳川の祖頼房

一一男頼房は、慶長八年八月十日に伏見で誕生。幼名を鶴千代といった。母はお万の方である。慶長十四年に常陸水戸二五万石を拝領（水戸徳川家の祖となる）。寛永三年に中納言に任じられる。寛文元年（一六六一）七月二十九日に江戸で死去する。享年五九。

五女市姫は、慶長十二年正月一日に駿河で誕生、母は遠山直景の娘である。同十五年二月十二日に死去する。享年四。この市姫の死は、後陽成天皇の譲位の延期の理由とされた。

本章で見たように、本能寺の変のあと家康は、信長の弔い合戦を理由に上洛しようとするが、それは羽柴秀吉の素早い行動の前に封じられた。家康はすぐさま、武田氏を滅ぼしたあと信長の勢力下に入っていた甲斐・信濃の権力の空白化の隙を突き、その制圧に向かい領国拡大を策した。その結果、甲斐をほぼ手中にしたが、信濃は思うにまかせなかった。そうしたなか織田信雄に与し、小牧・長久手で秀吉と覇を争うが、信雄が秀吉と講和したことで和睦に追い込まれ、二男の秀康を秀吉に人質として送った。しかし、ただちに秀吉に臣従することはなかった。その後の秀吉による「家康成敗」、また秀吉の妹の朝日姫が正室として送りこまれ、さらに朝廷官位を引き上げるなど、秀吉の硬軟まじえた懐柔策をうけて、ついに家康は上洛し秀吉に臣従した。その折、関東惣無事を秀吉から委ねられた家康は、それに違反した小田原北条氏を、秀吉とともに滅ぼしたのである。

# 第四　関東入国と豊臣政権の中で

## 一　関東入国

〔家康49歳〕

家康は天正十八年（一五九〇）七月、北条氏の旧領を秀吉から与えられ、長年にわたって広げてきた領地、三河・遠江・駿河・甲斐・信濃から関東に移ることになる。秀吉は、小田原攻めのあと奥羽仕置のため会津に向かうが、家康は、これには従わず新領地の経営を始め、八月一日に江戸城に入った。本節では、駿河以下五ヵ国を領有する大大名の位置を手にしていた家康の動向を見ていく。

関東の支配者

豊臣秀吉が小田原城に入城したのは、天正十八年七月十三日であった。家康はこの日、秀吉から駿河・遠江・三河・甲斐・信濃の五ヵ国に替え、北条氏の旧領武蔵・相模・上総・下総・伊豆・上野の大半・下野の一部を与えられた。それと同時に、家康の旧領五ヵ国へは、尾張・伊勢を領していた織田信雄に転封が命じられた。しかし、信雄はそれを拒否したため、尾張・伊勢は取り上げられ、下野那須二万石を与えられた。家康の旧

信雄、転封を拒否

領のうち三河は田中吉政・池田輝政、遠江は山内一豊・堀尾吉晴、駿河は中村一氏、甲斐は加藤光泰、信濃は仙石秀久ほか四名、いずれも秀吉の直臣に与えられた。

江戸に留まる

関東転封決定直後の十四日に、北条方の岩槻城主太田氏房（北条氏政の四男）らの妻子が、新領地となった関八州内に住むことを認めている（「古文書集」）。十六日には、北条氏直家臣の遠山直吉に、その妻子が相模国内に住むことを認めた（『譜牒余録後編』）。この間、秀吉より「惣国御検地」が命じられたようだ（「帰源院文書」）。

七月二十日には、十八日に江戸へ来た松平家忠に対し、明日二十一日に三河へ帰り、国替えにともなって女子を関東に引っ越すよう命じた（『家忠日記』）。家康は秀吉の奥羽侵攻には従わず、江戸にいて新領国の経営にあたった。二十八日、下総生実（おゆみ）の大巌寺に寺領・屋敷を安堵し（「大巌寺文書」）、七月付で五ヵ条の禁制を与えた（「檀林志」）。

秀吉、奥州仕置の様子を報ず

二十八日、宇都宮で二十六日付の家康の書状を受け取った秀吉は、佐竹義宣・宇都宮国綱らが足弱（あしよわ）（老人・女性・子供）を人質として差し出したこと、伊達政宗が宇都宮に迎えに来て足弱を差し出したこと、一両日中に会津へ移ること、出羽・奥州へも軍勢を遣わして城々の知行を改めたのち帰陣するつもりであることを、家康に報じてきた（「士林証文」）。翌二十九日には、家康は秀吉から自筆書状を受け取り、秀吉が示した家康二男の秀康に関東の名族結城氏の跡目を相続させること、その領知を五万石とすることなどに同意した（「水野文書」）。この後、八月四日付井伊直政宛秀吉朱印状で「於宇都宮、其方事、内儀家康へ懇ニ被仰聞候間」と記されているように、秀吉が宇都宮を発つ八月四日以前に家康は宇都宮で秀吉に会ったようである（「井伊家文書」）。とすると八月一日に家康が江戸城に正式に入ったとする従来の説は成立しなくなる。

江戸入城

八月十五日には諸将に、関東での領知を与えた。およその領地は表3のとおりである。しかし所領配置がなかなか定まらなかったようで、松平家忠は、江戸から深溝の地に、八月八日に武蔵川越城へ入るようにとの報が届いていたが、彼が江戸に到着した二十六

表3　関東での領地宛行

| 国名 | 城名 | 城主 | 石高 |
|---|---|---|---|
| 伊豆 | 韮山 | 内藤信成 | 10,000 |
| 相模 | 小田原 | 大久保忠世 | 45,000 |
| 同 | 甘縄 | 本多正信 | 10,000 |
| 武蔵 | 岩槻 | 高力清長 | 20,000 |
| 同 | 騎西 | 松平康重 | 20,000 |
| 同 | 深谷 | 松平康忠 | 10,000 |
| 同 | 松山 | 松平家広 | 10,000 |
| 同 | 川越 | 酒井忠重 | 10,000 |
| 同 | 忍 | 松平家忠 | 10,000 |
| 同 | 羽生 | 大久保忠隣 | 10,000 |
| 同 | 東方 | 松平康永 | 10,000 |
| 同 | 八幡山 | 松平家清 | 10,000 |
| 同 | 本庄 | 小笠原信嶺 | 10,000 |
| 上総 | 大多喜 | 本多忠勝 | 100,000 |
| 同 | 久留里 | 大須賀忠政 | 30,000 |
| 同 | 鳴戸 | 石川康通 | 20,000 |
| 同 | 佐貫 | 内藤家長 | 20,000 |
| 同 | 下総とも | 岡部長盛 | 12,000 |
| 下総 | 矢作 | 鳥居元忠 | 40,000 |
| 同 | 臼井 | 酒井家次 | 30,000 |
| 同 | 古河 | 小笠原秀政 | 30,000 |
| 同 | 関宿 | 松平康元 | 20,000 |
| 同 | 佐倉 | 久野宗能 | 13,000 |
| 同 | 多古 | 保科正光 | 10,000 |
| 同 | —— | 菅沼定政 | 10,000 |
| 同 | 佐倉 | 三浦重成 | 10,000 |
| 同 | 小見川 | 木曽義利 | 10,000 |
| 同 | 岩富 | 北条氏勝 | 12,000 |
| 上野 | 箕輪 | 井伊直政 | 120,000 |
| 同 | 館林 | 榊原康政 | 100,000 |
| 同 | 厩橋 | 平岩親吉 | 33,000 |
| 同 | 藤岡 | 松平康貞 | 30,000 |
| 同 | 小幡 | 奥平信昌 | 30,000 |
| 同 | 白井 | 本多康重 | 20,000 |
| 同 | 大胡 | 牧野康成 | 20,000 |
| 同 | 吉井 | 菅沼定利 | 20,000 |
| 同 | 阿保 | 菅沼定盈 | 10,000 |
| 同 | 那波 | 松平家乗 | 10,000 |
| 同 | 沼田 | 真田信幸 | — |

日には武蔵忍城に移るよう命じられたという（『家忠日記』）。

他方、秀吉は小田原落城後、七月十七日に小田原を発ち、江戸、宇都宮を経て八月九日に会津に着き、十三日には会津を発って、九月一日に京都に凱旋した。

#### 葛西大崎一揆

そうしたなか、小田原に参陣しなかったために改易となった陸奥国葛西氏・大崎氏の旧臣らが、十月十六日、葛西・大崎で新領主となった木村吉清・清久に対し一揆を起こした。奥羽仕置の後始末にあたった浅野長吉は、このときその任を終え上洛途上だったが、この報に接し、会津の蒲生氏郷と米沢の伊達政宗に、一揆鎮圧のために軍勢を出すよう求めた。また家康もこの報を得て、榊原康政らを出陣させ、十一月十四日には蒲生氏郷に、浅野長吉が陸奥に下るにあたって、その地を案内する者を白河まで遣わすよう求めた（『思文閣墨跡資料目録』）。それと同日に、結城秀康には白河へ軍勢を出すよう指示した（『譜牒余録』）。

#### 政宗と氏郷の確執

一揆鎮圧の過程で、伊達政宗と蒲生氏郷とで確執があり、氏郷は秀吉に政宗に異心あり、すなわち一揆を煽動していると申し送った。しかし、氏郷は十一月二十六日には前言を翻し、政宗には異心なしと秀吉に報じ、二十八日に政宗・氏郷の両者は、別心表裏なしとして誓紙を交換し、事はひとまずおさまった（『伊達政宗記録事蹟考記』）。

この間の十一月二十四日に、一揆はほぼ鎮圧された。しかし二十八日には、浅野長吉は駿府城主中村一氏に、家康と相談して来援するよう求めている（『浅野家文書』）。十二月四日、家康は本多康重らに奥州への出馬の用意を命じた（「古案」他）。八日、家康は氏郷とは別に、秀吉のもとにいる津田信勝と富田知信（とものぶ）とに書状を送った。そこには、浅野長吉に飛脚を遣わして陸奥の様子を聞いたところ、長吉から前に政宗の動きには不審なところがあるといったが、それは政宗の様子を見届けずにしたことで、問題はないとの返事があったので、このことを津田と富田から披露してほしいと申し送った（『伊達家文書』）。

一方、京都にいた秀吉は十二月十八日、宇都宮にあった豊臣秀次に、家康とともに蒲生氏救援にあたるよう命じ、二十七日には秀次・家康両名に出馬を命じた。しかし氏郷から訂正の報を受け、家康らを召還した。

伊達政宗に返書

こうしたなか十二月二十四日、家康は政宗から関東在国の祝儀として送られた「見事之若大鷹三居」に礼を述べ、また葛西・大崎の一揆の平定を慰労した返書を送った（『伊達家文書』）。二十九日には豊臣秀長に宛てて、政宗が十八日に浅野長吉の陣所に行き「奥口」は「静謐」と言ってきたとの報を得たので、家康の出馬は延引すると申し送った（「沼田文書」）。

秀忠、従四位侍従

この間、京都では秀吉の執奏により、上洛していた秀忠が従四位下侍従に天正十八年十二月二十九日付で叙任された。ただ、その時に秀忠の名乗りが決まらず、口宣（くぜん）案の発給は、長丸の名を改め秀忠と名乗った後の翌年正月二十六日のこととなった（『光豊公記』）。

## 二　九戸の乱への出陣

〔家康50歳〕

家康は天正十九年（一五九一）正月から閏正月にかけて、伊達政宗の上洛を取り仕切り、みずからも上洛する。三月に京都から江戸に帰ると、江戸城普請を始めるとともに、家臣に知行を宛行う。六月には、九戸の乱鎮圧とその後の仕置とを秀吉から命じられ豊臣秀次とともに、それにあたる。本節では、なおも不安定な奥州情勢に応じる家康を中心にみていく。

岩槻に出陣

天正十九年、江戸で越年した家康は正月三日、二本松で戦後処理にあたっていた浅野長吉に書を送り、変わったことがあれば知らせてほしい、また豊臣秀次からの書状をもたせる、と申し送った（『浅野家文書』）。五日には蒲生氏郷を援助するため、岩槻まで出陣したところ、秀吉から奥州表への出陣指示があり、十一日に古河まで出陣を予定するが、奥州が「無事」になったとのことで、十三日に岩槻より江戸へ戻り、翌十四日には武蔵府中で、宇都宮から帰陣の途にあった豊臣秀次と会見した（『家忠日記』）。

秀次と会見　政宗に上洛を促す

会見前日の十二日、秀吉から届いた朱印状を伊達政宗へ送り、政宗の上洛は、秀吉から浅野長吉と家康に一任されたので、一刻も早く上洛するのが肝要である、と申し送った（『伊達家文書』）。

正月晦日には浅野長吉に書状を送り、申し入れられた政宗上洛にともなう人馬提供を承諾したこと、また家康も早々に上洛するよう秀吉の命を受けたので、来たる三日に江戸を発つので、江戸には榊原康政を残し置く、さらに江戸か小田原まで出向いてほしい、と報じた（「古文書纂」）。同日、豊臣秀長老臣の藤堂高虎に、秀長の煩いはいかがか承りたい、政宗の上洛の件で自身の上洛が遅延している、政宗もやがて上洛するであろうから、自分も来閏正月三日には江戸を発つ予定である、と報じた（『高山公実録』）。

上洛途上、清須で秀吉に会う

さて、家康は上洛の途上の清須で、鷹野に来ていた秀吉に謁し（『家忠日記』）、閏正月二十二日までには入京した（『晴豊記』）。二十六日には伊達政宗へ、浅野幸長と同道し清須まで来られたと聞いた、秀吉の御前は少しも別儀ないので安心されるように、と申し送っている（『伊達家文書』）。

政宗、京に入る

二月四日に京都へ入った政宗は、秀吉から葛西・大崎の地を与えられる一方で、会津近辺の五郡は収公すると命じられ、また、従四位下侍従に叙任された。

秀吉、北条氏直を赦免

家康は秀吉に、北条氏直を赦免して関東で九〇〇〇石、近江で一〇〇〇石、都合一万石を合力したいと申し入れる。秀吉は二月七日、家康の申し出を了解する旨の朱印状を出した（「神奈川県立歴史博物館蔵文書」）。

九戸の乱

二月二十四日、南部信直の領内の陸奥国九戸で一揆が起きた。背景には南部信直と九戸政実との対立があった。一揆蜂起が明らかになると、信直は二本松にいた浅野長吉に上方衆の救援を求め、さらに使者を京都へと遣わした（「南部家記録」）。

秀吉、家康邸を訪れる

三十日には、大村由己の取り持ちで、勅勘を受けた後に本願寺の庇護下にあった公家の山科言経に会い、言経から「公事根源抄」「逍遙院（三条西実隆）三首懐紙」を贈られた（『言経卿記』）。三月二日には秀吉が家康邸を訪れている。家康はこのあと十一日に京都を発ち（『言経卿記』）、二十一日に江戸に帰城した（『家忠日記』）。以後は江戸にあって、領国経営にあたったと考えられる。

江戸普請

四月二日には江戸の普請のため、領知一万貫につき人夫五人を課した（『家忠日記』）。三日には在京中の伊達政宗から来翰を受けて、在京の苦労を犒う書を送った（『伊達家文書』）。十六日、家康は二本松にあった浅野長吉へ、御用があるならば隔意なく言ってきてほしい、と申し送り（「広島市立図書館所蔵文書」）、また二十七日には長吉への返書で、江戸へは越されない旨を了承し、秋には軍事行動があろうから、それまでは二本松に在留されるのが肝要、と申し送った（『浅野家文書』）。この月二十三日付で秀吉より近江で在京賄領九万石を宛行われた（「大谷雅彦氏所蔵文書」）。

家康は、五月三日付（一七通）、十七日付（八通）、十九日付（一通）で、相模・武蔵において、千石以下の諸士に知行宛行状を出した。なお月日不詳のものが一五通ある。六月一日には、上総五井（ごい）を領した形原（かたのはら）松平家の松平家信へ、七月下旬には奥州表への出陣があるので油断なくその用意をするよう、日時は秀吉から命じられるのでその折に申し遣わす、と申し送った（「貞享松平豊前守書上」）。翌二日に、三河五井松平家の伊昌（これまさ）へも同様に申し送っている（「五井松平家譜」）。

一方、秀吉から四日に、蒲生氏郷と伊達政宗の知行割は豊臣秀次と相談して申し付けること、奥州の様子を切々注進するよう、また嫡男秀忠に奥平貞能を付けて在京するように、と命じられた（「古案」）。

陸奥国では九戸の乱が収まらず、南部信直の子俊直（利直）が六月九日に上洛し、秀吉に謁した。事態を重く受け止めた秀吉は二十日、葛西・大崎一揆後の仕置と九戸の乱の鎮圧のために、豊臣秀次・家康を将とした軍勢の動員を命じた。一番伊達政宗、二番蒲生氏郷、三番佐竹義宣・宇都宮国綱、四番上杉景勝、五番徳川家康、六番豊臣秀次からなる大軍勢であった（「古蹟文徴」他）。

家康は七月十三日、蒲生氏郷から九戸の乱の情勢について節々の報告を得たのに対し、伊達政宗が出馬して佐沼城を落としたこと、葛西・大崎表が平定されたのを喜び、自分も出馬すると報じた（「尾張徳川文書」）。同日、陸奥に向かっていた中村一氏に対しては、政宗、浅野正勝の書状の写を送られたことを謝し、みずからの出馬を急ぐ、と申し送っている（「駿府博物館所蔵文書」）。

江戸発

翌十四日には伊達政宗に、早々に出馬して宮崎・佐沼の城を落とし、ことごとく凶徒を討ち取りその地を静謐としたのは、「都鄙（とひ）之覚」隠れなきことで、まことに名誉であり、秀吉も「珍重」と思し召されるだろう、また自分も近日中にその表へ向けて出馬するつもりだ、と報じた（『伊達家文書』）。そして十九日、江戸城を発ち岩槻に着いた（『家忠日記』）。

白河へ進軍

二十四日には、在洛中の那須資晴に書状を送り、近日帰国とのこと、このたびの奥州反乱については隣国であり気遣いのことと思う、出陣の際には陣場での参会を期す、と申し送った（「喜連川家文書案」）。家康は二十七日、陸奥国白河へ進んだ。この日、蒲生氏郷と浅野長吉に対し、両者からの書状は今日二十七日に白河で受け取ったこと、自分はまず大森まで先に行って秀次が来るのを待つが、万（よろづ）談合するようにとの両人の申し入れを了解したので、その節には両人が必ずその地に来るように、また自分の軍勢はその地は不案内だとして、陣取の指図を依頼した（『浅野家文書』）。

二本松から岩手沢へ

そうして八月七日までに二本松に着き（『伊達家文書』）、浅野長吉・伊達政宗・蒲生氏郷らと会した。十五日に三之関に入り、十八日には岩手沢に至り実相寺を宿所とし（『伊達政宗記録事蹟考記』）、ここに約一ヵ月滞在した。この岩手沢は岩手山とも言い、九戸の乱後に伊達政宗が居城としたところである（慶長七年〈一六〇二〉に仙台へ移る）。

この間、十八日には、榊原康政をして実相寺同百姓中に宛て、百姓・宿の人の還住、同地での商売を命じ、地下人・百姓・宿人に非分横合のないようにし、人夫や伝馬などの役は課さないと命じた（『伊達政宗記録事蹟考記』）。二十四日、蒲生氏郷に身柄を預けられていた成田氏長から飛脚が来たのを祝着とし、奥州表は特に変わるところもないが、やがて帰陣するであろう、と返書した（「書上古文書」）。

### 九戸の乱終結

九月一日から四日にわたる戦闘の結果、九戸の乱は終結した。家康は七日、江戸から使僧を送ってきた増上寺に謝意を表し、奥州は平均（平定）のなったこと、やがて帰陣すると報じた（「増上寺文書」）。十日には伊達政宗に、岩手沢城の普請に取り紛れ無音であったことを謝し、佐沼城の普請はやがて完成するであろうと報じるとともに、そのころ、煩っていた政宗を見舞っている（『伊達家文書』）。

九戸の乱鎮圧後、奥羽の知行割は、秀吉の指示のもと豊臣秀次と家康によって行なわれた。その結果、会津を領した蒲生氏郷は大きく加増されたのに対し、政宗は出羽米沢から陸奥岩出山に移され、かつその知行高もわずかではあるが減じられた。そこには、政宗に対する秀吉の疑心と警戒があったと思われる。

九月十六日、家康は陸奥白河城主の関一政に、九戸での戦功を賞し、九戸の普請が済み次第帰陣するのが尤もなこと、また自分は秀次の供をして平泉に行き、昨日関に着いた、と報じた（「関文書」）。

「唐入り」の噂

ところで、秀吉はこの年八月に「唐入り」（明国征服）を翌春に行なうことを告げていたが、十月はじめになって関東にも、秀吉の「唐入り」が必定であること、また家康もそれに供し、豊臣秀次へ「天下」が渡される、との情報が広まった（『家忠日記』）。

江戸に戻る

十月五日には浅野長吉の嫡子幸長に、贈られてきた小袖・胴服の礼を述べ、南部表は父長吉の才覚によって乱が終結したので、奥州のことが終わり次第上洛するつもりである、と報じた（『浅野家文書』）。九日には伊達政宗の所労を見舞い、また秀吉へ鷹を進上するよう勧めている（「仙台市博物館所蔵文書」）。十六日、豊臣秀次のもとにいた武将に、本日秀次が白河を出発するのは了解した、自分は軍勢の進行が滞っているので、透くまでこの地に逗留する、と申し送った（「駿府博物館所蔵文書」）。十七日には浅野長吉に、近日上洛されるのであれば江戸に立ち寄られたい、と申し送った（「浅野家史料」）。二十七日には古河まで帰陣し、二十九日には江戸に戻ったようだ（『家忠日記』）。

十一月、武蔵（一九九通）・相模（一四七通）・下総（三七通）・上総（六通）・下野（二通）・上

野（一通）の寺社に総計三九二通の寄進状を与えた。二十三日には岩槻に鷹野に出かけ、十二月三日は川越経由で忍へ向かう予定であったが、秀吉に在京を命じられて上洛していた嫡子秀忠の帰国により、予定を変更して直接小田原へ向かった。十四日に小田原に到着した秀忠に会い、玉縄、神奈川を経て、十七日に江戸に帰城した（『家忠日記』）。翌二十八日、所司代の前田玄以に、秀忠在洛中の懇意を謝し、また家康の京都屋敷の普請への尽力に感謝する書状を送った（「桑原羊次郎氏所蔵文書」）。

秀次関白

十二月二十八日、秀吉は「唐入り」を見据えて豊臣秀次を関白とするとともに、聚楽第を秀次に譲り、大坂城に移った。

## 三　朝鮮出兵に伴う肥前名護屋在陣

〔家康51歳〕

天正二十年（一五九二）、秀吉の肥前名護屋下向にともない、家康も翌年八月まで名護屋に在陣する。秀吉も家康も生涯を通して朝鮮へ渡ることはなかったが、本節では、最前線の名護屋にあって、家康がどのように動いていたのかみていくことにする。

家康は天正二十年も江戸で越年した。正月十一日、家康は浅野長吉への書状で、昨年冬、奥州から京都への帰路に江戸へ立ち寄られなかったことを残念に思う、秀吉御前は良いとのことを喜び、江戸での用が済み次第、上洛すると伝えた（『浅野家文書』）。

### 江戸発

また正月二十三日には、京都聖護院からの要請を受けて、関東八州の諸修験を統括する寺院に「修験中年行事職」を与えた（「住心院文書」他）。そして二月一日、武蔵（七通）・上総（三通）・相模（二通）・下総（二通）で、諸士に知行を宛行った。二日には上洛のため江戸を発ち、この日は神奈川に泊まり（『家忠日記』）、京都には二十四日以前に到着した（『言経卿記』）。

二月二十五日には山科言経から「拾芥抄」を贈られ（『言経卿記』）、三月五日「貞任追討之絵」二巻を言経に読ませた（『言経卿記』）。八日は京都に来ていた秀吉のもとに行き（『言経卿記』）、十二日参内。後陽成天皇に太刀と白鳥五羽を進上するが、この時の献儀は三献ではなく二献であり、秀吉とは一段格差を設けたものであった。正親町院へ参り二献、太刀・白鳥三羽を進上した（「光豊公記」）。十五日、博多商人かつ茶人の神屋宗湛（かみやそうたん）より振舞を受けた（「宗湛日記」）。

### 肥前名護屋へ

その二日後の三月十七日、家康は伊達政宗・上杉景勝・佐竹義宣・南部信直らと京都を発し（『言経卿記』『家忠日記』）、「唐入り」に向けて肥前名護屋に向かった（文禄の役）。秀吉が到着する四月二十五日以前には、名護屋に到着したと思われる。名護屋での家康の陣場は古里町、在陣衆の数は一万五〇〇〇人といわれた（「鍋島直茂譜考補」）。

秀吉、朝鮮渡海を望む

家康は四月二十八日、壱岐勝本にいた中村一氏に、高麗表の儀は秀吉の思い通りのようである、秀吉はやがて渡海される模様であり、名護屋は隠居所になる、と報じた（「竹内周三郎氏所蔵文書」）。秀吉は名護屋着陣当初の四月末には、渡海する意志を示していたが、結局取りやめとなった。家康も朝鮮へ渡海することはなく、名護屋で在陣し越年した。この間の名護屋での家康の動向については、朝鮮在陣衆への見舞いか、家康の名護屋在陣の見舞いへの返状がみえるほかは判然としない。

五月三日には、細川忠興重臣の松井康之より、忠興が対馬に渡ったのを聞いて、誠に大儀とし、また逼塞させられていた浅野長吉が五月一日に召し出されたこと、さらに細川藤孝はいまだ到着していないこと、などを報じた（「松井文書」）。

秀吉への諫言

六月四日には前田利家と連署で、細川忠興に宛て次のように報じた。このたびの秀吉の渡海は、近侍の軍勢をもって出船すると定まっていたが、某（それがし）らが強いて憚（はばか）りを顧みず、「龍船」（秀吉の船）が出たあとそれに従う者たちは、疾風急雨の難があっても晴を待って逗留するだろうか、競って渡海する者は前後を失うのではないか、と秀吉に申し上げた。そこでまず部隊を派遣し、その上で秀吉が動座することになった。先発の隊は糧道を絶やさず、去年の旧穀はまだあり新穀もできはじめている。もし不足するようなことがあればすぐに知らせるように、秀吉の耳に入れ対応するであろう。このように報じたのだった（「細川家文書」）。この書翰は個人的なものではなく、いわば政権の方針を広く諸将に伝えたものである。

秀吉に外交面で重用された西笑承兌の六日付の書状にも、ほぼ同様の家康・前田利家の秀吉への諫言の様子が記されている（『鹿苑日録』）。また十一日、林茂右衛門に、秀吉より大船建造を命じられたので、大工についての秀吉の御朱印を取ったので送る、そこもとで精を入れるように、と報じた（「古文書集」）。

名護屋で留守を預かる

ところが七月二十二日、秀吉が母の大政所危篤の報を受けて名護屋を発ち、家康と前田利家がその留守を預かることになった。大政所はその日に逝去した。二十三日には路次奉行に坂井利貞一行の、十月十日には「筑前家中」一〇人の通過を保証するよう、利家と連署で命じている（「酒井利彦氏所蔵文書」他）。

秀吉、伏見を隠居所とす

八月二日には、秀吉の命で薩摩鹿児島に行った細川幽斎への返書で、島津義久が無二の忠節を約束し、その弟の島津歳久が成敗となったことを肝要とし、その苦労を犒った（「細川家記」）。大坂に戻った秀吉は、八月十七日に伏見をみずからの隠居所と定め、築城に取りかかった。

そうしたなか、秀吉の執奏で九月十三日に中納言に昇進した秀忠から、江戸城普請の進捗状況が伝えられ、また普請の絵図が届いた。家康は九月十一日、井伊直政・諏訪頼忠・松平康重・松平家信それぞれに、江戸城普請の様子を聞き届けたこと、留守中万端に精を入れるように、と申し送った（「井伊家文書」他）。

天皇、秀吉に渡海の延期を求む

他方、後陽成天皇は九月初め、大坂にいた秀吉に、再度の名護屋下向を延期するよう勅書を送った（「東京国立博物館所蔵文書」）。この勅書に対し秀吉は、九月中は逗留するが十月には名護屋に戻ると応えた。これを踏まえて秀吉は、名護屋にいる家康・利家に、名護屋下向を抑留する綸旨・院宣が出たがそれを受け入れなかったが、勅命でもあるので発足を一ヵ月延引することにした、と報じた（「松雲公採集遺編類纂」）。そして十一月一日、秀吉は名護屋に戻った。

秀吉、名護屋へ戻る

家康は十一月八日、朝鮮在陣の小早川隆景に、来春の秀吉渡海を告げた（『小早川家文書』）。そして十八日には、江戸にいる井伊直政へ、中納言になった秀忠はなお若気であるので、万端精を入れるように、と命じた（「井伊家文書」）。

文禄改元

ところで、朝廷に関わる動向として、十二月八日の文禄（ぶんろく）改元があり、年が明けて文禄二年（一五九三）正月五日に正親町院が亡くなっている。

前年に続き名護屋で越年した家康は文禄二年正月七日、朝鮮在陣中の藤堂高虎への書状で、年頭の祝儀を謝し、大明国から和平を懇願してきているとのこと、春には秀吉が渡海されるので万事その折に申し承る、と申し送った（「谷博文氏所蔵文書」）。十九日には、関東から見舞いに名護屋の家康の元を訪れた者を返すため、通交手形二通の発給を、長束正家・山中長俊・木下吉隆に求めた（「徳川記念財団所蔵文書」）。二十日には名護屋で神屋宗湛の茶会に出て、のち八月六日にも宗湛より振舞を受けた（「宗湛日記」）。

**晋州城攻め**

三月に入って秀吉は、漢城からの撤退を模索する一方で、慶尚道西部の中核城郭である晋州城（日本側史料では牧使城）攻略へと方針を転換した。そのため前田利家・上杉景勝・伊達政宗をはじめとした東国・北国の軍勢の渡海が検討されるが、実際には家康・利家は外され、上杉景勝・伊達政宗らの軍勢が朝鮮へと渡った。

**家康、渡海せず**

家康は四月晦日、伊達政宗に蔚山表の戦勝を賀し、また「大明国御詫言」申すとのこと大慶、と報じた（『伊達家文書』）。この間、名護屋に下って小早川秀秋の元に身を寄せていた藤原惺窩を招き、『貞観政要』を講じさせた。

**明使到着**

そうしたなか五月十五日、「明使」謝用梓と徐一貫とが名護屋に到着した。その接待が、秀吉から家康と前田利家に命じられた（「小西一行記」他）。二十日に秀吉から、大明国勅使に対し諸大名が召し使う者が悪口を言わないよう触があり、名護屋在陣の家康・豊臣秀保・豊臣秀勝・織田秀信・前田利家・蒲生氏郷・上杉景勝ら二〇名が連署して誓約した（「東京国立博物館所蔵文書」）。

**和議条件**

秀吉は六月二十八日、明皇帝の姫を日本の天皇の后にする、勘合貿易の再開などを和議条件とする七ヵ条と「大明勅使に告報すべき条目」を「明使」に示した。謝用梓らはこの条件を聞き入れ、翌二十九日、名護屋を離れた。しかし、実際にはこの条件ではとうてい和議は成立しがたく、朝鮮で沈惟敬と小西行長が策を練って、講和使節と秀吉の「降表」（表とは皇帝に奉る文書）を偽装して明皇帝のもとへ派遣したのであった。

## 四　在京（在上方）の日々

〔家康52歳〕

文禄二年（一五九三）八月、お拾（秀頼）の誕生を受けて、秀吉は名護屋を離れ大坂に戻る。その後を追うように家康も大坂、京都に戻る。十月に江戸に下るが、翌文禄三年二月には、伏見城の手伝普請のために江戸を発ち上洛する。翌年五月まで一年あまりを上方で過ごす。本節では、お拾誕生から文禄四年五月までの家康の行動を追い、上方で秀吉の元に出仕しつつ、他方で伏見城普請の監督と、大名・公家・僧侶らの元を訪れて過ごした様子を扱う。

大坂帰還

文禄二年八月三日、お拾が生まれた。生母は淀殿である。お拾誕生を聞いた秀吉は、八月中旬に名護屋を発って大坂へ向かった。この秀吉の後を追うように、家康も二十二日には赤間関まで進み（「大和田重清日記」）、二十九日に大坂へ帰還した（『家忠日記』）。まもなくして京都に入ったようである。

在京中の家康

九月五日には、伊豆熱海へ湯治に向かう豊臣秀次を見送るため伏見に赴き、七日には前田利家の茶会に出向くが（『言経卿記』）、この後、在京中の家康は文禄三年を含めて武家・公家・寺・町人・医者など各所を訪問する。表4はその一覧である。閏九月十一日には秀吉から返書が届き、そこには目・咳気もよくなり近日伏見へ行くので、その節に会おうとあった（「篠田家文書」）。十三日には秀吉の隠居所とする伏見城普請の縄張りのために伏見へ行き、その日のうちに京都に戻る（『言経卿記』）。二十二日には秀吉が催した口切り（新茶の茶壺の封をきる）の茶会に出るため、伏見に行った（『駒井日記』）。三十日には京都の前田利家のところに逗留していた秀吉の元に出仕し、この日催された能で、家康は四番に通小町を演じた。またこの時、国許への暇が出た（『駒井日記』）。

秀吉の参内に供す

十月三日、家康は秀吉の参内に供し、三献の儀では智仁（としひと）親王・菊亭晴季（きくていはるすえ）・徳川家康・豊臣秀俊・織田秀信・徳川秀忠・宇喜多秀家・上杉景勝・毛利輝元・前田利家が相伴した。相伴のメンバーはこれまでの秀吉参内の時と大きく異なり、武家中心であった（『時慶記』他）。五日に秀吉が催した禁中能では、家康も初日「野宮」、二日目（七日）狂言「耳引」、三日目（十一日）「雲林院」を舞った（「禁中猿楽御覧記」他）。十三日には富田知信の茶湯に出かけた（『言経卿記』）。

十月十四日に京都を発ち（『言経卿記』）、二十二日に三島、二十三日には小田原、二十四日「こい田」に行き、鎌倉を見物し、二十六日に江戸へ着いた（『家忠日記』）。それからひと月を経た十一月二十八日、家康は朝鮮在陣中の黒田長政へ、朝鮮での和平がなったこと、小西行長に捕虜にした朝鮮王子を渡し次第、釜山浦に兵を引き取るとの報を得て、それを珍重と報じた（『黒田家文書』）。十二月十六日には上野国の市川市左衛門に、分

表4　文禄２年・３年在京中の訪問先

| 年 | 月　日 | 訪　問　先 |
|---|---|---|
| 文禄2年 | 9月7日 | 前田利家の茶会（伏見） |
| | 9月13日 | 石川家成（伏見） |
| | ⑨月12日 | 前田利長の茶湯（京都） |
| | ⑨月16日 | 有馬則頼の茶湯（伏見） |
| | ⑨月22日 | 秀吉の口切りの茶会（伏見） |
| | ⑨月24日 | 細川幽斎の茶会（京都） |
| | 10月13日 | 富田知信の茶湯（京都） |
| 文禄3年 | 3月12日 | 細川幽斎（京都） |
| | 3月16日 | 相国寺西笑承兌（京都） |
| | 4月2日 | 近衛，細川幽斎（京都） |
| | 4月18日 | 吉田兼見（京都） |
| | 4月19日 | 前田利家（京都） |
| | 5月4日 | 吉田兼見（京都） |
| | 5月5日 | 賀茂社競馬見物 |
| | 5月6日 | 知恩院（京都） |
| | 5月8日 | 相国寺（京都） |
| | 5月9日 | 南禅寺玄圃霊三（京都） |
| | 5月11日 | 三条の了頓（京都） |
| | 5月12日 | 柳原淳光（京都） |
| | 5月20日 | 呉服商亀屋栄任（京都） |
| | 5月21日 | 相国寺普広院（京都） |
| | 5月25日 | 宗喝（京都） |
| | 5月29日 | 医師竹田法印（京都） |
| | 6月24日 | 医師一欧宗悦（京都） |
| | 6月26日 | 建仁寺内常光院（京都） |
| | 6月28日 | 医師玄勝（京都） |
| | 7月2日 | 東福寺正統院哲長老（京都） |
| | 7月22日 | 山科言経（京都） |
| | 7月29日 | 前田利家（京都） |
| | 9月19日 | 有馬則頼（伏見） |
| | 10月3日 | 織田有楽（伏見） |
| | 10月24日 | 細川幽斎（京都） |

国中での金の採掘を許した（「市川文書」）。

〔家康53歳〕伏見城普請

文禄三年（一五九四）は江戸で越年した。二月四日には、伏見城の普請のため一万石に二〇〇人の人夫を家中に課し、またその費用の一部を貸し付けた（『家忠日記』）。翌五日には、伏見城普請中の五ヵ条の法度を定めた（「徳川美術館所蔵文書」）。内容は、①喧嘩口論禁止、②普請中に侍・小者を届けなく上方衆が成敗してもその時は堪忍し追って断ること、③普請奉行の申し付けを守ること、④普請中に欠落したものは妻子とも死罪、⑤所々宿々にての狼藉禁止、である。

伏見城普請法度

こうして伏見城の御手伝普請の体制を整え、家康は二月十二日に江戸を発し（『家忠日記』）、十八日に遠江中泉（『浅野家文書』）、二十四日には京都に到着した（『言経卿記』）。上洛途次の十八日には、浅野長吉への書状で、若狭から甲斐への転封・入部を賀し、秀吉の吉野の花見へのお供と伏見城普請などが命じられたので、みずからは江戸を留守にしているが、江戸にいる秀忠に何事も仰せ下さい、また京都で秀忠に意見をしてくれたことへの感謝と、上洛の折には万々申し承ける、と申し送った（『浅野家文書』）。

家康はこの文禄三年二月二十四日から翌四年五月三日まで上方にあって京・伏見・大坂を行き来し、秀吉の元に出仕しまた供奉し、他方で伏見城普請の監督をしつつ、大名・公家・僧侶らの元を訪れている。

三月
京・伏見の

二月二十九日、吉野の秀吉仮屋形にての歌会に参加し（『駒井日記』）、九日に京都に戻った。三月十三・十四日に普請場の見廻に伏見に出向き、十五日には京都に戻った。十七日には、秀吉が大坂より上洛するのに合わせて、京都より普請見廻に伏見に行き、二十五日にいったん京都に行くがすぐに伏見に戻り、四月一日に秀吉に供して京都に入った（『言経卿記』『兼見卿記』）。

四月

四月三日は秀吉の参内に家康も供し、御馬・御太刀を進上した（『兼見卿記』）。四日には山科言経に「花伝抄」を貸した（『言経卿記』）。また十五日、聚楽第において秀吉が催した能で家康は松風を演じた（『駒井日記』）。十八日、吉田兼見、十九日、前田利家の元を訪れた（『兼見卿記』）二十一日、秀吉より観世大夫を折檻するにあたって、その道具・書物を浅野長吉とともに渡された（『駒井日記』）。これは十五日の能のとき、秀吉が演じている途中に居眠りをしたためとのことであった。

五月

五月一日、山科言経から「竹内系図書」を進上され、また家康の方は「織田一流系図」を見せた（『言経卿記』）。三日は柳生宗厳（やぎゅうむねよし）より新陰流兵法の奥儀を伝授された（『柳生家文書』）。四日は吉田兼見の所へ行き、そこで「日本紀」と「当家系図」を見た（『兼見卿記』）。その後、大坂へ行き、十八日に京都へ戻った。二十七日は山科言経に『吾妻鏡』を少々読ませた（『言経卿記』）。

六月　六月に入り、一日に伏見へ向かい（『言経卿記』）、五日には伏見の屋敷に秀吉を迎え、茶会を催した（『家忠日記』）。京都には十八日の夜に戻っている。翌日に山科言経が来て、目薬一貝と「先代北条系図書」を家康に進上した。二十二日、浅野長吉とともに豊臣秀次の元に出仕した。二十六日には建仁寺内の常光院で、柳原淳光（やなぎはらあつみつ）・勧修寺晴豊（かじゅうじはれとよ）・山科言経・吉田兼見・浅野長吉らを振舞った（『言経卿記』）。

七月　七月五日は伏見へ行き、十二日に京都に帰った。二十二日には山科言経のところに行き、二十三日には能（老松・舟弁慶・定家など）を催した。二十四日に豊臣秀次のもとへ行き、二十九日には前田利家の屋敷へ出かけ、そこに泊まった（『言経卿記』）。晦日、普請に伏見に来ていた家臣の人数の半分を帰国させ、またその欠を近江の領地の人足でまかなうことにした（『家忠日記』）。

八月　八月一日早朝、家康は大坂へ下向し、三日には大坂より上洛した（『言経卿記』）。二十一日には、山城伏見の大光明寺再建のための勧進に、毛利輝元らとともに応じ、一〇〇石を献じている（「大光明寺文書」）。

九月　九月一日には早朝に伏見に行っている（『言経卿記』）。この時期から、家康は拠点を京都から伏見に移したようである。九日、秀吉が伏見の家康邸を訪れた（『家忠日記』）。二十日には、山科言経らとともに勅勘をうけている冷泉為満（れいぜいためみつ）の訪問を受け、奥座敷にて

十・十一月

「冷家伝三代集」などを見て、「僧正遍昭家集　定家卿筆」を進上されたので扶持を与えた（『言経卿記』）。二十一日、秀吉より伊勢で三千五百石余を宛行れた（地蔵院文書）。

十月十二日には「文献通考」を藤原惺窩より求めている。十六日ころ秀吉とともに上洛し、二十日には秀吉の豊臣秀次への御成りに衣冠馬上にて供をした。十一月三日に伏見に戻った。二十五日に秀吉が茶湯に家康邸を訪れ、三十日には秀吉の供をして上京した（『言経卿記』）。なお、家康は角鷹二連を、尾張・三河方面へ鷹野に出かけていた秀次に贈っていたが、そのことへの礼が十一月二十五日付の朱印状でこのころ届いた（「大阪城天守閣所蔵文書」）。

十二月

十二月一日、家康は聚楽の秀吉の元に出仕し、十三日までに伏見に戻ったが（『言経卿記』）、十八日ふたたび聚楽第を訪れた（『鹿苑日録』）。二十七日には秀吉の命で、家康二女の督姫（三〇歳）が、三河吉田城主の池田輝政に嫁いだ（『言経卿記』他）。

## 五　秀次事件

〔家康54歳〕

文禄四年（一五九五）五月、家康は一年ぶりに暇を得て江戸に下る。しかし七月、秀吉は秀次の関白職を奪い高野山に追放し、家康にはすぐに上洛するよう命じる。上洛した家康は、毛利輝元らと秀吉に対し起請文をあげ、また八月三日にはいわゆる「五大老」連署で「御掟」「御掟追加」を出す。本節では、甥の秀次とその妻子を死に追いやり、お拾（秀頼）を支える体制を構築しようとする秀吉の思惑のもとでの家康をみていく。

文禄四年は伏見で越年し、そのまま正月も伏見で過ごす。二十五日に寸白気（寄生虫の病）で腰痛になるが、二十七日に針治療をして快復した（『言経卿記』）。

### 蒲生家の跡目相続問題

そうしたなか二月七日、蒲生氏郷が京都で死去する。家康は氏郷の跡目のことで、大坂城の秀吉から前田利家とともに呼び出され、大坂に行った（「安井彦三郎氏所蔵文書」）。九日に、一三歳の蒲生鶴千代（秀行）に跡目相続を認める秀吉の朱印状が出て（「氏郷記」）、十一日には利家と家康との連署で、蒲生氏郷の年寄衆の蒲生郷成らに、相続が許されたことを報じた（「安井彦三郎氏所蔵文書」）。十七日、秀吉は秀行に知行を安堵し、家康の息女振姫（七歳）を配して、家康にその後見を命じた。三月三日には蒲生郷成への書状に、秀行が取り立てられたことに家康も満足していること、また宿老衆がすべてを談合して行なうことが肝要である、と改めて申し送った（『朝野旧聞裒藁』）。

さて、家康は三月十五日には京都に来て、了頓を訪れた。二十二日には後陽成天皇より薫物を贈られた。なお六月四日にも、宇喜多秀家とともに「にほひふくろ」と「はくすり」二〇を贈られている（『御湯殿上日記』）。三月二十五日には、医師一欧（宗虎）を訪

秀吉御成

問した（『言経卿記』）。二十七日の秀吉の参内には供をしなかったが、翌二十八日、家康邸に秀吉の御成があり（『兼見卿記』）、二十九日には有馬豊氏への書状で、秀吉の御成の音信（いんしん）として椀一〇〇人前を贈られたことへの礼を述べ、昨日の御成も秀吉は一段御機嫌であったと報じた（「有馬文書」）。

聚楽で能

四月四日、武家伝奏の勧修寺晴豊の元に早朝より出かけた（『言経卿記』）。十日、秀吉から聚楽第と伏見で催される能の番付が命じられ、家康は聚楽第での初日「三輪」、二日目「熊野」、伏見での初日「のきは」、二日目「仏原」を演じることになった（『駒井日記』）。しかし、この能は豊臣秀保の煩い、死去があり、なされなかったようである。家康は伏見にいったん戻るが、十一日に秀忠の腫れ物を見舞いに上洛し、二十日にも伏見から聚楽第南にある京都屋敷に来て、病気の秀忠を見舞った。二十八日の上洛では、翌日に、山科言経に、手許にある徳川家の系図は朱の引き様が悪いので、調整のうえ新写を作るように依頼した（『言経卿記』）。

京都発

そうして五月三日早朝に、江戸に向けて発った（『言経卿記』）。江戸着の日付は不明だが、十三日には小田原にいる（「吉田文書」）。浅野長吉から小田原の家康のもとに、秀吉が京

大仏の漆

都に造立している大仏の漆を求める書状が届き、今は漆のない時期だが、まずあり次第を進上する、こちらで調い次第、重ねて進上する、と報じた（「吉田文書」）。

六月二十一日には、前田利家から江戸の家康に書状が届き、蒲生秀行の様子を心許なく思っていたところ別儀ないと聞いて満足に思っていること、また大仏普請を犒い、やがて上洛するので万端はその折に、と申し送った。尚々書で、京都にいる秀忠を節々訪ねてくれていることに感謝し、万端の指南を頼んでいる（「加能越古文叢」）。

秀次事件

他方、秀吉の方は七月三日、石田三成・増田長盛らを聚楽第に派遣し、秀次を詰問した。八日に秀次は伏見に召還され、関白の職を奪われて高野山に逐われ、十五日に自刃した。

江戸発

家康は、秀吉から上洛するよう命じられ、すぐさま江戸を発った。二十日に有馬豊氏から書状が届き、遠江横須賀三万石を拝領したことを伝えてきた。家康はそれを喜ぶとともに、一刻も早く上洛するようにとの秀吉からの命で、今日見付まで来た、と報じている（「菅文書」）。二十三日に石部着、翌二十四日には伏見に着き、秀吉に謁した（『言経卿記』他）。秀吉は家康の迅速な上洛をおおいに悦んだ。家康の方は七月二十六日、小浜光孝への返書に、このたびの秀次の件については秀吉が異議なく仰せ付けられたので安心されたい、と申し送っている（「書上古文書」）。

五ヵ条の起請文提出

八月二日、秀次の正妻・妻妾・侍女・子女ら三十余名が、洛中を引き回されたうえ、三条河原で斬首された。秀吉は七月二十日付で諸大名に、起請文や血判起請文を出させていたが、家康が毛利輝元・小早川隆景と連署で五ヵ条の起請文に実際に署判したのは、この八月二日であった。それは、八月三日付で毛利輝元が家臣に充てた書状で「昨日御城へ参り候て、神文ども仕り候、東は家康、西は我々へ任せ置かるるの由、面目この事に候」と述べていることから知られる（『毛利家文書』）。

起請文の第一条でお拾への忠誠を、第二条で「太閤様御法度御置目」を守ること、第三条で違反者の糺明について、第四条では「坂東の法度置目公事篇」は家康が、「坂西」は輝元と隆景が取り扱うことを、第五条では日常的に在京しお拾へ奉公すること、万一用事があり下国する時は家康と輝元が交互に下国することを誓約した。なお、この起請文案での家康は「羽柴武蔵大納言家康」と署名しており、そこに羽柴とみえることから、家康の本姓が源から豊臣に変わったとみる見方がある。この文書は写であるので確定的なことはいえないが、その可能性はあろう。

### 五ヵ条の「御掟」

八月三日には、家康を含めたいわゆる五大老連署の「御掟」「御掟追加」が出された（『浅野家文書』他）。この「御掟」「御掟追加」の連署者については、徳川家康・宇喜多秀家・前田利家・毛利輝元・小早川隆景の五人のものと、この五人に上杉景勝を加えた六人のものがそれぞれ複数伝来している。当初は上杉景勝を除く五人で作成されたものが、その後、上洛してきた景勝を加えて、同じ年月日のまま再度出されたとしておきたい。

五ヵ条からなる「御掟」は、①大名の婚姻は秀吉の許可をえること、②大名同士で誓紙を取り交わすことの禁止、③喧嘩口論が起こった時には「堪忍」した方に「理運」がある、④無実を中し立てる者がある時は双方を召し寄せ糺明する、⑤乗物使用の許可要件、が定められている。

九ヵ条の「御掟追加」

九ヵ条からなる「御掟追加」では、①公家・門跡に対して「家々道」を嗜み「公儀御奉公」に勤めることを、②寺社に対しては寺法・社法を守り学問勤行に勤めることを求め、③領知の支配は収穫高の三分二を領主のもの、三分一を百姓のものとし、田地が荒れないよう心がけること、④側室の制限を定め、⑤領知の高に従って諸事を進退することを命じ、⑥目安が出された場合には「十人之衆」が取り扱い、双方を召し寄せ中分を聞き談合の上、秀吉の耳に入れるよう定め、⑦衣装の紋に菊桐紋の使用禁止、⑧大酒の禁止、⑨覆面しての往来禁止、などが定められている。

豊臣政権唯一の「法度」

秀次事件によって惹起された危機的状況への対応として出された「御掟」「御掟追加」は、その内容は必ずしも整然としたものとはいいがたい。しかし、広い階層を対象とした法としては豊臣政権唯一のものといってよく、後の江戸幕府のもとで出された「禁中幷公家中諸法度」や「武家諸法度」に先行するものとして注目される。なお秀吉は、八月には秀次の邸宅となっていた聚楽第を取り壊し、伏見城建築に際し移築した。

八月八日、家康は上洛して聚楽南の京都屋敷に入り、二十三日早朝に伏見へ帰った

（『言経卿記』）。九月十七日には、嫡子秀忠と、淀殿の妹である浅井氏お江との婚姻がなされた。二十六日には吉田兼見のところへ行き、山科言経が提出した家系図を見せ、好みにより吉田諸家系図にて校合し清書するよう命じ、そこで山科言経に「源家系図」を貸している（『兼見卿記』）。

秀忠とお江結婚

十月二日には伏見から東福寺正統院へ行くが、三日より淋病を煩い、十三日ころには快方に向かう。十一月五日には、前日に上洛した秀吉に合わせて京都に来た（『言経卿記』）。しかし十一月十九日ころから、家康はふたたび煩った。

家康はこの年、秀吉に請うて後藤徳乗光次の名代の橋本（のち後藤）庄三郎を江戸に呼び、武蔵墨書小判を鋳造させた。また、下野国の足利学校の旧蔵であった「聖像図」「宋版五経註疏」を返還した（『羅山詩集』他）。

後藤庄三郎小判鋳造

## 六　正二位内大臣叙任

〔家康55歳〕

文禄五年（慶長元、一五九六）から慶長三年八月の秀吉の死去まで、家康は大坂に時折出向くが、多くを伏見ですごす。文禄五年五月、秀吉の執奏で、家康は正二位内大臣に叙任される。豊臣政権のなかで秀吉を除けば最高の官職である。本節では、家康の内大臣昇進と同時に大納言に昇進した前田利家と二人で、豊臣政権の政務に預かることになり、その間にどのようなことがあったのかみていく。

**長束正家への礼状**

文禄五年、伏見で越年した家康は、正月十三日に伏見の亭に前田利家・浅野長吉らを招き茶会を催した（『言経卿記』）。二十三日には、長束正家に礼状を送っている（「善通寺文書」）。これは長束正家の元に、秀吉正妻の北政所の側近くに仕えた孝蔵主・おちゃ阿・薬師衆から、秀吉が昨年十一月よりの煩から本復したと知らせてきた文を、正家が早々に家康の元にもたらしてくれたことへの礼状で、秀吉の本復を「誠に誠に目出大慶」と記している。

**堺へ行く**

さて家康は、二月十二日には大坂に滞在し、三十日には堺の今井宗薫（宗久の子）の許に行った。三月十六日には九鬼嘉隆の伏見の邸を、二十一日には前田利長の伏見の邸を訪れ、二十六日には北政所の従弟にあたる杉原長房を慰問した。四月六日には京都にいて本願寺真浄院へ出向いている（『言経卿記』）。二十九日には、秀吉の使者として前田利家とともに、秀次事件で越後に配流した菊亭晴季と、文禄の役の際に渡海しようとして後陽成天皇の逆鱗に触れ薩摩に配流されていた近衛信輔の召し出しを、朝廷に申し入れた（『言経卿記』『義演准后日記』）。

五月三日には、前田玄以・増田長盛・長束正家・石田三成から「御拾（秀頼）」参内にあたって、秀吉が五月八、九、十日のいずれかの日に上洛するとの報を受け、家康はそれを承知し、また御供についても心得た、と報じた（「酒井家文書」）。そして九日、秀吉はお拾を伴い、家康・前田利家をはじめとして多くの大名を従え、伏見から京都へ来た（『言経卿記』）。

内大臣叙任

十一日に朝廷で陣儀の宣下があり、家康は五月八日の日付で正二位内大臣に叙任された。宣旨の日付は吉日を選び八日であった。この日、武家伝奏の勧修寺晴豊の屋敷での三献の祝い後、すぐに参内し、正二位の御礼として銀子三〇枚を献上した。同日、前田利家も従三位大納言に叙任された（「勧修寺家文書」）。

「葵之丸」

家康の任内大臣はこれより前の四月十四日に、秀吉から申し渡されていた。十六日には山科言経に、内大臣任官にあたっての改衣裳・装束の紋様について尋ね、家の紋は「葵之丸」が然るべし、と言経から提案された（『言経卿記』）。翌月の五月十日には、山科言経より「中庸抄」二冊を見せられている。

秀吉・秀頼に供し参内

ところで、五月十三日の秀吉の参内は、お拾を秀吉の車に同乗させ、供に車の使用を秀吉から許された徳川家康、輿に乗った前田利家らを従えてのものであった。禁裏で三献の儀と謡があり、家康も秀吉とともに扇で舞った。この日、山科言経と一昨夜の陣宣下について雑談し、宣旨・位記を見せた（『言経卿記』）。

家康は五月十六日、呉服商の亀屋栄任のところへ行き、十七日には秀吉が禁中で催した能で、家康も能を演じている（『言経卿記』）。

#### 伏見城惣礼

#### 惣礼の座次

五月二十五日、前年からの秀吉の煩いで延期されてきた惣礼が、秀吉とともに、初めての若公（秀頼）への礼として、勅使が参向し公家・門跡・諸大名らを集めて伏見城で行なわれた。この惣礼の次第は、まず勅使、続いて八条宮智仁親王、前左大臣九条兼孝、前左大臣二条昭実、大納言鷹司信房、九条忠栄、鷹司信尚の御礼があり、着座の形での御礼は左方に、准后近衛前久、准后足利義昭、聖護院道澄、青蓮院尊朝、妙法院常胤、大覚寺空性、三宝院義演、三千院最胤、曼殊院良恕、一乗院尊勢、随心院増孝、次に内大臣徳川家康、大納言西園寺実益・大納言久我敦通・大納言前田利家、中納言織田秀信・中納言上杉景勝・中納言小早川隆景ら以下続き、右方に勅使、摂家衆が着座した（『義演准后日記』他）。

六月三日、富田知信に家康は前田利家と連署し、帰朝した加藤清正の使者からの口上を聞いたうえで、秀吉の御機嫌を伺いつつ早く言上するのがよいだろう、今日は秀吉に御透きがないならば、明日当番の利家から秀吉に申し上げるが、急いで秀吉の耳に入れたいので早々に言上するのがよかろうと申し入れた（「大阪青山歴史文学博物館文書」）。十九日には、織田常真（信雄の法号）の伏見の邸を訪ねている（『言経卿記』）。

家康は七月十二日、吉田兼見のもとに、兼見の親戚でもある月斎（千秋晴季）を使者にして遣わし、鹿島・香取・春日社などについて尋ねた（『兼見卿記』）。また二十五日には、秀吉の上洛に合わせて上洛し、翌二十六日に秀吉とともに伏見へ帰った。二十九日には、山科言経に『吾妻鏡』を読ませた（『言経卿記』）。

**慶長伏見大地震**

閏七月十一日、秀吉が伏見の秀忠の屋敷へ渡御したのに合わせ、家康も秀忠邸に行った（『言経卿記』）。その翌十二日に大地震が起こり、普請途中の伏見城は大きな損害を被り、家康の屋敷の長倉も崩れた。大地震を見舞った秀忠の室浅井氏に、その礼を述べるとともに、親子とも無事であると報じた（「徳川恒孝氏所蔵文書」）。十九日、前田利家と連署で、北政所の侍女ちや阿を通じて、秀頼の大坂への移徙、伏見城再建にあたっての地形見極め、新たな御座所の設定を秀吉に進言した。なおこの時までにお拾は秀頼を名乗った（「藤堂新七郎家文書」）。その後、秀頼は大坂に下る。八月二十日には、秀吉が伏見の家康邸での茶の湯に訪れた（『言経卿記』）。

**冊封使来日**

このころ明から冊封使が来日し、九月一日に秀吉は大坂城で明使節を引見し、万暦二十三年（文禄四）正月二十一日付の明皇帝の冊封文と贈られた常服などを受け取った。この冊封が、「関白降表」すなわち日本の敗北承認を前提に出されたことを秀吉は知らなかったようである。従来、秀吉を日本国王に冊封するとする明の対応に秀吉が激怒し、朝鮮再出兵に踏み切ったとされてきたが、そうではなかった。秀吉の激怒は、堺へ戻った明使節が接待のために遣わされた使僧たちに、朝鮮におけるすべての城塞の破却と軍勢の撤退を求める書翰を言伝(ことづ)て、それを秀吉が読んだ時のことである。朝鮮使節の正使の記録は「天朝、則ち既に使を遣わして冊封す、我姑(しば)らく之を忍耐す、しかるに朝鮮は則ち礼なくして、ここに至る、今や和を許すべからず」との秀吉の言を記している。朝鮮の立場で書かれたものであり、秀吉が明を「天朝」と呼んだかなど、そのまま事実とすることはできないが、この段階で秀吉が冊封自体をともかく受け入れ、矛先を朝鮮に向け、「礼」なきことを責め、朝鮮使節には会おうとせず、再出兵を決断する。

秀吉、再出兵を決断

さて家康は九月五日、伏見を発して江戸へ下向した（『言経卿記』）。十月十七日付で秀吉から家康に、煩いの見舞いが届き、上洛は家康次第と報じてきた（「名古屋市秀吉清正記念館所蔵文書」）。これに対し家康は、秀吉の朱印状の奉者である富田知信に御朱印を頂戴したことを忝(かたじけな)いとし、また「草生津之湯」を江戸に取り寄せ湯治するつもりであること、そして隙明き次第に上洛するつもりであると報じた（「富田文書」）。二十七日には災異改元が行なわれ、慶長(けいちょう)と改められた。

慶長改元

家康は十一月十一日に松平康重へ、秀吉から軍勢を出すよう求められたので大儀ながら来正月二十日に出発するように、と命じた（「光西寺保管文書」）。そして十二月十五日には江戸より伏見に戻り、十六日には伏見より大坂へ、十八日には大坂より伏見へ戻った（『言経卿記』）。

〔家康56歳〕

醍醐の花見

慶長二年（一五九七）、伏見で越年した家康は正月十五日に幸若舞を観て、ついで薪の間にて鶴の料理を家康自身が拵え、秀忠・山科言経・冷泉為満・富田知信らに振る舞った（『言経卿記』）。三月八日には秀吉の醍醐の花見に従い（『義演准后日記』）、十七日には六条の本願寺光寿を訪問している（『言経卿記』）。二十五日には、秀吉の伏見城の御座敷で茶があり、前田利家らとともに参加した（『鹿苑日録』）。

歳首奉賀の参内に随行

四月七日は御牧勘兵衛の伏見の邸を訪問し（『鹿苑日録』）、二十四日には伏見から京都へ行き、亀屋栄任のところに泊り（『言経卿記』）、二十六日には、吉田兼見の弟の梵舜より、中原家の系図を書写したものを進上された（『舜旧記』）。翌二十七日、秀吉の歳首奉賀の参内に、前田利家とともに随行し、清涼殿にて秀吉・利家とともに献を賜った（「孝亮宿禰日次記」他）。翌二十八日早朝に、秀吉の供をして伏見に帰った（『言経卿記』）。

千姫誕生

五月七日には吉田兼見の京都の邸を訪ね、「延喜式」などを見て書写を依頼し、この日は吉田邸に泊まった（『兼見卿記』『舜旧記』）。翌八日は細川幽斎のところへ、ついで未刻（午後二時）に知恩院へ行ったのち伏見に帰った（『兼見卿記』『言経卿記』）。十日、秀忠の長女千姫が伏見邸で生まれた。十三日は大坂へ下向し、十四日に大坂より伏見へ帰った。

秀吉・秀頼伏見城へ移徙

そうしたなか五月十七日には年頭と、前年の大地震で倒壊した伏見城が、木幡山に築城され、このたび新たになった伏見城への、秀吉・秀頼の移徙を祝う惣礼が催され、家康もそれに出ている（『言経卿記』）。地震直後に大坂に下っていた秀頼は、この惣礼にあわせて五月十四日に大坂より伏見城に移っていた。家康は五月二十二日には有馬則頼の伏見邸を、二十八日には伏見大光明寺の西笑承兌を訪問し、西笑承兌に籾一〇石を与えた（『鹿苑日録』）。

秀吉の御成

六月一日には冷泉為満に「豊後国風土記」を返すと、十六日に「常陸国風土記」を借り、為満にこれを読ませた（『言経卿記』）。同日、朝鮮在陣中の浅野幸長へ労を犒う書状を出している（『浅野家文書』）。七月に入ると、十三日に秀吉が伏見の家康邸に来た（『言経卿記』）。十八日には善光寺如来の入洛を見るため、知恩院に出かけ（『兼見卿記』）、二十七日には秀吉がルソン国使（スペイン領フィリピン〈マニラ〉総督）のために催した殿中での能の席に出た（『鹿苑日録』）。八月十日には、訪れた西笑承兌に『群書治要』第八巻を貸したところ、承兌は家康の前でそれを読んだ（『鹿苑日録』）。

朝鮮での戦功を賞す

他方で、家康の元には、朝鮮での戦況も届いていた。家康は七月十五日の唐島（巨済島）付近で朝鮮水軍を討ち取ったのを比類なき働きと賞賛する書を、八月十五日に脇坂安治へ（『脇坂文書』）、二十二日に藤堂高虎へ（『藤堂文書』）送っている。

家康は八月十八日に有馬則頼邸へ行き（『鹿苑日録』）、二十六日には秀吉に供して上洛、亀屋栄任のところに滞留し、二十八日には秀吉の伏見帰還にともない、伏見に帰った（『言経卿記』）。

九月十二日には、南禅寺三長老の元を訪問した（『言経卿記』『舜旧記』）。二十一日には、冷泉為満に扶持米十人扶持を遣わした（『言経卿記』）。二十三日ころ眼を煩うが、二十四日は伏見の大谷吉継邸への秀吉御成に供し、茶を相伴している（『鹿苑日録』）。翌二十五日には、秀頼上洛にあたって筒服・袴で御供する請文を、増田長盛・長束正家に出した（「小川孝徳氏所蔵文書」）。同日、関東の浄土衆諸檀林に、知恩院が定めた条々に違背しないよう命じた（「増上寺文書」「知恩院文書」）。

秀頼の参内に供す

二十六日、家康は秀吉・秀頼の供をして伏見より上洛し、今立売町の新四郎のところに泊った。翌二十七日には秀頼より馬を贈られ、その礼に秀頼の京都屋敷に出向き、二十八日は参内する秀頼の供をした。二十九日は亀屋栄任のところに行き宿所とし、その日は秀吉の元に出仕し、三十日には亀屋栄任のところから、午刻（午後〇時）に秀吉に供して伏見に帰った（『言経卿記』）。

家康は十月一日には織田常真・山名禅高・浅野長吉らを、五日には浅野長吉を、伏見邸に招いた（『鹿苑日録』）。五日には新たに京都に新邸の建設を計画している（『言経卿記』）。

翌六日、秀吉に供し上洛し、今立売町の新四郎のところを宿所とする。七日には山科言経に所望し、後奈良天皇・正親町天皇から拝領した蘭奢待を進上させた（『言経卿記』）。八日は有節から『論語』一部を贈られ（『鹿苑日録』）、同日秀吉に供して伏見に帰った（『言経卿記』）。十一日にも秀吉の供をして上洛、頂妙寺を宿所とし（『言経卿記』『鹿苑日録』）、翌十二日には秀吉・秀頼に供して伏見へ帰った（『言経卿記』）。

毛詩講釈を聞く

十月二十四日、下野国足利学校の庠主だった閑室元佶（三要元佶）から『毛詩』一巻の講釈を聞き（『言経卿記』）、二十八日にも元佶に『毛詩』を講釈させた（『鹿苑日録』）。なお話を先取りするが、家康は翌慶長三年（一五九八）にも、三月三十日には元佶の『毛詩』二之巻講釈を、四月四日・七日・十一日には『毛詩』講釈を、五月十四日と七月九日・二十日にも冷泉為満による『毛詩』講釈を聞いている（『言経卿記』）。

江戸下向

この慶長二年の十一月から年末の家康の動向だが、まず十一月十二日には、西笑承兌に『太平御覧』の欠本を与えた。十三日には京極高次邸を訪れ、そこで秀吉から拝領した足利義昭所持の肩衝を見せている（『鹿苑日録』）。十七日には伏見を発って、江戸へ下向した（『言経卿記』）。十二月二十三日には、江戸から上杉景勝に鴨鷹二連を贈り、来春早々の上洛を報じた（「羽田八幡宮文書」）。

本章で見たように、小田原北条氏の滅亡後、家康は秀吉から北条氏の旧領関東を与えられ、江戸に入った。秀吉の奥羽仕置には従わなかったが、翌年の九戸の乱の鎮圧には豊臣秀次とあたり、また蒲生氏郷と伊達政宗の間を取り持ち、政宗を上洛させた。翌天正二十年には、秀吉の「唐入り」に従って肥前名護屋に行き、翌年まで一年半余をその地で過ごすが、この間、秀吉が名護屋を離れた時には前田利家とともに名護屋を預かるなど、豊臣政権の中枢での活動が始まった。名護屋から上方に帰ってからも、江戸に帰る期間はごく少なく、多くは伏見にあって秀吉に仕えた。文禄四年の秀次事件の折には、有力大名とともに「御掟」などを出すが、その筆頭の地位を占め、官位も正二位内大臣と、秀吉を除けば武家で最高位となったのである。

# 第五　秀吉の死から関ケ原の戦いまで

## 一　秀吉の死と五大老筆頭

〔家康57歳〕

慶長三年（一五九八）八月十八日、豊臣秀吉が没する。本節では、死を前にした秀吉の遺志によって、五大老・五奉行制が豊臣政権の執行機関となり、そのなかにあって家康が五大老の筆頭として政務にあたった状況をみていく。

蔚山城での戦勝を賀す

家康は、慶長三年は江戸で越年した。そして正月二十一日には、前田玄以・増田長盛・石田三成・長束正家に、「御普請」への動員命令に従い半役の人数を三月一日以前に京着することを約束し、近々上洛すると報じた（「奈良県立美術館所蔵文書」）。三十日には、朝鮮蔚山城にいた太田宗隆に書状を送り、明軍の蔚山城攻撃を凌いだのは比類なきことと慶賀し、一方で、みずからは昨冬暇を得て江戸に下り逗留しているが、追々上洛する、と報じた（「尾張徳川文書」）。

二月末になって江戸を発したようで、三月六日に岡崎まで進み（『高野山文書』）、十五日に伏見に着いた（『言経卿記』）。伏見到着の日は、秀吉の醍醐の花見の日であった。二十二日には、山科言経が家康の京都の「屋形」を見物している（『言経卿記』）。これ以降、慶長五年七月十八日に上杉景勝の会津攻めのために伏見城を出陣するまで、上方に滞在する。

秀吉の御成

四月十日、伏見の屋敷での茶湯に、秀吉の御成があった（『言経卿記』）。十五日、秀吉・秀頼の上洛に供し、十八日には参賀のため参内した秀吉・秀頼に、前田利家とともに供をした。秀吉・秀頼は常御所（つねのごしょ）にて三献の儀があるが、家康らは清涼殿で献があった（『言経卿記』『御湯殿上日記』）。

なお、家康はこの頃、秀吉より醍醐寺の楽屋で催される能にあたって、秀忠・毛利輝元とともに、振舞を命じられた（『義演准后日記』）。四月二十一日には近衛信尹（のぶただ）の元を訪れ（『三藐院記』）、二十二日にいったん伏見に戻るが、秀頼の上洛にともなって再び上洛し、五月一日に秀頼の供をして伏見に戻った。二十九日には、東福寺の正統長老の元を訪問したようだ（『言経卿記』）。

毛利輝元の起請文

七月に入ると十三日、吉田兼見の弟の梵舜（ぼんしゅん）に「家康系図下書」を届けている（『舜旧記』）。他方で、十五日には、毛利輝元より家康と前田利家に宛て、五ヵ条の起請文が出された。そこには、①秀頼への奉公、②法度置目の遵守、③私の遺恨の企てをしないこと、④徒党をしないこと、⑤暇を得ずして下国しないこと、などが記されていた。この日、島津義久からもほぼ同文の起請文があげられた（『毛利家文書』）。二十一日に秀吉の元に行き、前田利家の煩いの様子を伝えると、秀吉からは養生専一と言われた（「村上氏旧蔵文書」）。

その秀吉は八月五日、死期を悟ったかのように、五大老の家康・前田利家・毛利輝元・上杉景勝・宇喜多秀家に宛てた遺書を認め(したた)た（『毛利家文書』）。

返々、秀より事たのミ(頼)申候、五人のしゆ(衆)たのミ申候〳〵、いさい(委細)五人の物ニ申
わたし候、なこりおしく候、以上、

秀より事なりたち候やうに、此かきつけ(書付)候しゆとして、たのミ申候、なに事も此ほ
かにわおもひ(思)のこす(残)事なく候、かしく、

八月五日　　秀吉御判

いへやす(徳川家康)
ちくせん(前田利家)
てるもと(毛利輝元)
かけかつ(上杉景勝)
秀いへ(宇喜多秀家)

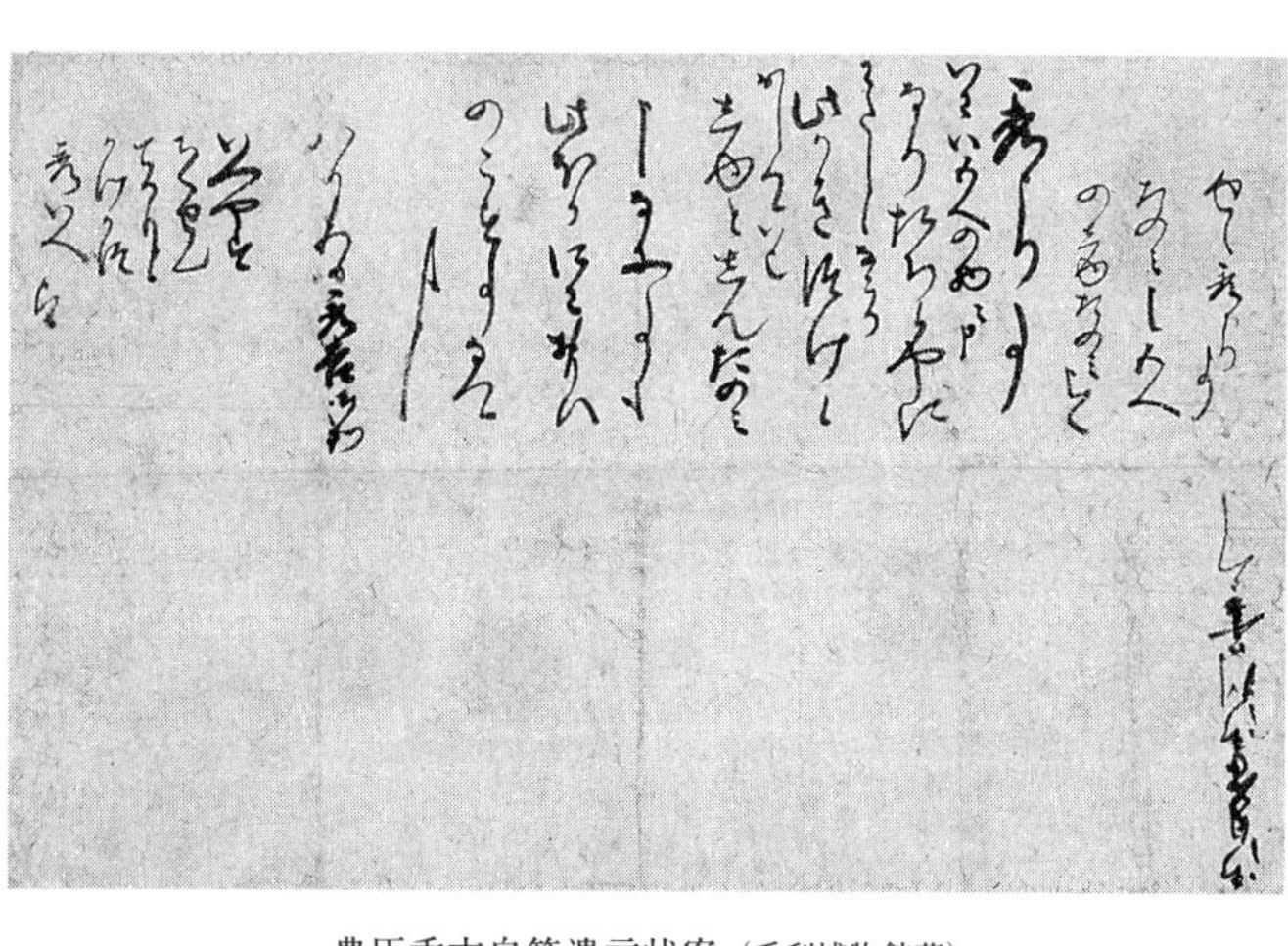

豊臣秀吉自筆遺言状案（毛利博物館蔵）

まいる

『毛利家文書』の遺言は写ではあるが、奥に「御自筆御判御書うつし」と注記されている。宛名の徳川家康をはじめとする五大老に、秀吉亡きあとの秀頼の行く末を心から依頼したものである。これより前か後かは明らかではないが、秀吉は家康・秀忠・前田利家・利長・宇喜多秀家・毛利輝元と、いわゆる「五奉行」（前田玄以・浅野長吉・増田長盛・石田三成・長束正家）とを召し、死去後のことをこまごまと申し渡した（『浅野家文書』）。家康については「ひさびさ律儀なる儀を御覧じ付けられ、近年御懇ろになされ候、そのゆえ、秀頼様を孫婿になされ候のあいだ、秀頼様を御取り立て候て給い候へ」と、利家と五奉行の居るところで繰り返し命じた。

五奉行宛の起請文

同じ八月五日に家康は、前田玄以・浅野長吉・増田長盛・石田三成・長束正家の五奉行に宛て、八ヵ条の起請文を出した（「竹中氏雑留書」他）。内容は、①秀頼への奉公、②法度置目の遵守、③私の遺恨を企てないこと、④徒党しないこと、⑤知行方については秀頼が成人する前には執り行なわないこと、⑥奉公衆に対する讒言を取り上げないこと、⑦公私とも隠密の儀は他言しないこと、⑧家康の一類・家来に不届きがある時は申し出るよう依頼する、というものであった。

五奉行の起請文

同日、五奉行からも、家康と前田利家にほぼ同文の起請文が出された。八月八日には、家康は五奉行宛に、①今日直に仰せ出された趣を少しも忘れず、秀頼へ奉公すること、②秀忠にも申し聞かせること、③隠密に仰せ出されたことは他言しないこと、の起請文を出した（「竹中氏雑留書」他）。このような最中にあって家康は七日、山科言経に「公武大体略記」の作者について問い、またそれを一覧したいと求め、十一日に言経からそれを献じられた（『言経卿記』）。

三ヵ条の条々を出す

八月十日、秀吉の病状が悪化するなか、家康は毛利輝元・宇喜多秀家・前田利家との連署で、①知行方とそれ以外の仕置は以前定めた通り据え置くこと、②今後の仰せはひとまずお受けするが、御本復の上、改めて御諚を得ること、③知行・仕置については誓紙に定めたとおりに行なうこと、の三ヵ条からなる条々を出した（『毛利家文書』）。十一日には五奉行から、家康・利家・秀家に宛て、起請文が出された（『武家事紀』他）。

**秀吉没す**

そうしたなか、八月十八日に秀吉が没した。家康は秀吉の死後も伏見を動かなかったが、秀忠は十九日に伏見を発って江戸へ帰った（「慶長見聞集」他）。二十五日、死去した秀吉の朱印状をもって、朝鮮在陣の諸将へ徳永寿昌（ながまさ）・宮城豊盛の二人を遣わし、長々在番の辛労を慰労し、道服袷（どうふくあわせ）（裏地のある陣羽織）を贈った（「立花文書」他）。ついで二十八日には、家康・毛利輝元・宇喜多秀家・前田利家の連署で、黒田長政・立花宗茂ら朝鮮在陣の衆に、朝鮮との和議と撤兵を指示した（『黒田家文書』）。

**六ヵ条の連署起請文**

九月三日、五大老・五奉行が連署する六ヵ条からなる起請文が作成される（『毛利家文書』）。そこには、①私の遺恨を企てないこと、②連判の衆それぞれへの讒言に同心しないこと、③傍輩中で徒党しないこと、④諸寺仕置は十人の衆（五大老と五奉行の一〇人）の多分によって決すること、⑤十人の衆と傍輩とのあいだで誓紙を取り交わさないこと、⑥秀頼に対し悪逆の子細があっても、その罪科を確認したうえで成敗すること、があげられる。なお、この年初旬に越後から会津一二〇万石へ転封となった上杉景勝は、この時には上洛途上にあった（起請文の景勝の花押は、後日の書き入れであろう）。

**朝鮮との和睦を指示**

九月五日、上杉景勝を除く四大老の連署で、改めて朝鮮在陣の諸将に対し、朝鮮との和睦を指示し、帰朝のための船を三〇〇艘を送ること、博多まで毛利秀元・浅野長政・

石田三成の三人が遣わされることになった、と報じた（『黒田家文書』他）。

他方、九月二十二日には、八月頃より煩っていた後陽成天皇を見舞う使者を派遣し、二十八日には薬種「五わうせいしゑん」を進献し、さらに十月六日と十二日には菊の花を献じた（『御湯殿上日記』）。この少し前、後陽成天皇は、政仁（ただひと）親王（のちの後水尾天皇）への譲位を求めるが、秀吉が決めた良仁（かたひと）親王への譲位でないとして拒絶された。この決定には家康は不満であったが（「長府毛利家文書」）、この時はそれで済まされた。

### 上杉景勝の上洛

十月二日、上杉景勝に、領内の仕置を終えてさっそく上洛とのこと大儀、と返書した（『上杉家文書』）。なお景勝の京着は十月七日である。七日には朝鮮在陣中の黒田長政に書状を送り、長々の在陣の苦労を犒（ねぎら）い、大明国の軍勢が少々侵攻したとの報を加藤清正から注進を受け心元なく思っている、万事を清正に申し渡したので談合するように、と指示した。十九日・二十七日にも長政に書状を送った（『黒田家文書』）。十月十四日は、池田輝政の伏見邸へ茶湯に早朝より出かけている（『言経卿記』）。

### 朝鮮からの撤退を指示

翌十五日には、五大老連署で朝鮮在陣の諸将に、順天・蔚山などからの撤退の方策と帰朝を指示し（「紀伊徳川文書」他）、十六日には五大老連署で、水軍を率いていた菅達長（かんみちなが）に朝鮮からの帰還準備を命じた（「菅文書」）。十九日には加藤清正に書状を送り、明軍侵攻を聞いて心元なく思っており切々書状を遣わしたが着いているか、朝鮮のことは構わず黒田長政と相談して釜山浦へ移り帰朝するように、と報じた（「多田厚隆氏所蔵文書」）。この日、家康は同様の書状を黒田長政にも送った（『黒田家文書』）。

帰朝のための軍勢派遣

十月二十二日には、五大老連署で寺沢正成（広高）に次のような内容の書状を送った。大明・朝鮮の軍勢と順天での戦闘で戦果を収めたこと、番船・後詰の指示、御弓鉄炮衆惣中の壱岐・対馬への渡海、博多に在陣している毛利秀元・浅野長政・石田三成らと相談の上で渡海すること、大明人が引き取れば、諸城を引き払い釜山に集結するように、と指示した（「東京大学史料編纂所所蔵文書」）。同日、五大老連署で御弓鉄炮衆惣中へ、朝鮮在陣の諸将の帰朝を助けるために、来月十日に発って名護屋・唐津に在陣するように、また博多には浅野長政・石田三成がいるのでその指示に従い、壱岐・対馬までも渡るように、と命じた（「堀内文書」）。

他方、十一月二日、天皇に鷹の鶴を進上している（『御湯殿上日記』）。同日、五大老連署で島津義弘・忠恒に、釜山浦まで引き取り帰朝するよう、命じた（『島津家文書』）。三日、博多にいる浅野長政から朝鮮表の報を受け、諸将に釜山浦へ引き取るよう申し送った（「浅野家旧記」）。十六日には黒田孝高に、朝鮮からの軍勢の帰朝を満足、と報じた（『黒田家文書』）。また二十五日には五大老連署で、浅野長政・石田三成に、朝鮮表で明軍と兵船が侵攻しているのを聞いて藤堂高虎を派遣すると伝え、必要ならば軍勢を派遣する、と報じた（「藤堂文書」）。同日、島津義弘と忠恒・高橋元種・秋月種長・島津豊久・伊東祐兵（すけたか）・相良長毎（さがらながつね）にも、ほぼ同様の指示をした（『島津家文書』）。十二月九日には、朝鮮表に再度出陣を命じられて上関にいた藤堂高虎に、高麗表の和平が成り、いずれも帰朝することになったのは大慶、と申し送った（「藤堂文書」）。

### 譲位の意向

この間にあって十月十八日のことになるが、後陽成天皇は煩いを理由に、再度譲位の意向を表明した。これに対し清涼殿に参集した宮・摂家・清華・外様・内々衆は、天皇の譲位の意向を分別なきとしつつも、病ゆえ叡慮次第、とした（『御湯殿上日記』）。ただこの時点では、豊臣政権側も摂家衆も、譲位は秀吉が遺言で定めた良仁親王になされるものと思っていたようである。

### 智仁か良仁か

ところが同月二十一日、後陽成天皇は、弟の智仁（としひと）親王に譲位したいとの意向を示した（『御湯殿上日記』）。九条兼孝は二十三日、病とはいえ譲位までは不要と思っていたが、智仁親王への譲位は了解しがたい、秀吉の時に儲君（ちょくん）（皇太子）と決められた良仁親王へ譲位すべきだとの意向を、勅答をもって示した（「九条兼孝日記」）。

### 「うへしたい」

二十四日、家康は天皇の譲位について、山科言経を呼び談合した（『言経卿記』）。二十六日には増田長盛と長束正家が上洛し、二条昭実の屋敷に摂家衆を集め、智仁親王への譲位についての意見が聴取された。その場で、一宮である良仁親王を差し置いて智仁親王に譲位するのはいかがか、まして良仁親王を儲君とすることは秀吉によって申し定められたことであり、天皇の仰せは分別なきこと、との五大老らの意見が伝えられた（「九条兼孝日記」）。この場には出ていなかった近衛信輔は、富田知信に宛てた翌二十七日の書状で、家康は「うへ（後陽成天皇）したい（次第）」との意見に対し、前田利家と前田玄以は良仁親王へ譲位すべきとの意見である、と記している（「波多野幸彦氏所蔵文書」）。

**譲位無用の判断**

摂家衆の意見も、大勢は良仁親王への譲位であった。宮・摂家の意見、さらには秀吉の遺言と天皇の意向とが相対立するなか、十一月十八日、家康から天皇に「御ゐんきよ（隠居）」すなわち譲位はまず無用、との最終的な判断が示され、この譲位一件は終わりを迎えた。この間の十一月二日、家康は天皇に鷹の鶴を進上している（『御湯殿上日記』）。また三日、勧修寺晴豊に、先代の正親町天皇より勅勘されていた山科言経を勅免するよう申し入れ（『言経卿記』）、十日には勅免された（『御湯殿上日記』）。この十日には、五大老五奉行から朝廷に、慶長の年号を改めるよう申し入れたが、受け入れられなかった（『御湯殿上日記』）。

**改元の申入れ**

家康は十一月十日、島津義久を伏見邸に招き（「後編薩藩旧記雑録」）、十九日には鷹野に出て晩に帰った。また二十四日には織田信包（のぶかね）を、二十五日に増田長盛を、二十六日に長宗我部元親を訪ねている（『言経卿記』）。二十八日には天皇に、鷹の鶴を進上した（『御湯殿上日記』）。

十二月に入り、三日に新庄直頼を、五日に島津龍伯（義久）を、九日に細川幽斎を、十日に本願寺隠居光寿を、十七日に有馬則頼を訪ねた（『言経卿記』）。そうしたなか十八日には、秀吉を祀った豊国社に諸大名とともに初めて社参した（『義演准后日記』）。十九日・二十四日・二十五日には鷹野に出かけている（『言経卿記』）。二十四日、梵舜に大仏の社について尋ねた（『舜旧記』）。二十五日には、家康・毛利輝元・宇喜多秀家の連署で醍醐寺へ寺領安堵状を（『三宝院文書』）、二十六日には五大老連署で三井寺へ寺領安堵状を出した（『毛利家文書』）。

豊国社に参る

## 二 「天下殿」家康

〔家康58歳〕

慶長四年（一五九九）正月、豊臣秀頼が秀吉の遺命に従い大坂城に移徙（いし）し、傅役（もりやく）の前田利家も大坂に移る。それに対し家康は、伏見に残って政務にあたる。ところが閏三月、前田利家が没すると、これを契機に石田三成の朝鮮での差配に不満をもった加藤清正ら七人の武将が、三成を亡き者としようとする。これに気づいた三成は、大坂を逃れて伏見の屋敷に入り、家康に武将らとの仲介を求める。本節では、秀頼の大坂城移徙から、家康が七人の武将との仲介を経て、三成を領地佐和山へ退かせて、その直後に家康が伏見向島の屋敷から伏見城に入り、「天下殿」になったと見られるようになるまでを扱う。

秀頼、大坂城へ移る

慶長四年は伏見で越年した。正月十日、豊臣秀頼が秀吉の遺命に従って伏見城から大坂城に移るにともない、前田利家は秀頼の傅役として大坂城に入った。秀頼の移徙の際には家康も大坂に下向し、片桐貞隆の邸に泊まり、十二日頃に伏見へ戻った（『言経卿記』）。

私婚問題

秀吉の生前には私に婚姻を結ぶことが禁じられていたが、家康は慶長四年になると、早々に伊達・福島・蜂須賀氏との婚姻を約束した。この件で正月十九日、四大老らから詰問された（『言経卿記』）。山科言経は、二十日には大略済んだようだとその日記に記し、また二十四日にこの件を家康の家臣山口直友に尋ねたところ、「いよいよもって相済む」との返事を得ている（『言経卿記』）。この一件に関しては、後年の覚書・軍記には大坂・伏見が騒然となったとする記述があるが、二十一日・二十二日・二十八日に伏見城で家康に対顔した山科言経の日記には、伏見の騒動や大名衆の軍事行動をうかがう記事はみえない。正月二十五日には五大老連署で、細川幽斎に薩摩での三〇〇〇石の替え地として越前府中方内で三〇〇〇石を宛行なっている（「細川家記」）。

三ヵ条の誓書

二月五日、家康は四大老・五奉行に、次のような三ヵ条の起請文を出した（「諸将感状下知状并諸士状写」）。

①　今度の縁辺については御理のように承知した、今後とも遺恨には思わず以前と変わりなく諸事入魂（じっこん）であること、

②　「大閤様御置目」に反する時は、十人のうち聞付次第に互いに異見をするように、それでも同心しない時は残る衆中が一同に異見すること、

③　今度双方とも入魂を申した者に対し遺恨をもたないこと、ただし「御法度御置目」に背いた場合には、十人として穿鑿のうえ罪科に処すこと、

であった。四大老五奉行から家康に宛てて出された起請文も、家康の起請文とほぼ同じ内容であった（「諸将感状下知状幷諸士状写」）。そして同日、五大老連署で、秀吉の仰せに従い、筑前・筑後を小早川秀秋に、越前北庄（きたのしょう）二〇万石を青木一矩（かずのり）に、山口修弘（ながひろ）に越前の替地として加賀江沼郡の地を宛行った（『毛利家文書』）。

### 「忠恕」印

他方、自身の治める関東については、二月二十日に領地内の武蔵男衾（おぶすま）郡の昌国寺と相模三浦郡久郷薬師別当に寺領を、武蔵橘樹（たちばな）郡の稲毛山王社に社領を、先規のごとく寄附した（「昌国寺文書」）。なお、昌国寺宛の寺領宛行状に捺された印は、印文を「忠恕」とする印のいまのところ初見である。

### 利家、家康を訪ねる

二月二十九日には、前田利家が病を押して伏見の家康を訪ねてきた（『当代記』）。その日、家康は藤堂高虎に、「大納言殿（前田利家）御越し、しゅこん（入魂）にて御心安く候」と申し送っている。

さらに三月六日と七日、連日書を遣わし、腫物を病んでいた高虎を見舞った。七日の書状には自分も寸白（寄生虫の病）を煩っている、とある（「藤堂文書」）。

利家を見舞う

家康は三月四日、山科言経に、これまでの扶持を止めて、みずからの領地である近江野洲郡杉江で二〇〇石を与えた（『言経卿記』）。十一日には大坂に前田利家を見舞い、その日は藤堂高虎邸に一泊。この時、利家の嫡男利長にも会い、伏見に帰った（「碩田叢史」「大阪城天守閣所蔵文書」他）。三月十三日、利家に書状を送り、利家の気相が良かったことを満足に思い、また種々の饗応への謝辞を述べ、油断なく養生するよう、申し送った（「国田文書」）。十九日にも利家に書を送り、見舞とともに利長の来邸を報じた（「加能越古文叢」）。二十六日には前田利長に、利家の見舞に細川忠興が大坂に下ると聞いて利家の容態を尋ねた（「徳川恒孝氏所蔵文書」）。翌二十七日には重ねて前田利長に書状を送り、大坂で不穏な噂があるのを聞いて内々こちらから聞こうと思っていたところ、すぐに静まったのでそうしなかったが、利長の方から折紙（おりがみ）が届き安心した、細川忠興が大坂へ行かれるので相談されたい、と申し送った（『徳川家判物并朱黒印』）。

利家の死

そうしたなか閏三月三日に利家が病没。閏三月三日付で利家に替わった利長を加えた五大老連署で、池田重成・舟越景勅・池田弥左衛門に替地を給与した（『毛利家文書』）。

石田三成襲撃事件

この利家の死を機に、朝鮮出兵以来、石田三成に遺恨を抱いていた加藤清正・福島正則・浅野幸長・蜂須賀家政・黒田長政・藤堂高虎・細川忠興の七人の武将が、三成を亡き者にしようと動き、大坂にいた三成襲撃を企てた。これを察知した三成は、伏見のみずからの屋敷に入った。閏三月五日、伏見へ軍勢をともなって罷り越すと伝えてきた浅野幸長へ、家康は書状を送り、それを承諾した旨を報じた。同日、細川忠興ら七人に、重ねての書状を受け取ったこと、石田三成がこの方へ来ていること、変わることがあればこちらから申し入れる、と返書した（『譜牒余録』）。

三成、佐和山へ退去

　両者を仲介した家康は閏三月九日、福島正則・蜂須賀家政・浅野長政に書状を送り、石田三成は佐和山に退隠することになり明日佐和山に行くこと、昨晩三成子息の重家が人質として家康のもとに来たことを知らせた（『浅野家文書』）。十日、三成は佐和山へ退去、家康は結城秀康に途中まで送らせた。五奉行体制の一角がここに崩れた。

「天下殿」

　十三日、伏見の向島にあった自邸から居を伏見城西丸へと移した。これを伝え聞いた奈良興福寺の多聞院英俊は「天下殿になられ候」とその日記に記した。世間は家康を「天下殿」とみなしたのである（『多聞院日記』）。

　閏三月十九日、蜂須賀家政・黒田長政へ、朝鮮蔚山表の後巻（救援）をめぐる争いについては、その方らの越度ではないことが明らかとなったのでそのように心得るように、と報じた（『毛利家文書』）。

**「父兄之思」**

閏三月二十一日、家康と毛利輝元とのあいだで誓紙が交わされた。輝元の誓紙には「今度天下之儀」についておのおの申し分があったが、自分は秀頼様のことを疎意には思っていないと家康に申し入れたところ、同意が得られたことに謝意を表し、家康に対し表裏別心なく「父兄之思」で接すると誓約した。家康の誓紙には、秀頼に対し疎略なきことに同意すること、また何事においても輝元に対し表裏別心なく兄弟のように申し聞くことが記されている（『毛利家文書』）。家康の誓紙に「兄弟のごとく」、輝元の誓紙には「父兄の思い」とあることから、この時点での家康優位の状況を読み取ることができる。

**海賊船取り締まり**

四月一日には五大老連署で、立花宗茂と島津義弘へ、それぞれに海賊船の取り締まりと違反者の成敗とを命じた（「立花文書」・『島津家文書』）。翌四月二日には家康は島津義弘・忠恒父子へ、秀頼に疎略なきこと、義久・義弘・忠恒に疎略なきこと、島津と家康のあいだを妨げるものがあった時には直談することを約束する起請文を送った（『島津家文書』）。

**伊達政宗の起請文**

四月五日に伊達政宗が家康に三ヵ条の起請文を出した。それは、家康に事を頼むにあたっては虚意表裏なきこと、密々に聞いたことは他言しないこと、いかようの世上になっても家康手前を一命をとして守る、というものであった（『伊達政宗記録事蹟考記』）。

**豊国大明神**

十六日に朝廷より秀吉に「豊国大明神」の神号が与えられ、十八日には豊国社の正遷宮が行なわれ、翌十九日に家康は、秀頼の名代として豊国社に社参した（『舜旧記』）。

四月下旬になり、家康は二十八日に西尾光教（『古典籍下見展観大入札会』一九九三年）、晦日には黒田長政（『黒田家文書』）、五月二日には佐竹義久（「奈良文書」）へ、端午の祝儀の礼を謝す御内書を送った。この時、諸大名から家康への端午の祝儀が始まった。

五月三日、家康は山科言経に、秀頼が秀吉の大明神号を得たことを謝して堂上衆に贈った金銀の配分について、詳しく聞いた（『言経卿記』）。十一日には五大老の名で、石田三成を除く五奉行に、五ヵ条の禁制を出した（『毛利家文書』）。その内容は、①博奕諸勝負、②鉄炮を放つこと、③顔を包み路次を通交すること、④道路で鎌を遣うこと、⑤道路辻で相撲をとること、を禁じたものである。

諸典籍の開版

五月に『孔子家語』と兵書の『三略』『六韜』を開版した。閑室元佶（かんしつげんきつ）による『孔子家語』奥書には「世、季運に際し、学校の教、将（まさ）に廃せんとす、維時（このとき）内府家康公、文に武に其名を得たり、故に廃れたるを興し、絶えたるを継ぎ、後学の為めに梓に刻する文字数十万を予に賜わる、退いて公の恩恵を謝し、初めて家語を開く、此書は是れ聖人の奥義、治世の要文なり」とある。

六月一日、五大老の名で宗義智（そうよしとし）に朝鮮出兵における数年の損害を認め、米一万石を遣わす旨の連署状を送り（「榊原家所蔵文書」）、十三日には友松忠右衛門、荏原小五郎に越前

料金受取人払郵便

本郷局承認

5788

差出有効期間
2025年1月
31日まで

郵便はがき

113-8790

東京都文京区本郷7丁目2番8号

吉川弘文館 行

愛読者カード

本書をお買い上げいただきまして、まことにありがとうございました。このハガキを、小社へのご意見またはご注文にご利用下さい。

お買上書名

＊本書に関するご感想、ご批判をお聞かせ下さい。

＊出版を希望するテーマ・執筆者名をお聞かせ下さい。

お買上書店名　　区市町　　書店

◆新刊情報はホームページで　http://www.yoshikawa-k.co.jp/

◆ご注文、ご意見については　E-mail:sales@yoshikawa-k.co.jp

| ふりがな<br>ご氏名 | | 年齢　　歳　男・女 |
|---|---|---|
| 〒 □□□-□□□□ | 電話 | |
| ご住所 | | |
| ご職業 | 所属学会等 | |
| ご購読<br>新聞名 | ご購読<br>雑誌名 | |

今後、吉川弘文館の「新刊案内」等をお送りいたします(年に数回を予定)。
ご承諾いただける方は右の□の中に✓をご記入ください。　□

# 注文書

月　日

| 書　名 | 定　価 | 部　数 |
|---|---|---|
| | 円 | 部 |
| | 円 | 部 |
| | 円 | 部 |
| | 円 | 部 |
| | 円 | 部 |

配本は、○印を付けた方法にして下さい。

イ. 下記書店へ配本して下さい。
(直接書店にお渡し下さい)

(書店・取次帖合印)

書店様へ＝書店帖合印を捺印下さい。

ロ. 直接送本して下さい。

代金(書籍代＋送料・代引手数料)は、お届けの際に現品と引換えにお支払下さい。送料・代引手数料は、1回のお届けごとに500円です(いずれも税込)。

＊お急ぎのご注文には電話、FAXをご利用ください。
電話 03－3813－9151(代)
FAX 03－3812－3544

（ご注意）

・この用紙は、機械で処理しますので、金額を記入する際は、枠内にはっきりと記入してください。また、本票を汚したり、折り曲げたりしないでください。

・この用紙は、ゆうちょ銀行又は郵便局の払込機能付きＡＴＭでもご利用いただけます。

・この払込書を、ゆうちょ銀行又は郵便局の渉外員にお預けになるときは、引換えに預り証を必ずお受け取りください。

・ご依頼人様からご提出いただきました払込書に記載されたおところ、おなまえ等は、加入者様に通知されます。

・この受領証は、払込みの証拠となるものですから大切に保管してください。

収入印紙
課税相当額以上
貼　　付

印

## この用紙で「本郷」年間購読のお申し込みができます。

◆この申込票に必要事項をご記入の上、記載金額を添えて郵便局でお払込み下さい。

◆「本郷」のご送金は、４年分までとさせて頂きます。

※お客様のご都合で解約される場合は、ご返金いたしかねます。ご了承下さい。

## この用紙で書籍のご注文ができます。

◆この申込票の通信欄にご注文の書籍をご記入の上、書籍代金（本体価格＋消費税）に荷造送料を加えた金額をお払込み下さい。

◆荷造送料は、ご注文１回の配送につき500円です。

◆キャンセルやご入金が重複した際のご返金は、送料・手数料を差し引かせて頂く場合があります。

◆入金確認まで約７日かかります。ご諒承下さい。

※現金でお支払いの場合、手数料が加算されます。通帳またはキャッシュカードを利用し口座からお支払いの場合、料金に変更はございません。

※領収証は改めてお送りいたしませんので、予めご諒承下さい。

**お問い合わせ**　〒113-0033・東京都文京区本郷７－２－８
吉川弘文館　営業部
電話03-3813-9151　FAX03-3812-3544

この場所には、何も記載しないでください。

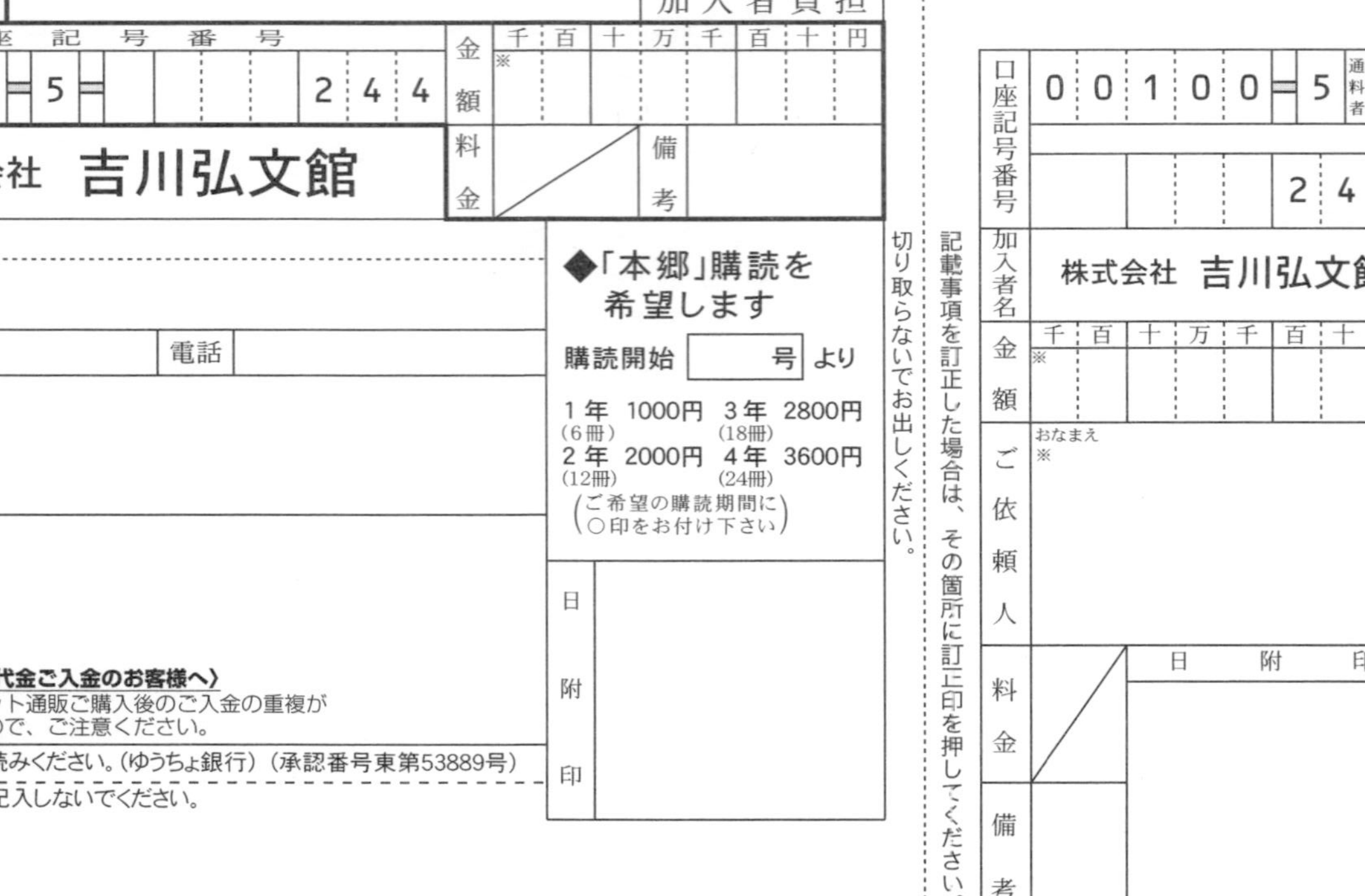

# 払込取扱票

02 東京

通常払込料金加入者負担

| 口座記号番号 | 金額 |
|---|---|
| 00100-5-244 | 千 百 十 万 千 百 十 円 ※ |

| 加入者名 | 株式会社 吉川弘文館 | 料金 | 備考 |
|---|---|---|---|

ご依頼人・通信欄

フリガナ
※お名前
郵便番号　電話
※ご住所
※

**〈この用紙で書籍代金ご入金のお客様へ〉**
代金引換便、ネット通販ご購入後のご入金の重複が増えておりますので、ご注意ください。

◆「本郷」購読を希望します

購読開始　　号より

1年 1000円 (6冊)　3年 2800円 (18冊)
2年 2000円 (12冊)　4年 3600円 (24冊)
(ご希望の購読期間に○印をお付け下さい)

日附印

各票の※印欄は、ご依頼人において記載してください。

裏面の注意事項をお読みください。(ゆうちょ銀行)(承認番号東第53889号)

これより下部には何も記入しないでください。

切り取らないでお出しください。

記載事項を訂正した場合は、その箇所に訂正印を押してください。

# 振替払込請求書兼受領証

| 口座記号番号 | 00100-5-244 通常払込料金加入者負担 |
|---|---|
| 加入者名 | 株式会社 吉川弘文館 |
| 金額 | 千 百 十 万 千 百 十 円 ※ |
| ご依頼人 | おなまえ ※ 様 |
| 料金 | 日附印 |
| 備考 | |

この受領証は、大切に保管してください。

府中で知行を安堵した（「古文書」「荒尾文書」）。二十一日に伏見を発ち大坂に行くが、翌日には秀頼から暇が出て、二十六日に伏見へ戻った（『鹿苑日録』）。

庄内の乱への対応

家康は七月九日、島津忠恒に、父親が殺害されたことに対して叛乱（「庄内の乱」）を起こした伊集院忠真を、成敗するよう指示するとともに、相良頼房・伊東祐兵にも島津の要請があれば加勢するよう求めた（『島津家文書』『相良家文書』「伊東系譜」）。この後、伊集院忠真の抵抗が続くなか、秋月種長・高橋長行・高橋元種、さらに寺沢正成を差し向けるが、伊集院忠真との交渉がうまくいかず、十二月二十四日には山口直友を遣わした。それでも決着せず、翌年三月に伊集院忠真の赦免ということで事を収めた。

五大老体制の衰退

さてこの年七月、上杉景勝が領国経営のため会津へと下り、また前田利家の跡を継いだ利長も八月には大坂を発ち加賀金沢へと、相次いで上方を後にした。五大老の体制は徐々に衰弱し、家康の権限が増大しはじめる。

大泥国王に書翰を送る

七月、大泥国（マレー半島にあったパタニ王国）の封海王が、秀頼に方物（土産）として珍禽異産を送った時、家康へも書翰を送ってきた。それに対し「日本国源家康」の名で「大泥国封海王」に書翰を送った（『異国日記』他）。家康が外国に送った書翰としては、今のところ最初のものである。またこの復書を載せる『異国日記』に改竄がなく、文禄四年（一五九五）ころ羽柴姓を名乗った折に本姓を豊臣姓に改めていたとすれば、この時までにふたたび源姓に改姓したことになる。

この書翰には、去年（慶長三〈一五九八〉）八月に秀吉がにわかに亡くなり、後を継いだ秀頼が全国に号令し、自分は秀吉の遺命により秀頼を補佐していると述べ、さらに商船の去来、珍品の売買は貴方の欲する所に従うとし、さらに日本国中の海浜・陸路での賊徒を取り締まり、遠く隔たっているが交盟を固めたいと、自由な貿易と友好とを示した。秀頼からも封海王へ復書が送られたと思われるが、今それを知ることはできない。家康は秀頼を補佐するとしながらも、こうした外交方針を表明しうる立場にあった。

八月七日、五大老の名で一三人に、美濃・尾張・近江・大和・河内・摂津・丹波・播磨などで比較的小規模な知行の宛行状を出し（『毛利家文書』）、同日、五大老連署で、山城御香宮に社領、山城豊光寺に寺領を寄附した（『毛利家文書』）。

天皇による天下人承認

秀吉死後の間もない時期から、禁裏に薬・菊の花・鷹の鳥（鷹野で捕獲した鳥）・初鮭などを進上していた家康は、八月十四日に参内し、常御所で後陽成天皇と対面した。そこで三献の儀があり、家康は太刀折紙銀一〇〇枚・中折紙一〇〇把を進上している（『御湯殿上日記』『言経卿記』）。この参内の様子は、秀吉やそれ以前の室町将軍が参内した折のものと変わりはなく、天皇が家康を室町将軍や秀吉と同等に扱ったことになる。いいかえれば、天皇の側が事実上、家康が「天下人」であることを承認したことを意味している。

その日のうちに伏見に戻るが（『言経卿記』）、十八日の秀吉の命日には豊国社に詣でた（『舜旧記』）。この間、家康の参内直後の十六日には、天皇から勧修寺晴豊を使いとして薫物を賜り、家康は十九日に菱喰一羽を天皇に進上した（『御湯殿上日記』）。

八月二十日には松浦鎮信（まつらしげのぶ）・島津忠恒らに、四ヵ月前の四月一日に五大老連署で立花宗茂と島津義弘に命じたのと同内容の海賊取り締まりを命じる連署状を出した（「松浦文書」・『島津家文書』）。

九月六日には知恩院に、増上寺の紫衣（しえ）を光明寺・善導寺とともに認め、他は一切認めないと命じた（「知恩院文書」「増上寺文書」）。

## 三　大坂城西丸へ

〔家康58歳〕

慶長四年（一五九九）九月、家康は秀頼に重陽（九月九日の菊の節句）の賀を述べるために大坂へ下るが、そのまま大坂城西丸に入り、そこに天守を設ける。本節では、大坂城本丸に豊臣秀頼がおり、西丸では家康が政務を執る、という状況下を扱う。

大坂下向の目的

慶長四年九月七日、家康は秀頼に重陽（ちょうよう）の賀を述べるために、大坂に出向き、石田三成の屋敷に入り（『鹿苑日録』）、九日には秀頼への礼を済ませたとされている（「関ケ原覚書」

他）。この時の家康の大坂下向の目的は、同月十三日付で毛利輝元が国元の毛利秀元に送った書状で、①秀忠の妻を江戸にいる秀忠のもとへ移したいと希望したのにそれを妨げた理由を糺したい、②は先に述べた後陽成天皇の政仁親王への譲位の意向を無視したことへの詰問、③当国の大名衆は伏見にいるようにとの秀吉の遺言にもかかわらず、宇喜多秀家が大坂にいるのは納得できない、この三点を申し入れるためであったとする（『長府毛利家文書』）。

#### 大坂の「雑説」

こうした家康の動きに大坂では「雑説」が生じ（『言経卿記』）、後陽成天皇は十二日、大坂の秀頼に飛鳥井雅庸（まさつね）を、家康に勧修寺晴豊の子光豊を遣わした（『御湯殿上日記』）。十二日、家康は勧修寺光豊に会い、同日宿所を城内の石田正澄（三成の兄）の屋敷に移し（『鹿苑日録』）、大坂滞留の意向を示した。

　九月十四日、会津の上杉景勝へ、無事に下国したことを珍重と、この間、大坂に下り仕置などを申し付けているが特に変わることもないので安心されたい、と報じた（『上杉家文書』）。他方、上方にいた島津義弘の国元への二十一日付の書状で、家康は当時在国中の前田利長に上洛しないよう、もし強いて上洛するようであれば、越前で止めるために大谷吉治と石田三成の内衆千余りを越前に下すよう指示したと、報じた（「島津家文書」）。前田利長との関係は、慶長五年五月に利長が母芳春院が人質として江戸に下ることでひとまず決着した。

大坂城西丸に入る

二十六日には、家康の意向を受けてのことであろうか、秀吉の正室であった高台院が、突然それまでいた大坂城西丸を出て京都へと去った。それを受けたかのように、家康は高台院が去ったあとの西丸に入った（『義演准后日記』他）。その時の様子を輝元の家臣である内藤周竹が息子の元家に宛てた十月一日の書状で「二丸へ押し入られ候」とあり、その軍勢が「三万ばかりこれあり」と報じた（『萩藩閥閲録』）。事実上家康は二丸を軍事的に占拠したことになる。

西丸に天守

そして藤堂高虎に命じ、西丸の曲輪内に天守を築造した。この間、種々の噂が連日京都の山科言経の元に届いており（『言経卿記』）、家康暗殺計画があったとされる。

堀尾吉晴への領地宛行

家康は十月一日、毛利輝元・宇喜多秀家と連署で、堀尾吉晴に越前府中方内五万石を宛行い、赤座久兵衛ら五人を与力に付けた（「古文書集」）。この宛行状は、秀吉の遺命による領知宛行以外では最初のものである。

最上義光・上杉景勝に大坂の様子を報じる

二十二日には会津の上杉景勝への返書で、当表は変わることはないので安心されたし、また景勝がその地の仕置にあたっているとのこと、もっともであると報じた（『上杉家文書』）。

ついで十一月五日にも景勝に対し、見舞の折紙到来を祝着とし、ついでここもと仕置等万事、油断なく申し付けているので安心されたい、なお変わったことがあれば連絡する、と報じた（『上杉家文書』）。なお十五日以前に、家康は眼病を煩っている（『磐城誌料』）。

十二月一日、家康は毛利輝元・宇喜多秀家との連署で、織田信高と小倉鍋に近江でそれぞれ二七〇〇石、五〇〇石を宛行った（『毛利家文書』）。また八日には、後陽成天皇に鷹の鶴を進上し、二十六日には天皇から参議勧修寺光豊を使として、歳暮のしるしとして薫物が贈られた（『御湯殿上日記』）。同日、越前敦賀の商人であり、東国大名への使いをしばしば務め、このあと佐渡の代官の一人ともなる田中清六に、北国（ほっこく）中の津湊泊での船役を免除する判物を出している（「住友家所蔵史料」）。

〔家康59歳〕

慶長五年（一六〇〇）元旦、本丸の秀頼のもとへ年賀に出た諸将から、家康は大坂城西丸で年賀を受けた。正月九日に茨木へ鷹野に出かけ、日暮れに帰城した（『舜旧記』）。

家康単独の知行宛行状

二月一日には領知宛行状を出し、信濃川中島の田丸忠昌に美濃で四万石を（「田丸文書」）、美濃兼山の森忠政に信濃川中島一三万七〇〇〇石を与えた（「森家先代実録」）。家康単独での大名への領知宛行状の初見である。七日、丹後宮津の細川忠興に、長束正家・増田長盛・前田玄以の三奉行の名で、豊後杵築六万石の加増がなされた（「松井家譜」）。この知行方目録には「御一行の旨に任せられ」とあり、家康の意志によることが確認できる。十六日には、前田玄以を介して八条宮智仁（としひと）親王に、細川幽斎から古今伝授（こきんでんじゅ）（最初の勅撰和歌集の『古今和歌集』の解釈などを秘伝に授ける）を受けるよう申し送った（「宮内庁書陵部所蔵文書」）。

二月二十五日には鷹野に出かけている（『鹿苑日録』）。二月、下野国の足利学校の庠主閑室元佶に命じ『貞観政要』を開板させた。

リーフデ号

三月一日には見舞として、使者を後陽成天皇の元に遣わした（『御湯殿上日記』）。十日、上杉景勝に上洛を求める使者を派遣する（『後編薩藩旧記雑録』）。十六日には、豊後に漂着したオランダ船リーフデ号を堺に回航させ、大坂城で船長クワケルナック、ヤン＝ヨーステン、ウイリアム・アダムスらを引見した。その後、リーフデ号は関東に廻漕され、ヤン＝ヨーステンとウイリアム・アダムスの二人は日本に残った。二十三日には、越前丸岡の青山宗勝に、北国の様子を切々報じてきたことを祝着である、と返書している（「井伊家史料保存会所蔵文書」）。

景勝に上洛を求む

ところで、会津に帰っていた上杉景勝は領内の諸城の修繕に着手したが、これについて申し開きをするようにと、四月一日に西笑承兌が上杉景勝の家臣である直江兼続（なおえかねつぐ）へ、起請文をもって上洛するよう勧告し、それに直江兼続は十四日付で一六ヵ条にわたる弁明・反論書で答えたといわれている（「景勝年譜」）。

直江状

四月四日、准后（じゅごう）・親王・摂家・公家衆の秀頼への礼に際し、家康は秀頼の側に候し、その後、准后以下の礼を受けた（『時慶記』）。六日には毛利輝元・宇喜多秀家と連署で御牧信景に（「御牧文書」）、八日には北条氏盛（『毛利家文書』）と溝江彦三郎（「溝江文書」）に、十日には寺西下野守（『毛利家文書』）と寺西新五郎（「寺西文書」）に、それぞれ遺領相続の安堵状を出した。また近江観音寺朝賢には、八日に寺領の安堵状を出している（『毛利家文書』）。

参内

四月十七日、大坂を発ち伏見城に入り（『義演准后日記』）、翌十八日には天皇に「御さうし」を進上した（『御湯殿上日記』）。同日、豊国社に社参、太刀折紙・神楽などを奉幣し（『舜旧記』）、その日は施薬院を宿とした（『言経卿記』）。翌十九日は参内し、常御所で後陽成天皇に対面。三献の儀があり、御太刀馬代白銀五〇枚を進上した（『御湯殿上日記』）。この参内には、宇喜多秀家・小早川秀秋・池田輝政・最上義光・佐竹義宣・長宗我部盛親らが従った（『時慶記』）。またこの日、勅勘の身であった六条有広が家康の執奏で許され、参内している（『言経卿記』）。二十日は北政所の元を、二十一日には相国寺の西笑承兌と近衛信尹を訪れ（『時慶記』）、二十二日に大坂へ下向した（『言経卿記』）。

伊集院一件の決着

四月二十七日には島津義弘が、領内で起きた伊集院忠真の一件をこの三月に赦免というかたちで決着をみたことへの礼に、家康の元にやってきた。この時の様子を国許の義久に報じた義弘の書状には、家康から上杉景勝に上洛を求めたが遅延しており、さらに三月十日に使者を景勝の元に派遣したこと、返事によっては家康みずからが出馬することになるので伏見城の留守居番をするようにと要請があり、ひとまず承諾し、委細は改めて使者に返事をすると答え退出したこと、が記されている（『島津家文書』）。

景勝討伐の所在

秀頼と同等の位置

堺へ行く

石清水関係者への宛行状

五月三日、会津表の様子を注進してきた下野国伊王野城主の伊王野資信に、家康は会津口の守衛を命じるとともに、近く出馬し景勝を討ち果たす、と申し送った（「古文書集」）。

また、このころの朝廷との関係だが、後陽成天皇に、知行所の訴訟で勅勘を受けていた冷泉為満を赦すよう申し入れ、六日、天皇はこれを勅許している。十日には天皇が勧修寺光豊を大坂に派遣し、秀頼に匂袋三〇袋、秀頼の母淀殿に二〇袋、家康に三〇袋、毛利輝元に二〇袋、宇喜多秀家に二〇袋を贈った（『御湯殿上日記』）。家康への下賜品の数が秀頼と同数であり、他の五大老である輝元・秀家への数を超えていることは、天皇がこの時期、家康を秀頼と同等に位置づけていたことを推測させる。これに対し家康は十八日、天皇に舶来のビイドロの酒器を進上し、二十一日には天皇よりビイドロに対する礼状が送られてきた（『言経卿記』『御湯殿上日記』）。

この間、家康は十九日に堺へ出向いた（『鹿苑日録』）。二十日、家康は島津忠恒への返書で、そこもとの仕置を申し付け、左右次第上洛されるのがよかろう、と報じた（『島津家文書』）。また二十五日には石清水八幡宮社務職についての争論を裁許し、社務職は廻職であることを認め、それに従うよう命じるとともに、社務家四家をはじめ石清水八幡宮関係の諸役らに、八〇通余の知行宛行状を出している（『石清水文書』他）。二十八日には、

醍醐寺山上山下に宛て、二年さかのぼる慶長三年極月（十二月）二十五日付の寺領宛行状

を、家康・宇喜多秀家・毛利輝元の三人連署で発給した（「三宝院文書」）。

## 四　会津攻めと石田三成・大谷吉継の別心

慶長五年（一六〇〇）六月十八日、家康は会津上杉攻めのため伏見を発し、七月二日には江戸に着き、二十一日に会津へ向けて江戸を発つ。その間、石田三成と大谷吉継が家康に対抗して兵を上げる。その報に接した家康は諸将を西上させ、みずからは江戸に戻る。本節では、家康が上杉景勝攻めを豊臣政権の意思として遂行していく過程を追うことにする。

会津攻めを決定

家康は慶長五年六月二日、家臣の本多康重、松平家信、小笠原広勝それぞれに、七月下旬には「奥州表出陣」することを告げ、油断なく用意するよう命じ、日限は改めて命じる、と申し送った（『譜牒余録』他）。六日、大坂城西丸に諸将を集め、会津攻めの部署を定めた（「伊佐早文書」他）。八日、家康は会津出陣を聞いた後陽成天皇から晒一〇〇反を贈られている（『御湯殿上日記』）。十四日、村上義明と溝口秀勝の各人に、佐渡・庄内で軍勢を動かすことを無用とし、会津表へ軍勢を動かすよう命じた（「保阪潤治所蔵文書」「古文書集」）。

秀頼に暇乞い

六月十五日、家康は本丸へ行き、秀頼に暇乞いし、秀頼から金二万枚・米二万石などの餞を受けた（「板坂卜斎覚書」他）。同日、前田玄以・長束正家・増田長盛は兼松正吉に、会津表出陣にあたって家康の仰せがあり、七月十日までに出陣するように、また軍法は家康の下知次第、と指示した（「兼松文書」他）。これらのことは、会津攻めが豊臣政権の意志であることを示している。

大坂から伏見へ

家康は十六日、大坂城を出て伏見城に入り（『時慶記』）、十七日午刻（午後〇時）に豊国社へ社参した（『鹿苑日録』）。同日、伏見城の留守を鳥居元忠・内藤家長・松平家忠に命じた（「板坂卜斎覚書」他）。

伏見城発

そして十八日、伏見城を出陣（『義演准后日記』）。その日は石部泊。翌日は水口泊の予定だったが、夜半に石部を発ち、翌朝伊勢の関に至り宿泊。二十日に四日市着、その晩船出して二十一日に三河の佐久島に着。二十二日横須賀、二十三日浜松、二十四日に遠江中山を経て駿河島田泊。二十五日清見寺、二十六日三島、二十七日に小田原、二十八日藤沢、二十九日は鶴岡八幡宮に参詣して戦勝を祈願し、七月一日神奈川着。二日に江戸城に入ったとされる（「板坂卜斎覚書」他）。

軍法一五ヵ条

七月七日、家康は会津攻めのため一五ヵ条の軍法を出した（「大洲加藤文書」他）。概要は、①喧嘩口論の禁止、②味方の地での放火・濫妨・狼藉の禁止、③味方の地での作毛取り荒らし禁止、④先手に断らず物見を出さないこと、⑤先手を差し越すことの禁止、⑥他の備に交じることの禁止、⑦進行の際の脇道禁止、⑧奉行人の指図に従うこと、⑨時の使者の指示に従うこと、⑩持鑓は軍役の外、⑪陣取りの時に馬を放たないこと、⑫小荷駄を軍勢に交えないこと、⑬諸商売押買・狼藉の禁止、⑭下知なき陣払いの禁止、⑮陣中での人返しの禁止、であった。

攻撃は七月二十一日
北国・出羽の軍勢配置

軍法とともにこの日、会津攻めの日時を七月二十一日とし、北国（ほっこく）・出羽からの軍勢の配置を決めた。前田利長に北国・出羽の軍勢の全権を与え、最上義光を先手として米沢に打ち入り会津へ乱入するよう、また越後の堀秀治は津川筋に出陣し、堀の与力的存在である村上義明・溝口秀勝のいずれか一人を前田利長の案内者とするよう命じた（「書上古文書」）。さらに越前丸岡の青山宗勝には、加賀小松の丹羽長重とともに、越後の城々の守衛を指示した（「不破文書」）。同時に最上義光、出羽の秋田実季（さねすえ）・戸沢政盛らにも出陣を命じた（「秋田家文書」他）。

七月十日には、小田原まで参陣した遠江掛川城主の山内一豊への返書で、小田原から江戸を経ずに会津口への進軍を認めるとともに、家康みずからは二十一日に出馬すると報じた（『一豊公紀』）。

反家康の動き
三奉行、家康に上洛を求む

七月十一日、石田三成・大谷吉継の反家康の動きが明確となる。それに対し十二日、前田玄以・増田長盛・長束正家の三奉行は、家康と毛利輝元に上洛を求めた（「秋田家文書」・『吉川家文書』）。同日、増田長盛は家康家臣の永井直勝に、三成と吉継の動向を報じた（「板坂卜斎覚書」）。

### 「内府ちがいの条々」

毛利輝元は七月十五日に広島を発ち（「松井家譜」）、十六日夜に大坂へ着き、十九日に大坂城に入った（『義演准后日記』・「下文書」）。しかしこの報は江戸にいた家康のもとにはすぐには届いていない。輝元が大坂に着いた翌十七日に、三奉行（前田玄以・増田長盛・長束正家）は家康と対決すべきことを呼びかけた檄文を「内府（徳川家康）ちがいの条々」とともに諸大名に送った（「筑紫古文書」他）。弾劾文の主な内容は、五大老・五奉行があげた誓紙への違反、知行方の恣意的扱い、秀吉が定めた伏見城の留守居を追い出してみずからの軍勢を入れたこと、秀吉の室である高台院の居所であった西丸に居住し、かつそこに本丸のごとき天守を作ったこと、などである。

### 三成・吉継「別心」の報を得る

一方、家康のほうは、七月十九日には秀忠を会津に向けて先発させた。三成・吉継「別心」の報は早くて十九日、遅くとも二十日には、家康のもとに届いていたようである（「松井家文書」）。この報を得るも、予告どおり二十一日に江戸城を発った（「大洲加藤文書」他）。この間、二十日には美濃の加藤貞泰に、「上方雑説」のため出陣が延引しているのを承知したこと、また岐阜の織田秀信と談合するように、と申し送った（「有村松雲堂所蔵文書」）。

細川忠興の書状

家康が江戸を発した二十一日、前日に宇都宮に着いた細川忠興は、上方にいる家臣に書状を送った。そこには「石田治部・輝元申し談じ候、色立ち候由、上方より内府（徳川家康）へ追々御注進候」と、石田三成と毛利輝元が反家康の姿勢を鮮明にしたことが家康のもとに注進されていることを記し、さらに上方に残った衆はことごとく石田三成らに一味同心したとのことである、かならず家康はすぐに上洛するだろう、と申し送った（「松井家文書」）。ここで注意したいのは毛利輝元の名がみえることで、次に現実となる三奉行の「別心」を前に、輝元が三成と与しているとの噂が、関東にも伝わっていたのである。

会津攻めの中止

二十二日には、家康は森忠政へ、宇都宮着の報を受け取ったこと、やがて自身も宇都宮に参るつもりだ、と報じた（「森家先代実録」）。翌二十三日には最上義光に、石田三成と大谷吉継が家康糾弾の触状を廻しているので、ひとまず軍勢の進攻を止めるよう報じるとともに、前田玄以・増田長盛・長束正家の三奉行からの書状を送った（『譜牒余録後編』）。この三奉行からの書状は、いまだ反家康ではなく、石田勢の動きを止めるため家康に上洛するよう求めたものであった。

同日、大坂にあって家康に通じてきた摂津三田城主の山崎家盛と、秀吉に仕えた宮城豊盛の両名に宛て、大坂の様子を申し越したのを祝着とし、近日上洛する、と返書した（「古文書集」）。この段階で、家康は会津攻めを中断し上洛を決断していたことになる。

七月二十四日、信濃上田城主の真田昌幸の長子信幸が、昌幸の上田帰還にもかかわらず、家康方に付いたのを奇特千万と賞し、二十七日には、信幸に上田城を与えること、さらなる取り立てを約束する書状を送っている（『真田家文書』）。

伏見城落城す

石田三成に与した西軍は七月十九日、小早川秀秋・島津義弘らの兵をもって、家康の将の鳥居元忠が守る伏見城への攻撃を開始し、八月一日に伏見城は落城した（『御湯殿上日記』他）。鳥居元忠から西軍決起の報が家康のもとに届いたのは、家康が下野小山（おやま）に着いた七月二十四日のことといわれている。

小山にて西上決定

二十五日、家康は下野国小山に諸将を集め、会津攻めの延期と西上とを決め（「大関文書」他）、長束正家に書状を送り、西上する「惣人数」の扶持方として八万石ほどを準備し、水口で渡すよう指示した（「光明寺文書」）。ここから確認できるように、この段階でも三奉行の反家康の動きを把握していない。

諸所に上洛を報じる

七月二十六日には、福島正則や池田輝政ら上方衆が小山を発って西上する（「前田氏所蔵文書」他）。前田利長はこの日、丹羽長重の加賀小松城を攻撃するが、落城させることはできないまま、大聖寺（だいしょうじ）城へと進軍することになる。同日、堀秀治に、越後の様子を知らせてくれたのを祝着としたうえで、石田三成・大谷吉継の逆心によって小山まで来ていた大名衆は今日西上したこと、また自分も会津表の仕置などを堅く申し付けて上洛するつもりである、と報じた（「前田氏所蔵文書」）。また大津城の京極高次に、今日二十六日に諸勢が西上すること、みずからも必ず上洛するので城を堅守するように、と求めた（『譜牒余録』）。但馬出石城主の小出吉政にも、二十六日に先手の衆が上方へ向かったこと、みずからも近日上洛する、と報じている（「脇坂文書」）。二十六日、様子を知らせてきた越前の上田重安にも、小山での仕置をしたあと即刻に上洛する、と報じた（「上田流和風堂所蔵文書」）。

「上方忩劇」

翌二十七日、氏家正元・寺西信乗の両名宛てで、「上方忩劇」により会津への路次途中から引き返すことを了承し、美濃高松城主の徳永寿昌と信濃飯田城主の京極高知（高次の弟）と申し合わすよう命じるとともに、近日の上洛を報じた（『譜牒余録』）。二十八日には、上方での戦闘の様子を報じてきた織田常真に、会津口へ出陣したが上方の様子を聞いたので近日上洛する、と報じた（『伊東子爵家所蔵品入札目録』）。同日、出陣の了解を求めてきた蘆名盛重に対し家康は、小山に在陣しており、上方の件は事実である、と返報した（「楓軒文書纂」）。

## 五　大坂奉行衆の「別心」から江戸帰城

慶長五年七月末に大坂奉行衆の「別心」の報を手にした家康は、秀忠を宇都宮に残し、八月五日に江戸に戻る。本節では、反家康を諸大名に呼びかける大坂奉行衆に対し、徳川陣営をかためるべく、西国諸大名に所領加増などの書状を送り、調略していく様子を追う。

大坂奉行「別心」の報

家康は慶長五年七月二十九日、黒田長政と田中吉政とにそれぞれ書状を送り、「大坂奉行亦別心の由」の報が家康のもとに届き、重ねて相談すべきところであるが、すでに西上途中ゆえ談合・相談ができない、細かなことは池田輝政に申し渡したのでよきように相談してほしい、と申し送った（『黒田家文書』・「戸田家文書」）。同様の書状が、他の西上途中の諸大名にも送られたと思われる。また同日、最上義光に、上方奉行衆が叛逆したことを報じるとともに、会津はひとまず置いて上洛するが、秀忠を差し置くので会津表のことは相談するように、と申し送った（「古文書集」）。

調略開始

その一方で、家康は上洛にあたっての調略を開始する。二十九日、松倉重政に大和の旧領を還付すること（「古文書集」）、柳生宗巌（むねよし）には筒井定次と談合して牢人らを集めること（「柳生宗久氏所蔵文書」）、飛騨高山城主の金森長近と可重には美濃の境目を堅固とすること（「古文書集」）、美濃小原城主の遠藤慶隆と胤直には美濃郡上の本地を約束し（「遠藤文書」他）、桑山宗栄・一春には増田長盛の知行・代官所を遣わすので忠節を励むよう求めた（「書上古文書」）。

七月晦日には藤堂高虎への返書に、道作以下万事を福島正則・池田輝政・田中吉政と談合するように、そこもとの情勢次第で家康が上洛する、と報じた（「藤堂文書」）。同日、下野国の塩谷孝信には、会津攻めはすぐに決着するだろうから安心されたい、と申し送った（「諸家文書」）。

八月一日、脇坂安元への返書で、路次から軍勢を返したことを了承し、近日の上洛を報じた（「脇坂文書」）。同日、田中吉政に、伊勢安濃津に道阿弥らを派遣するので渡海のための船の手配をするよう命じ（「徳川恒孝氏所蔵文書」）、木曽諸奉行人中には、木曽中の諸侍の召し置きを認め、忠節を求めた（「千村文書」）。

**政宗への報**

二日には、伊達政宗に大坂奉行衆の「相違」、駿河から尾張清須までの城々に人衆を入れたこと、秀忠を宇都宮に残すことを報じ（『伊達家文書』）、また川中島へ帰る途上の森忠政には、秀忠を宇都宮に置くこと、清須までの路次を固めて近々上洛する、と報じた（「森家先代実録」）。翌三日、加藤貞泰への返書で、病中の弟の光直を人質として越したことを祝着とし、近日の上洛を報じ、また七日にも同様の書状を遣わしている（「大洲加藤文書」）。なお、この日、前田利長が大聖寺城を落としている。

**江戸を動かず**

家康自身は八月四日に小山を発ち、翌五日、江戸に帰着した（『伊達家文書』）。しかし、その後一ヵ月近く江戸を動かなかった。会津の上杉氏への警戒と、上野国を通り信濃へと入った徳川秀忠を大将とする軍の、思うに任せぬ動きが理由であろうが、いま一つ福島正則・黒田長政・浅野幸長ら豊臣恩顧の大名たちの動きを見極める必要があったからであろう。その証として、岐阜城陥落の報に接するや、家康は江戸を発つ。

**諸将に書状を送る**

家康は八月四日、福島正則、福島正頼（正則の弟）、浅野幸長、中村一栄（かずしげ）のそれぞれに宛て、また池田輝政・池田長吉（輝政の弟）・九鬼守隆宛、細川忠興・加藤嘉明・金森可重宛、市橋長勝他九名宛に、ほぼ同文の書状を送った。内容は、先勢として井伊直政を差し遣わすので、家康出馬以前は井伊直政の指図次第に相談してくれれば本望あるいは祝着、というものであった（「山田文書」他）。江戸に戻った五日には、先に西上した福島正則・徳永寿昌両名に宛てて、池田輝政・藤堂高虎・井伊直政を出陣させたので談合するよう報じ（「善導寺文書」）、十日には福島・徳永に、尾張・美濃の道を確保するように、また家康も油断なく出馬する、と報じている（「源喜堂書店所蔵文書」）。

七日、越後春日山城主の堀直寄へ、越後上田庄での戦勝を手柄と賞した（「反町茂雄氏所蔵文書」）。同日、伊達政宗には、「上方三人の奉行」の「相替」によっておのおの相談の上、上洛することにした、一昨日の五日に江戸へ帰城した、秀忠を宇都宮に差し置き、佐竹と談合して白河表へ軍勢を動かすよう申し付けた、と報じた（『伊達家文書』）。

宇都宮表の手配

吉川広家書状

八日、家康は黒田長政に書状を送り、吉川広家よりの書状を見て「御断之趣」は了解した、輝元とは兄弟のごとくと申し合わせたので西軍の総大将になったことを不審に思っていたところ、輝元は事情を知らぬとの由を聞き満足、と報じた（『吉川家文書』他）。他方、北陸では、九日に前田利長が丹羽長重軍の攻撃を受けつつ、金沢に撤退している。

政宗への書状

十二日には井伊直政と本多忠勝両名宛で、西軍から寝返った犬山城の加藤貞泰の扱いを福島正則と相談のうえ善処するよう命じた（「大洲加藤文書」）。同日、細川忠興には、丹後に加え但馬一国を加増すること（「細川家文書」）、肥後熊本の加藤清正には、肥後・筑後を与えることを約束した（「加藤文書」）。また伊達政宗へ書状を送り、上方のことは打ち捨て、会津表を申し付ける覚悟でいたが、福島正則・田中吉政・池田輝政・細川忠興が、まず上方の仕置を申し付けるべきだと再三申されたので江戸に帰陣した、と報じた（『伊達家文書』）。

## 六　村越直吉を尾張清須へ派遣

家康は慶長五年（一六〇〇）八月十三日、尾張・美濃の情勢を把握するために、家臣の村越直吉を尾張清須に派遣する。本節では、これ以降、家康が自身の出陣時期を見極める指標とした福島正則ら豊臣恩顧の大名たちによる岐阜城攻略までの期間を扱う。なお、家康と石田三成の決戦となった美濃国不破郡関ケ原を戦場とするばかりでなく、日本各地で戦闘は行なわれる。奥州では「北の関ケ原」と言われる最上義光・伊達政宗ら（家康方・東軍）対上杉景勝（石田方・西軍）の合戦が起こり、「北陸の関ケ原」では家康方に付いた前田利長らは、丹羽長重や山口宗永（むねなが）・修弘（ながひろ）父子と戦う。「九州の関ケ原」では、家康方に付くのは黒田孝高、相良頼房、秋月種長、高橋元種。石田方には大友義統（よしむね）、立花宗茂、島津義弘らがいる。家康の出馬までに、どのような情報が各地を行き交ったのかもみていくことにしたい。

村越直吉を派遣

八月十三日には、家康は尾張・美濃に在陣する諸将に、尾張・美濃の様子を知りたいので村越直吉を尾張清須に派遣する、それぞれ談合のうえ返事するように、家康の出馬については油断なく準備している、と報じた（「平野文書」他）。送られた先は、福島正則宛、浅野幸長宛、中村一栄宛、池田輝政・池田長吉・九鬼守隆宛、細川忠興・加藤嘉明宛、堀尾忠氏・山内一豊・有馬豊氏・松下重綱宛、宮部長煕・木下重堅・垣屋光成・田中吉政宛、一柳（ひとつやなぎ）直盛・西尾光教・市橋長勝・横井時泰宛、黒田長政・藤堂高虎・本多利久・生駒一正・桑山元晴宛、福島正頼・稲葉道通（みちとお）・古田重勝宛、と宛名の人数は異なるが一斉にこのことを伝えた。

北国陣の様子を問う

同日、前田利長への返書では、北国（ほっこく）での戦勝をめでたしとしたうえで、北国陣の様子を問い（「加能越古文叢」）、また美濃筋の様子を伝えてきた木曽氏の旧臣であった山村良勝・千村（ちむら）良重には、境目に人を遣わし、様子を報告するよう求めた（「木曽家来歴」）。

十四日、家康は志摩国鳥羽の九鬼嘉隆の子守隆に、南伊勢五郡を与えること、その地に領知をもつ者については替え地を与える、と約束した（「古文書集」）。翌十五日には、山村良勝・千村良重に木曽谷掌握を命じるとともに、信濃伊奈城主の京極高知・石川康長を援軍として送ることを伝え（「山村文書」）、また京極高知には、木曽の山村・千村への加勢を求めた（『譜牒余録』）。さらに美濃の様子を伝えてきた妻木頼忠に、その忠節をほめ、土岐郡の攻略を命じた（「妻木家文書」）。

京極高知らに加勢要請

福島正則の注進状

十六日、出馬を求める福島正則からの注進状を見て、細川忠興・黒田長政・藤堂高虎宛に、出馬を油断なく準備しているので安心し、万事油断なく福島正則と談合するよう、申し送った（「徳川恒孝氏所蔵文書」）。また同日、美濃国曽根城主の西尾光教への返書で、清須で福島正則と心を合わせていることを尤もとし、近日出馬することを伝えた（『記録御用所本古文書』）。この日、上方では天皇が、武家伝奏の広橋兼勝と勧修寺光豊の二人を大坂城の秀頼の元に遣わし、和睦を勧めた（『時慶記』）。

天皇、和睦を勧む

十七日には、越後の堀親良に、上杉と一味した越後の一揆を成敗したことを「御手柄」とし、仕置などを申し付け（「伊藤本文書」）、十九日には、南部（なんぶ）利直、出羽の小野寺義道、六郷政乗それぞれに、出陣を大儀とし、早々に帰陣して休息するよう、申し送った（「陸奥盛岡南部家譜」「小野寺文書」）。同日、家康が派遣した使者の村越直吉が清須に来て、西軍との戦いを進めるよう促し、村越は二十二日に江戸に帰還する。

越後・出羽・南部への指示

二十日、信濃伊奈の京極高知への返書で、三河表に進軍することを尤もとしながら、美濃口について申し遣わすことがあるので、福島正則と相談して美濃口へ進軍するよう求めた（『譜牒余録』）。同日、美濃の妻木頼忠への返書では、その地での戦いで数多討ち取ったことを尤もとし、近日の出馬を告げた（「妻木家文書」）。また美濃の遠藤慶隆には、このたびの忠節として美濃郡上郡を与えた（「古文書集」）。元安濃津城主でこの頃は京都にあった細野藤敦が、上方の詳細な様子を報じてきたのに対し、近く出馬することとともに、子孫までなおざりにしない、と報じた（『譜牒余録』）。伊勢の分部（わけべ）光嘉（みつよし）への返書では、伊勢安濃津城主の富田信高とともに安濃津城の警衛を求め、近日の出馬を伝えている（「分部家文書」）。

**木曽の様子**

二十一日には、木曽の山村良勝・千村良重への返書で、木曽の備えがいよいよ堅固に申し付けられていることを肝要とし、このたびの忠義を悦び、加勢として遠山友政・小笠原靫負・今泉五助を遣わすと報じた（「山村系図伝」）。また筒井定次への返書では、富田信高から注進があり、池田輝政・山岡道阿弥と相談して伊勢から尾張に渡海することを尤もとし、みずからの出馬を二十六日に定めた、と報じた（「河毛文書」）。同日の上野国沼田城の真田信幸への返書では、信濃口と会津の境目の備えなどを丈夫に申し付けていることを尤もとし、その表については本多正信に申し付けたのでよくよく相談するように、と申し送っている（『真田家文書』）。

**出羽への指示**

また、出羽の秋田実季、六郷政乗、仁賀保挙誠（にかほたかのぶ）、赤尾津（あこうづ）孫次郎それぞれに、上方「鉾楯」（叛逆）のため上洛することになったので、ひとまず帰陣し、重ねて指示するまで在国するように、と指示した（「秋田家文書」他）。同日、信濃川中島の森忠政に、初鮭を送られたことに礼を述べ、上方出馬は二十六日ころと報じ、二十三日には森忠政のもとに、信濃へは仕置のため秀忠を遣わすので相談ありたい、と申し送った（「古文書集」）。

**上杉景勝牽制策**

二十二日には伊達政宗に、秀吉によって収公された陸奥苅田・伊達・信夫・二本松・

塩松・田村・長井の旧領一七万石余を、家老衆中への宛行として与えた。これは、西上するにあたって、上杉景勝の動きを政宗に牽制させるための方策の一つであった（『伊達家文書』）。

翌二十三日には、黒田長政、加藤嘉明、浅野幸長、京極高知、横井時泰、中村一栄、一柳直盛、福島正頼それぞれに書状を送り、前日に江戸に帰還した村越直吉から詳細を聞いたこと、こちらの様子は米津親勝（よねきつちかかつ）が具（つぶさ）に申す、と報じた（『黒田家文書』他）。同日、木曽の山村良勝・千村良重への返書で、美濃筋には境目に人を遣わし、情勢を報告するよう求め（「山村家由緒書」）、また西軍方の木曽代官石川氏の下にあった原図書らに、木曽谷の儀について山村・千村を遣わしたところ、忠信を示したので、両人次第に奉公するよう命じた（「木曽考」）。

岐阜城落つ

同じ二十三日、伊達政宗には、昨夜村越直吉が清須から江戸に戻り、岐阜表は福島正則が丈夫に固めており安心するように、福島正則らが一働きするとのことで、家康の出馬を延引した、と報じた（『伊達家文書』）。なおこの日、福島正則・池田輝政は、西軍の最前線となる岐阜城を一日で落城させた。このときの岐阜城城主は、信長の孫の織田秀信（幼名は三法師）である。

浅野長政に秀忠への異見を依頼

二十四日、秀忠は宇都宮を発し、信濃へ向かう。同日、家康は浅野長政に、秀忠が信州口へ向かうので、大儀ながら出陣して諸事異見するよう依頼した（『浅野家文書』）。同日、加賀の前田利長へ、西軍についた山口宗永の加賀大聖寺城を攻め落としたことを「潔き御事」とし、また金沢に帰城したことを尤もとする返書を送った（「加能越古文叢」）。なお二十六日には自筆書状を、前田利長の生母で江戸に人質として下っていた芳春院付の村井長頼に送り、利長の大聖寺での手柄を忠節とし、満足であること、北国（ほっこく）については利長が切り取っただけ領知として進める、このことを芳春院に伝えるよう、その方も御苦労とは思うが、やがて上方も平定され、芳春院も人質から解放することになろう、と伝えた（「村井重頼覚書」）。

前田利長の活躍を賞す

## 七　岐阜城落城

慶長五年八月二十三日、西軍最前線の岐阜城が落ちた。その報が家康のもとに届くのは二十七日のことである。本節では、家康が岐阜城を攻略した福島正則らにその功を賞するとともに、秀忠が中山道を西に進んでいるので、家康父子がそちらに着くまでは軍事行動を起こさぬよう指示する一方で、諸大名の調略を進める様子をみる。

「落度なきよう」指示

家康は、八月二十一日に木曽川を渡り、翌二十二日に岐阜城を攻めるとの報を受けて、二十五日に井伊直政・本多忠勝・石川康通宛で、落度なきよう、また相談するよう伝えた（「成簣堂古文書」）。また福島正則・池田輝政・浅野幸長・黒田長政・加藤嘉明・細川忠興宛、および藤堂高虎・本多俊政・生駒一正・桑山元晴宛、田中吉政・一柳直盛・西尾光教・徳永寿昌・池田長吉宛、堀尾忠氏・山内一豊・有馬豊氏・松下重綱宛に、岐阜攻めを尤もとし、おのおの相談して越度（落度）がなきよう、申し送った（「細川家記」他）。

同じく二十五日、宇都宮城主の蒲生秀行には、西に向かっての出馬はひとまず延引して江戸にいる、万一上杉景勝がその口へ侵攻した時には早々に注進するように、すぐに乗り付けて討ち果たす、と報じている（「宇都宮文書」）。また、下野国大田原城主の大田原晴清にも同様に報じた（「古文書纂」）。これは秀忠が、宇都宮を離れ信州に向かったことへの対応である。

翌二十六日には、福島正則、池田輝政それぞれと、堀尾忠氏・池田長吉・一柳直盛・山内一豊・有馬豊氏・松下重綱・浅野幸長宛に、改めて木曽川を越えて岐阜へ侵攻したことに満足の意を表し、おのおの相談の上、軍事行動のよき知らせを待つ、と報じた（「福島文書」他）。同日、政宗には、美濃表の軍事行動の詳細を記した井伊直政の注進状を「御披見」のために送った（『伊達家文書』）。

岐阜城陥落の報を受く

八月二十七日、二十三日に岐阜城が陥落したとの報を受けた家康は、福島正則、池田輝政それぞれと、藤堂高虎・黒田長政・田中吉政らの諸将に宛てて、岐阜城陥落を賞し、秀忠が中山道を押し登り、みずからは東海道を進むので、家康・秀忠の到着を待つよう申し送った（「福島文書」他）。同日、浅野幸長への返書でも、岐阜城陥落を手柄とし、みずからも早々に出馬すると報じた（『譜牒余録』）。また岐阜城攻めに、ことに功名をなした池田長吉には別に書状を送った（「林原美術館蔵文書」）。さらに、東美濃の様子を報告してきた妻木頼忠に、近日のみずからの出馬と秀忠が中山道を進軍していることを報じた（「妻木家文書」）。

同日、最上義光に、二十三日に岐阜城が陥落したこと、家康親子も出陣するのでそこもとも軍事行動を起こすよう指示し（『譜牒余録後編』）、また川中島城主の森忠政への返書には、家康上洛の節には同道したいとの希望であるが、そこもとは境目のことでもあり、延引するのが尤もであり、信州の仕置については秀忠に申し付けたので聞くように、と申し送った（「森家先代実録」）。

出馬日時決定

二十八日には藤堂高虎への返書で、墨俣川の上流合渡川で石田三成と一戦して手柄を立てたことを賞し、来る九月一日の出馬を伝えた（「藤堂文書」）。同日、最上義光にも合渡川での戦勝を報じるとともに、ただちに佐和山へ取り詰めるので二、三日中には落城するだろう、と伝えている（『譜牒余録後編』）。また、甲府にいたと思われる浅野長政への

## 3 公武政権の競合と協調

野口　実・長村祥知・坂口太郎著

武士の世のイメージが強い鎌倉時代。京都に住む天皇・貴族は日陰の存在だったのか。鎌倉の権力闘争にも影響を及ぼした都の動向をつぶさに追い、承久の乱の前夜から両統迭立を経て南北朝時代にいたる京都の歴史を描く。

## 4 南北朝内乱と京都

山田　徹著

鎌倉幕府の滅亡後、建武政権の興亡、南北朝分立、観応の擾乱と、京都は深刻な状況が続く。全国の武士はなぜ都に駆けつけて争い、それは政治過程にどのような影響を与えたのか。義満の権力確立までの六〇年を通観する。

## 5 首都京都

早島大祐・吉田賢司・大田壮一郎

人口一千万人の列島社会で、室町殿を…する首都京都。人やモノの往来の活性…や御家人制の行方、寺社勢力の変質、幕府…

## 6 戦国乱世の都

尾下成敏・馬部隆弘・谷　徹也著

戦国時代、室町幕府や細川京兆家は弱体化し、一方、洛中洛外では新しい町が形成され、都の文化人は地方へ下った。が進む。政治・都市・文化の様相を描き出し、豊臣・徳川のもとで巨大都市化…戦国乱世の都の姿を追う。

古城ファン必備！

# 北陸の名城を歩く　全3冊

好評のシリーズ北陸編完結

A5判・原色口絵各四頁／各二七五〇円

## 石川編

向井裕知編　【最新刊】本文二三二頁

富樫・畠山・佐々・前田氏の群雄と加賀一向一揆が割拠した往時を偲ばせる空堀や土塁、曲輪が訪れる者を魅了する。石川県内から精選した名城五六を能登・加賀に分け、豊富な図版を交え平易に紹介。

【既刊の2冊】

## 福井編

山口　充・佐伯哲也編　本文二七二頁

県内から精選した名城五九を越前・若狭に分け紹介。

## 富山編

佐伯哲也編　本文二六〇頁

県内から精選した名城五九を呉西・呉東に分け紹介。

『内容案内』送呈

## 正倉院宝物を10倍楽しむ

山本忠尚著

奈良時代より一三〇〇年の時を超え、守り伝えられてきた正倉院宝物。メッキや代用の技法、天馬や麒麟といった架空動物の意匠、象牙や翡翠などの素材から、多彩な美術工芸を解説。天平文化の造形の粋をあつめた豊穣な世界へといざなう。

A5判・三二〇頁／二九七〇円

## 安倍・清原氏の巨大城柵

### 鳥海柵跡・大鳥井山遺跡

樋口知志監修／浅利英克・島田祐悦著

奥州藤原氏登場以前、奥羽北部の支配を担った安倍・清原両氏。その居館である鳥海柵跡・大鳥井山遺跡など、巨大城柵の全体像を考古学的成果から解明。在地豪族である両氏の台頭を描き、東北の古代から中世への転換期に迫る。

A5判・三〇二頁／二六四〇円

## 足利成氏の生涯

### 鎌倉府から古河府へ

市村高男著

初代古河公方となった足利成氏。享徳の乱など戦ばかりの生涯という、
メージを再考する。崩壊した公方家と鎌倉府の再建、下総古河に建てた
体制の実態を解明。自然環境や宗教・文化との関わりにも触れ新たな
に迫る。

四六判・三二〇頁／二九七

## 室町幕府

松永和浩著

を中心に公家・武家・寺社が結集し繁栄
化で社会も大きく変化した。天皇家
資金源に迫る新しい室町時代史。

返書で、岐阜城陥落と自身の出馬とを伝え、中山道を進む秀忠に同道して異見するよう頼み、浅野幸長の美濃での戦功を手柄と報じた（『譜牒余録』）。

堀尾忠氏への返書

二十九日、浅野幸長への返書で、岐阜城陥落などの手柄を賞し、明日九月一日に出馬することを報じ、堀尾忠氏への返書では、届けられた首注文を見て、それを手柄と賞し、明日一日に出馬すると報じた（『譜牒余録』）。また、越後春日山城主の堀秀治、越後蔵王城主の堀親良それぞれに書状を送り、岐阜城陥落などの美濃表の様子と、二十四日佐和山へ押し詰めると言ってきたこと、明日一日に出馬すること、上杉景勝が侵攻してきても城を堅固にし待ち受けること、その方面の軍勢は、伊達政宗・結城秀康・蒲生秀行・里見義康・佐野政綱・平岩親吉・大須賀忠政・鳥居忠政・松平忠利に命じたので、会津への口を堅固に抱えるのが尤もである、と報じた（「古蹟文徴」）。

## 八　九月一日の出陣から関ケ原の戦いまで

家康は、福島正則らによる岐阜城攻略の報を受けて、慶長五年九月一日に江戸城を出陣し、東海道を美濃へと向かう。本節では、前線の武将からの相次ぐ注進にそのつど応えながら十四日に美濃赤坂に入り、翌十五日の関ケ原の戦いに臨むまでを追うことにする。

出馬、赤坂に至る

慶長五年九月一日、家康はようやく江戸を発ち、その日は神奈川泊。二日藤沢、三日小田原、四日三島、五日清見寺、六日駿河島田、七日遠江中泉、八日遠江白須賀、九日三河岡崎、十日尾張熱田（竹中文書他）、十一日は清須より一宮に行き藤堂高虎に会い、清須に戻った。十二日は風邪で清須に逗留、十三日岐阜へ（「益田文書」）、十四日正午に諸将の待つ赤坂に入った。

相次ぐ注進と指示

諸将に江戸発を報ず

この間、前線の大名たちから注進が相次いで届き、それを受けてそのつど指示を出した。九月一日には美濃垂井に陣取った福島正則、池田輝政それぞれと、藤堂高虎・黒田長政・田中吉政ら前線の諸将に宛てて、今日江戸を出馬し神奈川に至ったこと、美濃垂井の陣取を了とし、家康親子の着陣を待つよう申し送った（「福島文書」他）。また福島正則・黒田長政宛に、宇喜多秀家・島津義弘・石田三成・小西行長が大垣城に立て籠もったとの報を受けたが、それを「幸之儀」とし、家康が到着するまで攻撃を控えるよう求めた（「福島文書」）。さらに福島正則・池田輝政への、また藤堂高虎への返書でも同様の指示を出した（「中村不能斎採集文書」）。同日、越後の堀直寄へ、石田三成らが大垣城に立て籠もったこと、大垣城を水攻めにすること、万一上杉景勝が侵攻してきたならば、真田信幸・本多康重・平岩親吉・牧野康成に申し付けたので談合し、そこもとの城を堅固にして防衛するように、と指示した（「徳川美術館所蔵文書」）。真田信幸にも同様の指示をした（『真田家文書』）。

翌二日には池田輝政に、戦闘で獲得したおびただしい鼻がもたらされたのを悦び、今日二日に藤沢に着陣したこと、秀忠が一日に信濃大門まで進軍したことを報じた（「林原美術館所蔵文書」）。

小田原に着く

三日、徳永寿昌への返書で、美濃表での軍労を犒（ねぎら）い、今日小田原に着いたこと、美濃表へ急ぎ出陣すること、おのおの談合して家康の到着を待つよう、申し送った（「徳永家文書」）。同日、信濃伊奈の京極高知への返書で、岐阜城陥落を伝え、高知が大津城にいる兄の京極高次へ書状を遣わしたのを祝着とし、みずからの出馬も報じた（『譜牒余録』）。また、美濃黒野城主の加藤貞泰・岩手城主の竹中重門宛の返書では、両人の忠節を賞し、今日三日、小田原まで出馬したと申し送った（「竹中文書」）。

四日は、尾張犬山城主で西軍に属していた石川貞清に、日来（じつらい）の誼（よしみ）によって家康側に通じ忠節を誓ったことに満足、との意を報じた（『譜牒余録』）。五日は加藤貞泰への返書で、犬山城開城に才覚のあったことを賞し、また先手へ参陣したことを尤もとし、みずからは今日清見寺に至った、と報じた（「大洲加藤家文書」）。

六日、福島正則に岐阜城攻略の手柄を賞し、みずからは今日島田に着いたこと、秀忠は十日ころには美濃まで来ると思うと報じ（「福島文書」）、また小笠原兵部・豊後宛で、秀忠が十日時分にその地まで参陣するので陣場を見計らうよう命じた（『譜牒余録』）。この日、上田城下での苅田をめぐって真田軍と秀忠軍との衝突が起こる。しかし、秀忠は上田城を攻めあぐね、九日に小諸へ引き返したところ（「福島文書」）、遅れた家康の使者から美濃へ進撃するよう指示を受け、十日に小諸を発した。

秀忠、小諸を発す

さて七日、家康は稲葉貞通への書状で、当初犬山城に籠もっていた稲葉貞通が、城を井伊直政に明け渡し、長島攻めに加勢のため軍勢を移したことを尤も、と申し送った（「源喜堂書店所蔵文書」）。また、伊勢岩手山城主の稲葉道通への返書で、西軍に属した九鬼嘉隆の出城を攻略したことを賞し、今日七日に中泉へ着陣したことを報じた（「稲葉家譜」）。

中泉着

同じ七日、大津城主の京極高次への返書で、去る三日に、西軍と手切れして大津へ戻ったとの知らせが京極高知・井伊直政から届いたので一刻も出馬を急ぐこと、秀忠は中山道を進み、家康は今日遠江中泉に着陣した、と報じている（「丸亀市立資料館所蔵文書」）。もっとも、この日、寝返ったゆえに大津城は西軍に包囲され、攻撃にさらされる事態に陥っていた。

京極高次、西軍を離反

同日、東軍に付いた九鬼守隆へ、西国船三艘を乗っ取り多くの敵を討ち取ったことを賞する返書を送り、また守隆に再度書状を遣し、奪取できなかった鳥羽城への足がかりとして志摩国府に普請することを許し、家康からも船手のものを差し遣わす、と報じた（『譜牒余録』）。

政宗への報

また同じく九月七日、家康は伊達政宗に書状を送り、大垣城を取り巻き通路を遮断したとの報を得て出馬したのでほどなく落居するだろう、会津表のことは結城秀康と相談するよう伝えるが、政宗には同日別に、京極高次が味方についたことを報じた（『伊達家文書』）。出羽の最上義光にも、大垣城攻めの様子と、家康父子の出馬、その方面は政宗と相談して油断なく軍事行動すること、京極高次が大津に戻り家康の味方となったことを報じた（「一柳新三郎氏所蔵文書」）。

利長への報

八日には加賀の前田利長に、加賀の様子を聞き満足であること、美濃大垣城籠城の様子、西上を急いでいること、京極高次が味方についたので利長も早々に「手合（てあわ）」せ、すなわち勝負を決するよう申し送った（「国初遺文」）。同日、妻木親忠への返書で、美濃高山城を占領したことを尤もとし、白須賀に着陣したことを伝えた（「妻木家文書」）。

他方、この日、上杉軍が最上領へ、米沢と庄内の二方向から侵攻を開始する。

高知への返書

九日には信濃飯田城主で、このとき美濃にいた京極高知への返書では、大津のことを仰せ越されたこと、京極高次が味方となったのを祝着とし、やがてその地に着陣し、敵を討ち果たし、大津城を救援すると報じた（『譜牒余録』）。同じ日、福島正則の弟で伊勢長島城主の福島正頼への返書で、岡崎に着陣したこと、そこもとは敵が近いので油断しないよう、一両日中には大垣表に着陣すると報じた(『譜牒余録後編』)。十日には美濃垂井にいた藤堂高虎に書を送り、明日は一宮まで行くので、早々に祗候するように、と申し送り(「藤堂文書」)、翌十一日は熱田で藤堂高虎に会い、清須へ戻った。同じ十一日、福島正頼への返書で、桑名城攻めの戦功を賞した(『譜牒余録後編』)。

前田と丹羽への指示

十三日、加賀小松の丹羽長重へ返書を送り、先に合戦に及んだ前田利長と「同意」されたことを満足とし、早々に利長と入魂となり、越前表へ侵攻するよう指示し、岐阜に着陣したことを伝えた(「早稲田大学所蔵荻野研究室収集文書」)。同日、土方雄久(ひじかたかつひさ)に、丹羽長重から来た書状を前田利長に見せるよう指示し、また利長と談合の上、越前表に軍勢を進めることが肝要と申し送った(『譜牒余録』)。この時にはすでに前田と丹羽のあいだで和与が成立していた(「丹羽家所蔵史料」)。

同日、京都にいたと思われる城昌茂(じょう)・信茂に、畿内と近江・伊勢・尾張・美濃の軍勢が集まり、近日出勢し根絶やしにすると伝え、またその方の調略でこの方へ味方するよう才覚しているとのこと本望である、と申し遣わした(「書上古文書」)。同じ日の大田原晴清への返書では、下野国の様子に変わりはないとの報を受けたことと、岐阜着陣とを報じている(『譜牒余録』)。

毛利への起請文

十四日、家康は岐阜から最前線の美濃赤坂に入る。この日、南宮山に陣を置いていた毛利軍の吉川広家・福原広俊へ、本多忠勝・井伊直政が連名で、三ヵ条の起請文を呈した（『吉川家文書』）。①毛利輝元に対し家康はいささかもいい加減にはあつかわないこと、②吉川広家・福原広俊が家康に忠節のうえは家康も如在に存じない（粗略にはしない）こと、③忠節が究まれば家康の直筆の墨付を輝元に進めること、というのが、その内容である。また同日、本多忠勝・井伊直政は、小早川秀秋の重臣である平岡頼勝・稲葉正成にも、①②は同じで、③で上方において二国進上の墨付きを進める、とする起請文を送ったとされる（「関原軍記大成」）。

関ケ原の戦い

十五日早朝に赤坂を出て桃配山（ももくばりやま）に陣を置いた家康率いる東軍と、前夜大垣から関ケ原の西縁の山麓に陣を移した西軍とが、近江境に近い山中で激突した。戦闘は辰刻（午前八時）に始まり、両軍一進一退の激戦となるが、山中の西南にある松尾山に陣した小早川秀秋の東軍への寝返りにより一気に決着へと向かった。西軍の島津義弘の軍勢が、退却のため家康本陣のすぐ近くを突っ切ったことで、危うき局面に遭遇したものの、戦いはわずか一日で東軍の勝利で終わった。

戦いが終わると、十五日付けで伊達政宗に、美濃山中で一戦、宇喜多秀家・島津義弘・小西行長・石田三成の軍勢を討ち取り、今日は佐和山まで行き、大垣城も接収した、

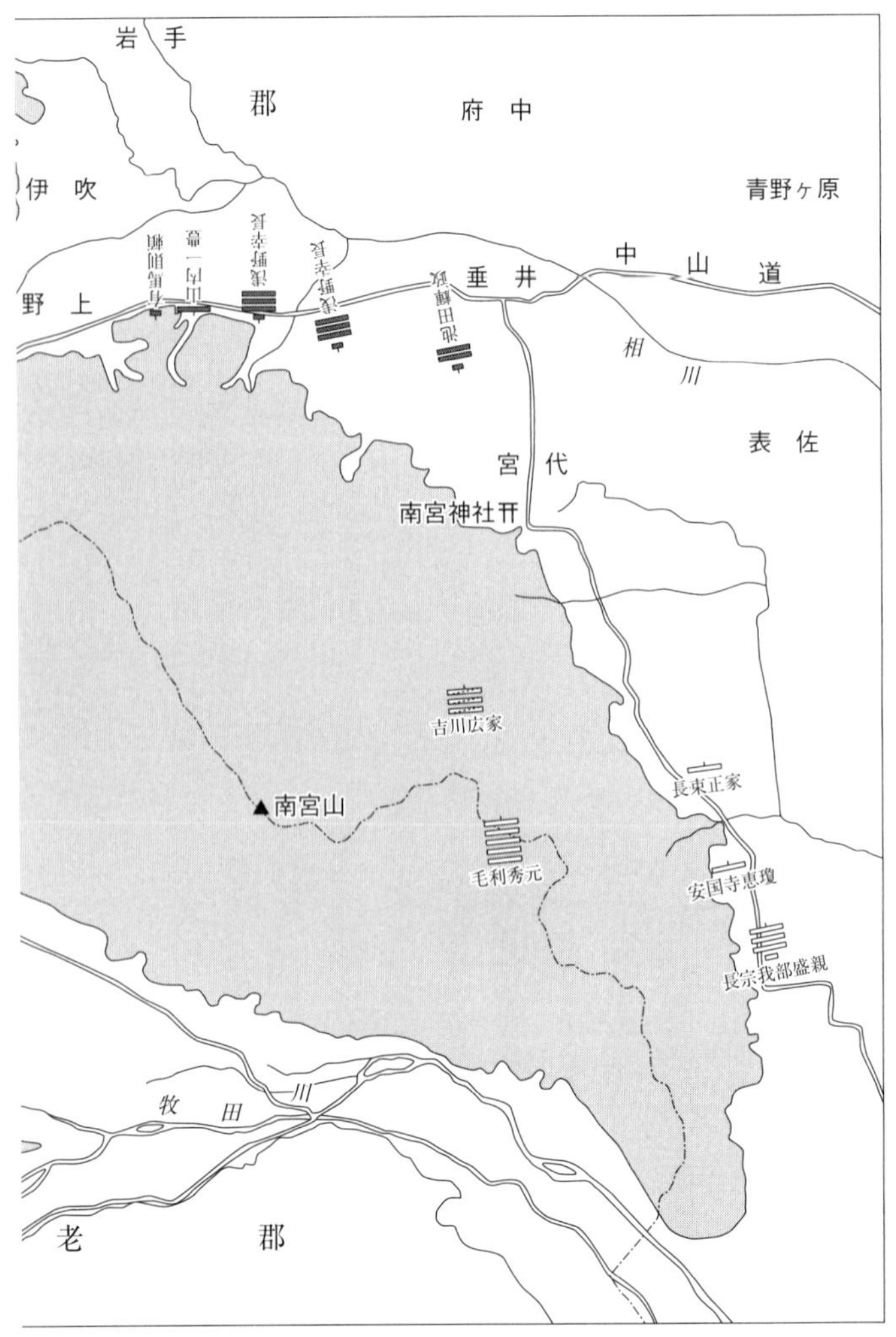


（『国史大辞典』第２巻，吉川弘文館，285頁より，一部加筆）

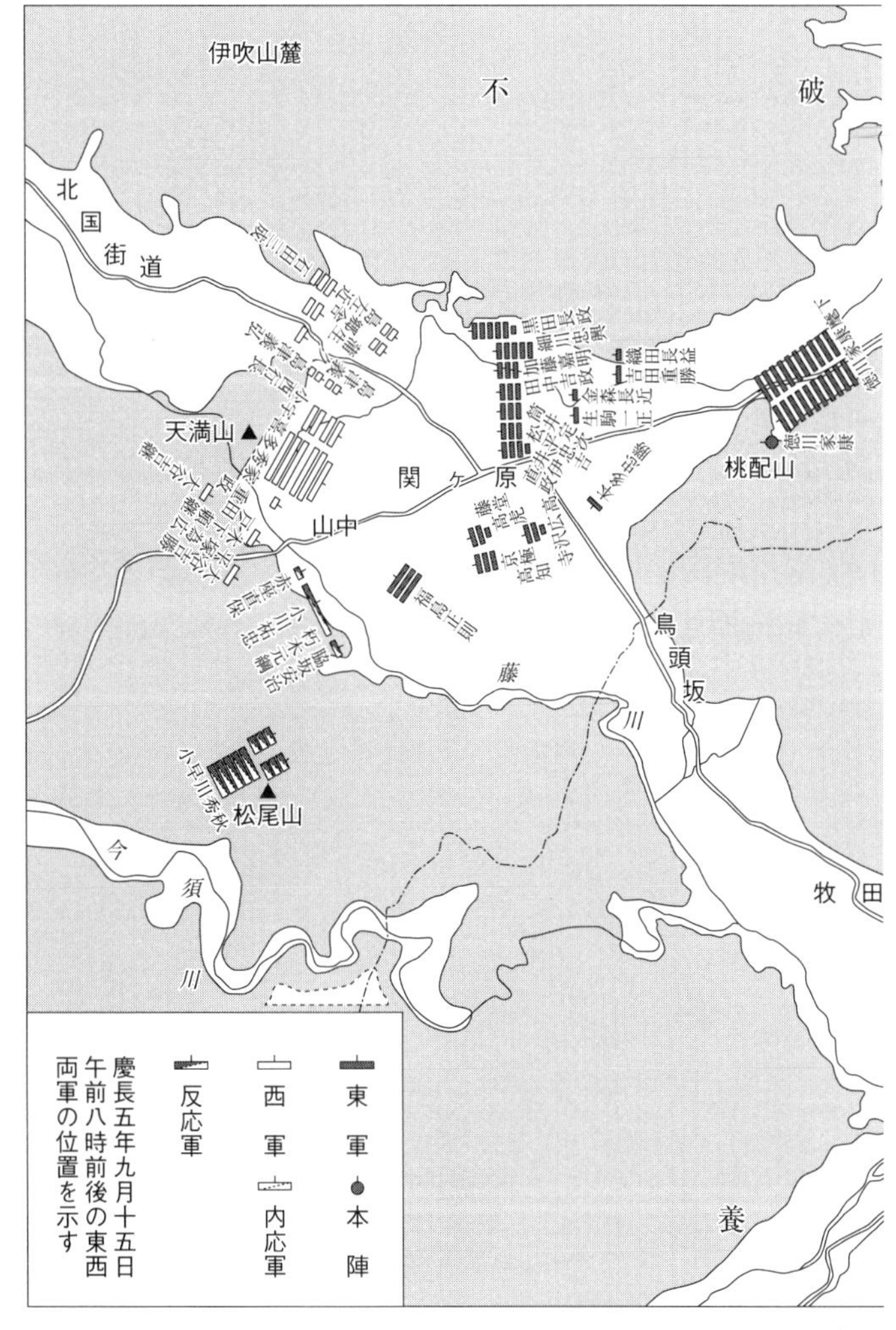
伊吹山麓
不
破
北国街道
天満山
関ケ原
山中
桃配山
鳥頭坂
藤川
松尾山
今須川
牧田
養
小早川秀秋
福島正則
徳川家康
東軍
本陣
西軍
内応軍
反応軍
慶長五年九月十五日午前八時前後の東西両軍の位置を示す

関ケ原合戦両軍布陣図

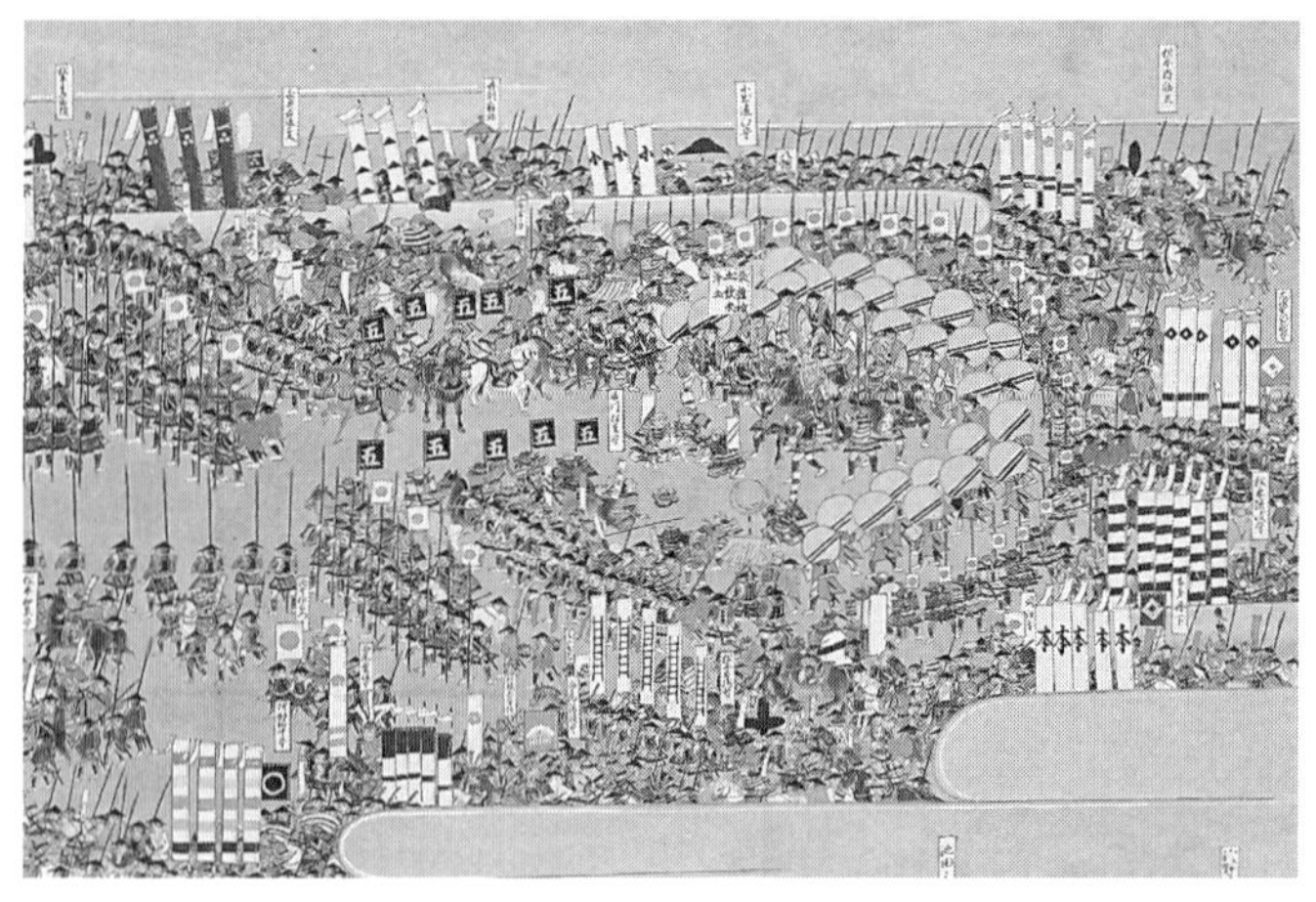

関ケ原戦陣図屏風（右隻）（福岡市博物館蔵，画像提供：福岡市博物館／DNPartcom）

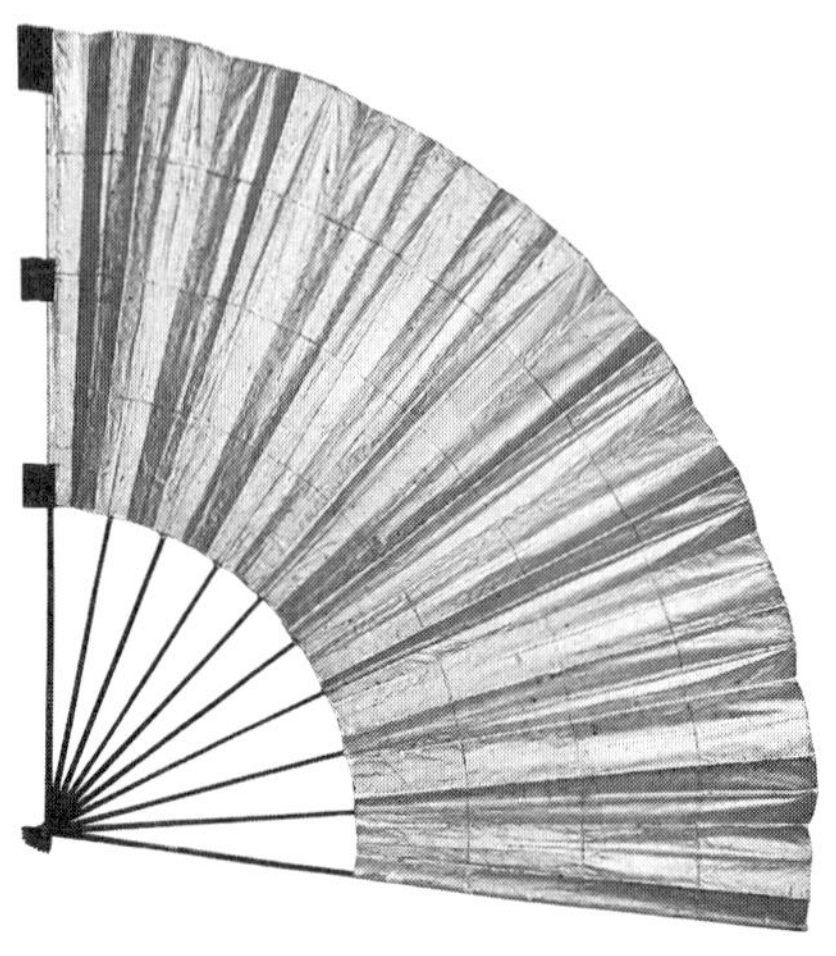

金 扇 馬 標（久能山東照宮博物館蔵）

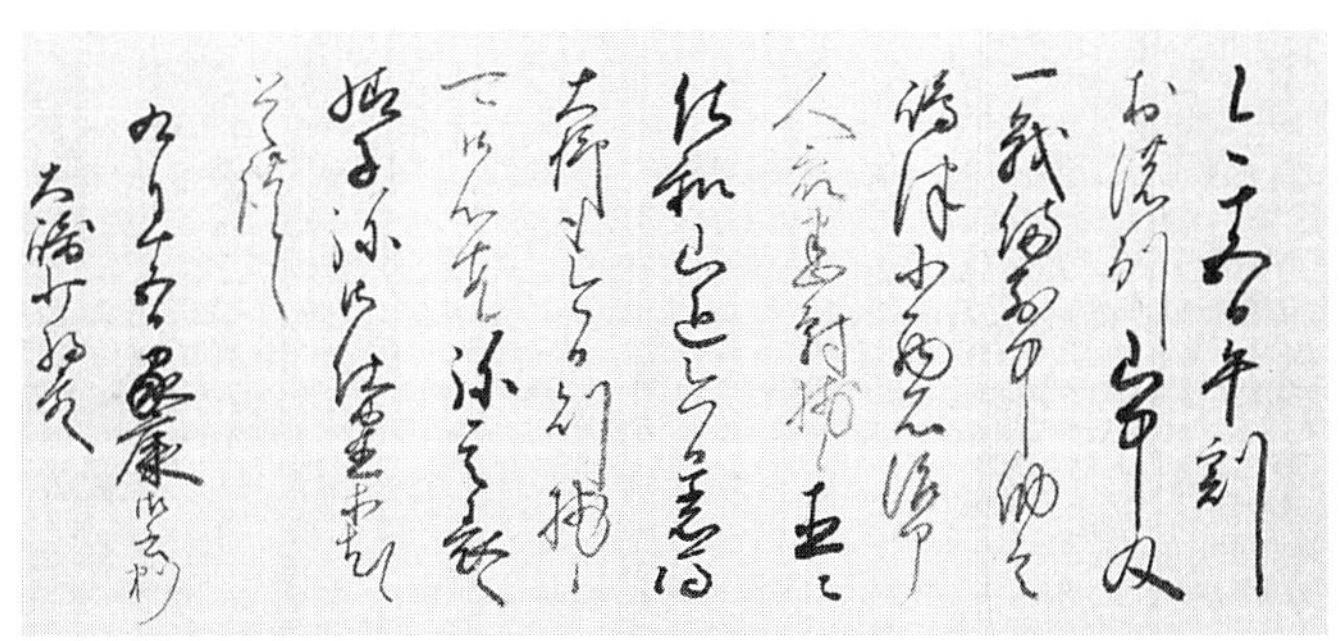

伊達政宗宛徳川家康書状（慶長5年9月15日）（仙台市博物館蔵）

表5　関ケ原の戦い直後に出された家康の禁制

| 月日 | 地域（点数） |
|---|---|
| 9.16 | 近江７点，山城11点，摂津１点，美濃１点，不明２点 |
| 9.19 | 近江４点，山城４点，摂津２点，大和１点，不明１点 |
| 9.21 | 近江１点，山城12点，摂津２点，河内５点，大和２点，美濃１点 |
| 9.23 | 大和２点，美濃11点 |
| 9.25 | 山城１点，播磨１点，石見１点 |
| 9.吉 | 近江１点 |

と報じた（『伊達家文書』）。ただ、実際には佐和山攻撃開始は十七日、大垣城接収は二十七日であり、戦果が誇張されている。

### 禁制発布

戦い直後から、家康は、近江・山城・摂津等へ禁制を出した。その日時と分布は、表5の通りである。なお、関ケ原の戦い以前には家康の禁制は確認できない。

### 佐和山城を落とす

戦いの翌日十六日には、石田三成の居城佐和山へと軍勢を進め（『言経卿記』）、十八日には城を落とし、その日に近江八幡（「福島文書」）、十九日には草津へと進み（『当代記』）、二十日に大津城へ入った（『言経卿記』）。この報を得た後陽成天皇から、使者勧修寺光豊が遣わされ、二十三日に大津に来たので対面した（『御湯殿上日記』）。

### 小早川秀秋の忠節

十七日、小早川秀秋の家老の稲葉正成へ返書を送り、このたびの小早川秀秋の忠節はその方の才覚ゆえと賞した（「古文書集」）。なお二十四日、小早川秀秋に関ケ原での忠節を賞し、今後は秀忠同様に存じ疎略にはしない、と申し送っている（「木下家文書」）。

### 毛利との交渉再開

関ケ原の戦い直前に始まった毛利との交渉は、合戦後に再開され、十七日に福島正則・黒田長政から輝元へ、書状が送られた（『毛利家文書』）。そこでは、三奉行が逆心を構えたことで家康が美濃表まで出馬してきたが、吉川広家・福原広俊から伝えられた毛利家を大切に思う内存を家康に申しあげたところ、輝元に対し少しも疎略の扱いはしないとのことである、今後も御忠節を仰せ談じる旨を申し入れるよう家康から指示された、と述べる。

十八日には福島正則・黒田長政宛の返書で、輝元の件は吉川広家・宍戸元種を抑留し、福原広俊以下を大坂へ遣わすことを諒承する一方、安国寺恵瓊はなんとしても生け捕るよう指示し、八幡山に着陣したことを報じた（「福島文書」）。

輝元の安堵

十九日付で、輝元から黒田長政・福島正則に宛て返書が届く（『毛利家文書』）。そこには、吉川広家・福原広俊から御意向を伺い、黒田と福島の肝煎りにより、家康は輝元に別して御懇意とのこと忝い、ことに分国中相違なしとの誓紙をもらい安堵している、とあった。二十二日には、輝元は福島・黒田宛に、また井伊直政・本多忠勝宛に、ほぼ同文の三ヵ条の誓紙をあげる（『吉川家文書』『毛利家文書』）。そこでは、①このたびの取りなしへの謝辞、②みずからの分国の安堵を喜び、③大坂城西丸の明け渡し、が約束された。二十四日の黒田長政への返書で家康は、大坂城西丸に福島正則が入ることを諒承（『黒田家文書』）。二十五日には輝元が大坂城西丸を出て、福島が西丸を接収した。同日、黒田への返書で、諸侍町人への法度など最前申した通りに命じるよう申し送っている（『黒田家文書』）。

小西行長捕縛

この間、十九日、小西行長を捕らえた竹中重門を賞した（「竹中文書」）。二十一日には越後の堀直政への返書で、会津境目での上杉方の一揆（上杉遺民一揆）の討ち取りを賞し、伊勢・美濃両口の諸城を残らず攻め崩したこと、昨日二十日に大津へ着陣したこと、毛利秀元・吉川広家が美濃表で降参したので身命を助け、秀元・広家を通じて、輝元が懇望してきたので、その意向に任すべきかと思っている、と報じた（「堀文書」）。

大津着

他方、九月二十一日、上杉軍との戦いに苦戦する最上氏へ、伊達政宗が送った援軍が山形に着陣している。

石田三成捕縛

翌二十二日、近江伊香郡で石田三成を捕縛した田中吉政を賞した（「田中文書」）。同日、信濃の森忠政への返書で、上田表に残留することを諒解し、上方は平定されたので安心されたい、と申し送った（『譜牒余録』）。同日の前田利長への返書では、大坂についても一両日中に済むと思う、大坂城を即刻乗りかけ攻め崩すべきだが、秀頼様の御座所であるので遠慮していると報じた（「古蹟文徴」）。そして家康は、二十三日に遅れて大津に来た秀忠と会った（『譜牒余録』他）。

秀忠合流す

本章でみたように、慶長三年（一五九八）八月の秀吉の死を契機に、豊臣政権の執行機関として五大老・五奉行制が成立し、家康はその筆頭の地位を占めた。当初は朝鮮からの撤退と秀吉の遺言に従う大名らへの領知宛行を他の五大老とともに取り仕切るが、翌四年閏三月の前田利家の死去を機に、石田三成に不満をもった諸将が三成を亡き者としようとしたため、三成は大坂を遁れ伏見に逃げ入るが、家康は諸将との間をとりもち、三成を領知の佐和山へ逼塞させ、ついで伏見向島の屋敷から伏見城西丸に入った。人びとはそれをみて家康が「天下殿」になったと噂した。ついで家康は大坂城西丸に入り、そこで政務を執った。この間、国元会津に下っていた上杉景勝に上洛を求めるが、それを景勝が受け入れないことを理由に会津攻めへと踏み出し、江戸に入った。これを見た石田三成と大谷吉継は、家康に反旗を翻した。

その報が家康のもとに届くと、家康は参陣していた諸将とも談合し、ひとまず会津攻めを中断し、西上することにした。ところが当初、反石田であった大坂の奉行衆が「別心」し、毛利輝元がそれに与し、家康糾弾へと舵を切った。その報を得た家康は、いったん江戸に戻り、先に西上していた諸将の動勢を見据えるために、諸将が岐阜城を落とすまで江戸を動かなかった。そして九月一日に江戸を発した家康は、十四日に美濃赤坂に着陣し、翌十五日、石田三成らが率いる西軍を関ケ原で破ったのだった。

# 第六　天下人家康

## 一　関ケ原後の論功行賞

〔家康59歳〕

慶長五年（一六〇〇）九月二十七日に家康が大坂城に入ることで、広い意味での「関ケ原の戦い」は終結する。本節では、家康の大坂城入城直後から、関ケ原の戦いの論功行賞を行ない、東海地域の豊臣系大名を西国に移し、あとに譜代の家臣を入れ、天下を掌握していく過程を扱う。

秀頼と「和睦」す

慶長五年九月二十六日、家康は大津城を出て淀に泊まり（『言経卿記』）、翌二十七日に大坂に着き、まず大坂城本丸の秀頼に会い、ついで西丸に入った（『言経卿記』・「板坂卜斎覚書」）。山科言経は二十六日の日記に「内府（徳川家康）大坂へ御出也云々、秀頼卿和睦也云々」と記している（『言経卿記』）。二十七日には、井伊直政・本多忠勝・榊原康政・本多正信・大久保忠隣・徳永寿昌に、諸将の勲功の調査を命じた。

九州の様相

二十八日、豊前小倉にいた黒田如水（孝高）に、大友吉統と一戦して数多討ち取ったことを賞し、また肥前の松浦鎮信、大村喜前それぞれに、上方衆が逆心の時、それに同心しなかった忠節を賞した（『黒田家文書』）。同日、讃岐の塩飽島中船方六五〇人に、知行を宛行った（「塩飽島文書」）。

### 三成らの斬首

翌二十九日、大坂に送られてきた石田三成・小西行長・安国寺恵瓊を大坂・堺で、十月一日には京都市中で引き回し、六条河原で切り三条大橋に曝した（『言経卿記』他）。なお長束正家は、九月三十日に近江日野で自刃した（『舜旧記』）。

### 輝元の処分

毛利家に対する処置は次のようになった。九月二十九日には黒田長政が、吉川広家にその進退を保証する誓紙を送り（『吉川家文書』）、翌三十日には井伊直政・本多忠勝・榊原康政が連署で、福島正則・黒田長政に、薩摩攻めのため広島まで秀忠が出勢すること、毛利輝元の年寄衆は質物を出すこと、輝元の内義（妻）は前々のごとく大坂に置くこと、薩摩への先鋒として輝元が出陣すること、東軍に属した諸将の人質は解放すること、そしてこれらがすべて終わった時に輝元の嫡子秀就に家康が対面する、と報じた（『毛利家文書』）。

### 奥州の様相

他方、奥州では関ケ原での西軍の敗戦の報が届き、十月一日に撤退を開始した上杉軍に対し、最上・伊達軍が追撃して激戦となっている。

十月二日、黒田長政は吉川広家に、奉行衆の逆心にあたって毛利輝元が大坂城西丸に入り、諸方への回状に加判するなどしたことは咎めずにはおけないが、広家の「律儀」に鑑み、輝元に中国で一、二国を下さると定まったと、誓紙の形で報じた（「吉川家什書」）。翌三日、広家は福島正則・黒田長政に宛てて、輝元を弁疏（べんそ）し毛利の名を残すよう求める誓紙を送った（「吉川家什書」）。そして十日、家康は毛利輝元・秀就宛で、①周防・長門を進め置くこと、②輝元父子の身命は保証すること、③虚説がある時は究明を遂げること、を内容とする三ヵ条の誓紙を作成した（『毛利家文書』）。同時に井伊直政からも輝元・秀就宛で誓紙が出されるが、そこには「内府（徳川家康）筆本、拙者見申候」と、誓紙の判を家康みずから据えたことを保証している（「毛利元公爵家文書」）。

### 家康の誓紙

この間、十月二日、日向飫肥（おび）城主の伊東祐兵（すけたか）への返書で、相良頼房・秋月種長・高橋元種と相談して薩摩への軍事行動を申し付けるよう指示し（「伊東系譜」）、五日には黒田如水への返書で、大友吉統を生け捕ったのを手柄と賞した（『黒田家文書』）。

また、朝廷に対して家康は、七日に後陽成天皇へ初鮭を進上し、十四日にも鮭を進上した（『御湯殿上日記』）。十月初め、公家門跡領・寺社領などについて、勧修（かじゅうじ）寺光豊を奉行として調査させた（『時慶記』）。

### 奥州の処置

十月十四日には京極高次に、関ケ原後に宛行った若狭国は小国であるが気に入られたとのこと満足である、と申し送った（「丸亀京極家宮内省呈譜」）。十五日、伊達政宗への返書で、諸将へ国割を申し付けたこと、会津へは来春出馬し成敗するので、それまでは軽率な働きはしないよう、ただ最上方への加勢は諒承する、と申し送った(『伊達家文書』)。出羽の最上義光にも十七日、大坂に九月二十七日に移り、諸事申し付けたので安心されたい、そこもとを堅固にすることが肝要と報じ、来春早々に上杉景勝の成敗を申し付けるので心得るよう申し送った(「書上古文書」)。

また二十四日には政宗への返書で、最上勢を攻めた上杉勢との福島表での戦いでの戦功を賞すとともに、来春に景勝成敗を申し付けるので、それまでは軍事行動は聊爾なきように、すなわち軽率に起こさないようにと報じた(『伊達家文書』)。

禁裏・公家領

十月二十五日、後陽成天皇に鷹の鶴を進上し(『御湯殿上日記』)、十一月四日には禁裏御料所の進献と公家衆領地の加増、さらには山城国以外にある領地を山城国内に移すことを奏請した(「壬生家四巻之日記」)。七日には、禁裏へ能の料二〇〇〇石を進献した(『時慶記』)。

九州への指示

十一月六日には鍋島直茂に、柳川での合戦の勝利を賞する書状を送った(『譜牒余録』)。十二日には井伊直政が、黒田如水への返書で、柳川の質をとり立花宗茂を召し連れ、加藤清正・鍋島直茂と相談して、薩摩表へ軍勢を動かすとのことだが、寒気に及ぶ季節なので、まず年内は動かないよう申し送った(『譜牒余録』)。十八日には黒田如水・加藤清正・鍋島勝茂に、柳川の城および筑後の諸城はその城主の好み次第、三人の者が受け取り、その様子を申し越すように、その上でこの方より人を遣わし受け取らせるのでそれまで番などを申し付けるよう報じた（『黒田家譜』）。その二日前の十六日には、興福寺一乗院に寺領一万五〇〇〇石のうち五〇〇〇石を興福寺五師衆に仰せ付けると裁許した（『徳川家判物幷朱黒印』）。そのようななか二十日に、出羽の秋田実季へ、出羽の様子は了解した、と返書している（「秋田家文書」）。

### 義直誕生

十一月二十八日には、九男の千々世丸（または五郎太丸、のちの義直）が伏見城で誕生した。生母は志水氏お亀の方である（「徳川幕府家譜」）。

### 九条兼孝の関白再任

家康は二十九日ころ、九条兼孝を関白に再任するよう後陽成天皇に奏請し、これが受け入れられ、十二月十九日に兼孝は関白に任じられた（「兼孝公記」他）。このことを吉田兼見の弟である梵舜（ぼんしゅん）は、翌々日の日記に「関白宣下あり、九条殿当職云々、武家より摂家へ返さるの始め也」と記した（『舜旧記』）。ここに豊臣による関白職世襲の道は閉ざされた。

### 西軍諸将の領地没収

「豊臣氏との戦いではない」とした関ケ原の戦いの名分とは別に、西軍諸将の領知没収と東軍諸将への領知宛行が家康によって行なわれたことは、家康が実質的に天下を掌握したことを象徴している。

領知を没収された大名の主な者は、備前五七万石の宇喜多秀家、土佐二二万石の長宗我部盛親、大和郡山二〇万石の増田長盛、近江佐和山一九万石の石田三成などであるが、その総数は八七名、石高は四一五万石にのぼった。また、毛利輝元が安芸広島一二〇万石から周防・長門二国三七万石に、上杉景勝が陸奥会津一二〇万石から出羽米沢三〇万石に、佐竹義宣が常陸水戸五四万石から出羽秋田二〇万石に減封され、没収石高は二〇八万石にのぼる。

**豊臣氏蔵入地**

こうしたなか、慶長三年（一五九八）段階で四〇ヵ国で二二二万石におよんだ豊臣氏の蔵入地は、実質的には摂津・河内・和泉を中心に六五万石に削減された。この結果、家康が論功行賞に宛てることのできた石高は七八〇万石にのぼる。この高は当時の日本全体の石高一八五〇万石の約四〇％にあたり、規模の大きさをうかがわせる。

一方、論功行賞に預かった大名は一〇四名、その石高は六三五万石にのぼる。このうち、関ケ原前後に家康に服属した外様大名は五二名、四二二万石にのぼった。表6に関ケ原の戦い直後に加封された大名の主なものをあげた。その多くは江戸と京都のあいだに領地を有した者たちである。

**東軍諸将の領地宛行**

この論功行賞は確かに家康の手でなされたが、領知宛行に際して、家康はみずから領知朱印状を出すことができなかった。これはこの段階の家康の名分上の地位が、豊臣氏の重臣からなお抜け切れていなかったことに規定されたものといえよう。

表6　加封の外様大名

| 大名名 | 旧　領 | 新封地 |
| --- | --- | --- |
| 前田利長 | 加賀金沢54.5万石 | 加賀金沢119万石 |
| 黒田長政 | 豊前中津18万石 | 筑前福岡52.3万石 |
| 池田輝政 | 三河吉田15.2万石 | 播磨姫路52万石 |
| 加藤清正 | 肥後熊本19.5万石 | 肥後熊本51.5万石 |
| 福島正則 | 尾張清須20万石 | 安芸広島49.8万石 |
| 細川忠興 | 丹後宮津17万石 | 豊前小倉39.9万石 |
| 浅野幸長 | 甲斐府中16万石 | 紀伊和歌山37.6万石 |
| 田中吉政 | 三河岡崎10万石 | 筑後久留米32.5万石 |
| 堀尾忠氏 | 遠江浜松11.2万石 | 出雲松江24万石 |
| 藤堂高虎 | 伊予板島８万石 | 伊予今治20万石 |
| 山内一豊 | 遠江掛川5.1万石 | 土佐高知20万石 |
| 中村一氏 | 駿河府中14.5万石 | 因幡米子17.6万石 |

政仁親王

十二月二十一日、後陽成天皇は「三宮」を二品親王とし、政仁（後ことひと）と名乗らせた（『御湯殿上日記』他）。天皇の後継者としての政仁親王の姿が鮮明となった時である。

二十五日には、出羽の仁賀保挙誠に対し、遠路の見廻を祝着とし、上方での平均（平定）を報じている（「古文書集」）。

〔家康60歳〕秀頼の年頭礼

年が明けて慶長六年（一六〇一）、豊臣秀頼は元旦に、大坂城本丸で諸大名の年賀を受けるが、大坂で越年した家康は年末より体調を崩しており（『義演准后日記』）、元日の年頭の礼を取り止め（『当代記』他）、十五日に諸大名の年賀を受けた（『言緒卿記』）。ついで二十九日、京都から大坂へ下ってきた公家・門跡衆が秀頼への年頭の礼を済ませたあと家康の元に来るが、病と称して秀忠に代理を勤めさせた（『三藐院記』他）。

この間、正月七日には、遠江新居での新船建造にあたっての課役を免除した（「遠州新居町役場文書」)。十五日に冷泉為満(れいぜいためみつ)・山科言緒(ときお)が出仕し、為満に「詠哥大概」の序を講談させた(『言緒卿記』)。十七日、最上義光に旧冬大鷹を送られたことに謝意を表し、かつ陸奥へ派遣する鷹匠への世話を依頼した(「書上古文書」)。十八日には、摂津に領知一万石を持っていた有馬則頼を、摂津三田二万石に加封し(『寛永諸家系図伝』他)、二十八日には、摂津茨木一万二〇〇〇石の片桐且元を、大和龍田二万八〇〇〇石に加封した(『譜牒余録』)。

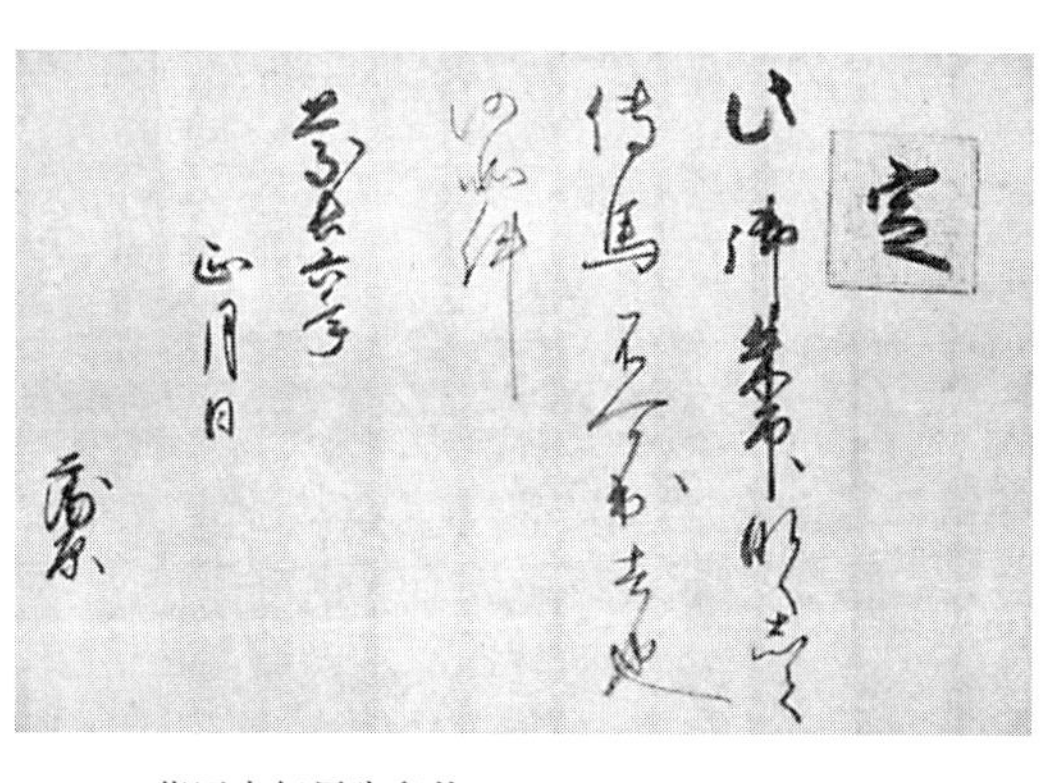

蒲原宛伝馬朱印状(慶長6年)(梅島一男氏蔵)

### 伝馬制度の整備

　正月中のことだが、東海道宿駅に伝馬定(でんまさだめ)の朱印状を一斉に出し、同時に伊奈忠次・彦坂元正・大久保長安の連署で、①一宿駅の馬数を三六疋、②荷次の範囲、③馬一疋につき居屋敷三〇坪を給与、④一駄三〇貫目とする伝馬定を出させ、伝馬制を整備した(「軽部文書」他)。なお翌年二月、中山道にも伝馬制度が整備される(「野呂文書」他)。

　二月には、寺沢正成(広高)に肥前唐津八万石に天草四万石を加増、伊予一万四〇〇〇石の来島(くるしま)康親を、豊後森一万四〇〇〇石に移した。またこの月、三河・遠江の諸寺社に、伊奈忠次の名で領知を寄附した（「鴨江寺文書」他）。

関ケ原の戦い後、東海道諸国に領知を持っていた豊臣系の大名たちは、中国・四国などへ加封された。表7に示したように、その跡には主に関東にいた一族・譜代大名を加増転封し、江戸と京都を結ぶ東海道をほぼ掌握した。一門・譜代で論功行賞に預かった者は五二名、二一二万石であった。家康の二男で、関ケ原の戦では下野国に留まって上杉景勝に備えた結城秀康が、下総結城一〇万石から越前北庄六七万石へ、家康の四男の松平忠吉が武蔵忍一〇万石から尾張清須四〇万石へ移された。

三月五日、伊勢上野一万石の分部光嘉に伊勢安芸郡内で一万石を（「分部文書」）、また伊達政宗に近江蒲生郡内で五〇〇〇石を加増した（『伊達家文書』）。四月五日には、豊後隈城二万石の毛利高政を豊後佐伯に移し、八日には大番頭水野分長に尾張緒川一万石を与えた。十六日、備中足守二万五〇〇〇石の木下延俊を豊後日出に移し、播磨姫路二万五〇〇〇石の木下家定を備中足守に移した。

表7　関ケ原後の譜代大名の転封

| 大名名 | 新 領 地 | 旧 領 地 |
|---|---|---|
| 井伊直政 | 近江佐和山18万石 | 上野高崎12万石 |
| 戸田一西 | 近江膳所３万石 | 武蔵鯨井5000石 |
| 奥平信昌 | 美濃加納10万石 | 上野宮埼３万石 |
| 松平家乗 | 美濃岩村２万石 | 上野那波１万石 |
| 本多忠勝 | 伊勢桑名10万石 | 上総大多喜10万石 |
| 本多康重 | 三河岡崎５万石 | 上野白井２万石 |
| 松平家清 | 三河吉田３万石 | 武蔵八幡山１万石 |
| 本多康俊 | 三河西尾２万石 | 下総小笹5000石 |
| 松平忠利 | 三河深溝１万石 | 下総小見川１万石 |
| 松平忠政 | 遠江横須賀5万5000石 | 上総久留里３万石 |
| 松平忠頼 | 遠江浜松５万石 | 武蔵松山２万5000石 |
| 松平定勝 | 遠江懸川３万石 | 下総小南3000石 |
| 内藤信成 | 駿河府中４万石 | 伊豆韮山１万石 |
| 大久保忠佐 | 駿河沼津２万石 | 上総茂原5000石 |
| 天野康景 | 駿河興国寺１万石 | 武蔵内5000石 |
| 酒井忠利 | 駿河田中１万石 | 武蔵川越領3000石 |
| 小笠原秀政 | 信濃飯田５万石 | 下総古河３万石 |
| 平岩親吉 | 甲斐府中６万3000石 | 上野厩橋３万3000石 |
| 酒井重忠 | 上野厩橋３万3000石 | 武蔵川越１万石 |
| 酒井忠世 | 上野那波１万石 | 武蔵川越領内5000石 |
| 青山忠成 | 上総下総内１万8000石 | 相模高座郡5000石 |
| 松平信一 | 常陸土浦３万5000石 | 下総市川5000石 |

## 二　伏見在城と大名の領地替え

〔家康60歳〕

慶長六年（一六〇一）三月、家康は大坂城西丸を出て伏見に移る。以降、伏見は慶長十二年に家康が駿府に移るまで、上方の拠点となる。本節では、家康が伏見に移って以後、禁裏・公家・門跡領の知行替えを行ない、また大名たちの領地替えを進め、着々と権力基盤をかためていく様子をみていく。

伏見城を拠点とする

家康は、慶長六年三月二十三日に大坂から伏見に移り（『言緒卿記』）、以後は伏見を拠点とする。家康が伏見へ移ったのを聞いた伊達政宗は、家康の側近くに仕えた今井宗薫に、四月二十一日付の書状で「秀頼が幼少のあいだは江戸か伏見で家康の側におき、「おとなしく」成人した時には家康の分別次第で取立るか、また秀頼が日本の御置目などを取り行なえる人物と家康が判断された時には二、三ヵ国を進めてはいかがか、唯今のように大坂に「ふらりとして」置くのは、時分をみて世の「いたつら者」がでて、秀頼を主として謀叛を起こしかねない」と報じ、本多正信を通じて家康の耳に入れるよう依頼した（『観心寺文書』）。

政宗の提言

その間、三月に関東で検地を行なった（『朝野旧聞裒藁』）。また四月二日、越後春日山城主の堀秀治に、堀直政を遣わして佐渡平定を命じ(「前田家所蔵文書」)、同日、文殊院に高野山一山の支配を申し付けている(『義演准后日記』)。五月三日、仁賀保挙誠が出羽庄内表の戦況を報じてきたのに対し、その功を賞した(「古文書集」)。

関ケ原後初の参内

他方、家康は五月九日に上洛して施薬院に入り、十一日が関ケ原の戦い後はじめての参内となった。常御所で後陽成天皇に対顔し、天皇へ太刀折紙・馬代銀一〇〇枚・中折紙二〇〇把・晒二〇〇反を進上した(『御湯殿上日記』他)。これ以降、特別な場合を除き、ほぼこの形式での参内となる。

五月、京都に新たに屋敷(二条城)を築造することとし、町屋四〇〇〇〜五〇〇〇軒を立ち退かせ(『義演准后日記』)、十三日に京都屋敷の地を見に行き、山上柳ノ水辺三町四方の地とした(『言経卿記』)。

公家・門跡への知行割

五月十五日に禁裏・女院などへ知行を進献したほか、門跡・公家への知行割を行なった(『御湯殿上日記』他)。この翌日、天皇から懸袋三〇が贈られてきた(『御湯殿上日記』)。この知行割がほぼ終了するのが同年十月ころであり、その結果、禁裏御料は一万石、宮家・公家領は三万八〇石余、門跡領は一万六六七九石、尼門跡領二六五三石、地下官人領二〇九九石となった(「諸知行方」)。経過からみて、この知行宛行を行なったのは家康である。しかし、この時も家康は、公家や門跡に領知宛行状を出していない。

十六日には京都より伏見に帰り（『言経卿記』）、二十一日に高野山の学侶と行人との寺領をめぐる争論を裁き、五ヵ条の「高野山寺中法度」を出した（『三宝院文書』）。同月に讃岐高松の生駒一正に一万二〇〇〇石を加封し、一七万三〇〇〇石とした。

伏見の銀座

この五月には、伏見に貨幣鋳造のため銀座を置き、大黒常是に統括させた（『銀座由緒書』他）。また六月一日、河村吉久・田中清六らに佐渡の金山を支配させた（『佐渡年代記』他）。

家康は六月四日、梵舜から「武家御伝」一冊を進上され（『舜旧記』）、二十六日には後陽成天皇に、唐瓜の髭籠三を進上した（『御湯殿上日記』）。翌二十七日には、天皇が家康の病気平癒のため石清水八幡宮に祈禱を命じ（『義演准后日記』他）、七月四日にも、病気平癒のため禁裏で「千反楽」を催行した（『御湯殿上日記』）。六月、上野阿保一万石の菅沼定仍を伊勢長島二万石に加封した。七月四日には、梵舜から神道御祓を進上された（『舜旧記』）。

上杉景勝の処分

ところで七月二十四日、上杉景勝が伏見に入るが、家康はすぐには礼を受けなかった。景勝が大坂の秀頼に礼を済ませた後、会津一〇〇万石を取り上げ、米沢三〇万石に減封した。そして会津には、八月二十五日に下野国宇都宮にいた蒲生秀行を六〇万石で封じる（『武徳編年集成』他）。

七月二十五日には、山城大山崎八幡宮に先年の社領を返し、神供・祭礼・修造などを

**豊国社に一万石**

懈怠なくつとめるよう命じ（「離宮八幡宮文書」）、豊国社に一万石を与え（「豊国大明神社領帳」）、二十七日には信濃善光寺に、寺領一〇〇〇石を寄附した（「西角井正文氏所蔵文書」）。

**前田利常と珠姫の婚儀**

家康は八月八日には川狩り（川猟）を行ない（『舜旧記』）、十六日には六条の本願寺門跡光寿のもとへ茶湯に出かけた（『鹿苑日録』）。十八日には後陽成天皇から薫物を賜り、二十七日には初鮭を天皇に献上している（『御湯殿上日記』）。また、九月十日には長橋局（宮中の女官）から借用していた古皮籠を返し（『言経卿記』）、二十六日には金森長近邸を訪問した（『鹿苑日録』）。八月二十八日には関ケ原の戦い終結直後に約束されていた、前田利光（利常）と秀忠の二女珠姫（子々姫）との婚儀がなされた（「慶長見聞録案紙」）。

**所司代**

九月二十九日には、肥後の相良頼房に米良山を以前どおり鷹巣山とするよう命じている（『相良家文書』）。またこの月、板倉勝重と加藤正次を所司代とし（「慶長見聞録案紙」）、同月、伏見に学校を建て円光寺と号し、下野国足利学校の庠主の閑室元佶を招いた（「円光寺由緒書」他）。他方、家康は十月には、安南国（現ベトナム）阮潢、「呂栄太守」（スペイン領フィリピン〈マニラ〉総督）に復書を送る（後述、二七六頁）。

**秀頼に暇乞い**

十月六日、江戸に戻るための暇乞いに大坂に行き、七日までに伏見に戻った（『鹿苑日録』）。そして十二日に伏見を発ち（『言経卿記』）、永原泊。十三日佐和山、十四日大垣、十六日岐阜、十六日加納、二十五日までには駿河に着き、ここから鷹の鶴を天皇に進上した（『言経卿記』『御湯殿上日記』）。なお、家康が天皇に進上した鷹の鶴一羽と雁一羽は閏十一月二十九日に京都に届いている（『御湯殿上日記』）。家康は、十一月五日に江戸へ着き（『島津家文書』）、九日には江戸より忍・川越へ鷹野に出かけ、二十八日に江戸へ戻っている（『当代記』）。また十二月四日にも、岩槻辺へ鷹野に出かけている（『当代記』）。

この間、十月十二日には、上野総社一万二〇〇〇石の諏訪頼水を、信濃高島二万七〇〇〇石に加封し、十一月には武蔵騎西二万石の松平康重を、常陸笠間三万石に加封し、武蔵東方一万石の松平康長を、上野臼井二万石に加封、伊豆下田五〇〇〇石の戸田高次を、三河田原一万石に移した。

家康は十二月五日、青山忠成を江戸町奉行と関東惣奉行とした（『寛政重修諸家譜』他）。二十八日には奥平家昌に、新たに下野宇都宮一〇万石を与えた（『当代記』）。

この年は、遠江一三寺七社、三河七寺一二社、ほかに近江一社、山城三寺、紀伊一寺に寺領・社領を、寄進あるいは安堵した。

〔家康61歳〕従一位へ昇進

慶長七年（一六〇二）は江戸で越年。正月六日、家康は正二位から従一位へ、豊臣秀頼は従二位から正二位に昇進した（「京都御所東山御文庫記録」）。家康と秀頼の昇進が雁行するようになされた点は注意を要するが、この昇進は家康の奏請をうけてのものではない。この年、天皇の強い意向で年中行事としての除目（じもく）の本格的な再興がなされたことに際してのものであった。

江戸発

家康は正月十九日に江戸を発って上洛の途につく。二月十一日草津、十二日ころ大津、十四日には伏見に着いた（『当代記』）。この間、関ケ原の戦いの西上にあたって、戦勝を立願した鶴岡八幡宮の造営を命じた（「慶長見聞録案紙」）。十九日に伏見で、摂家・門跡衆の礼を受けた（『義演准后日記』『鹿苑日録』）。同日、家康を源氏長者に補任（ぶにん）しようとの天皇の意向が示され、翌日にその意向を伝えられた家康は「当年は慎の間」を理由に固辞した（『言経卿記』）。

頼宣誕生

三月七日、一〇男の長福丸（のちの頼宣）が伏見城で誕生した。生母は正木氏お万の方である（「慶長見聞録案紙」）。十三日、秀頼への年頭の礼のため大坂へ下向し（『鹿苑日録』）、翌十四日に礼を済ませ、十五日には伏見に戻った（「慶長見聞録案紙」）。二十七日には梵舜より、「源家系図」二冊が進上されている（『舜旧記』）。

島津氏は領知安堵

四月十一日、島津龍伯（義久）に誓紙を送り、薩摩・大隅・日向諸県郡を安堵し、島津忠恒への家督相続を認め、かつ関ケ原で西軍に属して戦った島津義弘についても異議なし、とした（『島津家文書』）。

二条城普請

四月二十八日には上洛して施薬院に入り（『時慶記』）、五月一日に参内して、常御所で天皇に対顔、三献があった（『言経卿記』他）。またこの日、諸大名に二条城の普請を命じた（「慶長見聞書」他）。二日には家康の申沙汰（取り計い）で、女院御所で能を催し、家康は女院の殿上で簾を掛け、忍びで見物した（『言経卿記』）。三日は相国寺豊光院の西笑承兌を訪ね、そこで唱歌二首・朗詠一首・雑芸一首と、舞楽の「五常楽の急」「太平楽の急」「陵王の破」などがあった。大勢の公家衆が相伴した（『言経卿記』他）。同日、故秀吉の正室高台院を訪ね（『鹿苑日録』）、四日にはまた女院御所で能を催行。家康はそれを見物し、その日のうちに伏見に戻った（『義演准后日記』『鹿苑日録』他）。

**佐竹義宣を転封**

知行については五月八日、常陸水戸五四万石の佐竹義宣を、出羽秋田二〇万石へ転封し（『当代記』他）、これにともない出羽秋田の秋田実季を、常陸宍戸五万石へ移し、鳥居忠政を陸奥岩城平一〇万石に移した。同日、陸奥牛越六万石の相馬義胤の領知を没収した（この年十月に旧領を返し陸奥中村に移す）。この月、出羽山形二四万石の最上義光に、出羽で三三万石を加増し五七万石とした（『寛政重修諸家譜』他）。

**於大の方**

五月十八日には、二月から伏見城に来ていた生母於大の方が、高台院の許を訪れ、二十二日に参内、二十三日には豊国社に参詣した（『舜旧記』）。家康は二十一日には、梵舜が持ってきた「皇代記」を一覧している（『舜旧記』）。

**寺社への寄付安堵多数**

六月一日には諸大名に、伏見城の修築を命じた。二日、三河岡崎の大樹寺に寺領六一六石余を寄附し、同時に「大樹寺法式」を定めた（「楓軒文書纂」他）。五ヵ条からなる法式では、①仏事勤行修造などを懈怠なく勤めること、②住持老僧の掟に背く者は寺中から追い出すこと、③寺中の空き寮を住持に断りなく破り取ってはならない、④諸末寺を改め、出仕させるように、⑤寺内門前の竹木を住持に断りなく伐り取ってはならない、というものであった。

表8　慶長7年寺社領寄附・安堵

| 月 | 三河 | 大和 | 遠江 | 常陸 | 下野 | 駿河 | 合計 |
|---|---|---|---|---|---|---|---|
| 6月 | 14 | | | | | | 14 |
| 8月 | 2 | 30 | 1 | | | | 33 |
| 11月 | | | | 10 | 1 | | 11 |
| 12月 | | | 2 | | | 25 | 27 |
| 合計 | 16 | 30 | 3 | 10 | 1 | 25 | 85 |

注：宛行状のあるものに限った.

この年の寺社への領地寄附・安堵は、多数にのぼるが、表8のように、六月に三河、八月が大和、十一月に常陸、十二月は駿河に集中している。

六月十一日、豊国社極楽門を壊させ、琵琶湖に浮かぶ竹生島へ寄進した（『舜旧記』）。二十二日に金森長近を、二十八日には上洛して有馬則頼を訪問している（『鹿苑日録』）。

於大の方死去

七月二十三日には、佐渡の代官の一人田中清六に、物成五〇〇〇石を佐渡の内で宛行った（「住友家所蔵史料」）。翌二十四日、煩った於大の方のために、智積院に豊国社修理料一〇〇〇石の内から二〇〇石を祈禱料として寄進し、病気平癒を祈願させた（『舜旧記』）。しかし八月二十八日、於大の方は伏見城で死去し（『兼見卿記』）、その遺骸は江戸に運ばれ、江戸小石川の伝通院に葬られた。法諡は伝通院殿光岳蓉誉智光（『義演准后日記』）。この間、八月五日にはパタニ王国（大泥国）に復書を送り、九月にも「呂宋国主」に書を送っている（後述二七七〜二七八頁）。

九月十九日には前田茂勝に、父前田玄以（この年五月に没）の遺領丹波亀山五万石にかえて、丹波八上五万石を与えた（「米山豊彦氏所蔵文書」）。同月、上野小幡の奥平信昌を美濃加納に移し、出羽角館四万四〇〇〇石の戸沢政盛を常陸松岡に移し、出羽仙北五〇〇〇石の六郷政乗を常陸府中一万石に加封した。

九月二十五日、醍醐寺の理性院公秀と僧侶の内紛を裁許した（『義演准后日記』）。また二十九日には、江戸下向を控えた家康の見舞にきた勅使や摂家衆らに対面した（『時慶記』）。

伏見発

十月二日、伝通院参詣のため、伏見を発って江戸へ向かった（『時慶記』他）。

同じ十月二日、旗本層一八人に、近江・山城・伊勢・備中で知行を宛行い（「由良文書」他）、安南国（現ベトナム）に復書を送った（後述二七八頁）。十八日、備前岡山五七万石の小早川秀秋が死去し、後嗣のないのを理由に封を除いた（『当代記』他）。

小早川家改易

家康は、十一月三日より前に江戸に着いている。十一日、忍で鷹野を行なった（「後編薩藩旧記雑録」）。二十二日には武蔵龍穏寺に、諸宗門引導の場に修験が手出しをすることを禁じる旨を保証した（「光福寺文書」）。

江戸発

十一月二十六日、江戸を発って路次中鷹野を行ない、十二月二十一日には尾張熱田社に寄り（『当代記』）、二十五日、伏見に到着した（『言経卿記』）。この上洛では翌慶長八年（一六〇三）十月まで上方に滞在するのである。

なお、江戸を出立してまもない十一月二十八日には、天正十一年に五男として生まれた武田万千代（のちの武田信吉）を下総佐倉から常陸水戸に移し、一五万石を与えている（「慶長見聞録案紙」他）。

旗本・代官への定

十二月六日、旗本・代官に二つの定を出した（「御制法」）。五ヵ条からなる定には、

①地頭の非分によって村を離れる者は、年貢を納めさえすれば居住地は自由である、
②人質をとられている場合は、直目安（直訴）を認める、
③年貢についての直目安は認めない、
④直目安を出す時には、郷中を退去する覚悟ですること、
⑤代官奉行所へ目安を再三差し上げても承引されない者は直目安をあげるように、

というものである。他の三ヵ条の定は、

①直轄領の百姓であっても、非分があってその郷中を立ち退く者は処罰する、
②年貢を納めない者は奉行の前で勘定すること、
③百姓の殺害禁止、

というものである。

なお、この二つの定と、翌年の慶長八年（一六〇三）三月二十七日に関東総奉行内藤清成・青山忠成連署で出された七ヵ条の定（「御制法」）とは、条数は異なるが内容は酷似しており、出された背景を含めて検討が必要である。

十二月二十二日には、上総佐貫（さぬき）二万石の内藤政長に加増し三万石とした。二十八日には、福島正則が同伴した島津忠恒を伏見城で謁見し、忠恒は本領安堵の礼を述べた（「舜旧記」他）。三十日、近江の早崎平兵衛に、二条城普請にあたって船の馳走をするとの報があったことを悦喜とし、書を送った（「思文閣所蔵文書」）。

家康将軍宣下の噂

家康は十二月晦日、諸大名に、年頭の礼はまず豊臣秀頼にするよう命じた（「慶長見聞録案紙」）。この日、醍醐寺三宝院の義演は、秀頼に関白宣下があるとの噂を聞いて、その日記に「珍重々々」と記し、続いて秀忠に将軍宣下がある、との噂も記している（『義演准后日記』）。また、毛利輝元は翌年正月十日付で繁沢元氏への書状で、家康が将軍に、秀頼が関白になるとの風聞を伝えるとともに、それを「目出たき御事に候」と評している（『萩藩閥閲録』）。家康の将軍宣下を前に、さまざまな噂が巷（ちまた）を飛び交っていた。

この月、伊予松前（まさき）一〇万石の加藤嘉明に一〇万石を加増した（『譜牒余録』他）。

## 三　将軍宣下

〔家康62歳〕

家康は慶長八年（一六〇三）二月十二日、征夷大将軍に任じられる。これ以降、大坂城の豊臣秀頼の元に礼に行くことはなくなる。本節では、伝統的な権威である将軍職を手にし、一方で、朝廷との関係を深めていく状況をみていく。

年頭の礼

慶長八年伏見で越年した家康は、秀頼への年頭の礼を終えた諸大名から、正月二日に年頭の礼を受けた（「慶長見聞録案紙」他）。十一日には五山僧の、十六日と十七日には親王・公家衆・諸門跡の賀を受けた（『鹿苑日録』『義演准后日記』『言経卿記』）。なお、この間の正月六日、前年十月に没した小早川秀秋の旧領のうち、備前国を池田輝政に、美作国を森忠政に与えた（「慶長見聞録案紙」）。

他方、朝廷との関係では、正月十日に鯨を、十三日に海鼠腸（このわた）を、十四日には鷹の雁・蜜柑桶二つを、後陽成天皇に進上した（『御湯殿上日記』）。十七日には、去年以来関係がよくなかった近衛信尹を宥免し、対面した（『義演准后日記』）。

将軍補任の内意

二十一日、天皇から大納言広橋兼勝が家康のもとに遣わされ、将軍補任の内意を伝えた。これに対し家康は、「かたしけなきよし」と、天皇の申し出を受けた（『御湯殿上日記』）。

なお二十八日には、九男の五郎太丸四歳（のち義直）に甲斐二五万石を与えた。

慶長八年正月に「柬埔寨（カンボジア）（現カンボジア）国主」に復書を送る（後述二八〇頁参照）。

秀頼へは臣下の礼

二月二日には、伏見城の奥座敷で山科言経に会い、将軍の儀について談合、また『吾妻鏡』を読んだ（『言経卿記』）。四日は秀頼への年頭の礼のため大坂へ下向し、翌日に伏見へ戻った（『当代記』）。この時点まで、家康は豊臣政権の後継者である秀頼に、臣下の礼をとっている。十一日には、鷹の鳥を天皇に進上した（『御湯殿上日記』）。

将軍宣下

源氏長者

そして二月十二日、伏見城に勅使を迎え、家康は征夷大将軍に任じられた。将軍宣下は、広橋兼勝が上卿（しょうけい）、烏丸光広が奉行、小川坊城俊昌が参仕弁を務めたが、この将軍宣下と同時に、家康は源氏長者に補任され、牛車、随身兵仗を許され、また源氏長者がその職に任じられる淳和・奨学両院別当に任じられ、その上で右大臣に昇進した（『御湯殿上日記』他）。

将軍宣下の次第

将軍宣下は次のように進められた。まず将軍宣下のあったその日、伏見では陰陽師の土御門久脩（ひさなが）によって家康の「御身固（おんみがため）」（身体を堅固にする呪法）があり、その後に天皇から遣わされた勅使が家康に「宣下目出度候」と申したあと着座。次いで上卿・奉行・参仕弁の三人が進み出、続いて南庭で副使が二拝して「昇進」と声をあげたあと、まず将軍の宣旨を官務が捧げ、それを大沢基宿（もといえ）が取り次ぎ、家康が拝見し、宣旨が入っていた箱の蓋に砂金二袋を入れ、官務に下賜した。続いて外記と官務から氏長者補任の両宣旨、牛車の両宣旨、兵仗の宣旨、任大臣の宣旨が渡され、それぞれに家康から砂金や金子が下賜された。また上卿へは金一〇枚、奉行へは金五枚、参仕弁へは金五枚、勅使の勧修寺光豊には金五枚と鞍置の馬が贈られた（「光豊公記」他）。

将軍任官の意義

家康にとって征夷大将軍任官は、すでに手にしていた天下人の地位を、将軍という武家の伝統的な官職によって権威化するものであった。将軍補任直前まで豊臣秀頼のもとに年頭の礼に出向いていたが、将軍任官後はそれをしなくなり、また諸大名の秀頼への年頭の礼も、これ以降は特別な例を除き姿を消し、諸大名の礼は家康へのもののみとなる。すなわち将軍宣下は、家康が豊臣政権の五大老のひとりとしての地位から脱し、武家の棟梁として、その頂点に名実ともに立つための重要な契機となった。

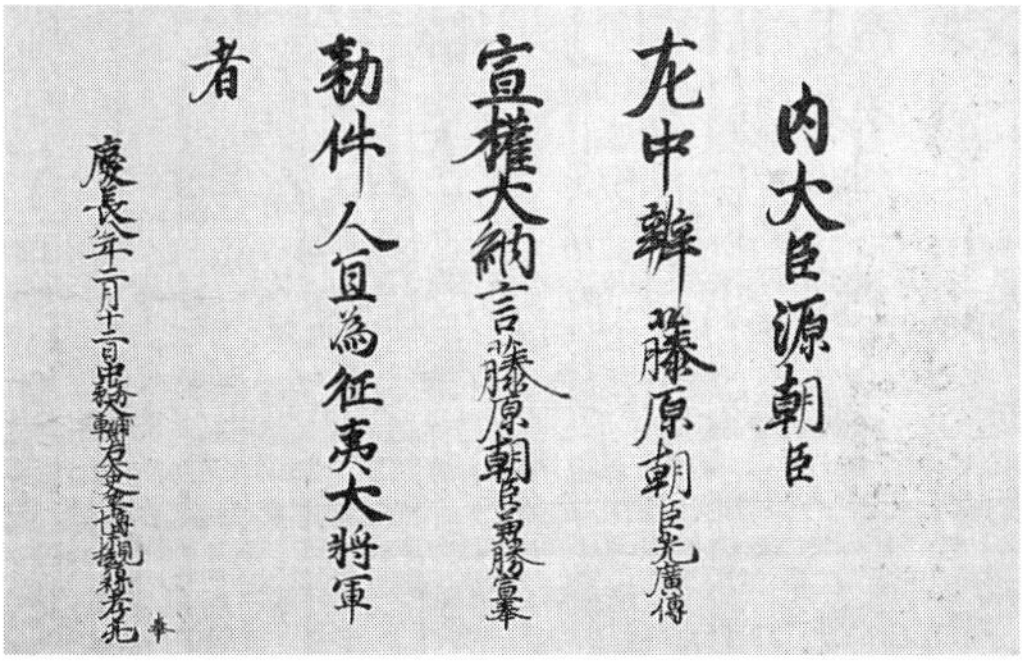
内大臣源朝臣
左中辨藤原朝臣光廣傳
宣權大納言藤原朝臣兼勝奉
勅件人宜為征夷大將軍
者
慶長八年二月十二日

徳川家康征夷大将軍宣旨
（慶長８年２月12日）（日光東照宮宝物館蔵）

将軍宣下のあとも天皇への進上は続き、二月十四日には海鼠腸の桶、三月一日に鷹の雁と海鼠腸の桶、六月十日に鶴と江川酒、二十七日「ふり」一〇、七月一日には鮨の桶二つ、八月七日も鮨の桶、九月十一日に菱喰、十六日は鮭、十月二十九日には鶴を献じた（『御湯殿上日記』）。

親鸞の墓所を移す

この年二月、京都東山大谷にあった親鸞の墓所を東山西麓の鳥部野に移転、跡地に知恩院を移し、菩提所とした（知恩院御取立御趣意覚書他）。知恩院の作事は、本格的には翌慶長九年（一六〇四）になされ、本堂・諸堂が完成するのは慶長十年のことである。

江戸の普請

三月三日には、江戸の大規模普請に着手すべく、外様・譜代に限らず東西七〇人あまりの大名に命じ、神田山を堀崩し、豊島の洲・日比谷入江を埋め立てさせ、そこに町屋を移し、その後に江戸城の縄張りを藤堂高虎が行ない、西国の大大名が石垣普請に動員された（『萩藩閥閲録』他）。

家康の昵近衆

三月十一日、山科言経・冷泉為満と参内について種々内談し、『吾妻鏡』を読んだ（『言経卿記』）。二十一日に上洛して完成した二条城に入り（『義演准后日記』他）、二十五日には将軍宣下の御礼として、牛車にて参内した。天皇と常御所で対面し、三献の儀があった（『御湯殿上日記』他）。これまでの参内と違い注目されるのは、天皇が家康へ酌をした酒が、「御通」（お流れ）として家康の「昵近（じっきん）の衆」に与えられたことである。この時に昵近衆とされたのは烏丸光宣・光広親子、日野輝資・資勝・光慶親子三人、広橋兼勝・総

将軍宣下の礼物

表9　将軍成と年頭の礼物

| 送り先 | 将軍成 | 年　　頭 |
|---|---|---|
| 天皇 | 銀1000枚 | 太刀馬折紙馬代銀100枚，中折紙200把 |
| 女院 | 銀200枚 | 銀30枚，御服３重，中折紙100把 |
| 政仁親王 | 銀100枚 | 太刀馬折紙馬代銀50枚 |
| 女御 | 銀100枚 | 金３枚，中折紙100把，御服３重 |
| 典侍ら | 銀30枚ずつ | 小袖 |
| 長橋 | 銀50枚 | 〃 |
| 女官等 | 銀10枚以下 | 〃 |

注：『御湯殿上日記』.

光・兼賢親子三人、万里小路充房・兼房親子、白川雅朝、飛鳥井雅庸・雅賢親子、勧修寺光豊、冷泉為満、阿野実顕、正親町三条実有、山科言経、高倉永慶らの公家衆であった。昵近衆は、室町将軍の時代にはみられたが、秀吉の時代には明確な形では見られなかった公家の集団である。

この将軍宣下をうけての参内にあたり、家康は天皇・女院らへ多くの礼物を送った。常の年頭の礼などを大きく超える、将軍宣下にふさわしい礼物である。これとは別に年頭の御礼として銀・品々を進上した（表9）。これに対し三月二十七日、天皇からは将軍補任を祝い馬代金三枚を、政仁親王から金一枚を、また年頭の祝儀として天皇から金二枚、政仁親王から金一枚が、武家伝奏を使いとして贈られた（『御湯殿上日記』）。この日、二条城で将軍宣下「珍重ノ御礼」があり、親王・摂家・堂上が残らず参向した。門跡衆の礼は雨で一日延び、二十九日になされた（『時慶記』他）。

二条城での能興行

四月二日、山科言経から「一枚年代記」を進上されている（『言経卿記』）。四日、二条城で能を催している。公家・門跡・諸大名が出仕し、饗応の席へ出座、ついで能見物のため下段に席を移し（『義演准后日記』）、能三番が終わったところで四座（観世・宝生・金剛・今春）の大夫に一〇〇貫ずつを与えた。翌日の能は雨で順延され、六日と七日に実施され、公家・武士・僧俗が集った（『兼見卿記』『義演准后日記』）。

初の公帖発給

四月十日、雲如梵意に鎌倉景徳寺の住持職に任じる公帖を出した（「帰源院文書」）。いまのところ家康が出した最初の公帖である。これ以後、将軍職を秀忠に譲るまで家康による発給は続く。十四日は梵舜に「三光双覧抄」のことを尋ねた（『舜旧記』）。十六日には伏見に帰った。

十九日には、家康が後陽成天皇に本因坊算砂ら四人の碁を見物するよう勧めたことで、禁裏黒戸で囲碁が催され、天皇が見物した（『御湯殿上日記』他）。二十二日には勅使が大坂へ遣わされ、豊臣秀頼の内大臣任官を伝えた（『言経卿記』他）。

秀頼内大臣

この四月には豊臣秀吉以来（文禄元年〈一五九二〉）長崎奉行だった肥前唐津一二万石城主の寺沢広高に代えて、家康直臣の小笠原一庵を長崎奉行に任じた（「慶長日記」他）。

千姫入輿

五月十五日、秀忠の室浅井氏が娘の千姫を伴って伏見に到着し（「武徳編年集成」）、七月

今春能を催す

二十八日には大坂の秀頼（一一歳）のもとに、千姫（七歳）が輿入れした（『時慶記』他）。十九日には梵舜に、神道のこと、「日本紀」のことを尋ねている（『舜旧記』）。

六月二十五日には近江栗太郡志那へ、蓮花を見に出かけた（『時慶記』）。七月三日には伏見より暮時に上洛し（『言経卿記』）、七日に二条城で今春（こんぱる）による能を催し、公家衆を招いた（『言経卿記』）。八日も今春の能を催した（『言経卿記』）。

七月十日、天皇より薫物を贈られ（『御湯殿上日記』）、この日は相国寺の西笑承兌を訪れる予定だったが、霍乱（かくらん）（急性腸カタル）のため延引した（『鹿苑日録』）。十三日は咳気、十五日になってようやく西笑承兌を訪ねて碁を楽しみ、そこから伏見に帰った（『言経卿記』『鹿苑日録』）。七月、秀忠の四女初姫が伏見城で誕生した。

秀忠四女初姫の誕生

この年七月末から十二月にかけて、表10ように山城・三河・遠江・河内の諸寺社へ領地を宛行いあるいは寄進した。

表10　慶長８年の寺社への宛行・寄進国別一覧

| 月日 | 宛行・寄進国と件数 |
|---|---|
| ７月29日 | 山城２ |
| ８月２日 | 三河１ |
| ８月18日 | 三河１ |
| ８月20日 | 三河８，遠江２ |
| ８月22日 | 三河１ |
| ８月26日 | 三河12 |
| ８月28日 | 三河４，遠江１ |
| ９月11日 | 三河６，遠江３ |
| ９月13日 | 三河１ |
| ９月15日 | 三河１，遠江５ |
| ９月19日 | 三河１，遠江13 |
| ９月21日 | 遠江１ |
| ９月25日 | 三河１，遠江７，河内１ |
| 10月６日 | 山城１ |
| 12月24日 | 山城１ |

頼房誕生

八月一日、天皇に八朔の祝儀として太刀・馬を献じ、一日が「徳日（とくじつ）」（衰日（すいにち））だったため、翌日に天皇から「うち枝」（切り落とした枝）が返された（『御湯殿上日記』）。七日は天皇に鮨の桶を進上した（『御湯殿上日記』）。十日には一一男の鶴千代、のちの頼房が伏見城で生まれた。

八月十七日には絵師狩野光信に、秀忠の座敷に上京（かみぎょう）と内裏を描くよう命じ、また「拾芥抄」中巻を山科言経より借りた（『言経卿記』）。十八日より前、伏見に詰めていた毛利輝元に、妻を伴い下国することを許し、同時に領国の境目には城を丈夫にし、また居城については心次第に申し付けるよう命じた。輝元が伏見を離れたのは九月二十一日である（『萩藩閥閲録』他）。八月二十九日、伏見より上洛し、知恩院屋敷を見分した（『舜旧記』）。

宇喜多秀家流罪

同日、鹿児島に逃れていた宇喜多秀家が島津氏によって護送され、伏見に着いている（「島津家覚書」）。その後、秀家は島津忠恒の口添えもあって命を助けられ、駿河の久能へ送られ、慶長十一年（一六〇六）四月に伊豆八丈島に流されることになる（「八丈島記事」他）。

武田信吉死去

九月二十一日、水戸城主であった五男の武田信吉が没した。この月、前年より命じていた正倉院三蔵の修理が終わり、宝物保存のための長持三二箇を寄進した（正倉院蔵慶長櫃箱蓋裏墨書）。

家康は十月二日、河村与三右衛門・木村勝正に大坂伝法・尼崎・山城川・伏見を上下

する淀川過書船条書を与えた（「大沢文書」）。三日には山岡道阿弥景友の屋敷に行き、四日には梵舜に、伊勢両宮・大嘗会のことを尋ねている（『舜旧記』）。五日には安南国に、またこの十月に「柬埔寨国主」へ復書を送る（後述二八〇頁）。

十月七日には、三宝院義演と聖護院興意とのあいだで起きた、修験者大行院への金襴の袈裟許可をめぐる争論を、義演に理運ありと裁許した（『義演准后日記』）。

辞右大臣
伏見発

十六日、江戸下向に際して天皇より薫物を賜った（『御湯殿上日記』）。またこの日、家康は右大臣を辞した。十八日には伏見を発ち（『言経卿記』）、二十九日、天皇に鶴を進上した（『御湯殿上日記』）。江戸には十一月三日に着いたようだ。

秀忠、任右
近衛大将

十一月七日には、一〇男の長福丸（頼宣）に常陸水戸二〇万石を与えた。同日、天皇は秀忠を右近衛大将、右馬寮御監に任じ、関東へ勅使を派遣し、秀忠に太刀折紙・白銀五〇枚・うち枝を贈った。それとともに家康は太刀折紙、白銀三〇枚を贈られている（『御湯殿上日記』）。これに対し二十八日、天皇に海鼠腸の桶を進上した（『御湯殿上日記』）。

この年、家康は島津氏に対し、前年冬に仙台伊達領内に漂着した琉球船の乗組員を、本国に送還するよう命じた。これを機に、家康は明と国交回復交渉の糸口を得ようとしたが、この時には事は順調には運ばなかった（「薩藩旧記後編」他）。

## 四　伏見城での日々

〔家康63歳〕

慶長九年（一六〇四）三月末に上洛した家康は、閏八月までを伏見で過ごす。その間、八月に秀吉の七回忌にさいして催された臨時祭なども催されたが、本節では、約半年間をどのように過ごしたのか、みていく。

慶長九年正月を江戸で迎えた。十日には、下野国足利学校の主である寒松より「貞観政要」の点本を献上され、小袖・金を与えている（「慶長見聞録案紙」）。十五日には、関ケ原の戦いで石田方についたため、蟄居を命じられていた新庄直頼父子を赦免し、常陸・下野で三万石を与えた（「慶長見聞録案紙」）。

蝦夷統治三ヵ条の定

また正月二十七日、参勤した松前慶広に、蝦夷統治に関する三ヵ条の定を与えた（「松前家文書」）。その内容は、第一条で諸国から松前に出入りする者は松前慶広に断らずにアイヌと商売することを禁じ、第二条で松前慶広に断りなく渡海商売する者は家康に言上すること、またアイヌの往来はアイヌ次第とし、第三条でアイヌに対する非分の申し懸けを禁じた。

江戸発

家康は、三月一日に江戸を発し、数日熱海で湯治をした（『当代記』）。その間、本来であれば二人以上で和歌の上の句と下の句を詠み合う連歌を、独吟して猪苗代兼如に点をつけさせた。その時の歌として「春の夜の夢さへ波の枕哉」「曙ちかくかすむ江の舟」「一村の雲にわかる、雁鳴て」の三句が伝えられている。

三月二十九日、近江矢橋より船で大津に着き、その日のうちに伏見に入った（『時慶記』『舜旧記』）。この年も三月以降十二月にかけて、駿河・武蔵をはじめとする関東諸国の寺社（一二三件）に領地を寄進、あるいは安堵した。

諸方の礼を受ける

四月一日、後陽成天皇から、上洛めでたきことと派遣された武家伝奏の広橋兼勝と勧修寺光豊に会い、天皇へ四日に鮎の鮨二桶、二十日は鶴一つ・鮨の桶二つ・塩引一折・江川酒の樽二つ、二十二日には鶴一、鮨の桶二、塩引一折を進上した（『御湯殿上日記』）。また四月五日には、諸大名より年頭の礼を受け、ついで公家衆の礼を受けた（『言経卿記』他）。六日には、豊臣秀頼の使者の片桐且元（かたぎりかつもと）からも年頭の礼を受け、秀頼からは金一〇枚が進められた。ついで秀頼の馬廻衆の太刀折紙にての礼を受けた（『言経卿記』）。十日、梵舜に春日社・八幡・宇津宮のことを尋ね（『舜旧記』）、二十一日には浅野幸長の伏見屋敷に出かけている。

五月一日、公家衆の礼を受け（『言経卿記』）、二日には梵舜に、秀吉七回忌に豊国社で行なわれる臨時祭の次第について尋ねている（『舜旧記』）。この月は天皇へ、二日に鮨の

糸割符を導入

梵舜に祭事を問う

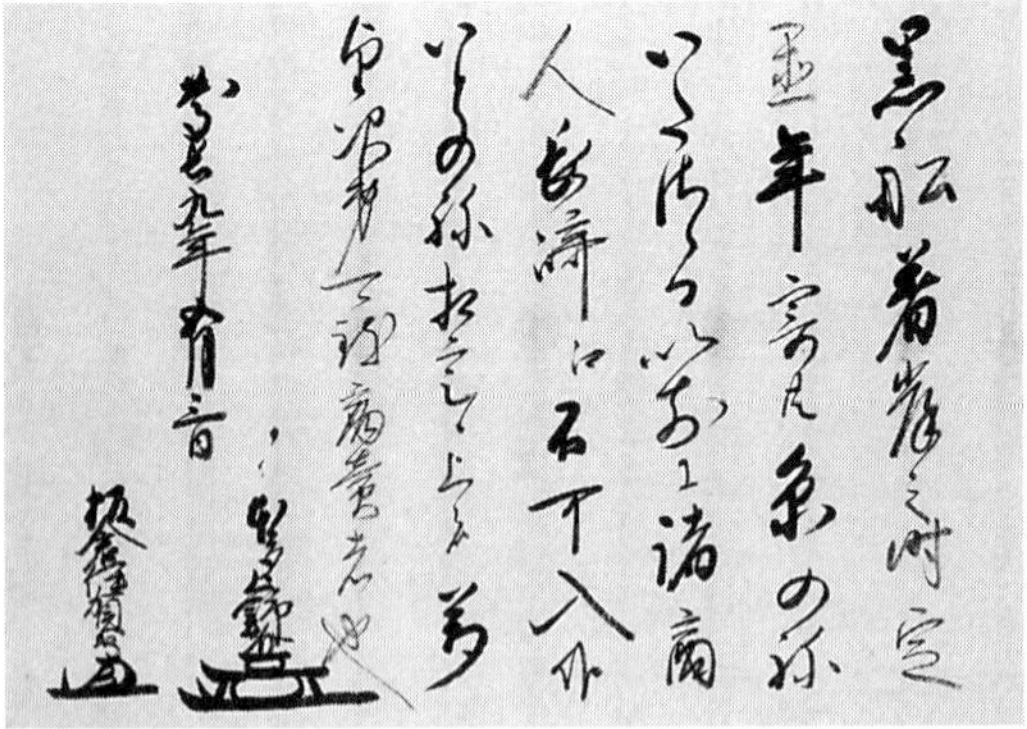

糸割符奉書（慶長9年5月3日）（天理大学附属天理図書館蔵）

桶二つ、十七日には鞠を献上している（『御湯殿上日記』）。

ところで五月三日には、長崎貿易の掌握を意図して、本多正純・板倉勝重に命じて糸割符制を導入した（「糸割符由緒」他）。この当時、最も安定的にかつ大量の中国産の生糸を長崎にもたらしたのは、ポルトガル人であった。このポルトガル人のもたらす生糸を、公定値段で一括購入するのが糸割符である。

十一日、一〇男の長福丸（頼宣）が煩ったため上洛を延期した（『時慶記』）。十六日には、吉田兼見に薬酒の清心円を与え、その弟の梵舜に大嘗会や天孫降臨などについて尋ね、翌十七日には吉田兼見に判物を与えた。それとともに吉田兼治（兼見の子）の子の兼従には豊国社社務を相続させ、梵舜にその指南を命じた（『舜旧記』）。十九日、将軍御判の礼に来た梵舜に、豊国臨時祭の次第を尋ね、六月四日にも臨時祭のことを聞いている（『舜旧記』）。

豊国臨時祭の次第設定

六月十日、伏見より上洛して二条城に入り（『言経卿記』）、十二日には片桐且元とともに登城してきた梵舜に臨時祭のことを尋ね、その次第を一番騎馬二〇〇騎、風折狩衣（かざおりかりぎぬ）、二番田楽（でんがく）、三番上下京衆一〇〇〇人に作花笠鉾、四番新作の猿楽（さるがく）、次に非人への施行（せぎょう）とするよう申し渡した（『舜旧記』）。

高台院を招く

六月十四日には後陽成天皇から懸袋を賜り、二十二日に参内し、天皇と常御所にて三献の儀があり、白銀一〇〇枚・中折紙二〇〇把を献じた（『御湯殿上日記』）。翌二十三日、親王・摂家・門跡衆から歳首の賀を受けた（『義演准后日記』）。二十四日には、二条城に故秀吉の正室高台院を迎えて観世の能を催し（『舜旧記』他）、二十五日にも公家衆・門跡を招いて観世の能を催した（『言経卿記』他）。二十六日には天皇に瓜の髭籠三を、二十八日には蠟燭を進上した（『御湯殿上日記』）。二十七日、相国寺の西笑承兌とともに円光寺元佶を訪ね、禁中から借り出した「海上仙方」を一覧している（『時慶記』『舜旧記』他）。

家光誕生

彦根城普請助役

七月一日に京都より伏見へ帰城し（『言経卿記』）、この日は松平忠利・古田重勝・遠藤慶隆、このほか伊賀・尾張・若狭・越前など七ヵ国の大名に、彦根城の普請助役を命じた（「慶長見聞録案紙」他）。同じころ、伏見城の石垣普請を西国大名に課した（『当代記』他）。九日、鮨の桶二つを天皇に進上した（『御湯殿上日記』）。また十七日、秀忠二男の竹千代、のちの家光が江戸城西丸で誕生した（『当代記』）。

八月一日、八朔の祝いを天皇に進上すると、それに対し天皇から返しがあった。二十日にも初鮭を進上した（『御湯殿上日記』）。四日、梵舜に豊国臨時祭の日を、十三日とするよう命じた（『舜旧記』）。十日ころのことだが、佐渡より伏見に来た大久保長安から、佐渡銀山の繁昌を聞いておおいに喜んだ（『当代記』他）。

豊国臨時祭開催

また雨で順延した豊国臨時祭が十四日、十五日の両日に行なわれた（『舜旧記』）。両日の祭礼には家康は出ず、十六日にはその様子を梵舜から聞いている（『舜旧記』）。

放鷹禁止

八月二十日には、京の町衆の踊りを伏見城の庭で見物した（『当代記』）。二十三日、私に鷹を放ちまた鷹を売買することを禁じた（『慶長日件録』）。二十六日には細川忠利に、父忠興の意向に任せ、家督相続を認めた（「細川文書」）。同日に安南国へ復書を送る（後述二八〇頁）。

郷帳・国絵図提出の命

この月、諸大名に対して、村ごとの田畠の高を書き付けた郷帳と郡名・村名・村高・道川などを描いた巨大な国絵図を作成し、提出するよう命じた（「山内家文書」他）。江戸幕府による大名領知のみならず、国土の把握を意図したものである。郷帳・国絵図は、その多くが秀忠の将軍襲職後に提出されたが、提出先は秀忠でなく、大御所家康であった。閏八月十二日、ルソン国（スペイン領フィリピン）の使者を引見した（後述二八一頁）。

伏見発

閏八月十四日、家康は伏見を発って江戸へ下向し（『言経卿記』）、九月十三日以前には江戸に着いたようだ。「慶長見聞録案紙」はこの時の江戸下向は、伝通院の三回忌の法事と家光誕生を祝うためで、道中を急いだと記している。

十月十二日には鷹野の場を川越から忍に移し（「弥生美術館所蔵文書」）、十一月二十一日に江戸へ戻った（「留守家文書」）。この間の十一月十日に、鷹の白鳥（鷹が獲った白鳥のこと）を天皇に進上した（『御湯殿上日記』）。十二月六日には江戸城で能を催した（「慶長見聞録案紙」）。

## 五　家康外交の始まり

話は関ケ原の戦いの翌年、すなわち慶長六年（一六〇一）十月にさかのぼる。ここから主に東南アジア諸国・ルソン国との活発な家康の外交が始まる。本節では、この時期の外交に焦点を絞ってみていくことにする。

安南国の来書

弘定二年（慶長六）五月五日付の安南国（現ベトナム）統兵都元帥瑞国公阮潢、ルソンからの来書があった。安南からの書翰には、以前にも日本との通航のあったこと、新たに阮潢が都統元帥に任じられたのを機に通航を望むこと、寄航していた日本商船にこの書を託すことが記されていた。また、同時に「財物」として奇楠香一片、白熟絹三疋、

奇楠香

白蜜一〇埕、擂本一〇〇枚、孔雀子五觜が送られてきた（異国出契）。慶長六年十月、家

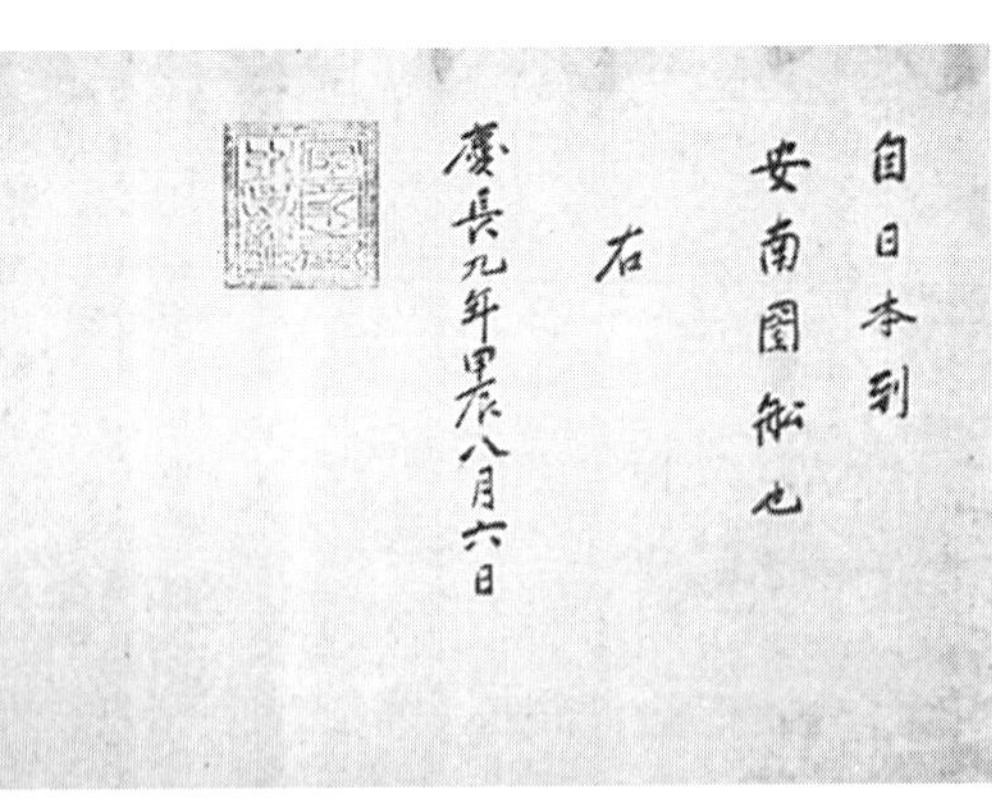

自日本到
安南國船也
右
慶長九年甲辰八月六日

家康渡航朱印状（慶長９年８月６日）（相国寺蔵）

康の阮潢への復書には、難船した日本船の舟人保護に謝意を表し、「貴国異産」を受け取ったこと、いま日本は「四辺無事」「郡国昇平」で、商人の往来は陸海とも妨げるものはない、また日本船がその地に到る時には、この復書に捺した印をもって証拠とするので印不所持の船には商売を許さないように、さらに「弊邦兵器」を聊かであるが送る、と記されていた（『異国日記』）。

**ルソン太守への復書**

同じ十月、ルソン太守（スペイン領フィリピン〈マニラ〉総督）ドン・フランシスコ・ティリヨにも復書を送った。そこには、ルソンの海辺で賊を働く明国・日本の悪徒について、日本人は処刑し、明人は異域の民なので本国に送還した、また日本では昨年「凶徒」が反逆（関ケ原の戦い）したが一ヵ月で誅伐したので海陸とも安静であること、日本の商船が多く渡航することを許容できないのであれば、その意向に従うこと、他日に日本の商船がルソンに至るときにはこの復書に捺した印をもって信を表すので、印不所持の者には通商を認めないでほしいこと、また日本と濃毘数般(ノビスパン)（新(ヌエバ)イスパニア、すなわちメキシコをさす）との隣好を望んでいること、を報じた（『異国日記』）。これら書翰は、家康の東アジア外交の始まりを告げるものであり、その核には朱印船貿易制度があった。

朱印船貿易は、朱印状（海外渡航許可書）をもつ朱印船によって行なわれた貿易で、豊臣秀吉の時にその萌芽があり、家康は積極的に推進した。

**マニラ総督からの返書**

ルソンへの書翰に対し、一六〇二年六月一日付のマニラ総督アクニヤからの返書が届いている。そこでは、ルソン海域での日本船の濫妨停止と処罰とを求め、日本からくる商船の数を年間六隻と定め、それには家康の朱印を下付するよう求め、自分もまた貴地に赴く商船に渡航許可証を与えること、家康が望むノビスパンとの通商開始に尽力すること、日本のパードレ（伴天連）たちへの厚遇を深謝し、いっそうの援助を求め、日本在留のオランダ人は海賊を業としているので追放するように、などと伝えてきた（「異国往復書簡集」）。

**ノビスパンとの通商を求める**

慶長七年（一六〇二）八月五日、「大泥(たいに)国林隠鱗」に復書を送り、幾多の商客が日本に来ようとも問題はないと伝え、日本の軍具を送った。八月、「呂宋(ルソン)邦太守」にも復書を送った。そこには書翰・方物(ほうぶつ)（産物）への謝辞とともに、日本とノビスパンとの商船の往来を求め、「貴邦之人」が止宿する地として関東があること、またルソンの船が風難にあった時には関東より舟を出すので、それをノビスパンに告げるよう求め、また朱印状所持者でもルソンの法に従わない者の名を告知するよう求めた（『異国日記』）。

**ルソンへの書**

九月にも「呂栄（ルソン）国主」に書を送った。そこでは、ルソンの商船がノビスパンに行こうとして海上で風難にあい土佐の海浜に漂着した、貴国とは数年来隣好を修めてきた、幸い家康はいま「国柄」（政権）を取っており、旅の商人たちを保護するので安心されたい、貴国の商人は年々ノビスパン往返の船が八艘あり、難船した場合、保護を受けるための印書を望んだので、日本での安全を保証する印書八通を与えるとした、とあった（『異国日記』）。ここには、家康のノビスパンとの通航への強い願望が表明されている。

**最古の渡航朱印状**

九月十五日には、安南国と交趾（こうち）国（ともに現在のベトナム）への渡航朱印状を出した（「前田家所蔵文書」）。この二通は、現存最古の渡航朱印状である。表11は、家康在世期に出された渡航朱印状の年別地域別一覧である。

この表によれば、慶長九年（一六〇四）から十二年まで朱印船貿易が活況を呈したことがうかがえるが、その後は一時の増加はあるものの、一〇艘前後と縮小している。

**安南国への復書**

慶長七年十月二日、家康は安南国に復書を送り、来翰に謝意を表し、貴国が懇求の方物や日本の産物は商人の思うところに任せるとし、貴国の周辺で凶賊があってはならないので、わずかながら日本の兵器を送る、と報じた（『異国日記』）。

表11　渡航先別朱印船数

| 年 | 渡航先と船数 | 渡航先 | 船数 |
|---|---|---|---|
| 慶長7年 | 安南1，交趾1 | 2 | 2 |
| 8年 | 太泥2，西洋1 | 2 | 3 |
| 9年 | 東埔寨5，安南4，暹羅4，呂宋4，東京3，太泥3，信州2，西洋1，順化1，迦知安1，占城1 | 11 | 29 |
| 10年 | 西洋9，東埔寨5，呂宋4，安南3，東京2，太泥2，占城1，密西耶1，艾萊1 | 9 | 28 |
| 11年 | 東埔寨5，暹羅4，呂宋3，安南2，西洋1，東京1，占城1，田弾1，密西耶1，艾萊1 | 10 | 20 |
| 12年 | 西洋8，東埔寨4，暹羅4，呂宋4，安南1，占城1，田弾1，摩利伽1 | 8 | 24 |
| 13年 | 西洋1，安南1，占城1，東埔寨1，暹羅1 | 5 | 5 |
| 14年 | 暹羅7，呂宋3，東京1，交趾1，東埔寨1 | 5 | 13 |
| 15年 | 交趾3，暹羅3，呂宋2，安南1，東埔寨1 | 5 | 10 |
| 16年 | 交趾3，安南2，呂宋2，暹羅1 | 4 | 8 |
| 17年 | 交趾3，暹羅3，毘耶宇1，東京1，呂宋1，広南1 | 6 | 10 |
| 18年 | 交趾6，暹羅3，太泥2，東京1，東埔寨1，呂宋1 | 6 | 14 |
| 19年 | 交趾7，呂宋4，暹羅3，東埔寨2，東京1 | 5 | 17 |
| 元和1年 | 交趾5，暹羅5，呂宋5，高砂1，東埔寨1 | 5 | 17 |
| 2年 | 交趾4，東京1，摩陸1 | 3 | 6 |
| 合計 | | | 206 |

注：岩生成一『新版朱印船貿易史の研究』第2表に補訂を加え作成.

東埔寨国主への復書

翌慶長八年正月、「東埔寨国主」に復書を送った。そこでは、「諸般奇産」を贈られたことに謝し、東埔寨の争乱の静まることを望み、貿易の安全の確保と、東埔寨に渡航する日本の商船にはこの書に捺した印を信とするので、印書不所持の者は排除するよう求め、最後に「本朝土宜（産物）」を贈るとした（『異国日記』）。この「本朝土宜」は文末に「聊か軍要に備うのみ」と記されたように兵器であろう。

家康が将軍に任官された慶長八年二月以後も、東南アジア諸国との関係には特段の変化はない。同年十月五日、安南国大都統瑞国公に復書を送った。安南からの来書は「甲冑軍器」を送られたことへの礼と、両国の和親を述べたものである。家康は復書で「貴国方産」を贈られたことを謝し、安南商人の住居を認め、日本の軍品、長太刀一一柄を送った（『異国日記』）。

十月、「東埔寨国主」に復書を送った。東埔寨からは家康の来書を謝し、方物として獅角八箇、鹿皮二〇〇、孔雀一箇が贈られてきていた。このときの家康の復書では、東埔寨が安泰でないことを憂い、鋭利な日本産の兵器戦具を求めることを認め、また太刀二〇把を送った（「異国近年御書草案」）。

慶長九年八月二十六日には、安南国に復書を送っている。五月十一日付の安南国からの復書には「好甲宝剣」を賜ったこと、また長刀一〇柄を送られたことの礼が述べられるとともに、安南国への日本商船の厚遇を約束し、安南国で対立する地域への商船の通航禁止を願ったものであった。これに対し家康は、来書と贈物に謝意を表し、安南へ商売に行く者が法を犯す時には誅伐するよう申し入れ、腰刀備州片山一文字・脇差鎌倉広次を送った（『異国日記』他）。

ルソン国使者を引見

同年閏八月十二日、ルソン国の使者を引見した。ルソン国王からの書は、日本と通船し、キリスト教の布教を求めたものであった（『慶長日件録』）。

イエズス会年報の家康評価

このころのヨーロッパ人の家康評価として、この年のイエズス会年報には、

> 現時日本は、其総国の君たる公方に頼りて、泰平を楽めり、公方、国を治むるや、遠慮と秩序とを以てするが故に、貴賤のものより、をしなへて畏敬せられ、みな其蔭に安堵し、各々至極自由に其業に従ひ、同じ公方の教へとて、重に金銭を貯蓄す、蓋（けだ）し正当にして尤（もっと）もなる仕様にて、異教の君として、又国主等の、頗（すこぶ）る自由なる土地としてハ、尠（すくな）からぬ嘆賞の値あり、

とみえる。

本章でみたように、家康は関ケ原の戦い後、九月二十七日に大坂城西丸に入り、本丸の秀頼のもとに行き、曖昧な形で「和睦」したのを手はじめに、十月に入ると本格的に

関ケ原の論功行賞を始め、東海道筋の豊臣系大名を西国に加増転封したことなどをみた。それに際し、家康から領知宛行状は出されなかったが、これは家康がなお豊臣政権の五大老筆頭という名目に規定されたためである。実際の宛行は家康によってなされたのである。事実上の「天下人」としての振舞である。論功行賞が済むと、家康は大坂城を出て伏見城に入り、以降、伏見を上方での拠点とする。慶長八年二月、家康は征夷大将軍に任じられ、名実ともに「天下人」となった。これを機に、秀頼の元に礼に出向くことはなくなる。また、京都屋敷として二条城を築造し、京都での拠点とした。そして将軍任官の前後から、主に東南アジア諸国との外交を展開したのである。

# 第七　大御所政治

## 一　大御所家康

家康は慶長十年（一六〇五）四月十六日、秀忠に将軍職を譲る。以降、「大御所」と通称される。本節では、将軍職を譲った後、儀礼や権限を徐々に秀忠に移しながらも、実権を掌握し続け、外交も家康の手にあった状況をみる。

〔家康64歳〕

上洛にあたっての条々

慶長十年、江戸で越年した家康は元旦は年賀を受け、正月三日に上洛にあたっての七ヵ条の条々を出した（『御当家令条』）。喧嘩口論の禁止、上洛中の人返しの禁止、路次中は奉行の指図に従うこと、押し買い狼藉の禁止、などが主な内容である。この年は家康・秀忠父子が上洛した。

二月に伏見城へ入る

まず家康が正月九日に江戸を発つが、淋病を煩い駿府に逗留、二月五日になって駿府を出発し（『当代記』）、十九日に伏見に到着した（『言経卿記』）。一方、秀忠は正月二十四日、一〇万騎を従え江戸を発ち、三月二十一日に伏見城西丸に入った（「慶長見聞録案紙」）。

家康は三月三日・四日に大名・公家衆の礼を受け（『言経卿記』他）、五日には朝鮮の使者孫文彧・宗惟勢を引見し、対馬宗氏に朝鮮との講和交渉を命じた（『義演准后日記』他）。二十七日には梵舜に、神主・祝・禰宜のこと、また「日本紀」のことを尋ねた（『舜旧記』）。

四月一日には、秀忠とともに公家衆に対面した（『言経卿記』他）。五日には円光寺元佶に、活字版『周易』の印行を命じた（『周易』注）。この書は、半年後の九月二十四日に後陽成天皇の天覧に供された（『慶長日件録』）。

**秀頼右大臣**

家康は四月八日に二条城に入り、十日に参内し、常御所で天皇に対面、三献の儀があり、太刀・馬代銀子一〇〇枚・綿二〇〇把を進上した（『言経卿記』他）。二日後の十二日、豊臣秀頼が右大臣に昇進した（「慶長見聞録案紙」他）。

同じ十二日、二条城では親王・公家・門跡らの歳首の礼を受けていたほか（『言経卿記』）、梵舜に吉良流昇殿のことを尋ねている。翌十三日には、梵舜が校訂した徳川家の系図が進上された（『舜旧記』）。伏見への帰城は十五日のことである（『言経卿記』）。

**外様へ松平姓を下賜**

この間、四月八日には前田利光（利常）に松平姓を与え、利光を従五位下侍従に叙任した（「総光卿符案」『当代記』他）。松平姓を外様大名に与えたのはこれが最初である。その後、松平姓は、蒲生秀行・池田利隆（以上は慶長十二年）、伊達政宗・毛利秀就（以上は慶長十三年）、山内忠義（慶長十五年）、伊達忠宗（慶長十六年）、蒲生忠郷・池田輝政・黒田忠之（以上、慶長十七年）に下賜されている。

秀忠への将軍宣下

そして四月十六日、秀忠が征夷大将軍に任じられ、同時に正二位内大臣に叙任されるとともに淳和院別当に補任され、牛車と兵仗を許された（『慶長日件録』他）。しかし家康は源氏長者と奨学院別当は秀忠に譲らず、そのまま保持した。

豊臣方への追い打ち

秀忠への将軍宣下は、家康のあとは秀頼にと、わずかに希望を抱いていた豊臣方にとっては衝撃であった。家康はこれに追い討ちをかけるかのように、五月はじめには、故秀吉の正室高台院を通じて秀頼に、秀忠の将軍襲職を祝うため上洛するよう申し入れた。この申し入れに秀頼の生母淀殿は激怒し、それを拒絶した。一時大坂は騒然となったが、五月十一日に新将軍秀忠の名代として、家康の六男松平忠輝が秀頼へもとに挨拶に出向いたことで、この騒ぎはひとまず収まった（『当代記』他）。

秀忠、江戸城主

将軍職を秀忠に譲った家康は、江戸城の主を秀忠とし、徳川氏の譜代家臣と関東を中心とした所領支配を秀忠の手に委ね、家康以来の年寄、大久保忠隣（ただちか）と本多正信を付け、それに酒井忠世ついで土井利勝・安藤重信・青山成重らを年寄あるいは年寄並として加えた。

大御所家康

一方、大御所となった家康は多くを伏見城、慶長十二年からは駿府城に過ごした。所司代の板倉勝重は、朝廷・西国支配の要として自身の配下に残し、また本多正信の子の正純を側近くに置き、大久保長安・成瀬正成・安藤直次・村越直吉らを奉行衆とした。さらに南禅寺金地院（こんちいん）の以心崇伝・南光坊天海・林羅山などの僧侶・学者、日野唯心などの公家、後藤光次・茶屋四郎次郎・長谷川藤広・亀屋栄任などの代官的豪商、外国人ウイリアム・アダムス（三浦按針）・ヤン・ヨーステンなど多様な人材を召し抱え、幕府領支配だけでなく、対大名、対朝廷・公家、外交・貿易、対寺社など全国的・対外的な政務を補佐させた。

養女を嫁させる

五月十三日、家康の同母弟の松平定勝の次女を養女とし、高知城主山内一豊の養子忠義に嫁させ、化粧田一〇〇〇石を与えた（「慶長日記」他）。また十八日、岡部長盛の娘（母は松平清宗の娘）を養女として鍋島勝茂に嫁させ、これにも化粧田一〇〇〇石を与えている（『鍋島勝茂譜考補』）。この月、活字版『吾妻鏡』を刊行した。梵舜から、六月十一日には「謡抄」十冊が、二十日には「神祇道服忌令」が進上され、一覧して不審な点を梵舜に尋ねている（『舜旧記』）。なお秀忠は五月十五日に伏見を発ち（『言経卿記』）、六月四日に江戸に戻った（『当代記』）。

嘉定

六月十六日、諸大名を伏見城に召して嘉定（かじょう）の儀を行なった（『鹿苑日録』）。嘉定の儀とは、古くは厄を祓うために神に供えた菓子や餅を食べる風習であったが、家康以降、江戸幕府の吉例の行事となった。

院御所造営の準備

七月五日には、家康は伏見城本丸の作事のため、西丸に移り（『当代記』他）、七日より九日まで能を催した（『言経卿記』他）。二十一日に上洛して二条城に入り（『言経卿記』他）、二十五日には譲位にともなう院御所の地を検分し（『時慶記』）、二十九日に知恩院に参詣した（『鹿苑日録』）。

禁中地割指図

八月一日には、公家衆から八朔の礼を受けた（『言経卿記』他）。三日には、武家伝奏の広橋兼勝と勧修寺光豊の二人がきて、禁中地割指図を披露した（『言経卿記』）。五日、相国寺西笑承兌を訪問している（『舜旧記』）。

左右京図

八月六日には院御所の地割のため、日野輝資・広橋兼勝・勧修寺光豊らを相国寺に集め、左右京図・拾介抄などを閲覧したあと禁裏付近を巡検し、板倉勝重に命じて禁中の南・東・北などの区画を定めさせた（『言経卿記』『時慶記』他）。またその折、梵舜に「東京図」・押小路・大嘗会のことを尋ねた（『舜旧記』）。そして二十一日、区域内の公家・門跡の屋敷を収公し、その替地を与えた。この屋敷替えも費用は家康が出した（『慶長日件録』）。

仁和寺宮

この間、八月十六日には、家康の奏請によって仁和寺宮が諸門跡の首座となり（「仁和寺文書」）、十九日にはその仁和寺宮が二条城の家康のもとに礼に来た（『言経卿記』他）。またこの時期、梵舜には、八月十七日に二条城で、伊豆三島・神功皇后・気比社・平野・

梅宮など、神名帳に入っていない神について事細かに尋ねたり、九月八日にも「常陸風土記」について尋ねている（『舜旧記』）。

九月九日、公家衆からの重陽の礼を受け、十一日には後陽成天皇から宸筆（しんぴつ）・薫香を贈られた（『言経卿記』）。十三日ルソンへ、十九日付で東埔寨（カンボジア）へ、九月安南国へ復書を送る（後述三一四・三一八頁）。

**伏見発**

さて、家康の江戸下向にあたり、九月十三日に豊臣秀頼からの使者として片桐且元（かたぎりかつもと）・大蔵卿局（おおくらきょうのつぼね）（淀殿の乳母、大野治長の母）が伏見城にやってきた（『義演准后日記』他）。十五日、九男の五郎太丸（のちの義直）・一〇男の長福丸（のちの頼宣）を伴って伏見を発ち、江戸に向かった（『言経卿記』他）。出立にあたり、松平康次と成瀬久次に伏見城の留守を命じた。翌十六日に佐和山、十九日に美濃赤坂、二十日は岐阜、二十一日には稲葉山で狩りをして鹿七五頭を捕獲している。二十二日には加納で城普請の出来具合を見て清須へ向かい、ここで両日逗留、二十五日に岡崎へ着き、四日間逗留した。十月一日は中泉で狩りをした。十五日に中泉を出発、十七日に田中へ着き、二十二日に田中を発し、二十八日に江戸へ着いた（『当代記』）。東アジアとの外交について、十月と翌十一月に東埔寨へ復書を送っている（後述三一四頁）。

**川越・忍で鷹野**

なお、家康は十一月十七日に江戸を発して川越・忍へ鷹野に出かけ、十二月二十六日に江戸に戻っている（『当代記』）。

〔家康65歳〕

関東惣奉行

慶長十一年（一六〇六）は江戸で越年した。家康は正月二十五日、禁猟の狩り場で百姓が鳥を捕獲するのを許可した関東総奉行青山忠成・内藤清成を咎め、厳罰に処そうとした。しかし、本多正信の取りなしで宥免している（『当代記』他）。同月、代官所の百姓から訴えられた伊豆の代官彦坂元成を、非曲（ひきょく）（道理に合わない）として改易した（『当代記』他）。二月八日には、江戸の伊達政宗の屋敷に御成している（『当代記』）。

駿府を退隠の地と定む

家康は三月十五日、江戸を発って二十日に駿府に着くと、四日間逗留し、この地を退隠の地と定めた。二十五日に遠江中泉、二十九日岡崎、四月四日の水口を経て、六日に伏見へ着いた（『当代記』他）。駿府を退隠の地としたことで、駿府城主であった内藤信成を四月に近江長浜へ移し、白銀五〇〇〇枚を長浜城修造料として与えた（『当代記』他）。

大坂に禁教令を発布

伏見では、四月十一日に公家衆の礼を、十四日には大名衆の礼を受けた（『慶長日件録』）。二十日、大坂の町に大坂奉行の名でキリシタン禁令を出したが、これについては僧侶からと、さらには淀殿からも要請があった（「朽木家文書」他）。

四月二十八日、後陽成天皇に歳首を賀すため、伏見より上洛した（『言経卿記』）。まず武家伝奏の勧修寺光豊の邸に入り、その折、武家伝奏に、武家の官位については家康の推挙なく与えないよう求めた（『慶長日件録』）。その後、参内し三献の儀があった。進物は

銀一〇〇枚、綿二〇〇把。その日のうちに伏見に帰っている（『言経卿記』他）。この月、

長崎奉行

小笠原一庵に替わって、長谷川藤広を長崎奉行とした（「長崎由来記」他）。

五月五・六・七日と、江戸城の普請に動員した諸大名に、その労を御内書をもって犒(ねぎら)った（「山内家文書」他）。また七日は、勅使・公家・門跡衆から歳首の礼を受けている（『言経卿記』）。

側室西郡の方の死

十四日、側室の西郡(にしのこおり)の方が伏見において死去した。西郡の方は、池田輝政に嫁いだ督姫の母である。

印字の献上

六月一日、天皇に、近江・美濃の国境にある伊吹山の氷を進上した。六日には、銅鋳の印字九万一二六一字を献上した（『慶長日件録』）。この活字は前年より準備されていたもので、前年の七月二十五日には舟橋秀賢が天皇に見せ、家康が天皇へ一〇万字を鋳たて進上するとの内意を伝え、天皇も印字に強い関心を示していた。

六月十七日、島津忠恒に家康の一字を与えて家久と改名させ、太秦長光の腰物を与えた。またこの時、琉球の来貢なきことを理由に、琉球攻めを行ないたいとの島津氏の要請を認めた（「島津家覚書」他）。二十日には、修験の近江飯道寺(はんどうじ)と伊勢世義寺(せぎでら)とのあいだでの山伏をめぐる争論を、両者の言い分を聞き、みずから裁許した（『義演准后日記』）。

七月二十七日には上洛して二条城に入り（『舜旧記』）、翌二十八日、梵舜に山稜のことを尋ねた（『舜旧記』）。この月、『武経七書』を開版した（武経七書跋）。

**宗氏の対朝鮮交渉**

ところで七月、朝鮮より宗氏に、国交回復の条件として、先に家康から朝鮮国王に国書を送ることと、朝鮮侵略の際に先王の墓を荒らした犯人を引き渡すこと、を提示してきた。先に国書を送ることは、当時の外交上の慣習では相手国への従属を意味しており、受け入れられない条件であった。朝鮮貿易の再開を望む宗氏は苦慮した結果、家康からの国書を偽造し、また罪人を墓荒らしの犯人に仕立てて朝鮮に送った。

**能を張行する**

八月一日、公家・門跡衆より八朔の礼を受け（『言経卿記』他）、二日と三日は二条城で能を張行（ちょうぎょう）した。初日には高台院・公家を饗応し、能の大夫（家元）は観世・金春であった（『言経卿記』『舜旧記』『鹿苑日録』）。

**女院御所にて能**

八月六日、相国寺に西笑承兌を訪問し、銀子一〇〇枚・江川樽一・引茶爪を与え、その場で浅野長政と碁（ご）（将棋・碁）を楽しんだ（『鹿苑日録』）。七日と八日は女院（にょいん）御所にて能を張行し、摂家・門跡を招いた。初日は観世能一一番、二日目は金春能一〇番（『義演准后日記』他）であった。八日には高台院を訪問した（『鹿苑日録』）。

**義直・頼宣の元服**

また八月十一日、九男の五郎太丸（七歳、のちの義直）と、一〇男の長福丸（五歳、のちの頼宣）を元服させて、同日二人を伴って参内した。義直は従四位下右兵衛督、頼宣は従四位下常陸介に叙任された（『言経卿記』他）。十二日には伏見へ帰った（『言経卿記』他）。

八月十五日に「占城（チャンパ）（現ベトナム南部）国王」へ書翰を、またこの月、大泥国と柬埔寨（カンボジア）

**大井川開削**

へそれぞれ復書を送る（後述三一四〜三一五頁）。二十三日には、醍醐寺三宝院の当山派山伏の紫の榻着用について、三宝院義演に糺している（『義演准后日記』）。この月、先に角倉了以に開削を許した大井川の舟路が完成した（『当代記』他）。

九月九日は公家衆より重陽の賀を受け、公家衆に御服を一重ずつ与えている（『鹿苑日録』）。十三日、片桐且元・大久保長安・板倉勝重から豊国社の「鳥目」と石灯籠について説明を受け、それを了承した。翌十四日、梵舜より『論語抄』五冊、『環翠軒抄』、『道城奥書玉篇』五冊を進上され、十七日には梵舜に日吉社について尋ねている（『舜旧記』）。

九月十五日には、江戸城縄張りに功のあった藤堂高虎に、備中国で二万石を加増した（『高山公実録』）。同日にはルソンへ、十七日には安南国へ復書を送り、十九日には柬埔寨へ、二十一日には暹羅国（現タイ）へ書翰を送る（後述三一五・三一九頁）。

**伏見発**

十七日には、江戸へ下向する家康への暇乞いに、諸門跡が出仕した（『義演准后日記』）。十九日に伏見城の本丸・天守・諸門の番を定め（「伏見御番古文書」）、二十一日に伏見城の留守を結城秀康に託し、伏見を発って江戸へ向かった（『言経卿記』他）。二十三日、一一男の鶴千代（のち頼房）に常陸下妻の地一〇万石を与えた。三十日に白須加、十月六日に駿府に着き、二〇日間滞在して、明年の築城を指示し、二十六日に駿府を発ち、十一月四日に江戸に到着した。

朝鮮使節渡海の知らせ

十一月六日、対馬の宗義智（そうよしとし）が、高麗の使者が渡海してきたことを江戸に伝えた。これに対し、刀・銀を送るとともに九州で米一〇〇〇石を与えた（『当代記』他）。二十一日には鷹野のため川越へ出かけている（『当代記』）。十二月七日、「田弾（でんだん）（インドシナ半島にあったと言われる）国主」へ書翰を送る（後述三一六頁）。

駿府に銀座

この年、駿府にも銀座を置いた（「銀座由緒書」）。

## 二　伏見から駿府へ

〔家康66歳〕

家康は慶長十二年（一六〇七）二月に北国（ほっこく）・西国の大大名を動員して、新たに駿府城の普請をする。七月にそこに移り、その後、死去するまで駿府城は家康の居城となる。また、これ以降はこれまで毎年行っていた上洛をしなくなる。本節では、慶長十二年・十三年の家康の駿府城での動向をみていく。

第五女市姫の誕生

慶長十二年、江戸で越年した家康は、将軍秀忠の年賀を受けた。元旦に、五女の市姫が駿府に誕生した。家康は年初に痲病と寸白気で体調を崩すが、正月半ばには回復に向かったようだ（『伊達政宗卿伝記史料』）。

政宗屋敷に御成

二月五日、江戸に下ってきた舟橋秀賢に、最近唐人より進献された『万書統宗』を見せた（『慶長日件録』）。八日には伊達政宗の江戸屋敷に御成して、囲碁・将棋などの遊興を楽しんだ（『伊達政宗記録事蹟考記』他）。十三日から十六日まで、江戸城本丸と西丸とのあいだに舞台を設け、観世・金春による勧進能を張行し、初日は桟敷で大名とともに観覧した。町人にも勧進銭を取って見せた（『当代記』他）。また、永井直勝に命じて、細川藤孝に室町幕府の家式を尋ねさせると、十五日には細川藤孝より「室町家式」三巻が進上された（「細川家記」他）。

駿府城普請

二月十七日、駿府城の普請を開始する。この普請には、前田利長・池田輝政・毛利輝元・蜂須賀至鎮（はちすかよししげ）・黒田長政・鍋島勝茂などの北国・西国の大大名を動員した（『当代記』他）。こうした大規模な動員によって駿府城は、早くも同年七月には完成する。

富士川の開削

家康は二月二十九日に江戸を発って相模中原（平塚）へ鷹野に出かけ、そのまま駿府に向かった（『当代記』）。また、角倉了以に命じていた富士川の開削は、二月には甲斐より駿河の船路が通じた（「大悲閣千光寺文書」）。

伝馬朱印の改定

同月、これまで使用してきた伝馬朱印（「駒曳朱印」）を改定し、新たに「伝馬無相違可出者也」という九文字を三行に彫った方印を縦二つに割り、右半分は大御所家康、左半分は将軍秀忠がそれぞれ使用することにした。

松平忠吉死

三月五日に、四男で清須城主の松平忠吉が死去し、七日にこの報が家康のもとに届く（「慶長日記」他）。十一日には駿府に到着した（『当代記』他）。

伏見城の金銀を駿府へ移す

二十五日に、畿内五ヵ国と丹波・備中・近江・伊勢・美濃の諸大名に、五〇〇石につき三人の夫役を課した（『当代記』他）。このなかには、豊臣秀頼の領地や公家の領地も含まれていた。徴発した人夫をまず伏見に遣わし、伏見城に貯えられた金銀・器財を駿府に運ばせた。『当代記』は三月二十五日に一五〇駄、同閏四月二日に五五〇駄、十九日に八〇駄の金銀が駿府に送られ、一駄に金六〇〇〇両が積まれた、と記している。天下の政治をみる場が、伏見から駿府へと移ったことを象徴的に示す出来事である。

四月二十五日、天皇に歳首を賀すため大沢基宿（もといえ）を遣わし、白銀二〇〇枚、蠟燭一〇〇〇挺を進上した（『御湯殿上日記』）。閏四月一日には、江戸城天守台と石垣の修築を関東奥羽の諸大名に命じた（『当代記』他）。

結城秀康の死

そのようななか、病で伏見城留守を辞して越前北庄に帰っていた二男の結城秀康が、閏四月八日に死去した（享年三四）。この報を受けて家康は二十四日、越前年寄中に追腹（おいばら）（殉死）は認めない、との御内書を送った（「藤垣神社文書」）。家康は二十九日、結城秀康の跡の伏見城の留守居を、弟で懸川城主の松平定勝に命じたが（『当代記』他）、翌五月二十三日には三年交代制とした（「慶長見聞録案紙」）。

義直清須へ

閏四月二十六日、甲斐府中城主であった徳川義直を尾張清須に移し、成瀬正成と竹越正信を付家老とした（『当代記』他）。なお、この月には、駿府にて耶蘇会の宣教師パエス等を引見している（『パジェー日本耶蘇教史』）。

駿府城天守閣図
（日光東照宮宝物館蔵『東照社縁起絵巻』）

朝鮮使節と対面

五月二十日には、江戸から帰国途中の朝鮮使節と対面した（『当代記』他）。朝鮮側は国書の偽造を知りながら、この年正月、それに答える使いを派遣してきた。

回答兼刷還使

この使いは、日本側では通信使と受け止められたが、朝鮮側では通信使ではなく、国書に応え捕虜の送還を求めた回答兼刷還使であり、両者の認識は異なっていた。しかし、この朝鮮使節派遣をもって、日本と朝鮮の国交はひとまず回復する。

六月二十日には角倉了以に、信州から遠江懸塚までの舟路を見立てるよう命じた（『大悲閣千光寺文書』）。しかしこの舟路は、うまくはいかなかった。

駿府城へ移徙

七月三日、家康は完成した御殿、すなわち駿府城へ移徙し（『当代記』）、九日には豊臣秀頼より移徙の祝儀として、来国光の刀と金一〇枚が送られてきた。十八日、後陽成天皇よりも御太刀・馬代金二枚、綸子一〇巻、政仁(ただひと)親王より御太刀・馬代金一枚が贈られた。このほか諸大名・寺社・町人からも祝儀が献上された(「慶長見聞録案紙」他)。

### 尾張の仕置

八月二日、清須の徳川義直に付けた平岩親吉に、①尾張の仕置は遠慮なく申し付けること、②給人の知行地が荒れ、百姓が退転するような時には、その給人を曲事(くせごと)とすること、③年貢などを皆済前の他所への百姓の立ち退きは曲事とすること、という三ヵ条を申し渡した(「尾州旧話録」)。この月は天皇へ、四日に初鮭、八日に初雁を進上し、九月九日には初鶴を進上している(『御湯殿上日記』)。九月、佐竹義宣が領内の院内銀山の銀を家康に運上した(「佐竹氏記録」)。以後年々の例となる。

十月四日には西笑承兌に命じ、書を占城(チャンパ)国に送った(後述三一六頁)。同日、駿府を出て途中で鷹野をしつつ十四日に江戸城西丸に入り、秀忠に金三万枚、銀一万三〇〇〇貫を贈った(『当代記』他)。なお家康は十月四日に毛利秀就・池田利隆・加藤嘉明・脇坂安治を、十七日には亀井茲矩(これのり)に駿府城竣工を賞している(「近江水口加藤文書」他)。翌十八日には、西丸山里の茶亭に秀忠を迎え茶会を催した。上杉景勝・伊達政宗・佐竹義宣らがこれに相伴している(『当代記』他)。

十一月一日より浦和・川越・忍(おし)といった武蔵国所々で鷹野を楽しみ(『当代記』)、二十八日には天皇に鷹の雁一つを進上し（『御湯殿上日記』）、十二月十二日駿府に帰った。

駿府城全焼

ところがその一〇日後の二十二日、丑刻（午後一〇時）に駿府城大奥の物置場から出火、城は全焼。家康は竹腰正信の屋敷に難を避け、二十四日には二の丸にあった本多正純の屋敷に移った（『当代記』）。

〔家康67歳〕

慶長十三年（一六〇八）の正月を本多正純邸で迎え、二日に秀忠からは酒井家次が、豊臣秀頼からは織田頼長が来て、賀儀を述べた（『当代記』）。正月十一日には、前年十二月二十七日の西笑承兌の死を受けて、西笑が担当していた異国への渡航朱印状の作成を、円光寺元佶に命じた（『異国朱印帳』）。

二十四日頃には田中へ鷹野に出かけ、その日のうちに帰城した（『当代記』）。正月中に駿府城再建が開始され、九州・四国・中国の諸大名が動員された（『当代記』他）。

二月十六日、天皇に年頭の祝儀として、太刀馬代二〇〇〇疋を進上した（『御湯殿上日記』他）。三月十一日には再建された御殿へ移り（『当代記』他）、十五日には堀秀治の跡を継いだ堀忠利に越後国の相続を、秀忠の安堵状を受けて認め、将軍への忠勤を求めた（『堀家文書』）。

家督相続の認定

十九日には、伊勢田丸城主の稲葉道通（みちとお）の家督を子の紀通（のりみち）へ相続するのを、秀忠の黒印状を受けて認め、堀忠俊同様、将軍秀忠への忠勤を求めた（『別本稲葉家譜』）。五月二十日には、駿府中から歌舞伎女・遊女を追い払っている（『当代記』）。六月十六日、秀忠に命じ、伊賀上野城主の筒井定次と丹波八上城主の前田茂勝を改易した(『当代記』他)。

争論の裁許

七月三日、高野山遍照光院の快正と蓮華三昧院の頼慶との争論を裁断し、快正を誅伐、頼慶を遍照光院に移すよう高野山衆徒に命じた(『当代記』他)。また二十一日には、蹴鞠の家である飛鳥井家と賀茂の社人である松下とのあいだで生じた蹴鞠の弟子をめぐる争論を裁許し、飛鳥井雅庸にその特権を認めた(「御制法」)。七月二十八日には、吉田兼見から「日本書紀神代」上下が進上されている(『兼見卿記』)。

海外へは、七月六日と八月六日、ルソンに書翰を送り、八月六日には柬埔寨へ復書を送る(後述三一六・三一九〜三二〇頁)。

比叡山法度

八月一日、八朔の祝いとして馬太刀を天皇に進上した(『御湯殿上日記』)。八日、比叡山に五〇〇〇石を寄附するとともに、「比叡山法度事」を出した(「諸法度」「延暦寺文書」)。そこでは、僧侶の勤学と行儀、顕密の名室を相続することを求め、一人して数坊を抱えること、坊舎・領知の売買を禁じ、徒党して非義を企てる者は追放することを定めた。九日には、梵舜から「論語抄」一〇冊が進上された(『舜旧記』)。

また、十日付で諸大名に、駿府城の火事見廻を謝す御内書を送った(『毛利家文書』他)。毛利輝元からは畳一〇〇〇帖・松板五〇〇〇枚、上杉景勝からは蠟燭一〇〇〇挺などが見舞として送られていた。十八日には、天皇に鮭・菱喰を進上している（『御湯殿上日記』）。

天守台

同じく八月十八日、秀忠が駿府に来て、本丸移徙を賀し（『当代記』他）、翌二十日、天守台の上棟式に臨み、駿府城普請にあたった大名にその竣工を賞した（「名古屋市立博物館所蔵文書」他）。二十一日には梵舜に、府中浅間社の幣について尋ねている（『舜旧記』『当代記』）。二十六日には、増上寺の存応（源誉）以下、所化衆一三〇人ばかりを駿府城に召して仏法を講論させ、存応から血脈を受けた（『舜旧記』他）。翌二十七日、駿河浅間社で四座の能があり、秀忠とともに出かけ観賞した（『舜旧記』）。

伝通院に参詣

九月一日には、移徙の祝のために派遣された勅使と対面し、天皇から太刀一腰、金子馬代二枚、綸子一〇巻が贈られた（『舜旧記』他）。二日に梵舜から「拾芥抄」六冊を献じられた（『舜旧記』）。翌三日、秀忠は江戸へ下向するが（『当代記』）、家康は十二日には関東での鷹野に向かい、武蔵府中で秀忠と対面し（『当代記』）、その後に江戸へ入ったようだ。二十三日、家康生母の水野氏を葬る伝通院に参詣し、寺領三〇〇石を寄進、檀林とした（「慶長見聞録案紙」）。

成菩提院法度

十月四日、近江坂田郡柏原の成菩提院に寺領を寄進するとともに、「成菩提院法度之事」を出している（「成菩提院文書」）。その内容は、天下安全の祈念、寺領は住持の差配、寺領の売買禁止、顕密名室の学匠による相続、悪行の所化の追放、などである。また同日、相模大山寺の実雄に碩学領を与えた（「相州大山寺縁起」）。十日は、本多正純に命じ、暹羅国（現タイ）へ書翰を送った（後述三一七頁）。十月二十一日には、天皇に鶴を進上している（『御湯殿上日記』）。

勅願所増上寺

家康は増上寺を勅願所とするよう天皇に求めていたが、十一月十二日に勅許された（「増上寺文書」）。十五日、伊予今治の藤堂高虎を伊勢津に移し、伊賀一国・伊勢で二二万九五〇石を与え、伊勢安濃津の富田信高を伊予宇和島一〇万石に移した（『宗国史』他）。

法華・浄土の宗論

また同日、他宗を誹謗した法華宗常楽院の日経と浄土宗英長寺の廓山を、江戸城西丸に呼び、法華宗と浄土宗とのあいだで高野山遍照光院の頼慶を判者として、法論を行なわせ、日経の負けとしている（『当代記』他）。十二月十一日、池上本門寺・中山法華寺などから、念仏を申しても地獄に墜ちるという「名言」は教典にはない、とする書付を取った（「増上寺文書」）、なお、翌年二月には、京都の法華宗二十一ヵ寺からも、念仏を申しても地獄に墜ちることはない、との書付を提出させ（『本光国師日記』他）、日経は同年に京都へ送られ、京都で鼻をそがれ追放に処された。

十一月二十六日、天皇に鷹の雁を進上した（『御湯殿上日記』）。十二月二日、江戸を発ち、八日に駿府へ帰った（『当代記』）。この月、パンチャア国よりの使者を床几に腰かけさせ、対面した（『当代記』）。この年、伏見の銀座を京都へ移した（「銀座由緒書」）。

## 三　駿府城での日々

〔家康68歳〕

家康は慶長十四年（一六〇九）と十五年、駿府を拠点として、尾張名古屋城の築造、江戸時代における外交や諸宗に対する基本的枠組みの構築に取り組む。本節では、家康によって進められた朝鮮・琉球関係、および諸宗への寺院法度の公布などについてみていく。

城普請然るべからず

慶長十四年、駿府で越年した家康は元日に年頭の礼を受け、七日には鷹野のため、駿府を発った。田中、遠江中泉・浜松、三河吉田・吉良で鷹野を楽しみ、二十日に岡崎に着いた。そこで「中国西国の大名衆、所々おいて城普請丈夫に構えるの旨」を耳にし、「然るべからず」と不満を表明した（「慶長見聞録案紙」）。二十五日に清須に着き、後から追いついた九男の義直を伴い、名古屋城築城の地を検分し（『当代記』）、二月四日には義直とともに岡崎に移り、翌日岡崎を発って、十一日に駿府へ帰城した（『当代記』）。

この間、後陽成天皇に、正月十六日には年頭の祝儀のため大沢基宿を遣わし、太刀折紙・馬一疋・白銀一〇〇枚・蠟燭一〇〇〇挺を進上し、二十日に鶴を進上している（『御湯殿上日記』他）。二十日ころには駿府に来た関東衆・九州衆から、移徙と年頭の礼を受けた（『当代記』）。

三月五日、日光山座禅院・同衆徒中に寺領安堵状を出し（「日光山御判物写」）、十三日には、池田利隆の室徳川氏（秀忠養女で榊原康政娘）に備中において化粧料一〇〇〇〇石を与えた（「池田家文書」）。十四日、大和円成寺に高麗版「大蔵経」を、ついで伊勢修善寺の元版「大蔵経」、近江菅山寺の宋版「大蔵経」を、増上寺に納めさせた（「増上寺書上」他）。

大蔵経納入

二十六日には、秀吉以来、大坂に詰めていた能役者に大坂番を止め、駿府に詰めるよう命じた。家康は二十九日ごろに煩い、また目が霞んだようだが、四月十一日には大方回復した（『当代記』）。

ところで家康は四月一日、島津家久に、琉球の件が済むまでは上洛しなくてよいが、人質を早くあげるよう命じている（『譜牒余録』）。これは、さかのぼって慶長十一年（一六〇六）六月十七日に、琉球が来貢に応じなかったことから幕府が島津氏に琉球攻めを認めたことに関わるものである。

富山城の火災

四月六日、前田利長に書状を送り、隠居後に居城としていた富山城が三月十八日に焼失したことを見舞うとともに、以後の居城普請については何方にても利長次第と報じ、十日にも改めて火事見舞いとして小袖五〇・夜の物一〇を贈っている（「加藩国初遺文」）。二十八日には、四座の能を張行した（『当代記』）。

灰吹銀

五月三日には諸国に令し、灰吹銀（銀山で鋳造した銀）および筋金を吹き分け「つくり銀」

を鋳造することを禁じた（「上杉編年文書」）。六日には天皇に、鶴一つ・白鳥一つ・江川樽五つを進上した（『御湯殿上日記』）。二十五日には傾城町を駿府安倍川辺に移した（『当代記』）。二十七日、聖護院に、秀忠と連署して修験についての定を出した（『本光国師日記』）。

己酉約条

さて六月二十八日、朝鮮が対馬に、通交貿易の諸規定（己酉約条）を与えた（『朝鮮王朝実録』）。この約条は、江戸時代を通じて、朝鮮と日本・対馬との外交・貿易の基本的な枠組みとなった。

家久に琉球を与える

七月七日、島津家久から琉球平定の報を受け、それを「手柄」と賞し、琉球国を家久に与え、その仕置を命じた（「後編薩藩旧記雑録」）。ここに江戸時代における琉球の位置が定まった。同日、ルソン国へ書翰を送った。七月二十五日にはオランダへ復書を送り、マカオ湊の年寄中に日本船寄港停止の朱印状を発給した（後述三二〇頁）。

家康はこの七月ごろ、福島正則からの城普請をめぐる届けを認めた。これは、さかのぼって福島正則が毛利輝元の時代からの城を一、二ヵ所普請したところ、それが新城を拵えたというふうに家康の耳に入り、両者の関係が悪化し、公儀を憚った正則が普請した部分を破却して、その旨を届けたという背景がある。このとき家康は以前のように普請することを認めたのであった（『薩藩旧記後集』）。

真言宗寺院への法度

八月二十八日には、家康は主に京都の諸寺院に定や法度を出した。醍醐寺には学問相続のため、東寺・高野山との交流などを命じる三ヵ条の法度（『御当家令条』）を、高野山衆徒には、古跡は学問次第に相続することなどを定めた三ヵ条（「諸法度」）を定めた。東寺長者には真言仏法興隆のため、東寺・醍醐・高野が互いに交流し、勤学に努めるよう求めた（「東寺文書」）。同日、関東には九ヵ条の「関東古義真言宗法度」を出し、さらに相模の真言宗修験の大山寺へも三ヵ条の定を出した（『御当家令条』）。

篠山城普請

九月には、丹後・丹波・播磨・美作・備前・備中・紀伊などの諸大名に、丹波篠山城の普請役を課した（『当代記』他）。十月二日、織田有楽・藤堂高虎らを客とし、茶会を催した（『当代記』）。

ポルトガルと断交

ところで十月二十六日、家康は江戸へ下向のため今泉善徳寺まで来たが、その後に体調を崩し、十一月五日に急遽、三島から駿府に戻った（『当代記』）。このころポルトガルとの貿易の断絶を決断し、その処分を有馬晴信に命じた。

十二月二十六日には、島津家久から琉球国領知の礼として仏草花・盛花・硫黄一〇〇〇斤・唐屏風・繻珍五巻を贈ってきたことへ、また島津義弘にも緞子一〇端・象牙・南蛮鉄炮への礼を述べている。この月、一〇男で水戸城主の徳川頼宣を駿河遠江五〇万石に封じ、安藤直次を傅役とした。また、一一男で常陸下妻城主の徳川頼房に水戸二五万石を与えた。

〔家康69歳〕

秀頼より年頭礼

翌慶長十五年（一六一〇）を駿府で越年した家康は、元日は歳首のため秀忠から遣わされた大久保忠隣から、翌二日には豊臣秀頼の使者から礼を受けた（『当代記』）。鷹野のため九日は田中へ、十一日は相良へ行き、それより尾張名古屋城の縄張りに出向く予定であったが、十三日に相良から駿府に戻った（『当代記』）。十九日には再び田中、二十四日には田中から遠江中泉へ行き、二月二日には中泉より田中を経て、四日に駿府へ戻った（『当代記』）。中泉滞在中の二十八日、法然上人の七ヵ条起請文を見ている（『二尊院文書』）。

閏二月二日、越後を領した堀家家臣の訴訟を駿府城本丸で秀忠とともに聞き、越後を召し上げ、翌三日にそれを、六男の松平忠輝に与えた（『当代記』他）。

三月五日、駿府へ鹿狩りに来ていた秀忠が江戸に帰るに際し、対面してみずからの死去後は義直・頼宣を引き立てるよう命じた（『当代記』）。

高野山寺中法度

三月二十三日、高野山遍照光院頼慶を御前に召し、円光寺元佶・金地院崇伝の陪席のもと、頼慶の傍若無人の振舞について数刻に及ぶ糺明を行ない、翌二十四日、頼慶を処罰し（『義演准后日記』）、四月二十日に改めて金剛峯寺衆徒には、門主の意見に従い、また碩学の者は古法に背かず新義を企てないこと、学侶の知行方は贔屓偏頗なく行なうこと、などを内容とする「高野山寺中法度」を出した。同日、醍醐寺・東寺・勧修寺・随心院・鹿苑寺に寺領の寄附・安堵状を出した（『義演准后日記』）。

法隆寺の争論

四月八日、金地院崇伝に作事料銀一〇貫目、兵粮五〇俵を与え、駿府に金地院の新院を建立させた（『本光国師日記』）。また十日には、法隆寺の学侶と堂衆との会式をめぐる争論を裁許し、先例どおり執行するよう命じている（「法隆寺文書」）。二十五日には、宝厳院・成身院・宝性院の礼を受け、「法義」を種々尋ねた。翌二十六日に能を張行し、加藤清正を饗応した（『義演准后日記』）。

五月十九日、増上寺の源誉存応に、国師成の綸旨は調い次第に送られると報じた（「増上寺文書」）。八月二十日に、増上寺の住持を国師とするため上洛させると、京都では「専念之宗国師前代未聞」（念仏宗派の国師は前代未聞）とされた（『当代記』他）。

名古屋城普請

六月三日、尾張名古屋城の普請が開始された。名古屋城普請の助役には前田利光・黒田長政・細川忠興ら、北国（ほっこく）・九州・四国・中国の大名を動員した（『当代記』他）。二十日、名古屋城の炎天下での普請にあたった諸大名に、その竣工を賞する御内書を送った（「加藤神社文書」他）。三ヵ月後の九月には、名古屋城普請は完了し（『当代記』他）、九月晦日にも、名古屋普請助役の大名の労を犒（ねぎら）った（「近江水口加藤文書」他）。

亀山城普請

七月一日、瀬名谷へ川遊びに出掛けた（『当代記』）。七月、中国・西国の諸大名を動員した丹波亀山城の普請が終了（『当代記』他）。この七月には東埔寨（カンボジア）へ、暹羅（しゃむ）へと復書を送る（後述三一七頁）。

尚寧王を引見

八月八日、駿河に来た島津家久を引見し、家久より大平布五〇反、緞子五〇巻、銀一〇〇〇枚を献じられた。十四日には、島津家久に伴われてきた琉球王尚寧を引見した（『当代記』）。

九月五日、鎌倉五山（建長寺・円覚寺・寿福寺・浄智寺・浄妙寺）と清見寺・臨済寺の僧に「群書治要」を書写させた（『本光国師日記』他）。また二十五日には、石清水八幡宮に五ヵ条の定を出した（『石清水文書』）。

家康は十月十四日、江戸へ向け駿府を発ち、この日は清水に泊まり、十五日は善徳寺への路次で鉄炮で菱喰を打ち、その後三日は善徳寺に逗留、十九日に三島、二十一日には鷹場にて秀忠と対面し、その後も鷹野を続けたあと、十一月十八日に江戸へ入った（『本光国師日記』他）。この間の十月二十三日、梵舜・吉田兼治に、神道以下の作法をよくよく学ぶようにと、板倉勝重・山口直友を通じて申し渡した（『舜旧記』）。

明へ勘合貿易を求める

十二月十二日には梵舜から「増注和剤方」一二冊を進上された（『舜旧記』）。十六日には本多正純に命じ、明の福建道総督軍務部察院都御史所に勘合貿易を求める書翰を送らせた（『羅山先生文集』）。

## 四　後陽成天皇との確執

話はさかのぼるが、慶長十四年（一六〇九）六月、後陽成天皇に仕える官女と若公家衆との密通事件が発覚する（官女密通事件）。家康はその処罰に深く関与する。本節では、この事件に端を発し、翌慶長十五年には後陽成天皇から譲位の意向が示され、それを機に朝廷運営方法に介入していく家康の動向を扱う。

官女密通事件

慶長十四年六月のなかば、後陽成天皇に仕える官女と若公家衆との密通が取沙汰されだした。七月二日、武家伝奏の勧修寺光豊が中心となって官女の召使を糺明し、四日、五人の官女が親に預けられ（もう一人の武家伝奏の広橋兼勝の娘もいた）、関係した公家衆七人は勅勘を受け、出仕を止められた（『時慶記』他）。数日後、所司代の板倉勝重は、公家衆らを成敗するとの天皇の意向を家康に伝えるよう、武家伝奏を通じて指示された。

天皇逆鱗

八月一日、家康は馬を天皇に進上していたが（『時慶記』）、四日に家康の意向が京都に届いた。その内容は、天皇の「逆鱗」はもっともだが、後難のないようよく糺明を遂げるべきである、というものであった（『御湯殿上日記』他）。この家康の意向に天皇は、今度の仕業は沙汰の限りであり成敗すなわち死刑に処したいとの考えを示し、摂家衆を同意させ、この決定を「勅諚」として、家康の使者大沢基宿に伝えた（『御湯殿上日記』）。

こうした「勅諚」が出たにもかかわらず、板倉勝重は関係の公家衆・官女たちを尋問し、みずから駿府へと報告に下った（『時慶記』他）。九月二十三日に上洛した板倉勝重は、家康の意向を武家伝奏の勧修寺光豊を通して天皇に示した（『勧修寺光豊公文案』）。これを聞いた天皇は十月一日、どのようにも家康に任せると、みずからの手での処罰決定を投げ出してしまった（『御湯殿上日記』）。

## 「武命」による処分

駿府に下った官女たちを、十月十二日に伊豆新島へ配流した（『時慶記』他）。また、この件に関わった猪熊教利と兼康頼継の二人は京都で処刑され、勅勘された公家たち七人は十一月一日、板倉勝重から処分が言い渡され、薩摩の硫黄島に二人、蝦夷・隠岐・伊豆に一人ずつ流されたが（『孝亮宿禰日次記』他）、残る烏丸光広と徳大寺実久の二人は配流を免れた。朝廷の公文書の取り扱いを職とした壬生孝亮がその日記に「武命による也」と記したように、この公家処分は天皇ではなく、家康主導で行なわれた。

## 伊勢の争論

こうしたなか天皇に、九月四日には鮭、七日に菱喰、十四日には鴻を進上している（『御湯殿上日記』）。また九月十三日、伊勢の内宮と外宮とのあいだで遷宮の前後をめぐる争いがあり、天皇からその理非を尋ねられ、家康は「勅諚次第」と返答し、十三日に天皇は内宮に理運あり、内宮が先との決定を下した（『御湯殿上日記』）。二十一日・二十七日に伊勢内宮・外宮の正遷宮があり、家康はこの時、伊勢太神遷宮用途に六万俵を寄進した（『当代記』）。

十一月十二日、天皇に鷹の鶴、十二月二十九日に白鳥を進上している（『御湯殿上日記』）。

譲位の意向を示す

十二月、天皇から譲位の意向が家康に伝えられた。背景には官女・公家の処分への不満があったと思われる。これに対し家康は、今しばらく譲位しないよう返答した。この返答に、天皇からは、譲位の儀を引き延ばさずに馳走するよう、またその折には家康・秀忠の上洛を得たい、との希望が所司代板倉勝重を通じて伝えられた（「勧修寺光豊公文案」）。

年があけて慶長十五年（一六一〇）正月二十一日、大沢基宿を遣わして、天皇に歳首を賀し、太刀馬代・銀子一〇〇枚・蠟燭一〇〇〇挺を進上し、二月五日にも中泉での鷹野で捕った鶴を進上した（『御湯殿上日記』）。

譲位と元服

家康は二月十二日、天皇の譲位と政仁親王の元服を了解すると返事をした。ところがその一ヵ月後の閏二月十七日、伊達政宗の息へ嫁ぐ予定であった五女の市姫が死去したのを理由に、譲位の延期を所司代の板倉勝重を通して申し入れた（「光豊公記」他）。この申し入れに、天皇は「逆鱗」するが従わざるをえなかった。

三月十一日、武家伝奏の広橋兼勝と勧修寺光豊、所司代の板倉勝重とが、後陽成天皇の譲位の意向を伝えるために駿府に下った（『当代記』他）。天皇から家康へ、太刀馬代金二枚、徳川義直・頼宣にも薫物（たきもの）一〇貝が贈られた（『御湯殿上日記』）。

天皇宛の七ヵ条の条書

家康は四月十八日、駿府に来ていた武家伝奏の広橋兼勝と勧修寺光豊に宛て、事実上は天皇に宛てた七ヵ条の条書を出した（「京都大学総合博物館所蔵文書」）。二十七日に京都に帰った両伝奏は、翌二十八日にこの七ヵ条を天皇に披露した（「光豊公記」他）。

第一条で、譲位は家康か秀忠のいずれかが上洛し奔走・世話しなくてはかなわぬであろうが、もし援助がなくとも今年中に行ないたいというなら、なされるがよろしかろうと威嚇し、第二条で親王元服の当年中の執行を承認、第三条で天皇の母であり当時洛北の長谷に籠もっていた女院に、禁裏へ還御し天皇を後見するよう求め、第四条で摂家衆に存じ寄りのことがあれば互いに談合し天皇に申し入れるよう、第五条で公家諸家にそれぞれの道を学び、行儀・法度を正しくするよう命じ、第六条で公家の叙任は奉公の励みになるよう行なうこと、第七条で官女密通一件で配流された花山院忠長の弟と松木宗信の兄の召し出しを求めた。さらに口頭で、官女密通一件で罪をまぬがれたものの勅勘のままでいる烏丸光広と徳大寺実久を召し出すよう求めた。

四月二十九日ころ、譲位は内裏造営以後とするよう（「孝亮宿禰日次記」）、また同じころ伊勢伝奏を西園寺実益に返すよう、申し入れた（『時慶記』）。八月十七日には天皇に初鮭を、二十五日には菱喰を進上した（『御湯殿上日記』）。

天皇の「屈服」

天皇への三ヵ条

十月九日、駿府城台所が焼亡し、その報を受けた天皇から見舞いの女房奉書が届いた（『御湯殿上日記』）。十二日には三ヵ条の条書を五摂家に送り、先の七ヵ条の申し入れに天皇が同意したことを了解したとし、かつ摂家衆に天皇への意見上申を求め、もし従わないのなら今後相手にしないと迫った。この摂家衆への書状と同時に、天皇には、①親王の元服の早期執行への同意、②親王の政務見習の提案、③摂家衆へ意見具申を命じること、という三ヵ条を申し入れた（『三藐院記』）。この三ヵ条の申し入れに、後陽成天皇は大いに不満であり、二十五日には摂家衆を召して、延喜の例にならい元服と譲位は同日に行なうこと、政務は関白に計らわせることなど、みずからの考えを示した。しかし、摂家・武家伝奏・智仁(としひと)親王ら天皇の連枝衆の説得にあい、最後は「た丶なきになき申候、なにとなりともにて候」と受け入れざるをえなかった（『三藐院記』）。

十月二十七日、天皇に初鶴を進上した（『御湯殿上日記』）。そして十二月二十三日には、政仁親王の元服が行なわれた（「光豊公記」他）。

## 五　兵器贈与と「奇楠香」希求

家康が大御所時代になってからの東アジア、主にインドシナ地域との関係を、本節ではみていこう。

**安南国への復書**

慶長十年（一六〇五）九月、安南国から、以前に家康から宝腰剣を送られたことへの謝意の書翰と進物（銃二柄、奇藍香一塊、白絹一〇疋、蜜香一瓶、香蠟一瓶、火香一千株）が送られてきた。それに対し家康はこれに謝すとともに、日本の商船に違法行為があれば処罰するよう求め、長刀二柄と太刀一把を送った（「異国近年御書草案」）。

**柬埔寨とのやりとり**

また同年九月十九日付で、柬埔寨（カンボジア）からの書翰に対し、日本の商船がその地で暴悪に及ぶようであれば処罰するよう告げ、大小の腰刀を送った（「異国近年御書草案」）。十月にも柬埔寨から書翰と蜂蠟・虎皮の方物が送られたことを謝し、日本での「逸馬・銅・鉄・刀・銃」などの購入を認め、「災害」を企む日本の商客の処罰を求め、太刀・腰刀を送った（「異国近年御書草案」）。さらに十一月にも柬埔寨に復書を送り、書翰の到来と鳥銃・孔雀彩羽などの贈与を謝し、日本商船が柬埔寨で非義非法を行なった時には、貴国の法に従い処罰するよう報じた（「異国近年御書草案」）。

**占城国王への書翰**

慶長十一年（一六〇六）八月十五日、「占城（チャンパ）（現ベトナム南部）国王」へ書翰を送った。そこでは、昨年商船の便をもって音書（いんしょ）を送ったが、届いたか否か知れず、明人林三官に命じて書翰と音物を送る、貴国に懇求するところは域内の上品の奇楠香（きなんこう）（上品質の沈香木）である、国中を探して我が国にもたらしてほしい、伏して頼む、そして付け足しのように商船の互いの往来をうたっている（「異国近年御書草案」）。

#### 大泥国王へ復書を送る

また同年八月、大泥国王へ復書を送り、日本と大泥両国の往返が近年盛んである、そのなかで、貴国で悪事を働き日本に戻ってきた者は着岸次第処罰する、また貴国で殺人放火などを犯した者は処罰するように、と報じた（「異国近年御書草案」）。

さらに同月、柬埔寨握雅老元輔・握雅潭に、蜂蠟一〇〇斤・氷糖一担・白糖一担・氈条五領・孔雀尾一〇枚・豹皮五貼を贈与されたことと、去年・今年両度の信書と贈物とに謝意をあらわすとともに、相互の貿易について非法の取締りを約束し、日本の兵器鎧二領を送った（「異国近年御書草案」）。

#### 兵器と奇楠を求めて

九月十七日には、安南国へ復書を送る。そこでは、貴国から毎年の通商が「兵器之用」に資していると述べ、また両国の修好を固めんことを望み、帛熟絹一〇疋・奇楠香一塊・火香一〇〇〇株・蠟香一瓶・台香五丁を送ってきたのに対し、書翰と音物に謝し、日本の商人が貴国で悪事を働くならば罪の浅深に従い処罰するよう求め、日本の兵具長刀一〇柄を送った。十九日には「柬埔寨国主」に宛て書翰を送り、柬埔寨との通航が近年うまくいっていないが、貴国に懇求するのは上々品の奇楠香であるとし、金屛風五双を送った。また二十一日には「暹羅（しやむ）（現タイ）国王」に宛て、国交が盛んであることを記し、上々の奇楠香と極品の鉄炮を送るよう依頼し、進物として軍器鎧三領・長刀一〇柄

#### 奇楠香への執心

を送った（『異国近年御書草案』）。

このころから香木「奇楠香」獲得が東南アジア諸国との外交の主要課題となっていく。十二月七日、家康は初めて「田弾（でんだん）（インドシナ半島にあったと言われる）国主」に書翰を送る。田弾の香財が最も上品であることを聞いたので、国中を尋ね探し、極品の奇楠香を送ってくれるよう懇請し、今後は日本の商船がその地に行く時にはこの書翰に捺された印を捺したものを持たない者には商売を許可しないよう伝え、太刀脇刀一柄を送った（『異国近年御書草案』）。またこの日、明人五官に田弾への渡航朱印状を出した（『外蕃書簡』）。ただ田弾国の所在さえも確かではなかった。

慶長十二年（一六〇七）十月には、西笑承兌に命じて書翰を占城国に送り、重ねて奇楠香を求めた（『異国近年御書草案』、前述二九七頁）。

## 柬埔寨

慶長十三年（一六〇八）、「柬埔寨浮哪王嘉」から、初めての和好と良馬の取得とを求める書翰と、孔雀二対・象牙一対・蠟二担・東香二段・白糖四桶・糖霜（とうそう）二籠を送ってきた。これに対し八月六日、「柬埔寨国主」に書翰と音物を謝し、刀五腰・脇刀五腰・馬二疋を送り、隣好を約束し、それに加えて占城の奇楠香の希求を述べ、「占城国主」に頼んで極上品の奇楠香を探してほしいと依頼し、「予の求むる所は只この一件なり」と奇楠香を切に求めた（『異国日記』）。外交文書としてはいささか跛行したものとなっている。

また同日付で「柬埔寨国王」に、柬埔寨で悪逆を働く日本人をその地の法度で処罰することを認める書翰も送った（「外蕃信書」）。この年、肥前日野江城主の有馬晴信は、家康の意向を受けて、占城へ朱印船を派遣している。

十月十日、本多正純に命じて「暹羅国王」に鎧六具を送り、鉄炮・塩硝を求めた（「異国出契」）。

鉄砲を送る

慶長十五年（一六一〇）には、安南国に渡航した日本船が難船し、その送還についての書翰が六月十二日に駿府に届くが、家康はそれには答えなかったようである（『異国日記』）。

暹羅

一方、七月以前から暹羅にしばしば鉄炮・塩硝の船載を求めた家康は、暹羅から方物と明年の鉄炮・塩硝の送付とを伝えてきたのに対し、暹羅と日本との毎年の貿易、商船の往来を要望し、方物として鉄炮五〇〇丁を送った（「異国出契」）。

同じ七月には、長崎に来た広東の商船に日本各地での交易を許し、不義に及ぶ者は商主の訴に従い斬罪に処す、との朱印状を与えた（『異国日記』）。さらに同月、「柬埔寨国主」から柬埔寨・交趾・占城などでの日本人の乱暴取り締りを求め、また先に家康が求めた奇楠香は探しえず、大牙二枝・中牙二枝・蜂蠟三〇〇斤が方物として送られてきた。これに対し、書信・方物に謝し、国内の賊徒は処罰したこと、柬埔寨などに残る日本人賊徒は国法に従って処罰するよう、また柬埔寨地域の商船の日本での交易を保証する復書を送り、方物として鉄炮三〇挺を送った（『異国日記』）。

勘合貿易

同年十二月十六日、明人福建の周性如に、彼の船がいずれの浦に着くとも守護を加え、すみやかに長崎に報じることを記した朱印状を与えた（『異国日記』）。同時に、本多正純に命じ、明の福建道総督軍務部察院都御史所に勘合貿易を求める書翰を送らせた（「羅山先生文集」）。

インドシナとの外交の縮小

この六年ほどのインドシナとの外交は、日本からは主として兵器を送り、渡航先では日本人の違法行為への対処とともに異常ともいえる奇楠香への執着が外交文書に直接表明され、この地域への朱印船渡航がなお続く。しかし、奇楠香獲得の可能性が縮小するなかで、この地域との外交は縮小していく。

## 六　ヨーロッパ勢力との外交

家康の大御所時代の前半に活発であったインドシナ地域との交流が縮小するなか、ルソン（スペイン領フィリピン）を含めヨーロッパ諸国との外交交渉が頻繁となっていく。本節では、こうした状況をみていく。

ルソンとの外交交渉

慶長十年（一六〇五）九月十三日、この夏のルソンからの芳札と音物に謝し、ルソン側が望むように商船の一年六艘から四艘への減船に同意すると報じ、鞍と鎧一〇本を送った（「異国御朱印帳」）。この復書はきわめて簡略なものであった。ルソン側で記録された家康の書翰には「わが邦は神国と称し、偶像は祖先の代より今に至るまで大いに尊敬せり、ゆえに予一人これに背き、これを破壊することあたわざればなり、これゆえに日本においては決してその地の教を説き、これを弘布すべからず」とキリスト教の布教を禁じる旨が記されていたとする（「デ、モルガ、フィリッピン群島誌」）。

キリスト教布教禁止

慶長十一年（一六〇六）九月十五日、ルソンからの来書に、国中の人民に商売に違乱なきよう命じたことを伝え、ルソンの太守総督が亡くなり、おのおのが奉行していることを珍重とし、鎧四領共六具を送った（「異国御朱印帳」）。十月十日には、オランダ人フェルギナント・ミヒェスゾウンとヤコブ・クワケルナック宛にいずれの津湊への寄航とその地での商売を保証する来航許可の朱印状を与えた（「異国御朱印帳」）。

黒船の関東受入れ

慶長十三年（一六〇八）七月六日には、ルソン太守に、ルソンに行く日本人で悪逆をなす者はルソンの法度に基づき成敗するよう、申し送った（「本受寺文書」）。総督からはさらに、イスパニアの帝王からルソン国守護に命じられたことの告知と、数年ルソンに逗留する日本人のいたずら者は送還し、疎意なき者は現状維持とし、今年も黒船（スペイン船）を渡海させ関東に乗り入れるよう、また風次第でいずれのところにも入津するよう指示したので、カピタンらへの手厚い世話をお願いする、また貴国に居住する伴天連らに前々のように哀憐を加えてほしい、と報じてきた。

これに対し八月六日、ルソン国守護に任じられたことを珍重とし、今年黒船が相模浦賀に着岸したことを喜び、ルソンで不法を働く賊徒の誅戮を求め、方物を受け取ったことを伝えるとともに、太刀二柄・具足二領を送った。しかし、伴天連への哀憐の求めには何ら答えていない（『異国日記』）。

慶長十四年（一六〇九）七月七日、「呂宋国主」に復書を送る。そこには、例年のごとく黒船が関東に来ると聞き、その折に委細を承知したいとし、かつ居住宣教師の保護を約束するものであった（『異国日記』）。宣教師の保護を明示した点は注意される。

### オランダの来航を許可

七月二十五日、駿府に来たオランダの使節が届けた、今後船を渡航させたいとの要望に対し、信書と方物（印子の盃二・糸三五〇斤・鉛三〇〇〇斤・象牙二本）への謝辞を述べるとともに、貴国の兵船が肥前松浦に到着したこと、日本との「和睦堅盟」は予の希うところであり、年々の往来は問題なく、商館設置を認め、着船の湊は貴国の意向にまかせると応じた（『異国日記』）。そして、オランダ人にいずれの浦への着岸を認める来航許可朱印状を与えた（「和蘭国ハーグ文書館所蔵文書」）。同日、日本人の寄港が迷惑とのマカオからの訴えを受け、マカオ湊の年寄中に、日本船寄港停止を告げる朱印状を与えた（『異国日記』）。

ビベロと家康

ノビスパン

この年、九月より前のことになるが、フィリピン臨時総督ビベロを乗せたスペイン船が、マニラからメキシコのアカプルコに向かう途中、上総国の沖合で遭難した。遭難したビベロは十月二日に駿府に行き、宣教師の保護と布教の許可、海賊であるオランダ人の追放、マニラからの来航船の厚遇を求めた。家康は十月六日、遭難船の保護を約束するが、他の要求には明確な答えを示さなかった（『異国日記』）。

徳川家康朱印状（慶長14年7月25日）（ハーグ国立中央文書館蔵）

また同日、船長エスケラ他二名にルソン船がノビスパン（新イスパニア、すなわちメキシコをさす）に渡海する折、逆風にあった時、いずれの湊への着岸を認める朱印状を与えた（『異国日記』）。さらに十二月二十八日、イスパニア国のドケ＝デ＝レルマに、ノビスパンから日本への黒船のいずれの湊への着岸を許可した（「西班牙国セビーヤ市印度文書館文書」）。

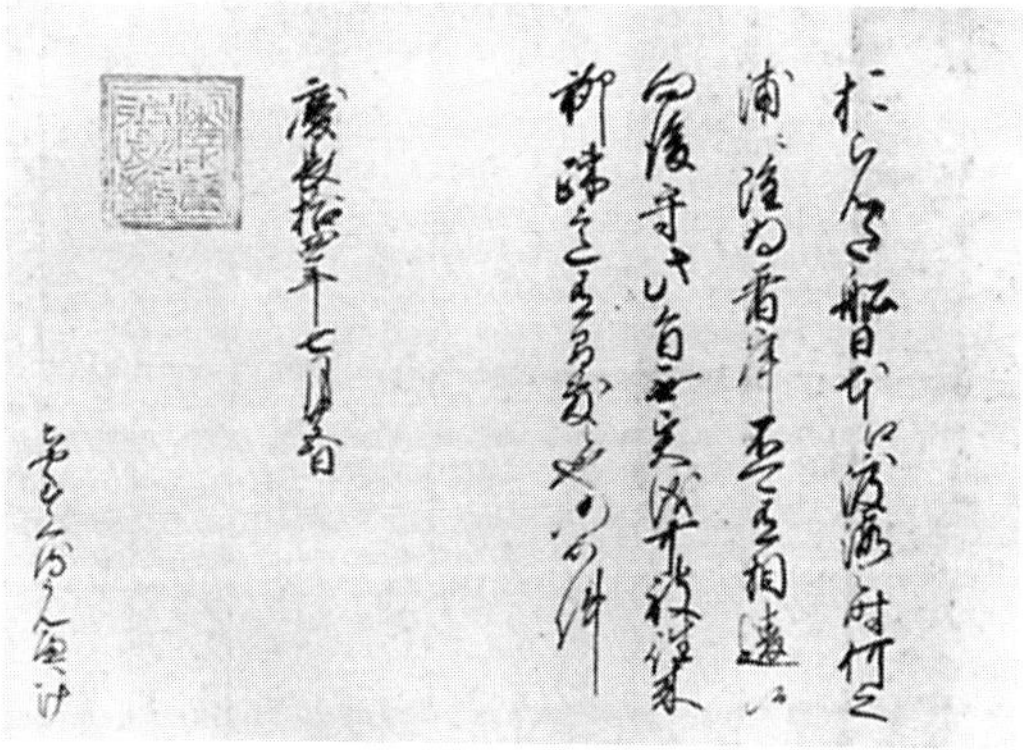

翌年の慶長十五年（一六一〇）、ビベロたちは、家康からウイリアム・アダムスが建造した黒船を与え

られ、メキシコに向けて発った。この船には、京都の商人田中勝介ら二〇人あまりが便乗していた（『当代記』他）。

ビベロが家康に会った時の記録に、家康の風貌について、

彼（ビベロ）は非常に鄭重な待遇を受けた。公（徳川家康）は壮麗な宮殿内の広き室の中央なる壇上に置かれた緑色ビードロの椅子に坐し、寛闊な衣を着し、髪は束ねてあり、年齢は六、七十歳位、中丈で肥満し、愉快気な容貌で、尊敬すべき老人である

と記述している（「ドン・ロドリゴ・デ・ヴィベーロ報告」）。

慶長十四年（一六〇九）、家康の意向を受けて有馬晴信が占城（チャンパ）（現ベトナム南部）へ派遣した朱印船が帰国してきた。この船は、家康も香木伽羅（きゃら）を求め銀六〇貫目を投資し、前年に出船していた。ところがこの船が占城からの帰途、ポルトガル領マカオで、日本人船員が騒ぎを起こし、マカオの総司令官アンドレ・ペッソアに鎮圧され、多くの日本人が殺され、残った船員はその非を認める誓約書を書かされての帰国であった。

慶長十四年五月末、ポルトガルの年航船として日本に派遣されたノッサ・セニョーラ・ダ・グラッサ号が長崎に入港した。グラッサ号の総司令官ペッソアは、前年のマカオでの事件の顚末を家康に陳述しようとするが、長崎奉行の長谷川藤広に止められ、かわりに使を駿府の家康のもとに遣わし、前述した七月二十五日付の日本人のマカオ寄港

禁止の朱印状を手に入れた。

ところが駿府への使者の出発後、ポルトガル船の荷物の先買権行使をめぐって長谷川藤広とポルトガル商人とが対立し、ポルトガル側はペッソアを駿府に派遣し、この件を家康に訴えようとした。これに対し藤広は、マカオでの日本人殺害の顚末を有馬晴信の耳に入れ、晴信から家康に訴えさせた。これを聞いた家康は、ポルトガルとの貿易の断絶を決断し、ペッソアらの処分を晴信に命じた。長崎に戻った晴信は、ペッソアの引き渡しを求めたが、ポルトガル側は応じず出港の準備を進めた。

グラッサ号爆沈事件

こうしたなか十二月六日、晴信は長崎港外に停泊していたグラッサ号を攻めた。この攻撃に耐えかね、ペッソアは九日に船を爆沈させ、みずから命を絶った。この事件によってポルトガルとの通商は一時途絶えた（『当代記』他）。

ビスカイノ来航

慶長十六年（一六一一）、四月、ノビスパン総督の使者ビスカイノが、ビベロらの遭難を救助し送還してくれた答礼に、浦賀に来航した（『当代記』）。ビスカイノは、江戸の秀忠のもとに赴き、ついで駿府に来た。家康は六月三日にビスカイノを引見し、スペイン船入港の便のための沿岸測量と、積荷の羅紗（らしゃ）類の自由販売を許可した。しかし家康の応対はあまり鄭重ではなかったようだ。「ビスカイノ金銀島探検報告」には、

駿府滞在中、皇帝の待遇は甚だ厚からず、旅館幷に諸公事の費を至便せざりき、こ

れは先づ皇太子（徳川秀忠）に謁見せるを慣れると、年老いていよいよ欲心を増し、既に三億以

上の貯を有すれども、なお一物を所持せざるもの、ごとくするによれり、

と記されている。ビスカイノが来日した最大の目的は、家康への答礼ではなく、当時ヨーロッパで広く信じられていた太平洋上に浮かぶ金銀島の発見にあった。このことは、ウイリアム・アダムスなどから家康の耳に入っていた。

### 幻の金銀島

ビスカイノの行動に疑いを抱いた家康は、引見を許さず、また帰国の便宜を与えようともしなかった。結局、ビスカイノは、伊達政宗のローマへの使節支倉常長（はせくらつねなが）の乗った船の船客として、慶長十八年（一六一三）にメキシコへと帰っていった（「ビスカイノ金銀島探検報告」）。

### 支倉常長

慶長十六年七月一日、家康はマカオからの使者を引見した（「島津国史」）。ゴア総督の書翰とマカオ知府からの書翰をもって、前年の長崎でのポルトガル船撃沈の保償を求めてきたが、それは退け、黒船の来航だけを許可した（『異国日記』）。

### オランダ人を引見

七月十日、渡航許可を求めて駿府に来たオランダ人を引見した。オランダ人からは、深紅羅紗半反・茜色羅紗半反・緋カルサイ一反・黒天鵞絨（ビロード）一ヤード四分の三・紋織駱駝毛織物三反・金繡入繻珍（きんしゅういりしゅちん）二反・緞子三反・毛氈（もうせん）五枚・硝子瓶一〇個・鉛二〇〇〇斤・長銃一挺・銃二挺・火薬入二個・象牙五本・鋼鉄二〇〇本が進上された。

家康はその折、モルッカ諸島にいるオランダ兵の数、ボルネオにおける貿易、ボルネ

オの樟脳は最良というのは本当か、また最良の伽羅と蘆薈はどこに産するか、などについて質問した。オランダ人一行は、将軍秀忠に挨拶するため江戸に行くが、二十二日には駿府に戻った（『和蘭陀東印商会史』）。二十五日、オランダ船が日本へ渡海する際、風波の難にあった時には、いずれの湊へも着岸を許可する朱印状を与えた（『異国日記』）。

ルソン使者の引見

九月十五日には、ルソンの使者を引見した。ルソンからは、大蠟燭一〇〇挺・中蠟燭五〇挺・小中蠟燭六〇挺・小蠟燭二〇〇挺・蜜壺三・葡萄酒二壺が献上された。ルソン国主には、相互の通商の存続を認めた書翰を送った。ゴアからの使節にも、同趣旨の返書を送った（『異国日記』）。

禁教の姿勢明確に

慶長十七年（一六一二）、六月付の「ノビスパン国主」（メキシコ総督）への返書のなかで、キリスト教布教を禁止することと、貿易に限定した往来を認めると報じ、禁教の姿勢を明確にした（「金地院文書」）。同月、ノビスパンの総督へ、その来翰と方物（斗景〈時計〉一・嚢衣一対・巻物一端・南蛮酒二樽・鷹具二色・沓二足・沓緒一条・鞢二具・南蛮図像三枚）に謝し、押金屏風五双を送った。前述の返書では、慶長十四年（一六〇九）九月のルソン船遭難への対処と、ノビスパンからの渡航許可について述べたあと、「吾邦者神国也」とキリスト教布教の禁止を告げ、一方で、商船の往来・交易はこれまでどおり許可すると述べている（「金地院文書」）。

八月四日、ルソン船の船頭西ルイスを駿府城で引見した。八日に、西ルイスの船に、いずれの湊への寄港を許可した（「本受寺文書」）。

ゴア・ルソン使節引見

九月一日には、ゴア総督の使節とルソン総督の使節を城で引見した。ゴア総督からの来書は詳細かつ丁寧なものであるが、家康の復書は「手簡を見た、送られた方物は受け取った、大変よろこんでいる、詳細は本多正純が述べる」と、なんともそっけないものであった。同時に、九月付で黒船・南蛮人の船の長崎着岸と交易を許可し、難風にあった時にはいずれの湊への寄港も認めるとする朱印状を出した。また、ゴア使節とともに来たルソンからの使者に、信書・方物を受け取ったこと、その地が平安であること、変わらぬ商船の往来を認めるなどを記し、詳細は本多正純が申すと、これも簡略なものであった（『異国日記』）。

オランダへの復書

慶長十七年（一六一二）十月、オランダ国主に復書を送った。オランダからの来書は、慶長五年（一六〇〇）のときの漂着したリーフデ号の処置、その後のオランダ船渡海許可を感謝するとともに、ポルトガル・スペインの布教を通じての他国侵略の企てを告げるものであった。これに対し家康は、信書と方物とに謝し、これまで通り年々の商船の往来を認めると記すだけで、ポルトガル・スペインの動きに対しては、なんら触れない復書を送った（『異国日記』他）。

ルソン使節の引見

慶長十八年（一六一三）八月二十二日には、駿府に来たルソンの使節を引見した。ルソン総督の書翰は、修好の意と日本在住宣教師の保護を謝し、ルソンから日本へ亡命した者の送還を求めるものであった。方物として、葡萄酒の壺・氷砂糖が送られた。これに対し九月上旬、信書・方物の到来を謝し、逃亡してきた者の送還を了解し、またルソンで不法を働く日本人の処罰を認め、両国の商船往来は変わることはない、との復書を送った（『異国日記』）。ただ、宣教師保護には一言も触れなかった。

イギリス使節を引見

慶長十八年九月一日、この年平戸に来航したイギリス使節を引見し、八月二十八日付で七ヵ条の朱印状を与えた（『異国日記』他）。その内容は、

①今度初めて渡海してきた船の商売認可と諸役免除、
②船中の荷物は用次第召し寄せること、
③日本の全湊への着岸許可、
④江戸での屋敷下賜、
⑤日本で病死したイギリス人の荷物は相違なく遣わすこと、
⑥荷物の押し買い狼藉の禁止、
⑦イギリス人の徒者はイギリスの「大将」次第とすること、

であった。そしてこの九月一日、イギリス国主に信書と方物の到来を謝し、両国の隣好

を約する復書を、押金屏風五双とともに送った（「オックスフォード・ボドレイアン図書館所蔵文書」・『異国日記』）。

### オランダ人の引見

慶長十九年（一六一四）九月一日、平戸に着いたオランダ人を引見した。白糸二丸・龍脳二斤・丁子二嚢・大木綿・緞子などを献上され、また虎子二匹の進上を受けた（『駿府記』）。

### 「南蛮」から「紅毛」へ

家康大御所時代のヨーロッパ勢力との外交は、当初はスペイン・ポルトガルとの交渉に始まり、ついでオランダ・イギリスがそれに加わった。また、家康の関心はノビスパンとの交易にあったが、キリスト教布教をめぐって両者の主張はかみ合わず、後半にはオランダ・イギリスとの交易を模索するようになった。

本章でみてきたように、将軍の職に二年あまりあった家康は、慶長十年に秀忠へその職を譲り、形の上では隠居の身となり、大御所と呼ばれながら、伏見と江戸とのあいだを往き来し、その実権を握り続けた。慶長十二年、それまで上方で拠点としていた伏見から駿府へ居所を移した後も、家康は朝廷での官女密通事件の処罰に深く関わり、また東南アジアとの外交を進め、島津氏の琉球出兵を認め、その後琉球を島津氏に宛行うなど、活発に活動を続けたのであった。

# 第八　豊臣氏滅亡と家康の死

## 一　慶長十六年の上洛

〔家康70歳〕

慶長十六年（一六一一）三月十七日、家康は久方ぶりに上洛する。この上洛は、後陽成天皇の譲位と後水尾天皇の即位を取り仕切るためのものであったが、同時に大坂から上洛した豊臣秀頼と二条城で会見することで、秀頼の家康への臣従を可視化させる行動に出る。本節では、こうした天皇の譲位・即位儀礼の機をとらえて、この折に上洛していた西国を中心とする諸大名に、連署で三ヵ条の起請文を上げさせ、四年後に発布する「武家諸法度」へと受け継がれる条文を準備する家康の動向を追う。

家康は、慶長十六年は駿府で越年し、元日は秀忠の使者から歳首の賀を受けた。正月七日には駿府を発し、遠江に鷹野に出かけ、この日は田中に泊まり、九日には榛原郡で鷹野、そこから中泉に至り、十七日に中泉を発ち駿府に戻った（『当代記』）。

同日、前述したように京都では、家康が遣わした大沢基宿が参内し、後陽成天皇に銀一〇〇枚・蠟燭一〇〇〇挺を進上し、また家康の意向として、譲位を三月に執行すること、その折には家康がみずから上洛して尽力・世話することが伝えられた（「光豊公記」他）。

譲位への尽力

二月十日、天皇に鷹の雁五〇を進上し（「光豊公記」）、三月には譲位にともなう禁裏御殿の新造を（「禁裏普請帳」）、四月には禁裏の築地（ついじ）普請を、諸国の大名らに命じた。動員されたのは大名一四二人、駿府衆二五人、江戸衆四一人、大坂衆四四人、総数二五二人であった（『当代記』他）。

禁裏普請を命ず

二月二十六日、上洛に際しての条々を定めた。そこでは上洛の供の脇道を禁じ、馬の取り扱いの詳細を指示し、放談・高笑い、大酒・遊興を禁じ、宿銭を定めた（『譜牒余録』他）。慶長六年（一六〇一）より十四年までの直轄地の年貢納入を改め、二十八日には猪飼光治（近江）、篠山資俊（伊勢）、藤林正勝（大和）、楢村監物（大和）、中坊秀政（大和）、山口直友（丹波）らにそれぞれ皆済状を出した（「野口文書」他）。

上洛時の条々

家康は上洛のため、三月六日に徳川義直・頼宣を伴い駿府を発った。その日は田中泊、七日に掛川、八日は浜松、九日に吉田、十日は岡崎、十一・十二日は名古屋に滞在し、名古屋城の普請を巡察した。十三日に岐阜、十四日は赤坂、十五日に近江彦根、十六日には永原に泊まった。十七日、山科追分に西国大名・公家衆らが出迎えるなか上洛し、二条城に入った（『当代記』『義演准后日記』）。

**父祖への追贈を申請**

上洛の翌日、後陽成天皇の「御上洛珍重」との意向を伝えるため、武家伝奏の広橋兼勝と勧修寺光豊の二人が二条城を訪れた。家康は両武家伝奏に、このたびの上洛は将軍秀忠の名代として御即位の沙汰を行なうためのものであると告げるとともに、徳川家の元祖新田義重に鎮守府将軍の官を、家康の父広忠に大納言の官を贈るよう申し入れた。この申入れは即日勅許され、三月二十二日に新田義重には鎮守府将軍が、広忠には権大納言が贈られた（「光豊公記」他）。

**義直・頼房・松平忠直の叙任**

これに先立ち三月二十日、徳川義直が右近衛権中将参議に、頼宣が左近衛権中将参議に、頼房が左近衛権少将に、死去した二男結城秀康の子の松平忠直も左近衛少将に叙任された（「光豊公記」他）。二十三日、義直・頼宣・松平忠直を従え参内し、紫宸殿（ししんでん）にて天皇と対面、三献の儀があり、家康は天皇に銀一〇〇枚・綿三〇〇把を進上した（「光豊公記」）。

**後水尾天皇**

二十七日、天皇から政仁（ただひと）親王へ剣璽渡御（けんじとぎょ）がなされ、後水尾（ごみずのお）天皇が誕生した。二十九日、家康は後陽成上皇に、仙洞御料として二〇〇〇石を進献した（「光豊公記」他）。

**二条城で秀頼と会見**

二十八日、豊臣秀頼を二条城に迎え会見した。秀頼の上洛は、慶長四年（一五九九）正月に伏見から大坂に移って以後、はじめてであった。この日、秀頼を迎えに鳥羽まで義直と頼宣を遣わした。秀頼の供は、織田有楽（うらく）・片桐且元（かつもと）・片桐貞隆・大野修理と、番頭衆・小姓衆三〇人ばかりであった。秀頼は片桐且元の京都屋敷で衣装を改め、二条城に入った。

秀頼との会見の様子

『当代記』によれば、家康は庭上に出て秀頼を迎えた。それに対し秀頼は慇懃に礼を述べ、家康が先に御殿に入り、秀頼を庭から御殿に上げ、まず秀頼を「御成之間」へ入れ、その後に家康が出御(しゅつぎょ)し、「互之」「御礼」(対等の礼)をというが、秀頼は斟酌(しんしゃく)して、家康を御成の間へ進め、礼が行なわれた。三献の祝があり、一献目に家康の盃が秀頼に参り、その時に家康から秀頼へ、左文字の太刀・鍋通の脇差・鷹三居・馬一〇疋が進められた。盃が家康に参る時、秀頼より、一文字の腰物・左文字の脇差が進上された。その後、美麗な膳部が用意されていたが、かえって「隔心」あるかと、簡単な吸物までの饗応となった。この時、故秀吉の正室高台院が二条城に来て相伴した(『当代記』他)。

秀頼からの「御礼」

この時、秀頼からは別に家康に、太刀真盛・馬・金子一〇〇枚・皮三枚・緞子三〇巻・刀一腰・脇指一腰が、また義直・頼宣にはそれぞれ太刀一腰・金一〇〇枚が進物として贈られた。家康から秀頼には三献の席で贈られたもののほかに、鷹三居・馬一〇疋が遣わされた。二条城を辞した秀頼は、その足で豊国社に参詣した。大仏を見て、その日のうちに伏見から大坂へと帰った(『当代記』他)。

この三月二十八日の会見は、翌日に家康の側近である本多正純が、酒井忠世ら江戸の年寄衆五人に宛て「秀頼様、昨二十八日大御所様へ御礼おおせあげら」ると申し送ったように（「慶長見聞録案紙」）、豊臣秀頼の家康への「御礼」とされ、また三献の祝いが家康から始まったことからも、この対面は秀頼の家康への臣従を思わせるものとなった。

秀頼の元へ使

四月二日、義直・頼宣を大坂の秀頼のもとに礼謝として遣わし、秀頼に銀一〇〇〇枚・太刀一腰・馬一疋を、淀殿に銀子一〇〇枚・綿三〇〇把を、千姫に銀二〇〇枚・綿二〇〇把・紅（ハナ）三〇〇斤を贈った。義直・頼宣からも秀頼・淀殿・千姫へ進物が贈られた。秀頼よりは義直へ脇指・刀・緞子一〇〇巻・小鼓の胴・小袖・羽織が、頼宣へは刀・脇指・緞子一〇〇巻・小鼓の胴・能装束・小袖一〇・法被三・狩衣三が贈られた（『当代記』）。

なお、この時期の政治体制を二重公儀体制と位置づける見解があるが、徳川公儀はともかくとして豊臣公儀の実態、たとえば領知宛行、大名への普請役賦課、外交権などが、十分には検証されていないと考えるので、ここではこうした見解は採らない。

礼の座次争論の裁定

一方、家康は同じく四月二日、二条城で勅使・武家・公家・門跡の惣礼を受けていた（「光豊公記」他）。後水尾天皇から広橋兼勝と勧修寺光豊が勅使として二条城に遣わされ、太刀馬代金二枚を贈られた。同時に、後陽成上皇からも太刀馬代金一枚、女院からは大高檀紙・錦一巻が贈られた。この日、伏見宮邦彦親王と准后（じゅごう）二条昭実とのあいだで、礼

論義・法問の聴聞

表12　年別・宗派別論義・法問数

| 年 | 真言 | 天台 | 曹洞 | 法相 | 華厳 | 浄土 | その他 | 合計 |
|---|---|---|---|---|---|---|---|---|
| 慶長16年 | 1 | 1 | | | | | 1 | 3 |
| 17年 | 6 | | 1 | | | | | 7 |
| 18年 | 7 | 15 | 1 | | | 3 | 4 | 30 |
| 19年 | 24 | 22 | 3 | 4 | 4 | 1 | 3 | 61 |
| 元和１年 | 10 | 8 | | 1 | | 7 | 3 | 29 |
| ２年 | | | 1 | | | | | 1 |
| 合計 | 48 | 46 | 6 | 5 | 4 | 11 | 11 | 131 |

の前後について「申分」があったが、その場は取りあえず邦彦親王を先と裁定した。しかしこの処置について翌三日、公家諸家に旧記の提出を命じた（『義演准后日記』）。

その三日には伏見へ行き、五日には京都に戻った（『当代記』）。翌六日には准后・親王双方の旧記が提出され、それを見て極めがたいとし、参賀の日を別の日とするよう命じた。この家康の裁定を、三宝院義演はその日記に「奇特の御批判」（優れた判断）と記している（『義演准后日記』）。

四月八日、高野山衆三〇人を召して論義をさせ、それを聴聞した（『義演准后日記』）。この論義を皮切りに表12に示したように家康の論義・法問の聴聞は、慶長十六年三回、十七年七回、十八年三〇回、十九年六一回、元和元年（一六一五）二九回、元和二年一回と推移する。宗派別にみると真言宗が最も多く、天台宗がそれに次ぐ。浄土宗の一一回は、多くが法問の形式で行なわれた。論義の規模もさまざまであった。慶長二十年五月十五日に二条城で行なわれた天台論義は、題が「現世安穏後生善所法花要文」であり、時間は数刻におよび、精義を南光坊天海が勤め、多くの公家・出家・在家の者が聴聞した。

論義の大半は個々の宗派別に行なわれたが、慶長十九年六月六日の論義は、「君臣相同一生歟及他生歟」という題で、妙法院・梶井・青蓮院の三門跡と五山衆とで催された。慶長二十年五月十八日の因明（いんみょう）の論義では、問者が興福寺喜多院、講師が東大寺不動院、学生（がくしょう）は東寺の二人と、宗派の異なる者が参加した。

後水尾天皇即位礼を拝観

四月十一日、二条城で能を催し、そこには諸大名が祗候した。翌十二日には、後水尾天皇の即位礼が紫宸殿で執行され、家康は裹頭（かとう）でそれを拝観した（「光豊公記」）。裹頭とは、黒い薄絹で頭巾のように頭を包むことである。即位礼のあと勧修寺光豊の邸で装束に改め参内した。即位礼に先立ち、二条昭実と近衛信尹（のぶただ）とのあいだで、即位灌頂（かんじょう）について争論が起きたが、家康は二条が行なうべし、と裁断を下した（『義演准后日記』他）。

外様大名へ三ヵ条を誓約させる

後水尾天皇が即位した日、家康は在京の大大名二二名を二条城に集め、三ヵ条の条々を示し、それを誓約させた（「前田家所蔵文書」）。この条々は、次の三ヵ条をあげる。

第一条　源頼朝以後、代々の将軍家が定めてきた法式を奉じ、江戸の将軍秀忠の法度を堅く守ること、

第二条　法度に背き、また上意を違えた者はそれぞれの国に隠し置いてはならない、

第三条　抱え置く侍が反逆・殺害人であることを告げられたならば、その者を抱えないこと、

第二条はこののち慶長二十年（一六一五）に出される「武家諸法度」の第三条に、第三条はその第四条に受け継がれており、この条々は、「武家諸法度」の先駆をなすものであった。

この条々に名を連ねた者は、この時に京都にいた細川忠興・松平忠直・池田輝政・福島正則・島津家久・森忠政・前田利光（利常）・毛利秀就・京極高知・京極忠高・池田利隆・加藤清正・浅野幸長・黒田長政・藤堂高虎・蜂須賀至鎮・山内忠義・田中忠政・生駒正俊・堀尾忠晴・鍋島勝茂・金森可重ら二二人の北国・西国の大名だが、越前福井の松平忠直以外は国持クラスの外様大名である。

**公家・門跡への対応**

四月十四日には二条城で、公家・門跡衆を招いて九番の能を催した（『当代記』『義演准后日記』他）。その折、近年遅れがみられる公家の官位叙任をすみやかに進めるよう命じ、宮・摂家以外は門跡にはなれないと命じた（『義演准后日記』他）。三宝院義演はこれを「珍重珍重」と日記に記している（『義演准后日記』）。

十五日、義演を召し、寺領を改め、山上の八七〇石をもって勧学院を建て、学問の再興を命じた（『義演准后日記』）。十六日には大覚寺、曼殊院、金地院に寺領を寄附し、舟橋

相賢には安井村などで四〇〇石を宛行った（「大覚寺文書」他）。

十七日、翌日の下向にあたって、後水尾天皇から勧修寺光豊が使いとして二条城に来た（「光豊公記」）。またこの日、家康は知恩院へ詣でた（『当代記』）。

## 二　鷹野の日々

即位礼を見届けた家康は、慶長十六年（一六一一）四月に京都を発し駿河に帰る。その後、慶長十九年十月に大坂冬の陣で出陣するまで、駿府周辺や江戸に出向いて関東各地、さらには三河で頻繁に鷹野を行なう。その間、ノビスパン・マカオ・オランダ・ルソンなどの使節を引見するが、慶長十七年三月にはキリスト教の布教を禁止する。これは江戸幕府による本格的な禁教のさきがけである。本節では、そうした三年間の家康の日々の様子と対外政策をみていく。

京都発

慶長十六年四月十八日、家康は京都を発し、帰途につく。出立日は近江永原、十九日彦根、二十日柏原、二十一日は美濃に入り岐阜、この夜に鵜飼いを見物するが、鮎はほとんど捕れなかった。二十二日は加納から尾張名古屋へ、二十三日に熱田から船に乗ったものの大荒れのため、三河知多郡野間辺に寄せ、その折に柿並村大御堂寺へ行った。

二十四日も東風で知多郡に、二十五日は三河牟呂に舟を寄せ（『当代記』）、二十八日に駿府に戻った（「慶長見聞録案紙」）。

ビスカイノらを引見

六月三日には「ノビスパン国主」（メキシコ総督）の使者ビスカイノを、七月一日にマカオからの使者を、十日にオランダ人を引見した。二十日、駿府に来た長崎の長谷川藤広から、明・南蛮・異域の商船八十余艘が来朝したのを聞き悦んだ（『駿府記』）。

八月一日は再建途中の駿府城前殿で八朔の礼を行なった。十三日は浅間で鉄炮の試し打ちをし（『駿府記』）、二十八日には浅畑で鉄炮による狩りをし、鴨二羽を捕った（「駿府政事略」）。九月十四日と十五日に駿府城で能を催し、十五日にはルソンの使者を引見した。十六日には梵舜から藤氏系図一巻を進上され、十九日には「建武式目」を林道春に読ませて、その上でその特質を議論し、二十日には「南蛮世界図屏風」を観た。

南蛮世界図屏風

二十四日、駿府近辺でこの秋初めての鷹野を行ない、鴨四羽を捕らえ、料理して近習衆に与えた。二十七日には、駿府の藤堂高虎の屋敷に徳川義直・頼宣を伴って渡御。そこでは能九番があり、申刻（午後四時）に帰った（『駿府記』）。

高虎邸へ御成

十月一日、竣工なった前殿で月次の礼が執り行なわれ（『駿府記』）、京からやってきた山科言緒・舟橋秀賢・冷泉為頼に面謁した。舟橋秀賢からは「諸家略系図」・屏風一双を進上された。この日は、日野唯心（輝資）・舟橋秀賢・円光寺元佶・金地院崇伝と、京都のことや倭漢古今のことを雑談した（『言緒卿記』他）。

天台の法問を聞く

翌二日は、代替わりの御礼として駿府に来た伯耆大仙寺岩本院から、その師である西楽院僧正の遺物『天台三台部』六〇巻を献じられた。岩本院を御前に召し、天台の法問について談話した（『駿府記』『本光国師日記』）。また、本覚坊が西岡宝菩提院を譲り受けたとのことで参上し、家康の前で「法華玄義」の序などを読んだのを喜んでいる（『本光国師日記』）。四日は駿府近辺で鷹野を行なった。

駿府発

十月六日は絵師の狩野真説に、内裏図・諸国大社の図・駿府城前殿の図を描くよう命じ（『慶長日件録』他）、鷹野のために駿府を発った。七日善徳寺、八日三島を経て、九日に小田原に着くと、小田原城主の大久保忠隣を召し出し、当年の雁・白鳥などの様子を聞いた。十日中原、十二日相模川辺に出かけ、十三日藤沢、十四日には神奈川で秀忠の迎えを受けた。十五日稲毛、十六日には品川・芝あたりで在江戸の諸大名の出迎えを受け、江戸に入った（『駿府記』『言緒卿記』他）。

その翌日の十七日には、江戸城西丸で秀忠に対面し、十八日には在江戸の諸大名に会った。十九日、海上に白鳥が多いと聞いて鉄炮上手数人を連れて出かけるが、風並が悪く城に戻っている。二十日に増上寺観智国師存応が登城し、家康は装束に改め、存応の弟子で当時浄土の知識とされた呑龍・了的・廓山らとともに会った（『駿府記』）。

二十一日、江戸近辺で鷹野を行ない、鶴・雁などを多数捕えた。二十四日には本城に行き、秀忠の子竹千代（家光）・国松（忠長）に出迎えられ「天下政務之御雑談」をして西丸に戻った。二十五日には増上寺に詣で、銀一〇〇枚・被物一〇領を国師に進め、数時間にわたって仏法について語り合った。二十六日には戸田へ鷹野に行き、二十九日には川越に鷹野に出かけ、十一月五日は忍に泊まり、六日は鴻巣で秀忠と会い、七日には存応らを忍に招き、仏法について語った。八日の鷹野で鶴・雁を数多く捕らえた。九日には存応に命じ、上野国新田に徳川氏の遠祖とされる新田義重の遺跡を探させ、十三日に旧跡あり、との報告を受けた（『駿府記』）。

存応と仏法を語る

新田義重遺跡の探索

十一月十三日、駿府の義直が疱瘡との報が届き、急遽駿府に向かった。この日は川越で秀忠と会見し、十四日に武蔵府中、十五日に稲毛と進むが、義直の病状回復との情報が入ったため速度を落とし、鷹野を楽しみ、十六日の鷹野で多くの獲物を得て神奈川に泊まった。ここでも秀忠に会う。十七日は大風で逗留した。十八日は路次鷹野をし、藤沢泊。十九日中原で、夜には鎌倉荘厳院に『保暦間記』を読ませた。二十日に鶴三・雁三〇・鴨二〇を捕らえ、小田原泊。二十一日三島、二十二日は路次鷹野を行ない今泉に着き、二十三日に駿府に戻った。十一月二十八日には明人を引見し、長崎での貿易を求めたのでこれを許している（『駿府記』）。

義直疱瘡

駿府近辺で鷹野

十二月一日と四日は駿府近辺で鷹野をして、八日・十日・十一日も鷹野に出かけている（『駿府記』）。十二日には幸若舞を観て、十四日に織田有楽を茶に招いた。十五日には駿府近辺で鷹野のほか、琉球人を前殿で引見し、駿河本門寺所蔵の日蓮の書幅を観ている。翌十六日も駿府近辺で鷹野、十八日も鷹野、二十日も駿府近辺で鷹野を行なっている。二十一日にも田中へ鷹野に出かけ、二十六日に駿府へ戻った（『駿府記』）。

琉球人を引見

〔家康71歳〕

慶長十七年（一六一二）の元旦、年頭の礼を前殿で受けた。秀忠からは年頭の使者が来た。正月二日には豊臣秀頼からも年頭の使者が来て、金一〇枚の進上を受けた。三日には国々諸大名の礼を受けた（『駿府記』）。五日には、前年京都で西国大名を中心に出させた三ヵ条の条々を、東国大名らに誓約させた（「前田家所蔵文書」）。

朝廷に対しては正月十七日、後陽成院に鷹の鶴を進上し（『駿府記』）、二十日には大沢基宿を遣わし、後水尾天皇に歳首を賀した（『言緒卿記』）。

三河吉良・岡崎で鷹野

この間にも家康は鷹野に出かけている。正月七日には、三河吉良での鷹野のため駿府を発ち、その日は田中、八日は遠江相良、九日横須賀、十日中泉、十二日浜名、十三日には三河吉田、十四日吉良に着き、しばらく鷹野を楽しんだ（『駿府記』他）。二十日に岡崎へ着き、数日鷹野を楽しんだのち、二十六日には大樹寺に参詣し、二十七日に名古屋へ行き、名古屋城普請の様子を見て、故平岩親吉の家に新殿を築き御座所とした。二十九日には、名古屋より岡崎に戻った（『駿府記』他）。

遠江で鷹狩り

二月三日は、遠江堺川・二川山にて大規模な鹿狩りを行なった。この日は浜松、四日中泉、七日・八日は雨風のため中泉に逗留し、九日掛川、十日は雨のなか大井川の増水を避けて金谷廻りで田中に着き、十一日に駿府へ戻った（『駿府記』）。

翌十二日には、女院（にょいん）から移徙（いし）の祝儀として薫物（たきもの）を賜っている（『本光国師日記』『駿府記』）。十四日は『吾妻鏡』『盛衰記』の異同を御前にて考察させた。二十一日には、三月に駿府で張行（ちょうぎょう）する能のため、方々から役者を集めるよう命じた。この日、駿府近辺で鷹野をした。

天皇・院の争論

二月二十二日、家康は板倉勝重を召し、後陽成院と後水尾天皇のあいだで起こった「前代より相伝の宝物」の帰属争いを裁許し、前代よりのものは禁中に帰属との裁可を下した（『駿府記』）。

二月二十五日・二十七日も鷹野に出かけ、二十九日、三月二日・三日も「御山」にて鷹野を行なった（『駿府記』）。三月十日には、伊豆山般若院が献上した「続日本紀」を林道春に読ませた（『駿府記』）。十七日には秀忠が江戸より駿府を訪れ、十九日に対面した。

岡本大八事件

三月二十一日、キリスト教の布教を禁ずる（『駿府記』）。これは、キリシタン大名であった有馬晴信と、家康の側近である本多正純の家臣岡本大八とのあいだの、贈収賄事件が直接的契機であった。

岡本大八は、有馬晴信にポルトガル船グラッサ号撃沈の功として、有馬氏の旧領肥前三郡の拝領を斡旋する話を持ち掛け、晴信から多額の賄賂を受け取った。にもかかわらず、家康からはなんの沙汰もないのを訝(いぶ)かった晴信が、様子を本多正純に問いただしたことで、ことが発覚した。二月二十三日に御前で両者を対決させ、大八の非とした。ところが、獄中から大八が、晴信がかつて長崎奉行であった長谷川藤広の謀殺を企てたことを訴えたため、三月十八日に両者をふたたび対決させ、二十一日晴信を甲斐に配流(はいる)し、岡本大八を駿府安倍河原で火刑に処した。晴信は五月七日に甲斐で自害した。

この事件の当事者、有馬晴信・岡本大八がともにキリシタンであったことから、キリスト教を禁じた(『駿府記』他)。しかしこの時の禁教は、地域によっても差がみられ、またそれほど徹底したものではなかったようである。

### 方広寺大仏

三月二十四日、京都から来た中井正清と方広寺の大仏造立について雑談し、翌二十五日には駿府城三の丸で能を張行した。この日「御山」で鷹野も行なっている。翌二十六日、秀忠を茶会に招いた後、本丸で投頭巾(なげずきん)と楢柴(ならしば)の肩衝(かたつき)を秀忠に与えた(『駿府記』他)。

### 能演目に腹を立てる

四月八日には三の丸で能を観覧し、十日は江戸へ戻る秀忠に会った。十九日には、駿府に来た南光坊天海に会い、天海が住持である武蔵仙波喜多院に三〇〇石の寺領を寄附した。二十二日にも駿府城三丸で能を観たが、意に添わない千歳が舞われたことに腹を立て、席を立ち本丸に帰った（『駿府記』『当代記』）。二十六日には、相国寺艮西堂が「春秋左氏伝」三〇巻、「斉民要術」一〇巻を献上した（『駿府記』）。

禁裏作事・名古屋城作事

五月十一日、中井正清に対し、禁裏の作事奉行を板倉勝重・小堀政一ら九人とすること、日向からの松材木の受け取り、飾り金物についての指示を出した。また同日、正清に、名古屋城の作事奉行は大久保長安・小堀政一ら九人とし、上方より下る職人の作料は上方にて支給、石灰は三河より調達するよう指示し、さらに正清に、大津・海津・伏見にある杉板・桐板を、駿河へ運ぶよう命じた（「中井家文書」）。

元佶から崇伝へ

五月十三日には、隠居して越中高岡に移った前田利長から、亀谷銀山産出の銀一〇〇〇枚・染絹一〇〇疋・曝布（さらし）一〇〇疋が送られてきたので、その礼を述べるとともに、利長の煩いを見舞う御内書（ごないしょ）を送った（『駿府記』他）。二十一日には円光寺元佶の死去にともない、金地院崇伝に外交文書などの作成を命じた（「異国渡海御朱印帳」）。

六月にはノビスパン総督へ復書を送っている。七月七日には、秀忠より七夕の賀儀が贈られてきた。七月十八日には、日野唯心・藤堂高虎らを茶会に招いた（『駿府記』）。八月三日、多門院長深に「真言要文」を読ませている（『駿府記』）。

翌八月四日には、ルソン船頭西ルイスを引見した。十日には、東大寺法輪院良意と惣

川狩り

寺内との争いを裁き、惣寺内に理があると裁許した（『駿府記』他）。十三日には駿河瀬名谷に川狩りに出かけた（『当代記』）。また八月十五日には、明人鄭芝龍・祖官を引見し、明国の様子を尋ねた（『駿府記』）。翌十六日には、崩れ墜ちた春日社千木の修復が願い出られたのに応え、米二万石を寄進した（春日社司祐範他）。十八日、板倉勝重と金地院崇伝に「諸寺之事」を掌るよう命じた（『本光国師日記』他）。

九月一日には、ゴア総督の使節とルソン総督の使節を駿府城で引見した。また、家康は二十三日、近衛前久（さきひさ）が仮住まいしていた東山慈照寺の貸借をめぐって、相国寺塔頭（たっちゅう）光源院と近衛信尹との間で生じた争論を裁き、信尹に相国寺に戻すよう命じた（『本光国師日記』他）。十月にはオランダに復書を送っている。

## 三　駿府と江戸――二つの拠点――

家康は慶長十七年（一六一二）十一月、福井藩の家中騒動を秀忠とともに裁許し、翌十八年四月には、駿府年寄のひとりでもあった大久保長安の死去後に露見した不正を糾弾する。また十二月には「伴天連追放文」を出してキリスト教を本格的に禁止し、十九年正月には、家康・秀忠に永く仕えてきた重鎮の大久保忠隣を改易する。本節では、政権の安定を脅かす疑いがあれば股肱の臣とても処断し、その一方で、秀忠の娘和子を入内させ、朝廷への介入を強めていく状況をみていく。

関東所々で鷹野

慶長十七年閏十月二日、家康は腫物気で延期していた関東での鷹野のため、駿府を発った（『当代記』）。その日は江尻で、路次中は鷹野をしながら十二日に江戸に入り、十八日に新城の本丸へ入った。二十日には江戸を発ち、関東所々にて鷹野を行ない、翌月二十六日に江戸へ帰った（『当代記』）。

福井藩の家中騒動

十一月二十八日、秀忠とともに江戸城西丸にて、越前福井藩の付家老本多富正と家老の今村盛次・清水孝正との間で起こった家中騒動を裁くため、両者を対決させた。そして十二月六日、秀忠より今村・清水を非分とする裁定がなされ、それぞれ伊達政宗・鳥居忠政に預けた（『当代記』）。

十二月二日には江戸を発し、路次鷹野して、十五日申刻（午後四時）に駿府に帰った（『本光国師日記』他）。この間、十二月九日に、林道春に駿府に居住するよう命じた（『本光国師日記』他）。二十五日には年寄連署奉書をもって、慶長五年（一六〇〇）以来、奉行衆の連判の書出によって知行を与えられた近江・美濃・大和などの諸給人と寺社に、領知朱印状を出すので先の書出を提出するように、と命じた（『本光国師日記』他）。この年、駿府の銀座を江戸に移した（「銀座由緒書」）。

〔家康72歳〕

慶長十八年（一六一三）は駿府で越年し、元日は秀忠の使者酒井家次・大沢基宿より年賀を受け、二日には豊臣秀頼の名代の速水守次から年賀を受けた（『駿府記』）。五日は駿府近郊での鷹野、七日には遠江での鷹野のため駿府から田中に進んだが、鳥が少ないことから断念して帰った（『当代記』）。十六日には、梵舜に「続日本紀」七冊の書写を命じた（『舜旧記』）。この写本は三月十五日に献上される。

池田輝政の跡の決定

二月五日、江戸から来た土井利勝と、正月二十五日に死去した池田輝政の跡について相談し、輝政の跡は利隆が継ぎ、遺領のうち播磨三郡を次男忠継に分与した（『駿府記』）。忠継の母は家康の二女督姫である。十五日には、興福寺転経院を殺害した興福寺僧総殊院を、板倉勝重に命じて処刑している（「春日社司祐範記」他）。

三月五日には、徳川義直・頼宣・頼房の能を、駿府城三の丸で観覧し（『駿府記』『当代記』）、十一日・二十九日、四月五日・六日・十八日にも、三の丸にて能を催した（『駿府記』）。四月十七日には、梵舜に神道のことを尋ね、神道の書を見た（『舜旧記』）。また、この月には遠江能満寺に五ヵ条の禁制を出した（「能満寺文書」）。

大久保長安事件

四月二十五日、石見・佐渡の金銀山の増産に寄与し、また駿府年寄衆の一人であった大久保長安が死去した。大久保長安が死去したあと、鉱山・幕領支配をめぐる過大な私曲が見つかり、七月九日には長安の子七人に切腹を命じた（『駿府記』他）。

木屋弥三右衛門を引見

五月六日には幸若舞を観た（『駿府記』）。二十七日には南禅寺に、寺領五九二石余を安堵した（「徳川恒孝氏所蔵文書」）。六月二十六日、暹羅（しゃむ）（現タイ）から戻った堺商人の木屋弥三右衛門を引見し、暹羅の様子を問うた。家康の質問に対して木屋は、暹羅には僧が数多くおり、黄の法衣を着ていると話した（『駿府記』他）。

七月七日、浅間社にて能七番を催し、黄昏に城へ帰った。翌八日も能を催した。十七日には信濃戸隠山に社領を安堵し（『御当家令条』）、二十三日には石清水八幡宮の四社家に五ヵ条の定を出した（『石清水文書』）。八月六日には二の丸にて花火を観た。二十一日には、吉祥寺泉龍に百丈野狐の話の法問を聴聞している（『駿府記』）。二十二日にはルソンの使節を、九月一日にはイギリスの使節を引見した。

ルソン・イギリス使節を引見

九月十七日、鷹野のため駿府を発ち、その日は清水泊。十八日・十九日は善徳寺、二十日三島、二十一日小田原、二十二日から二十四日まで中原、二十五日の藤沢を経て二十六日に神奈川に着き、そこで秀忠の出迎えを受けた。二十七日に江戸着、西丸に入り、諸大名と会った。二十八日には西丸に来た秀忠と対面し（『駿府記』）、同日・翌二十九日は鷹野を行なった（『当代記』）。また九月三日、豊臣秀頼からの一万石の加増を憚っていた片桐且元に、その拝領を認めた（『駿府記』）。

十月一日、江戸にいる諸大名から礼を受け、二日には葛西に鷹野に出かけて帰った

（『駿府記』）。八日は、石見津和野城主の坂崎直盛と伊予宇和島城主の富田信高との争論を、秀忠とともに裁許し、富田の非として領知を召し上げた（『当代記』）。二十日には浦和に鷹野に出かけ、二十三日川越、二十六日には川越旅館で藤堂高虎と密々閑談し、二十八日まで川越に滞在したのち仙波へ行き、二十九日には川越へ戻った。三十日には忍に行き、しばらく忍で鷹野をしながら滞在する。十一月十五日と十六日は寸白を煩うが、十七日には本復し鷹野を行なった。

代官非法の訴を裁許

十一月十八日、鷹野の路次で百姓らが目安をあげ、代官の非法を訴えてきた。家康はすぐさま目の前で両者を対決させ、代官の私曲と裁断している。十九日は忍から鷹野をしながら岩槻へ行き、二十日に越谷へ着き滞在した。二十四日には、近辺の百姓が代官の非法を訴えたのを受けて両者を対決させ、百姓の非として棟梁六人を捕縛した。二十七日に越谷から葛西に移動し、途中で鶴を獲得した。二十九日未刻（午後二時）、葛西から江戸城西丸に戻った（『駿府記』）。

存応の法話

十二月一日、秀忠と対面後、諸大名の礼を受け、南光坊天海と増上寺の源誉存応の法話を聴聞した。翌二日も秀忠と西丸で対面している。三日に秀忠の見送りを受け、江戸を発って稲毛に着き、五日は稲毛で鷹野。六日に中原へ着き、しばらく逗留する。

十二月十二日に、江戸からやってきた土井利勝に中原で会い（『当代記』）、翌十三日には、小田原へ行く予定を急遽、江戸に引き返すことに変更し、この日に稲毛まで戻った。夜半に中原小杉まで来た秀忠と対面した。日程変更の理由は、秀忠の年寄で小田原城主である大久保忠隣に謀叛の企てがあるという訴え出があったためである。訴え出たのは、かつて穴山梅雪の家老であり、のち水戸の武田信吉（家康五男）の家老となるが、政争に敗れて大久保忠隣に預けられていた馬場八左衛門である（『駿府記』）。

伴天連追放

十二月十四日に江戸城西丸に入り、秀忠に対面し、翌十五日には諸大名から礼を受けた。大久保忠隣には十九日、「伴天連門徒」追放のために京都に登るよう命じた（『駿府記』）。二十三日、金地院崇伝に「伴天連追放文」の作成を命じるとともに、秀忠の朱印状でこれを出した（『異国日記』他）。この追放文では、まず日本は神国・仏国であると述べ、ついで「吉利支丹の徒党」は貿易だけでなく、みだりに邪法を弘め、それをもって日本の政体を転覆しようとしており、すぐさま禁止しなければ「後世必ず国家の患」となるとし、バテレンの追放が宣言された。

論議法問の聴聞

十二月二十四日には越谷・川越へ鷹野に出かけ（『当代記』）、二十八日に江戸に帰った（『駿府記』）。この年は二月以降十一月までに、真言宗・天台宗・曹洞宗・浄土宗の論義・法問を三〇回聴聞した。

〔家康73歳〕

慶長十九年（一六一四）元旦は、江戸城西丸で秀忠の歳首の賀を受けた（『駿府記』）。家光・

忠長も参賀した。正月二日には豊臣秀頼よりの使者を迎えたほか、元日に将軍秀忠へ出仕した衆の賀を受けた。翌三日には、二日に将軍へ出仕した衆から賀を受けた（『当代記』）。五日には本丸で、秀忠が張行した能三番を観た（『駿府記』他）。六日は諸寺社の賀を受けた。同日、淀殿が求めていた摂津禅昌寺の一切経を、本寺である南禅寺に移すよう命じた（『本光国師日記』他）。同日の天台論義、浄土法問を皮切りに、翌年の大坂夏の陣を前にした九月十八日までのあいだに、真言宗二四回・天台宗二二回・法相宗四回・華厳宗四回・曹洞宗三回・浄土宗一回など、計六一回の論義・法問を聴聞している。

東金での鷹野

正月七日、上総東金（とうがね）での鷹野のため江戸を発ち、この日は葛西に泊まり、八日千葉、九日に東金に着いた。十日・十一日は鷹野を行ない、十二日には近辺に猪が多いことを聞いて狩るよう命じ、翌十三日、土井利勝ら周辺の大名らが鹿狩をする。十五日に鷹野、十六日には東金を発し千葉へ移り、十七日は路次で鷹野をして未刻（午後二時）に葛西に着き、十八日に江戸へ戻った（『駿府記』）。

大久保忠隣を改易

ところで、前年末に京都でのバテレン追放を命じられた大久保忠隣は、慶長十九年正月十七日に京都に入ると、さっそく教会を壊し、宣教師を長崎へと追放し、さらに信徒の改めを進めていた。しかし十九日、大久保忠隣の養女と常陸牛久城主の山口重政の嫡男との婚姻が無断でなされたことを理由に、忠隣を改易した（『駿府記』）。

正月二十一日、江戸を発ち神奈川、二十二日に藤沢、二十三日に中原、二十四日には路次で鷹野を行ないつつ小田原に着いた。二十五日には後発の秀忠と小田原で対面し、二十六日早天より大久保忠隣の居城であった小田原城の破却に着手させ、本丸を残して二の丸・三の丸を破却させた。二十七日に三島、二十八日には善徳寺、二十九日に駿府に帰城した（『駿府記』）。この間、正月二十五日には大沢基宿を禁裏に遣わし、後水尾天皇に歳首を賀し、銀子一〇〇枚・太刀を進上している（『言緒卿記』）。

小田原城破却

二月二日、駿河沼津城の破却を命じた。これは、前年（慶長十八年）九月に城主の大久保忠佐（ただすけ）が跡を継ぐ者なく死去して改易になったことによる措置であった。十日は「御山」で鷹野を行なった（『駿府記』）。十四日には、酒井忠世・酒井忠利・土井利勝・安藤重信ら江戸の重臣九名から、血判起請文を徴した（『御当家令条』他）。そこでは、家康・秀忠への忠誠、法度違反の者の注進、大久保忠隣・忠恒父子との絶交、公正な裁判実施などがあげられている。

和子入内の受諾

三月八日、駿府に来た勅使の広橋兼勝・三条西実条（さねえだ）と対面した。勅使からは、慶長十三年（一六〇八）以来の懸案だった秀忠の娘和子入内を受諾するとの返事と、家康を太政大臣に任じる、との天皇の意向が伝えられた（『駿府記』）。しかし、家康は太政大臣任官を受けず、代わりに秀忠の従一位右大臣叙任を望んだ。これまで豊臣秀頼上位で雁行してきた官位の位階での逆転を求めたのである。この家康の要請に応え、天皇は遡った三月九日付で秀忠の従一位右大臣叙任を勅許した（「光慶卿符案」他）。

秀忠の右大臣叙任勅許

三月七日のことになるが、五山の僧に、「為政以徳、譬如北辰居其所、而衆星共之」（「政を為すは徳を以ってす。譬えば北辰の其の所に居りて、衆星の之を共ふが如し」『論語』為政編第二編）という題を出して作文を求め、九日に五山衆から文章が出された。その席で「宝樹多華菓衆生所遊楽」の即席題を出した（『駿府記』）。十二日、駿府浅間社にて能を見物した（『駿府記』）。

関東秤座

三月十三日、守随兵三郎に関東中の秤目を管掌するよう命じた（「守随文書」）。また十五日には、興福寺笠坊らが一乗院尊勢を訴えたのをうけて、尊勢に理があると裁許した。二十六日は四辻季継を召して、常の書院で管弦を聴いた。曲は千秋楽・青海波・陵王の三番であった。二十七日、古今伝授を受けるため、冷泉為満を駿府に招いた（『駿府記』）。二十九日には、五山の諸塔頭の知行を増減し、学者に学文料を給するよう命じた（『本光国師日記』）。

五山僧に法度資料の抄出を命ず

四月一日には幸若舞を観る。五日は五山の僧に『群書治要』『貞観政要』『続日本紀』『延喜式』のなかより、公家・武家の法度の資料となるものを抄出するよう指示し、十三日には『群書治要』『続日本紀』『延喜式』などの書抜が進上され、それを金地院崇伝・林道春に読ませた（『駿府記』他）。また、この秋に上洛し、公家・寺社への永代法度を定める意向を示し、十六日に以心崇伝と本多正純を通じて、舟橋秀賢に院御所にある記録、また摂家・諸公家・門跡、さらに舟橋自身が所持する記録にどのようなものがあるかを書き立てるよう命じた。舟橋からは禁裏には『延喜式』『百練抄』『令』『江家次第』が、九条家には『新儀式』『北山抄』『類聚格』が、官務家には『西宮抄』『類聚国史』がある、との書き上げがあった（『本光国師日記』他）。このほか三条家に『三代実録』、広橋家に『文徳実録』などの所在が明らかとなり、家康はこれらの書を五山の僧を動員して書写させ、翌年三月ころにはほぼその業を終えた（『本光国師日記』）。元和元年の「禁中并公家中諸法度」制定に向けての準備である。

武家叙任の礼物

四月十四日・十五日は三の丸にて観能。十八日には興福寺の戒和尚をめぐる争論を裁断し、二十日は勅使の求めに応じ、武家の公家成・官位昇進などの礼物の員数を定めた（『本光国師日記』）。二十一日、江戸の帰りに駿府に寄った勅使の二人、広橋兼勝・三条西実条に三の丸で能を見物させた（『駿府記』）。

続日本紀を書写させる

五月二十日には片桐且元に暇を出し、豊臣秀頼へ巣鷹を遣わした。翌二十一日、比叡山の僧衆に会い、仏法について話し、僧衆が退出した後、奥の間にて天海より血脈を受けた（『駿府記』）。二十九日と六月一日には、五山僧に「続日本紀」を書写させた（『鹿苑日録』）。また六月一日は、出仕した諸士に富士の氷を与え、幸若舞を観てもいる。六月二日には五山衆から「続日本紀」の欠巻が進上された（『駿府記』）。

六月七日、三の丸での能を三門跡らと見物した（『当代記』『駿府記』）。十一日には幸若舞を見た。十七日には、冷泉為満より校合した『弄花抄』を贈られた。十八日、松浦隆信に平戸のキリシタンを改めるよう命じた（『駿府記』他）。

七月七日には七夕の祝儀として、秀忠より水野忠元が遣わされ、大坂の豊臣秀頼よりは山口弘定が来て、祝いを述べた。九日には、飛鳥井雅庸から示された飛鳥井家の系図と「歌道宗匠日記」を覧た。十日は冷泉為満から藤原定家の歌書を見せられ、そのあと幸若舞を観た（『駿府記』）。

利長の隠居領

七月十三日には、この年五月二十日に死去した前田利長の隠居領の処置について、秀忠から相談を受け、隠居領を利光（利常）に与えることにした。十四日、毛利輝元から献じられた宋版一切経を仙波喜多院に寄附した。また秀忠より藤原定家自筆の『伊勢物語』を献じられ、林道春が御前でそれを読んだ。二十日にも飛鳥井雅庸から『新哥撰』を献じられ、二十一日には雅庸から『源氏物語』の講釈を聴いた（『駿府記』）。

## 四　寺社・公家への法度

話は少しさかのぼるが、慶長十七年（一六一二）、から十八年にかけて、家康は寺社や公家に対し数多くの法度を出す。本節では、法度によって寺社および公家を掌握していく過程をみる。

修験争論

慶長十七年三月十五日、比叡山竹林坊を多武峰（とうのみね）の学頭とし（『駿府記』）、三月には修験の本山派と当山派の山伏の出入りをめぐる争論を裁許し、従来通りそれぞれの山伏を統括するよう命じた（『義演准后日記』）。

戸隠山法度

五月一日、信濃戸隠（とがくし）社に社領一〇〇〇石を寄附し「戸隠山法度」を出した（『本光国師日記』）。同日に山城高台寺・遍照心院・二尊院・近江飯道寺へ、三日に山城瑞雲寺・近江百済寺・金勝寺・武蔵増上寺・駿河長源院へ、五日には山城清涼寺へ、それぞれ所領を寄附した（「高台寺文書」他）。

多武峰法度

十三日には、「多武峰法度」を出し、多武峰領のうち三〇〇石を学頭領とした。同日、常陸佐竹八幡宮・近江延暦寺竹林坊・大和長谷寺小池坊に所領を寄附した。

曹洞宗法度

五月二十八日には「曹洞宗法度」を、武蔵龍穏寺・下総総寧寺・遠江大洞院に出している（『本光国師日記』）。

公家衆に対しては、家々学問行儀を油断なく嗜み、放鷹の禁止を武家伝奏を通じて命じるが、六月七日に両伝奏より公家衆に伝えられた（『言緒卿記』他）。

南郡寺院への法度

九月二十七日には大和興福寺に、坊舎・寺領を私に売買すること、俗方が寺の裁判をすること、などを禁じる「興福寺法度」を出し（『本光国師日記』他）、十月四日には大和長谷寺に、修行二〇年未満の者は弟子を教えることを、また坊舎・寺領を私に売買することを禁ずる「長谷寺法度」を出した（『本光国師日記』）。

天台寺院への法度

慶長十八年（一六一三）二月二十八日には、喜多院に宛て「関東天台宗諸法度」八ヵ条を、また、常陸千妙寺・武蔵中道院・常陸薬王院・武蔵慈恩寺にも法度を出した。三月十三日には江戸浅草寺に五〇〇石を寄附し、法度を定めた。

新義真言宗への法度

四月十日には新義真言宗の智積院能化坊に、学問のため住山している所化と能化との関係や院領について定めた「智積院法度」五ヵ条を出した。なお、この日、近江総持寺・小谷寺・竹生島社に、寺社領を安堵した（『本光国師日記』）。

五月二日は勅使と照高院興意、三宝院義演らに対面、崇伝を通して山伏の妻帯の所以を尋ね、五日には修験本山派と当山派とのあいだで起きた役銭をめぐっての争論を、照高院興意と三宝院義演を召して裁許した（『本光国師日記』『駿府記』『義演准后日記』）。二十一日、聖護院と三宝院へ、山伏が真言宗に対して役儀を賦課するのを禁じ、また修験道については、先規のごとく筋目に任せて入峯するよう命じ、また「関東新儀真言宗法度」を定めた（『本光国師日記』『義演准后日記』）。

### 公家衆法度と紫衣法度

他方、駿府に下っていた武家伝奏の広橋兼勝に六月十六日付で、公家衆法度と紫衣法度とを申し渡した（『本光国師日記』他）。この公家衆法度は、

①公家衆は家々の学問を油断なく務めること、
②老若を問わず行儀法度に背く者は流罪に処すこと、
③禁裏の番を怠りなく務めるとともに威儀を調え、祗候する時刻を遵守すること、
④昼夜ともにさしたる用もなく町小路を徘徊することの禁止、
⑤公宴以外に私としての勝負事および無頼の青侍の召抱え禁止、

### 武家の沙汰

を定め、最後に「右条々相定むる所なり、五摂家ならびに武家伝奏よりその届けこれある時、武家より沙汰行うべきものなり」と、最終的には武家が公家を処罰すると宣言した。この法度を持ち帰った広橋兼勝は、摂家衆と相談のうえ、七月十二日に公家衆を禁中に集め、家康からの法度として申し渡した。

紫衣法度は、「紫衣」（徳の高い僧に贈る紫色の僧衣）の寺である大徳寺・妙心寺・知恩寺・知恩院・浄花院・泉涌寺・粟生光明寺の住持職については、勅許以前に家康に報知すること、仏法の相続のため器量ある者を選び、その上で住持職に就けるよう定めた。

六月十九日には、京都北野社松梅院と宮仕能閑とのあいだの座論を裁き、能閑を非とし、また寺務曼殊院の仕置次第とするよう命じた（『本光国師日記』）。

九月三日には金戒光明寺へ、寺領を寄附するとともに、住持西林の求めに応じ、安芸瀬戸田の光明三昧院の法然の御絵を、金戒光明寺に移すよう命じた（『本光国師日記』）。八日、常陸佐竹八幡宮の神主と社務との争いを裁き、社務の負けと決した（『本光国師日記』）。十五日には、大和吉野の金峰山寺の本願木食快元の寺中修理料についての訴えを認め、今年より修理料を快元の裁きとするよう命じた（『本光国師日記』）。

## 五　方広寺大仏鐘銘一件

方広寺大仏供養延期

慶長十九年（一六一四）、大坂の陣の直接の原因となる方広寺大仏鐘銘事件が起こる。本節では、豊臣氏を滅亡に導くことになるこの事件の発端から一連の経過をみていく。

家康は豊臣秀頼に、父豊臣秀吉が創建した方広寺が文禄五年（一五九六）の大地震で倒壊してしまっていたので、その再建を勧め、慶長十七年より着工されていた。落成間近かとなった慶長十九年七月二十六日、家康はその大仏の鐘銘と上棟の日時について「大仏鐘銘、関東不吉の語、上棟の日吉日にあらず」と異を唱え、上棟・供養の延期を命じた。

大仏開眼供養の役者と供養日については、これ以前に大坂と駿府のあいだで折衝がなされ、ようやく開眼供養の日は八月三日、堂供養の日は十八日と決まっていた。

同じ二十六日、家康は天海より天台血脈相承を、二十七日には天台法問の儀を伝授されている。同日、秀忠に『晋書』『玉海』『朱子大全』『朱子語類』など三〇部を贈った。二十九日には、日野唯心から金沢文庫本の『侍中群要抄』を贈られた（『駿府記』）。

八月一日、駿府城前殿に長袴で出御し、翌二日、大仏鐘銘の写を見、そこに「国家安康」の語があるのを「家」と「康」の字を分断した呪詛の文言であると不快感を示し、四日には棟札（むなふだ）を見て、そこに大工頭中井正清のないこと、また秀頼の家臣の諸大夫成をいぶかった。五日、秀頼に仕える片桐且元から届いた大仏鐘銘・棟札を、金地院崇伝に読ませ、また大工頭の中井正清から書付が差し上げられた。それを受けて、鐘銘善悪について五山衆に評価をして提出するよう命じた（『駿府記』）。

八月六日には、崇伝より大蔵一覧を進上された。翌七日、日野唯心・飛鳥井雅庸・冷泉為満に山崎宗鑑筆の「二十一代集」を見せ、また九日には冷泉為満らに藤原定家自筆の「古今集」、三条西実隆・実澄筆の「三代集」を見せた。為満は「古今集」は自筆ではないのではと言う。十日は公家衆・金地院崇伝に、空海筆の「般若心経」、小野道風・藤原佐理・藤原行成の手蹟、尊円一巻、三条西実隆・実澄筆の「伊勢物語」二部、

「源氏物語系図」二巻、定家筆「新勅撰」などを見せた（『駿府記』）。

**奈良大仏の勧進**

この間、八日に奈良大仏修繕の諸国勧進を許可した。十一日には天海に、天台仏法の奥義を問い、翌十二日は山名禅高らに連歌を興行させた。十三日は、長崎に来たポルトガル人を引見した（『駿府記』）。

方広寺鐘銘についての五山僧からの回答が届き、それを受けて十八日、板倉重昌（勝重の子）を京に遣わした。十九日、片桐且元が駿府に入るが、家康は対面しなかった。同日、関白秀次所持の金沢文庫本『律令』が今出川晴季から献じられ、また生母水野氏の十三回忌を修した。二十二日には、飛鳥井雅庸から『源氏物語』の秘訣を受け（『駿府記』）、二十六日、広間にて観世父子の能を観ている。

八月二十七日、方広寺大仏鐘銘を起草した文英清韓（ぶんえいせいかん）が紫衣勅許されたのを怪しみ、板倉勝重に旧記を調べさせている（『本光国師日記』）。二十九日に大坂から、秀頼の生母淀殿の乳母でもある大蔵卿局が、駿府に来た（『駿府記』）。

**西国大名の誓紙**

九月一日にはオランダ人を引見した。三日は三の丸で能を観て（『駿府記』）、藤堂高虎には江戸普請の労を犒（ねぎら）った（「藤堂文書」）。五日には上野国榛名山に、三ヵ条の定を出した（「御当家令条」他）。七日、江戸在府の西国諸大名に、家康・秀忠に対し別心表裏のないこと、上意に背く者と申し談じないこと、仰せ出された法度に背かないことを内容とする誓紙を出させた（『駿府記』他）。十六日には前田利光に、加賀・能登・越中三ヵ国の領有を安堵し（「前田育徳会所蔵文書」）、十七日には利光より進物が送られた（『当代記』）。二十一日、癤（せつ）（でき物）を煩うが二十八日には平癒した。二十三日、上山検校の琵琶を聴いた（『駿府記』）。

片桐且元に詰問

九月に入り、家康の意を受けた本多正純と金地院崇伝は、片桐且元と大蔵卿に別々に会い、家康・秀忠とも秀頼に疎意のないことを伝えるとともに、且元には秀頼の方から徳川氏に隔意のないことを示す証しを求めた。この時、証しの内容は示されず、且元の分別にゆだねられた。徳川の対応は、且元と大蔵卿とでは異なっていたのである。

大坂に帰った且元は、みずからの分別で、徳川方への証しの具体案として、秀頼あるいは淀殿が江戸に在府するか、もしくは秀頼が大坂城を出て他国に移るかという二案を示した。これに対し、駿府から戻った大蔵卿から、豊臣氏に疎意なしとの家康の意向を伝えられていた淀殿はじめ強硬派は、これを且元の裏切りと決め付け、出仕する且元を殺害しようとした。この動きを察知した且元は、十月一日に大坂城を退去し、摂津茨木城に入った。九月二十五日、片桐且元より家康のもとに、淀殿の怒りをかって討たれるかという状況であるとの報が届いた（『駿府記』他）。

大坂攻めを決定す

十月一日、所司代の板倉勝重からも家康の元に、大坂城の強硬派による且元殺害計画を報じた書状が届き、その日のうちに十月一日には家康は大坂攻めを決した。近江・伊勢・美濃・尾張・三河・遠江の諸将に陣触を出すとともに、江戸の秀忠にも伝えた（『駿府記』）。二日には、伊勢桑名の本多忠政・亀山の松平忠明へ、近江瀬田に伊勢の諸大名とともに軍勢を出すよう命じた（『譜牒余録』）。

駿府発

十月四日、徳川義直・頼宣を先発させ、八日には先鋒を藤堂高虎に命じた（『駿府記』）。十一日には駿府城の留守を徳川頼房に命じ、駿府を発った。その日は田中に泊まり（『駿府記』）、十二日掛川、十三日中泉、路次で鷹野を行なっている（『駿府記』）。この日、長崎に集められた上方や西国各地からの宣教師・信徒たちを、寄港していたポルトガル船三艘に乗せて、日本からマカオ・マニラへ追放したとの報が届いた。

宣教師ら追放

二条城着

十月十四日は浜松、路次で鷹野を行ない十五日は吉田、十六日岡崎、十七日に名古屋に着き、翌十八日まで逗留した。十九日に岐阜に着き、同日、西国の諸大名に出陣を命じた。二十日は近江柏原で、この日より諸勢に扶持米を給するよう板倉勝重に命じた（『駿府記』他）。二十一日佐和山、二十二日永原を経て、二十三日に二条城に入った（『駿府記』他）。同日、藤堂高虎・片桐且元を二条城に召し、大坂城の堀の深さや攻め口について聞いた（『駿府記』）。秀忠はこの日に江戸を発つが、本多正純に書状を送り、自分が上着するまでは開戦しないようにと、家康に言上するよう求めた（「和田文書」）。

金地院で古記録を謄写させる

二十四日、武家伝奏の広橋兼勝と三条西実条とが、後水尾天皇の勅使として二条城に来た。同日、林羅山・崇伝に命じ、五山の僧衆のうちから能書のものを各一〇人選び、金地院で古記録を謄写させた（『本光国師日記』他）。謄写は二十七日に始まり、五山衆五〇人を動員し、十二月十四日ころまで続く。書写された諸家記録の一本を禁裏、一本を江戸、一本を駿府に置かせることにした（『駿府記』『鹿苑日録』）。この間の十月二十五日に、藤堂高虎・片桐且元へ大坂攻めの先鋒を命じた（『駿府記』）。二十六日、梵舜に「古事記」三冊、「旧事紀」五冊を書写するよう命じた（『舜旧記』）。二十八日にも重ねて勅使が派遣され、天皇から太刀折紙と薫物とが贈られた（『言緒卿記』）。

摂津・河内へ禁制

十月二十八日には大坂城を立ち退いた者を二条城に召し、大坂城の様子を聞き（『当代記』）、翌二十九日、摂津平野・河内久宝寺などへの軍勢の濫妨狼藉・放火、田畠の作毛刈り取りを禁ずる禁制を出した（「末吉文書」「松井文書」）。

十一月一日、八条宮智仁親王・摂家衆・公家門跡が二条城に候したが、家康に告げずして大仏供養に臨もうとした関白鷹司信尚には対顔を許さなかった（『駿府記』）。この間、北国（ほっこく）・中国・四国の諸大名にも軍勢を出すよう命じた。一方、大坂方への加勢を恐れ、福島正則・黒田長政・加藤嘉明など豊臣氏恩顧の大名たちは、江戸に留め置かれた。

十一月五日、片桐且元に大坂攻撃の方略を命じ（『駿府記』）、また七日には池田忠継に大和田での戦功を賞した（『萩野三七彦氏所蔵文書』）。

なお、この間の十一月六日、梵舜から藤氏系図七冊を進上されている（『舜旧記』）。九日には南光坊天海に命じ、後陽成院に『日本後紀』『弘仁格式』『貞観格式』『類従国史』『類従三代格』があるか問い合わせ、院から所持する本は書写するとの返答を得た（『駿府記』）

## 六　大坂冬の陣

慶長十九年（一六一四）十一月十五日、家康は大坂城攻めのため二条城を発ち、十七日に住吉に陣を張る。冬の陣では、大坂城出丸の真田丸での戦闘を除くと、あまり大きな戦闘はない。十二月八日ころから和睦交渉が始まり、十八日に大坂城二の丸・三の丸の堀を埋め立てるなどの条件で講和がなる。本節では、冬の陣の開始から講和が成立して、家康が十二月二十五日に二条城に戻る一ヵ月半あまりの状況をみていく。

秀忠、伏見城に入る

慶長十九年十一月十日、将軍秀忠が伏見城に入り、十二日に二条城の家康のもとに来た。十三日の大坂出馬を予定していたが、金地院崇伝から十三日の南行は悪日であると告げられ、十五日に延期した（『駿府記』『当代記』他）。

二条城出馬

家康は十五日に二条城を発ち、木津に泊まる予定であったが、旅宿が狭く急遽奈良まで進み、奈良奉行の中坊(なかのぼう)秀政の屋敷に泊り、十六日は法隆寺阿弥陀院を宿所とし、十七日には住吉に陣を張った（『駿府記』）。一方の秀忠は、淀から平野に陣を進めた。この

徳川方の布陣

時点での徳川方の布陣は、大坂城の南に藤堂高虎・前田利光・松平忠直・井伊直孝・鍋島勝茂・蜂須賀至鎮・山内忠義・浅野長晟らの諸勢が陣取り、城の東には上杉景勝・佐竹義宣らの軍勢、北方の天満・中島には加藤明成・池田利隆・池田忠雄・森忠政・有馬豊氏らの諸勢が陣取った。さらに家康の後ろから、伊達政宗の軍勢が八尾へ進み、毛利輝元の軍勢が十七日に兵庫に着いた（『駿府記』『舜旧記』）。

大坂冬の陣

十一月十八日、茶臼山で秀忠と会し、城攻めの方策を藤堂高虎・本多正信を召して評定(ひょうじょう)を行なった。十九日にも住吉で秀忠と会し、本多正信・本多正純・藤堂高虎・安藤直次・成瀬正成らと評定し、淀川の本流を鳥飼あたりで堰き止め、大坂城廻りの水を涸渇させて四方から城を攻めることにした（『駿府記』）。

大坂城包囲網

翌十九日に戦いは始まるが、大規模な戦闘はみられず、十一月の終わりには「大坂四方の陣所ことごとく明所（空いた場所）これなく候」までに大坂城包囲網はできあがったが、秀吉が築いた大坂城は容易には落ちなかった。

二十七日、住吉の陣所に来た梵舜に、神道のことを尋ねた（『舜旧記』）。二十九日には、

後水尾天皇から陣中見舞いに派遣された勅使の広橋兼勝と三条西実条と対面した。十二月二日は茶臼山の秀忠のもとに行き、大坂城の近辺を見て住吉に帰った（『駿府記』）。六日に家康は茶臼山へ陣を移す（『言緒卿記』）。

陣中見舞の勅使

こうしたなか十二月四日、功を焦った前田利光・松平忠直・井伊直孝らは、家康の指示を待たず真田信繁の守る大坂城の出丸（曲輪）の真田丸を攻撃した。しかし信繁らの防戦にあい、多数の兵を失い撤退した（『駿府記』他）。豊臣方にとって「冬の陣」での最大の戦果であった。

真田丸への攻撃

和睦交渉

十二月八日、豊臣方穏健派の織田有楽（長益）と大野治長から、今度大坂城に入った浪人の赦免と、秀頼の国替え先の国の希望など、和睦条件を問い合わせてきた。

翌九日に藤堂高虎を呼んで総攻撃の評定を行ない、川堰ができ次第、一両日中に攻撃を始めるとし、諸将に毎夜二、三度ずつ鬨（かちどき）をあげさせ、城中に鉄炮を二時間余り打ち続けるよう命じ、十日には「降参する者は赦免する」との矢文を城中へ放たせた（『駿府記』）。十二日織田有楽と大野治長から返書が来て、そこには「両御所様御出馬の上、何之色めもござなく、御馬を入れらる儀なされがたきの由」（家康・秀忠が出馬したのに、何の得るところもなく撤兵するのは、なしがたいの由）は、尤もであるので随分意見を申してみる、とあった（『譜牒余録後編』他）。

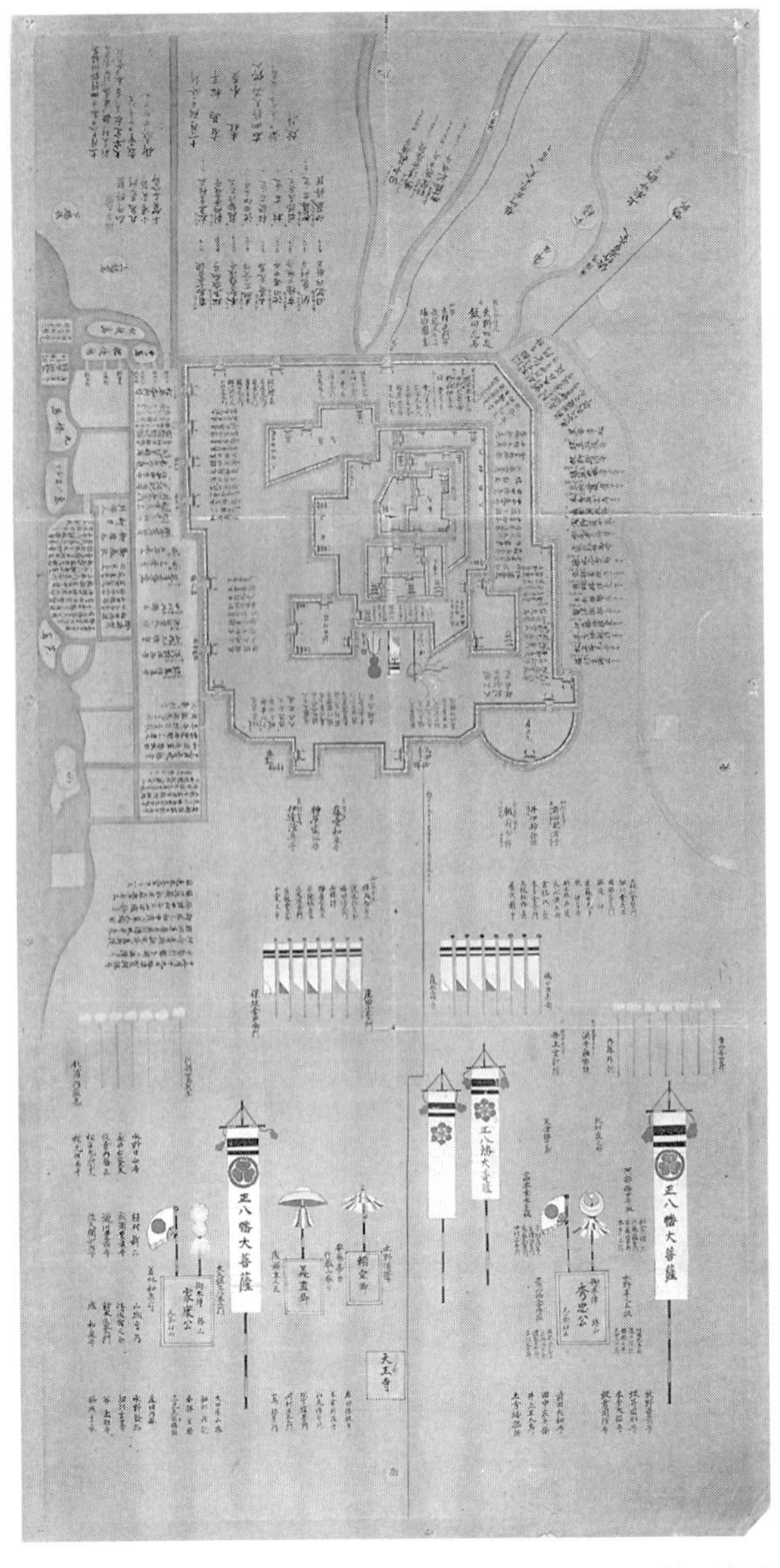


(大阪城天守閣蔵)　　(冬の陣図)

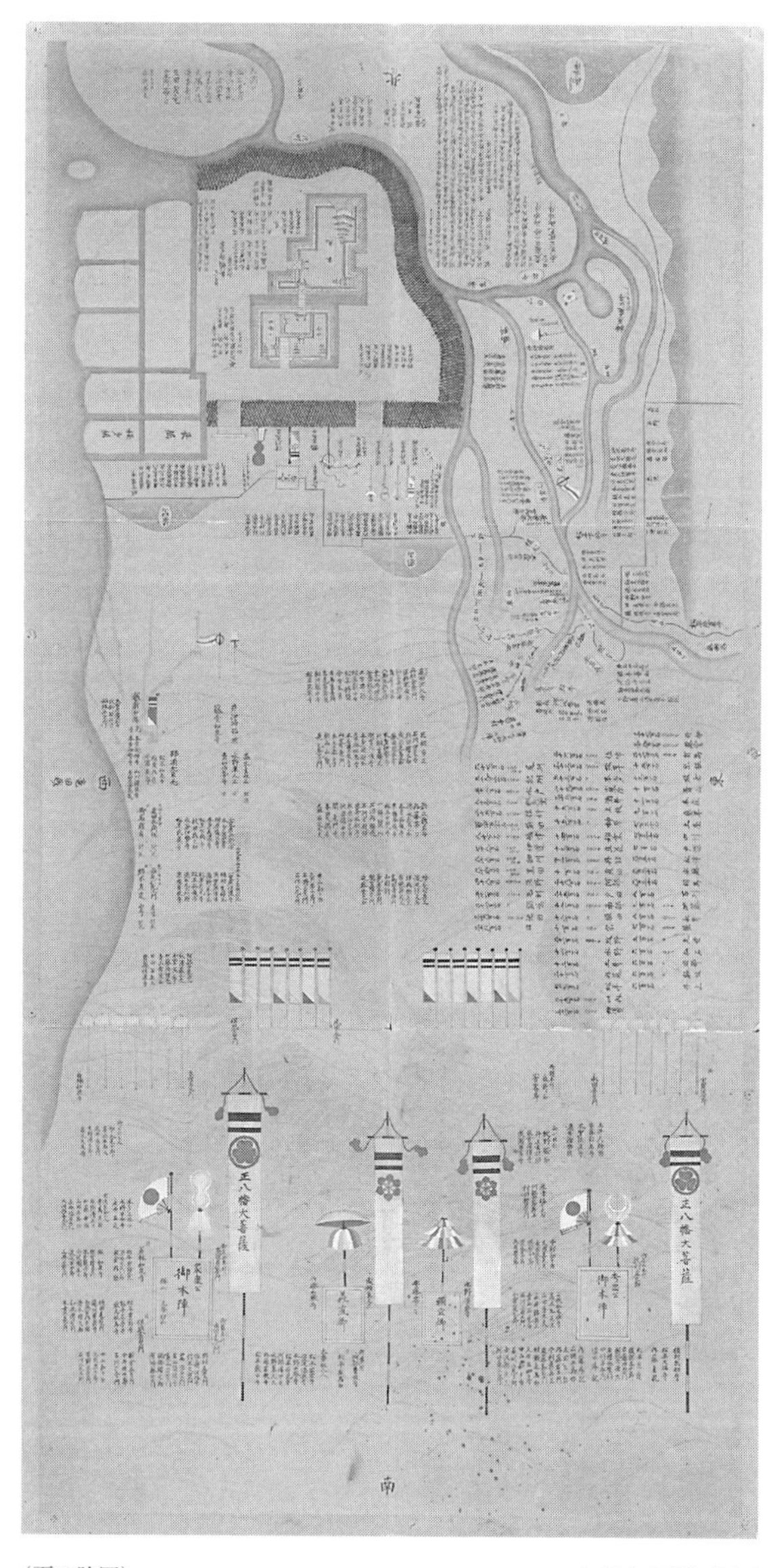


（夏の陣図）

大坂冬夏陣立図

十二月十三日、浅野長晟と山内忠義に船場（せんば）の堀を埋めるよう命じ、また諸将に中井正清に作らせた梯子を配り（『駿府記』他）、十四日には天満の陣前に築山を築かせた（「田中文書」他）。十五日には織田有楽と大野治長より、淀殿が質として江戸に行くこと、籠城の浪人へ与える地の給与とを求めてきた。これに対して、浪人に何の功労があるのかと、この申し出を受け入れなかった（『駿府記』）。

堀の埋めたてを命ず

十七日に勅使が茶臼山の家康の陣所にきたが、しばらく会わず、「禁中の御扱いは無用」と天皇による仲裁を退けた。『駿府記』には、この時に勅使から家康に、豊臣方と和睦して上洛するように、との勅定が内々に伝えられたが、「諸軍に申し付くべきために在陣いたす也、和睦の儀、然るべからず、もし調わずば、則ち天子の命を軽んじせしむ、甚だもって不可なり」と、勅答したとある。

禁中の扱いは無用

十八日、京極忠高の母で淀殿の妹でもある常高院が城中から忠高の今里の陣所に来たのを聞いて、家康は自身の側室である阿茶局と本多正純を遣わし、和睦交渉にあたらせた（『駿府記』）。この日には決着せず、翌十九日に京極忠高の陣で常高院と阿茶局・本多正純が会い、大坂城は本丸を残して二の丸・三の丸は堀の埋立、織田有楽と大野治長からの人質提出、秀頼家臣および浪人衆は構いなし、との三条件で講和が整った（『駿府記』他）。

講和成立

血判誓詞

十二月二十日夜、後藤光次（庄三郎）に大坂城より人質を取るよう命じた。光次は金銀鋳造などの財政政策に通じた家康側近で、大坂城に行き、織田有楽の子尚長と大野治長の嫡男信濃守を受け取ってきた。そして家康の陣所に来た常高院・二位局・饗場局の見守るなか、家康は血判の誓紙を書いた。翌二十一日、秀忠も家康とほぼ同文の誓紙を岡山の陣所で書いた。誓紙の内容は、籠城の浪人は咎めなし、秀頼の領知はこれまで通り、淀殿の江戸行きはなし、大坂開城の場合はいずれの国にても望み次第、秀頼に対し表裏はない、というものであった（『駿府記』他）。そしてこの日、諸軍に命じ大坂城攻撃を停止した。二十二日、阿茶局・板倉重昌を大坂城に遣わし、秀頼と淀殿から誓紙を取った（「大坂冬陣記」）。

感状

二十三日には、かねて古今礼儀式法の異同について公家らに調査を命じたが、その答申がないのはどうしたことかと、日野唯心・崇伝に問うた。二十四日、茶臼山に来た参陣の諸大名を引見し（『駿府記』）、また蜂須賀至鎮とその家臣、池田忠雄の家臣に大坂仙波（船場）表・伯楽（博労）淵などでの戦功を賞して感状を与えた（「横川文書」他）。家康は二十五日に茶臼山を発ち、二条城に入った（『駿府記』他）。

朝廷儀礼

実はこの日より先、茶臼山の陣所にきていた勅使に、朝廷の儀礼について天皇に奏上するよう指示した。二十五日に京都に帰った両武家伝奏が奏上した内容は次のようなものであった。

①大臣より准后・親王は上席たるべし、②儀式にあたって使用される「三方」と「四方」（供物などを置く台）については、三方は天子より臣下までの根本のもの、四方はその後にできたものであり基準とはならない、③当時の官位は家々に従って昇進してきたとのことだが「有学無学」にかかわらず為されているのは良くない、延喜の時分は学問ある人びとは昇進し、無学の人びとは高家であっても「浅官」である、延喜の時分のように当世の昇進もなさるべきか、④無知の僧が昇進しているが、その「宗立つ様」をわきまえない者の昇進はあってはならないとし、さらに摂家衆と談合するようにとの申し入れであった。混乱した朝廷の状況に新たな要求を突きつけた（『言緒卿記』『時慶記』）。

**謄写本を受け取る**

十二月二十六日は、二条城に出仕した公家衆に会い（『言緒卿記』他）、また金地院崇伝・林道春から、謄写のなった『旧事本紀』『古事記』『続日本後紀』『文徳実録』『三代実録』『江次第』『明月記』『続文粋』『菅家文集』『西宮紀』『釈日本紀』『内裏式』『山槐記』『類従三代格』などを受け取った（『駿府記』）。二十七日には、梵舜から『三光双覧抄』を献じられた（『舜旧記』）。二十七日、このたび在陣した大名には、その苦労に応え、三ヵ年の普請役を免じた（『駿府記』）。

**参内**

十二月二十八日に参内し、和議のなったことを後水尾天皇に奏し、銀一〇〇枚・綿三〇〇把を進上した（『時慶記』他）。またこの日、天龍寺・建仁寺・東福寺・万寿寺・慈照寺・聴松院・酬恩院に寺領の黒印状を与え（「天龍寺文書」他）、板倉勝重には知恩院の本末寺僧官に、門主の下知を守るよう申し渡すことを命じた（「徳川恒孝氏所蔵文書」）。

禁中儀式の目録

二十九日、武家伝奏の広橋兼勝と三条西実条が二条城に来て、禁中の儀式（元日節会・白馬節会・踏歌節会・官位・准后親王の位階など）に関する七ヵ条の目録を呈した。これに対し、古今異同については律令格式を考えたうえで、駿府に帰ってから返答すると返事した（『駿府記』『時慶記』）。

〔家康74歳〕秀頼からの年賀

慶長二十年（一六一五）元日、二条城で豊臣秀頼の使者より年賀を受け（『駿府記』）、天皇には鶴を進上した（「中院通村日記」）。正月二日、勅使の広橋兼勝・三条西実条から年頭の賀を受けた（『鹿苑日録』）。三日は大沢基宿を遣わして天皇に年頭の賀を述べ、太刀・馬代銀一〇〇枚を進上した。四日には後陽成院に、葉茶壺を進上した（『言緒卿記』）。

京都発

三日に京都を発ち、膳所泊。四日水口（『駿府記』）、五日には江戸留守を命じた黒田長政に、子の黒田忠之が病中にもかかわらず大坂攻めに参陣したことを賞する御内書を出した（「黒田家譜」）。また、同様に江戸留守の役を勤めた最上家親にも、使者を遣わして音物を送ってきたことと、留守の役を念を入れて勤めたことを満足と申し送っている（『譜牒余録後編』）。

岡崎に逗留

正月五日は亀山、六日桑名、七日は桑名より舟にて名古屋に入り、八日は名古屋に逗留し鷹野を行なった。この日、秀忠より大坂城割（破城）の様子が報じられた。九日は岡崎で、路次にて放鷹、以降十八日まで岡崎に逗留した。十日・十一日は岡崎で鷹野を行ない、十二日には秀忠の使者より、大坂城城割の様子を聞いた。十三日・十四日・十五日と鷹野を行ない、十八日には秀忠から、大坂破却の普請が大形終了したことを告げられた（『駿府記』）。

秀忠、参内

その秀忠は正月十九日、岡山の陣を払い伏見城に入った（『駿府記』他）。二十六日に参内し、後水尾天皇と常御所で対面、三献の儀があった（「中院通村日記」他）。この時の進物は天皇へ銀一〇〇〇枚・綿三〇〇把、後陽成上皇へ銀三〇〇枚・綿二〇〇把、また女院へ銀二〇〇枚、女御へ銀一〇〇枚と、将軍宣下の時と同様、破格のものであった。

家康は十九日には岡崎を発って吉良へ行き、路次で鷹野を行なった。二十日・二十一日にも鷹野を楽しんだ。伏見より飛脚が来て、秀忠が伏見に戻ったこと、また大坂城割が終わっておらず、本多正純と安藤重信を目付として大坂に残したことを伝えてきた。二十二日も鷹野を行なった。

正月二十三日には、豊臣秀頼から小夜着物三・蒲団三・絵枕・紅枕懸を贈られた。二十四日は大風により鷹野ができず、大坂から来た安藤直次に大坂城割の様子を聞いた。

二十五日には鷹野、二十六日は風にて鷹野はせず、二十七日は吉田へ行き、路次で鷹野を行なった。二十八日も鷹野、二十九日も路次鷹野をしながら浜松に着いた。翌三十日は中泉に着き（『駿府記』）、二月一日には中泉に来た本多正純から、大坂城割完了の報告を受けた。七日は中泉で秀忠と対面した。十日は相良で、鷹野のための御殿を新造することにした。十一日は雨にて相良に逗留し、十二日・十三日は田中におり、十四日に駿府に帰った（『駿府記』）。

大坂城割完了

二月十七日、備前岡山の故池田輝政の室良照院（家康二女の督姫）の死去を悼み、家老の荒尾成房に、良照院が産んだ池田忠継のことを頼んだ（「池田氏家譜集成」）。二十六日、大坂城にいる織田有楽から、使者をもって大坂城を出たいとの要望が駿府に届いた。それに対し、志次第と応えた（『駿府記』）。

秀頼と淀殿の使者来訪

三月十四日、奈良奉行中坊秀政に、大坂城籠城の郡山の侍の名列を一覧したこと、残る者どもの成敗を了承し、いよいよ油断なきよう報じた（「田中梓文書」）。十五日には、豊臣秀頼からの使者青木一重に会った。秀頼からは金襴一〇巻などが贈られ、また淀殿の使者としてきた常高院・二位局・大蔵卿局・正永尼（淀殿に近侍）にも会った（『駿府記』）。十九日、駿府に下ってきた崇伝・林道春から、五山衆に命じていた古記録、『朝野群載』『類従国史』『江吏部集（ごうりほうしゅう）』『百詠』『江談抄』『経国集』『都氏文集』『懐風藻』『雑言奉和』

表13　禁裏儀式の内容

| 項目 | 内　　容 |
|---|---|
| 朝廷儀式 | 年中公事，太政大臣の公事執行，摂関の公事執行，四方拝，元日節会，白馬節会，踏歌節会 |
| 叙位・任官 | 叙位・女譲位・除目，上皇在位，陣儀，改元，官位，関白，三公，太政大臣，内大臣，大将，大納言，中納言，参議，羽林，蔵人頭，弁官，近衛中将少将，侍従，八省(式部・民部・治部・兵部・刑部・宮内・中務・大蔵)，官位所望，位記，内侍宣，官辞退抑留 |
| 僧位等 | 僧官位，奏上，香衣，紫衣 |

注：『本光国師日記』慶長20年３月11日条.

『文華秀麗集』の書写が終わったとの報告を受けた（『本光国師日記』他）。

「祭事之書物」

さて二十日には、駿府に下向してきた武家伝奏の広橋兼勝と三条西実条とがもたらした天皇の「祭事之書物」について、鷹司をはじめ摂家衆よりの勅答の書物、門跡衆よりの勅答の書物が、家康の御前で崇伝によって読み上げられた。それを聞いた家康は一段と機嫌よく、崇伝と所司代の板倉勝重を通じて、武家伝奏の両名をはじめ親王・摂家・門跡たちへ、上洛した折に諸家と直談のうえ法度以下を定める、との意向を伝えさせた（『本光国師日記』他）。

届けられた禁裏儀式

家康に届けられた禁裏儀式の内容は、表13のとおりで、きわめて広範に及んだ。

二十一日には林道春に、銅製活字を以て『大蔵一覧』を刊行するよう命じ（『駿府記』）、翌二十二日には石火矢を、駿河籠鼻で鋳造するよう命じた（『駿府記』他）。

## 七　大坂夏の陣と「武家諸法度」

大坂冬の陣の講和からおよそ四ヵ月を経た慶長二十年（一六一五）四月、家康は再度の大坂攻めを決する。大坂夏の陣である。五月五日に家康は二条城を発ち、大坂へ向かう。大坂での戦闘は五月七日と八日の二日で終わり、八日に秀頼は自刃する。本節では、夏の陣の開始から終結後の、二条城に戻った家康が、「武家諸法度」を定め、秀忠の名で諸大名に申し渡し、ついで「禁中幷公家中諸法度」を発布するところまでをみる。

大坂明け渡しを求める

家康は慶長二十年四月四日、徳川義直の婚儀のためとして駿府を発って名古屋に向かったが、実際は大坂への出陣であった。これより先、大坂で浪人たちを召し放たず、弓箭（きゅうせん）の用意をしていると聞き、豊臣秀頼に大和か伊勢かいずれかを勧めるので、大坂を明け渡すよう求めた。秀頼からは六日に、国替えは許してほしい、との要請があるが、家康はそれを「是非なき次第」と一蹴した（『駿府記』）。

出立当日は田中に泊まり、六日は中泉に着き、西国の諸大名に、兵庫・西宮・尼崎あたりまで出陣するよう命じた。七日浜松、八日吉田、九日岡崎、十日に名古屋に着いた。この日、再び使者として大坂から来た淀殿の妹の常高院・二位局・大蔵卿・正永尼と青木一重とを引見した。常高院に、大坂ではいまだ諸牢人を召し放っておらず、淀殿がいまも「憤」を「謳歌」しているとのことだがと告げ、常高院・二位局を大坂に帰らせ、大蔵卿・正永尼・青木一重を京都にとどめた（『駿府記』）。

義直の祝言を祝う

四月十二日、名古屋城で義直と浅野幸長の娘との祝言があり、十四日には祝言三日の祝いを本丸で行なった。十五日に名古屋を発ち、佐屋で船に乗り桑名へ渡った。十六日亀山、十七日水口、十八日には矢橋から大津まで舟、その日のうちに二条城へ入った（『駿府記』他）。

二条城着

十九日、鹿苑院に『本朝文粋』三冊を送っている（『鹿苑日録』）。二十日、崇伝を通じて三宝院義演に「大峯五鬼」の由来を尋ねさせた（『本光国師日記』他）。

二十一日に秀忠が伏見城に入り、翌二十二日に二条城を訪れた。二十四日には京都まで来た常高院・二位局に、三ヵ条の書付を渡して大坂へ帰した。二十六日、二条城に来た秀忠と対面し、二十八日の出馬を決めた。しかし翌二十七日、大坂一味の者が京都に放火するとの情報を得て、二十八日の出馬を取り止めた。

秀忠、伏見城着

四月二十九日、和泉樫井で戦いが始まる。この日、二条城に来た秀忠と談合し、五月三日に秀忠が出陣することを決定する（『駿府記』）。晦日、和泉樫井での戦いに勝ちを収めた浅野長晟に、感状を遣わした（『浅野家文書』）。

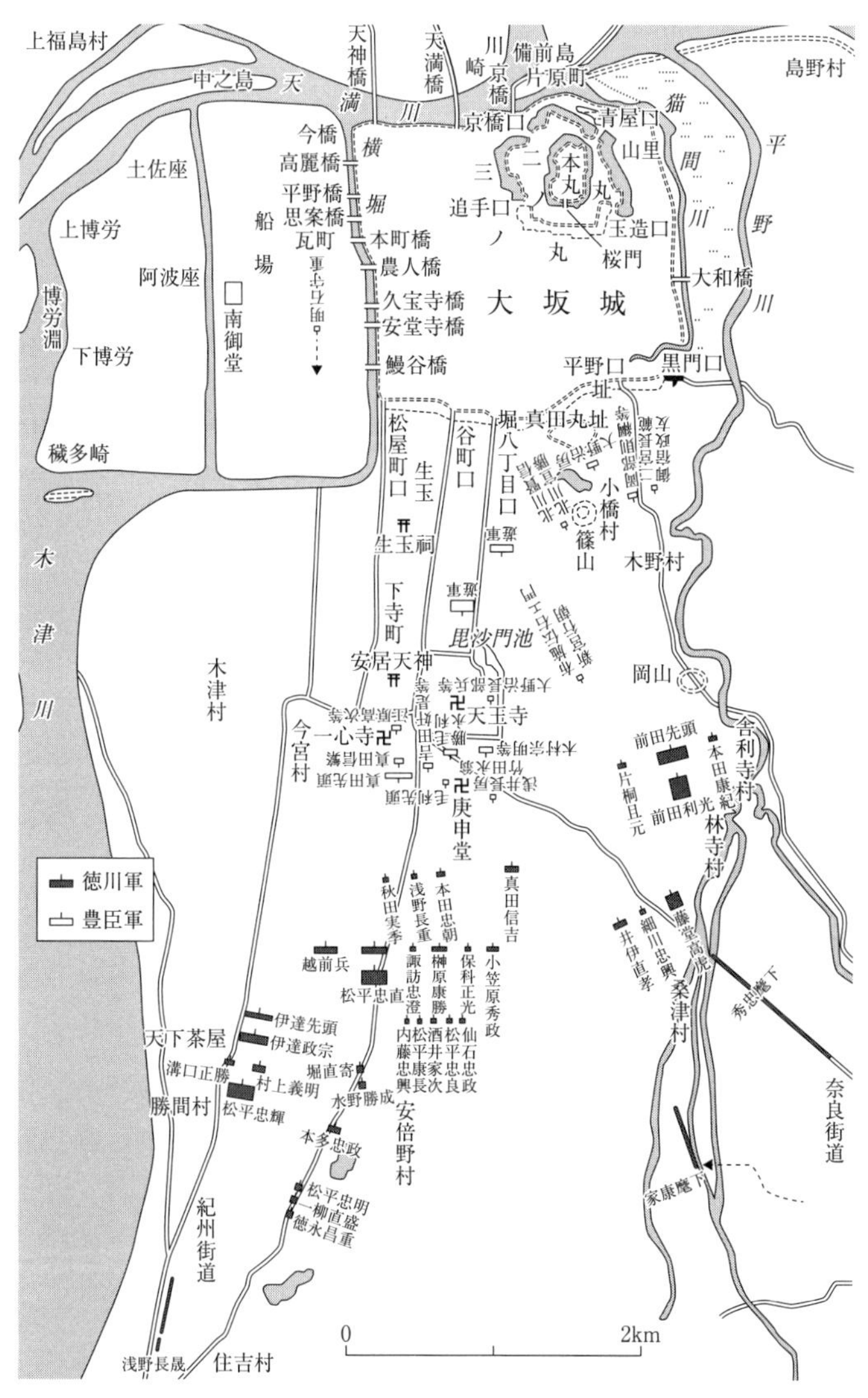

大坂夏の陣の布陣図（『国史大辞典』第２巻，吉川弘文館，589頁より）

**二条城出馬**

五月一日、家康の出馬を五月三日と決めるが、三日になって出馬を延ばし、五日に二条城を出て河内筋を大坂へ向かい、河内星田に着いた。六日には平岡に陣を進めた（『駿府記』『鹿苑日録』）。

**大坂夏の陣**

この夏の陣での本格的な戦闘は、家康出陣の翌日と翌々日の二日行なわれたにすぎない。しかし、この戦闘に参加した軍勢は、徳川方一五万五〇〇〇人、豊臣方五万五〇〇〇人であり、大規模なものであった。六日の戦闘は、大坂城の南東の道明寺・藤井寺、八尾・若江方面で行なわれ、両者に多くの死傷者を出した。

翌七日寅刻（午前四時）、家康は平野天神森に進んだ。茶臼山辺で巳刻（午前一〇時）に合戦が始まり、豊臣方優勢のうちに戦闘は展開した。一時真田信繁（さなだのぶしげ）が家康の本陣に突入し、徳川方を混乱に陥れたが、多勢の前に力尽き、越前の松平忠直の兵に討たれた。松平忠直の隊は、真田隊との戦闘で多くの兵を失いながらも北へ進撃し、城内に乗り込み本丸を占領した（『駿府記』他）。

**千姫脱出**

未刻（午後二時）に家康は茶臼山に入った。申刻（午後四時）、大野治長が秀頼夫人である秀忠の娘千姫を城から脱出させ、米村権右衛門を使いとして家康の陣に遣わし、秀頼母子の助命を願った（『駿府記』他）。

**豊臣家滅亡**

徳川方の軍勢が城内に突入してくるなか、秀頼は一時、本丸天守に入った。そこも火の手が延びたため、焼け残った山里丸の唐物倉に身を潜めるが、まもなく徳川方に発見された。五月八日、徳川勢が倉に鉄炮を打ちかけ火を放つなか、正午すぎ、秀頼は二三歳の命をみずから絶った。秀頼の母淀殿も同時に自害した（『駿府記』他）。

論義聴聞

他方、家康は五月八日申刻（午後四時）に茶臼山を発ち、戌刻（午後一〇時）二条城へ入った。十日は二条城に来た諸大名を引見し、浅野長晟・松平忠直らの働きを賞した（『駿府記』他）。十六日には公家衆に、公家諸法度について意見を開陳させた（『言緒卿記』他）。同日、二条城に来た秀忠とともに、「因明の論義」を聴いた（『義演准后日記』）。これを皮切りに十月二十八日までのあいだに真言宗（一〇回）、天台宗（八回）、浄土宗（七回）、法相宗（二回）など、合計二九回の論義・法問を聴聞した（表12）。

五月十九日、伏見城から二条城に来た秀忠より、八月までの在京を求められ、在京を決めた（『駿府記』）。二十六日には梵舜に、社家・神主・社務以下のことを尋ねた（『舜旧記』）。同月、五月六日の合戦での軍功を賞し、井伊直孝には近江諸郡で五万石の加増を、また藤堂高虎にも伊勢諸郡で五万石の加増を与えた（「井伊文書」『高山公実録』）。

参内・院参

六月二日に、豊臣方から没収した金二万八〇六〇枚、銀二万四〇〇〇枚が、大坂より京へ到着した（『駿府記』）。十五日に家康が参内する。三献の儀があり、天皇へ銀一〇〇枚・綿二〇〇把を進上した（『言緒卿記』他）。その後、女院と女御へ銀五〇枚・綿一〇〇把ずつ、長橋局へ銀二〇枚・綿三〇把を贈った。また、後陽成院のもとへ、譲位後はじめて院参し、銀五〇枚・綿一〇〇把を進上した。十六日、二条城で嘉定を行ない、菓子をふるまった（『言緒卿記』他）。二十日には秀忠が二条城に来る（『駿府記』）。二十二日には東寺に、空海の「御遺言」をみせるよう命じた（『義演准后日記』）。三十日には、東福寺の雲叔玄龍が献上した『左伝』『毛詩』『詩経』『中庸』一〇〇部を超える書籍を、数寄屋の書院で片山宗哲（家康の侍医）・上田善二郎に点検させた。同日、二条城で『大蔵一覧』が家康に進上された（『駿府記』）。

閏六月一日、梵舜に鴨長明のことを尋ねている（『舜旧記』）。六日は二条城に来た秀忠と閑談した。九日には、五山僧に書写させていた『本朝文粋』二部が、崇伝から進上された。十四日に浄土宗法度を出した。十五日には、法隆寺阿弥陀院の遺物として、「唯識論」「諸疏」などが、中井正清を通じて進上された。

閏六月十六日、二条城に来た秀忠と閑談した。またこの日、鍛冶下坂を召して、大坂城の兵火で焼けた名物の刀脇差を鍛えさせた。二十二日には両武家伝奏が二条城に来た。『本朝文粋』を内裏に進上している。二十三日、伊達政宗が藤原定家自筆の「古今和歌集」を献上しようとするが、政宗の「翫弄之慰」（遊び道具）であろうからと受け取らなかった。

二十五日には東寺の杲宝(ごうほう)（室町期の学僧）の無尽蔵・句会の筆蹟を見た。二十七日には、二条城に来た秀忠や公家衆・諸大名とともに、舞楽、振鉾・万歳楽・延喜楽・陵王・納蘇利・太平楽・狛鉾・散手・古徳楽・抜頭・還城楽・長慶子を観覧した。二十九日、織田信包(のぶかね)の遺領をめぐる長男信重と三男信則との争論を聞き、兄の信重を非とし、所領を収めた（『駿府記』）。

### 一国一城令

閏六月、秀忠の年寄衆連署で、主には西国大名を対象として、一国一城令が出された（『島津家文書』他）。これは、家康から秀忠への権力移譲の一環といえよう。

### 武家諸法度

七月一日、秀忠をはじめ諸公家諸大名とともに観能に臨むが、七番が終わったところで「気色悪」く奥に入った（『駿府記』『舜旧記』）。翌二日、崇伝から「武家諸法度」の案を提示された。五日は幸若舞を観た。舞曲は烏帽子折・和田宴・俊寛であった。また、同日、公家衆に「源氏物語抄」を配分し、それに仮名をつけるよう命じた（『駿府記』）。

七月七日、伏見城に諸大名が集められ、家康の命で崇伝が起草した「武家諸法度」が、将軍秀忠の名で申し渡された（『駿府記』）。一三ヵ条からなる法度は次の通りである。

第一条　武士たる者は、文武弓馬の道に励むべきこと、

第二条　群飲佚遊(ぐんいんいつゆう)（遊興）の禁止、

第三条　法度違反の者を領内に隠し置くことの禁止、

第四条　旧主から反逆・殺害人であると報じられた者の領外追放、
第五条　領内に他国者を交え置くことの禁止、
第六条　居城の修補の際の届け出と新城構築の禁止、
第七条　隣国で新儀（新しいこと）を企てる者の言上、
第八条　私の婚姻の禁止、
第九条　参勤作法、
第一〇条　衣服の制を乱さないこと、
第一一条　乗輿の制
第一二条　諸国諸侍に倹約を命じること、
第一三条　国主政務の器用（才能がある者）を撰ぶべきこと、

の以上、一三ヵ条である。

### 豊国社移転

七月九日、天海と崇伝を召し、「豊国社を毀つのが本意だが、子細もあり大仏の鎮守でもあるので、大仏回廊の裏に移すのはいかが」と問うたのに対して、両僧とも「尤も」と言上した。そこで所司代の板倉勝重を召して、方広寺大仏の住持である妙法院に一〇〇〇石を加増し、方広寺大仏鐘銘事件で家康・秀忠父子を調伏したとされる照高院を、聖護院に戻すよう命じた。さらに豊国社の神職であった萩原兼従に、豊後で一〇〇〇石を与えた。またこの日、冷泉為満に「源氏物語奥入」について質問をしている（『駿府記』他）。

元和改元

これより前の五月二十八日、後水尾天皇より改元の意向が示され、それを家康が了承して、改元の作業がなされ、七月十三日、「元和（げんな）」へと改元される。

禁中并公家中諸法度

七月十七日、二条城の泉水御座敷に、武家伝奏の広橋兼勝と三条西実条とを召し、家康は「禁中并公家中諸法度」を、この月の終わりに関白に復帰する二条昭実、および将軍秀忠との三名連名で申し渡した（『駿府記』他）。ついで三十日に公家・門跡衆が禁裏に召され、武家伝奏の広橋兼勝がその面前でこの法度を読み上げた（「土御門康重卿記」）。

第一条は「天子諸芸能之事、第一御学問也」で始まり、その大部分は、一三世紀はじめの天皇である順徳天皇が、その皇子のために日常の作法や教養のあり方を説いた『禁秘抄』からの引用である。しかし、そこでは有職（ゆうそく）としての学問の習熟と、「我国の習俗」としての和歌の学習が求められ、天皇が政治に介入することを間接ながら否定している。

第二・第三条では大臣と親王との座位を定め、第四・第五条では大臣・摂関の叙任と辞任、第六条では養子は同姓、女縁からの相続の不承認を定めた。第七条では武家の官職と公家の官職とを分け、武家・公家に同一の官職のものが、たとえば二人の左大臣がいても構わないと規定、第八条では改元、第九条では天皇・仙洞・親王・公家の服装規定、第一〇条では諸家の昇進、第一一条では関白・武家伝奏らの命令に背く者は流罪、第一二条では罪の軽重の基準を「名例律」（養老律の編目の一つで刑事に関する総論を扱う）とすること、第一三条では親王門跡と摂家門跡との座位、第一四・第一五条では僧正・門跡・院家の叙任、第一六条では紫衣の寺の住持職、第一七条では上人号、について定めている。

## 八　家康の死　東照大権現

家康は元和二年（一六一六）正月、鷹野に出向いた先で病を発し、四月十七日に駿府城で七五歳の生涯を閉じる。本節では、発病から死後、神として祝われるまでをみていく。

高台院・女房衆に能を見せる

元和元年七月二十日、家康は二条城で中院通村に「源氏物語」初音の巻を読ませ、講釈を聴聞した（『駿府記』）。翌二十一日には、大坂の陣で摂津尼崎城を守衛した池田重利に摂津国で一万石の加増（『記録御用所本古文書』）、水野勝成には大和郡山で六万石を宛行った（水野記）。この日、二条城で能を張行し、豊臣秀吉の正室だった高台院と公家衆の上臈女房に見せた（『駿府記』他）。翌二十二日も能を催した（『駿府記』）。

諸宗寺院法度

七月二十四日、真言宗法度・高野山衆徒法度・五山十刹諸山之諸法度・大徳寺諸法度・妙心寺諸法度・永平寺諸法度・揔持寺諸法度・浄土宗諸法度・浄土西山派諸法度を出した（『駿府記』『鹿苑日録』）。

二十六日には京都三条の鋳物師に命じて梵鐘一〇を鋳させ、諸寺に寄進している（『駿府記』）。二十八日、梵舜から『増鏡』三冊を進上され（『舜旧記』）、二十九日には二条城内の御数寄屋にて、中院通村に『源氏物語』箒木の巻を読ませた（『駿府記』）。

八月一日、家康は暇乞にあたって、後水尾天皇に馬を献上した（『中院通村日記』）。天皇からは中鷹檀紙一束・長柄銚子・勅作の焼物などが贈られた（『土御門康重卿記』）。またこの日、平戸に渡来した南蛮人を引見した（『中院通村日記』）。翌二日にも中院通村に御数寄屋で『源氏物語』箒木の巻を読ませ、また大徳寺の僧を召して仏法のことを聴いている（『駿府記』）。

京都発

八月四日に京都を発ち、この日は膳所（ぜぜ）に泊まり、翌五日に矢橋で下船し水口泊。九日に亀山に泊まり、十日には四日市から舟で名古屋に入り、十一日・十二日は名古屋に逗留した。十三日岡崎、十四日に吉田、十五日から十九日まで中泉、二十日掛川、二十一・二十二日は田中、二十三日に駿府に帰った（『駿府記』）。

家康は九月十日、六男松平忠輝が秀忠の侍臣を切るなどした、その驕慢の罪を問い、勘当した（『駿府記』他）。十四日・十八日・二十一日には、駿府近辺で鷹野を行なった

（『駿府記』）。また、この間の九月二十日、武蔵氷川社に神輿を寄進した（「西角井正文氏所蔵文書」）。

最後の江戸滞在

家康は九月二十九日、江戸へ向けて駿府を発った。その日、清水に着き、十月一日・二日は善徳寺、三日三島、四日小田原、五日・六日・七日は中原におり、八日に藤沢に着いた。九日に秀忠の迎えを受けて神奈川に着き、十日に江戸城へ入った。十一日に秀忠が家康のいる西丸に来て、十五日には本丸へ行った。

関東での鷹野

十月二十一日には鷹野のため戸田に出かけ、二十五日に戸田から川越へ行き、三十日に川越から忍に移った。十一月九日には忍より岩槻へ行き、翌十日に越谷、十五日には越谷から葛西に移り、十六日は下総千葉、十七日には上総東金に行き、二十五日は東金から下総船橋、二十六日は葛西在、二十七日に江戸へ戻った（『駿府記』）。

泉頭の隠居所普請計画

十二月四日、駿府に向けて江戸を発った。この日に稲毛に着き、翌五日も稲毛に逗留し、六日は雪のなか中原へ向かい、七日から十二日までは中原に逗留し、十三日小田原、十四日に三島、十五日は善徳寺へ、この日、三島近くの泉頭（いずみかしら）を勝地として隠居所を造営し来春隠居すると言い、十六日には駿府に着いた。この頃、実現しなかったが、翌年四月の上洛、後に三代将軍となる竹千代（家光）の上洛・元服・参内を考えていた（『本光国師日記』）。

泉頭の隠居所

十二月十九日、秀忠より使者が来て、泉頭の隠居所の普請は秀忠が行なうと申し入れるが、翌二十日には泉頭の普請は日傭（ひよう）（日雇い）をもって行なうとした（『駿府記』）。しかし、この泉頭の隠居所普請は、翌年正月十二日に中止となる。中止の理由はわからないが、諸人が迷惑がっているとの噂があった（『本光国師日記』）。十二月二十四日、駿府に来た細川忠興に、羽柴姓から細川への復姓を命じた（『細川家記』）。なおこの年、駿府で『大蔵経一覧集』を開版した。

〔家康75歳〕最後の法問聴聞

元和二年（一六一六）正月五日、駿府近辺へ鷹野に出かけ、その日のうちに戻った。翌六日は曹洞宗の法問を聴いた（『本光国師日記』）。これがいまのところ家康の論議・法問聴聞の最後である。また、正月二十三日、京都に遣わされた大沢基宿が、後水尾天皇に歳首を賀している（『土御門泰重卿記』）。十九日には、崇伝・林道春に命じて『群書治要』五〇巻を印行させた（『本光国師日記』他）。

発病

家康は正月二十一日、駿河の田中に鷹野に出かけたところ、その夜遅く痰がつまり、床に伏した。家康の発病については、この鷹野にも供をしていた豪商の茶屋四郎次郎が家康に勧めた、ポルトガルから伝わったキャラの油で揚げた鯛のテンプラが原因ともいわれているが、確かなことはわからない（『本光国師日記』他）。二十二日には回復するが、しばらく田中に滞在し、二十五日に駿府へ戻った（『本光国師日記』）。

秀忠、駿府に到着

太政大臣任官

秀忠は、家康の病気を気遣って、年寄衆の安藤重信や土井利勝を駿府に派遣した。ついで二月二日にはみずから駿府を訪れ、その後、家康の死までの二ヵ月あまりを駿府に留まることになる（『東武実録』）。三日の晩には脈も平常になった（『本光国師日記』）。

家康の病気は二月五日ころには京都に伝わり、十一日に天皇は諸寺社に家康の病気平癒を祈願する祈禱を命じ、勅使として武家伝奏の広橋兼勝と三条西実条の二人を駿府に派遣した（「中院通村日記」他）。家康は三月十七日に見舞いの勅使と対面し、太政大臣推任を受けると返答した（『本光国師日記』）。武家伝奏からの奏請を受けた後水尾天皇は、三月二十一日に家康を太政大臣に任じた（「孝亮宿禰日次記」）。

この間、家康の容態は比較的よかったようである。太政大臣任官を受諾した十七日、家康は秀忠を側に呼び、「この煩いにて果てると思うが、このようにゆるゆる天下を渡せるのは満足に思う、思い残すことはないが、義直・頼宣・頼房を側において目をかけるように、これのみが頼みである」と申し渡した。また土井利勝・安藤重信を召して「おさなき御子様」への異見をし、将軍秀忠に召し使われるよう申し上げるよう、これのみが頼みだ」と申し渡した。三月十九日、家康は将軍へ、銀二二〇〇貫目を譲った（「土佐山内文書」）。なお、この前日の十八日のことだが、後藤光次が、大坂で受け取り刻印を打った金の質が悪く、その目方も不足しているとのことで、家康の気を損ねることもあった（「土佐山内文書」）。

二十五日、梵舜から吉田神道よりの神道御祓が勧められた（『舜旧記』）。二十七日には、太政大臣の宣旨が両武家伝奏から披露された。しかし、この日から家康は食事ができなくなった（『本光国師日記』）。二十八日には出仕した諸大名衆大半と対面した（『舜旧記』）。二十九日には祝儀の振舞いを行ない、両武家伝奏とも対面した（『本光国師日記』他）。秀忠からは御祝儀として五色の御小袖五〇が進上され、同日、大名衆の祝儀の礼がなされ、相国の祝儀として能三番が催された。また、武家伝奏の広橋兼勝と三条西実条とにそれぞれ金子五〇枚、天皇へ銀一〇〇〇枚を進上した（『舜旧記』）。

相国の祝儀の礼

家康死す

四月二日、家康は本多正純・南光坊天海・金地院崇伝を枕許に呼び、「死後に遺体は駿河久能山に葬り、葬礼は江戸の増上寺で行ない、位牌は三河の大樹寺に立てるよう命じ、最後に一周忌が過ぎたら、下野国日光に小堂を建てて勧請せよ、「関東八州の鎮守」となるであろう」と申し渡した（『本光国師日記』『梅津政景日記』他）。

四日には「御しやくり御痰」が出て、また「御熱気」な状態となった。七日には粥を食べるほどに快復するが、九日の晩には吐き、十日は小康、十一日は食事はできず、「もはや今明日の躰に候」とみえた。十四日には「少快気」するが「今明日中に他界なさるべきの由」が伝えられた。そして四月十七日巳刻（午前一〇時）、死去した（『本光国師日記』他）。享年七五。

久能山に埋葬

遺体はその日の夜に久能山へ移され、十九日夜、急拵えの仮殿に埋葬された。この埋葬は吉田神道に従って執り行なわれた。本社が「大明神造」で建てられる計画であったように、この時点では家康は「大明神」として祝われることになっていた（『舜旧記』）。

神号論争

ところが四月二十日、家康を神に祝うことについて、駿府城で天海と崇伝とのあいだで論争があった（『慈性日記』）。崇伝の主張は、その作法は吉田家に任せ、神号は勅定によるべきだとしたのに対し、天海は、作法も神号も「山王神道」（両部習合神道）により神号は「権現」とすべきであり、また「明神」は豊国大明神の例をみればわかるように良くない、と主張した（『本光国師日記』他）。しかし、事は決着しなかった。

「権現」と「明神」

江戸に戻った秀忠は五月三日、「権現」と「明神」の優劣について、梵舜に問いただした。梵舜は、「権現」と「明神」には上下の差別はない、しかし「権現」は神代の名神で、伊弉諾・伊弉冉両神の号であり、余の神にこの号はない、「明神」は、魚鳥などを供えることができ、また「潔斎参詣」が自由であり、さらに太政大臣の官位に相当するもので、前例も多くある、との見解を示した（『舜旧記』）。

秀忠は梵舜の見解を聞いたが、家康が帰依した天海の主張を容れ、五月二十六日に天海へ、家康を「権現」として祝うよう命じた（『慈性日記』）。そして五月三十日に、板倉

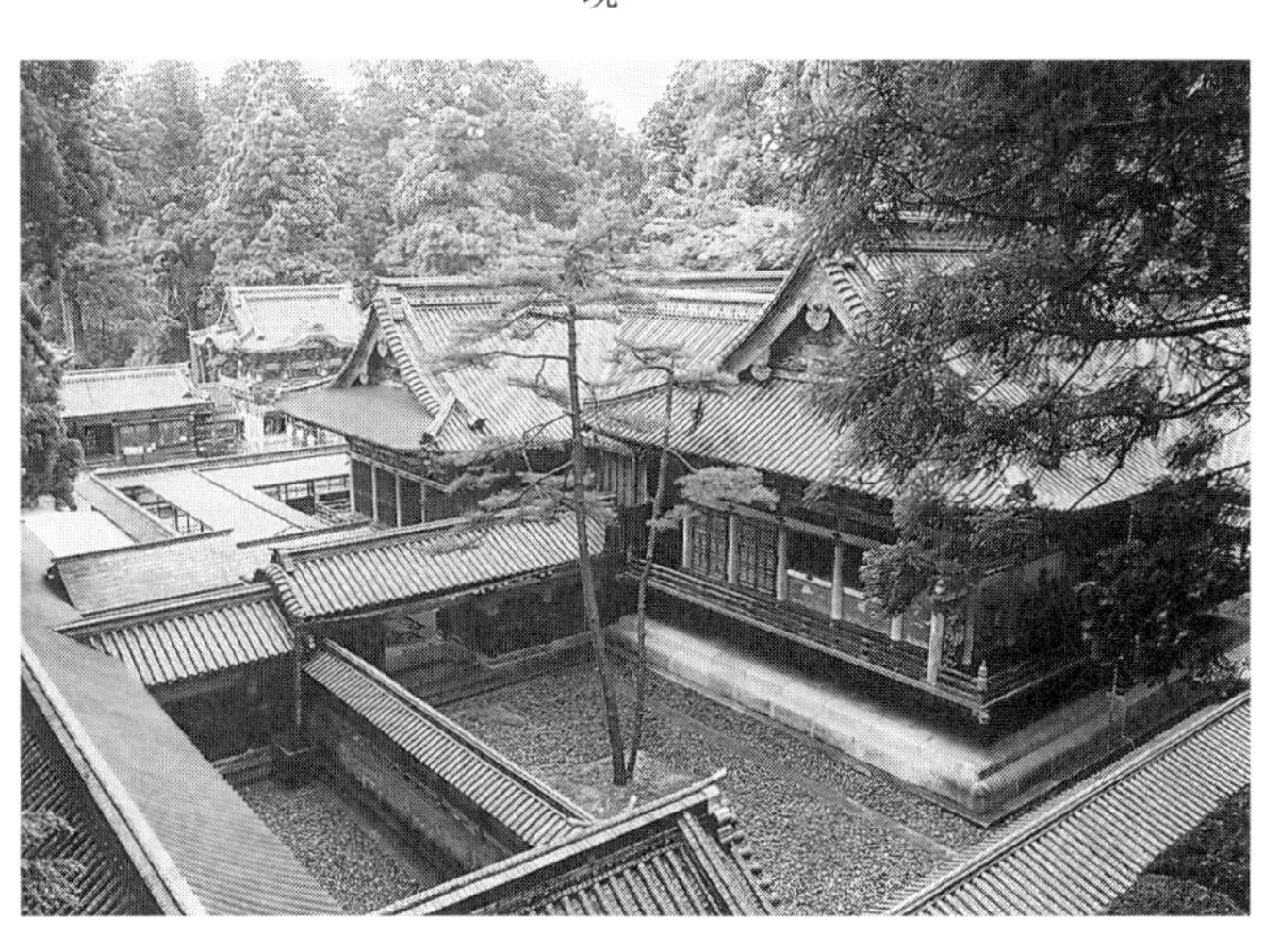

日光東照宮御本社（提供：日光東照宮）

重昌、天海、儒者の林永喜を京都に遣わし、そのことを奏請させた（『舜旧記』）。

六月三十日には、関白二条昭実の屋敷に、武家伝奏と所司代板倉勝重が祇候し、家康の神号と、天皇より家康に院号を進めることについて、相談がなされた。このとき、神号を受けた人に院号が下された例はないと、院号は否定された（「孝亮宿禰日次記」）。

七月六日、禁中に集まった公家たちは権現号には否定的であったが、家康の遺言、将軍秀忠からの執奏に従わざるをえず、十三日に天皇は神号を「権現」とすることを決めた（「土御門泰重卿記」）。その上で神号が検討された。関白二条昭実より「日本大権現」「東光大権現」の二案が、前右大臣今出川晴季から「東照大権現」「霊威大権現」

の二案が天皇に奏上された。この案は江戸の秀忠に示され、九月五日に秀忠の意向として「東照大権現」と定まった（『本光国師日記』他）。九月十六日には「東照大権現」勅許を伝える勅使として広橋兼勝と三条西実条とが江戸に向け京を発した（『慈性日記』他）。

本章で見たように、家康は慶長十六年（一六一一）、後陽成天皇の譲位と後水尾天皇の即位を取り仕切るため、形式的には秀忠の「名代」として上洛し、その折をとらえて大坂の豊臣秀頼と二条城で会見し、実質的には秀頼に礼をとらせた。さらにその折に上洛していた西国の大大名から三ヵ条からなる誓紙をあげさせた。翌年、東国の大名たちからも同様の誓紙をあげさせた。

駿府での日常は、駿府周辺だけでなく関東へもしばしば出かけ鷹野を楽しむが、この間にも寺社や公家に対し法度を出し、その統制を強めた。慶長十八年には大仏の開眼供養をめぐって生じた方広寺大仏殿の鐘銘に難癖をつけ、同十九年の大坂冬の陣に結びつけ、翌年の夏の陣で豊臣氏を滅亡させた。その直後、「武家諸法度」「禁中幷公家中法度」を定め、徳川政権の礎とした。そして翌元和二年（一六一六）四月、享年七五で駿府城で没し、その後、朝廷から神号、東照大権現を得て、神として祝われたのである。

# おわりに

「はしがき」で述べたように、一次史料を駆使して基礎的な家康の生涯を描こうとした。それにより家康についての事実関係は一定程度改めることができた思うが、他方、一次史料だけでは人間としての家康全体を描くことはできないことも思い知らされた。本書で利用した一次史料の古文書・古記録は大半が政治に関わるものであり、描くことのできたのは政治の場での家康である。この点を踏まえ、家康の一生を位置づけてみる。

家康は、一三年の人質時代を経て、永禄三年（一五六〇）の桶狭間の戦いを機に今川氏から自立し、三河国を領する戦国大名となる。そして従五位下三河守に叙任され、また朝廷から法事などの費用供出を求められるなど、その存在を内外に示した。

織田信長との同盟関係に入って以降、永禄十三年の上洛、元亀元年（一五七〇）の越前朝倉攻め、姉川の戦いへの参陣など信長と行動を共にする年もあったが、それ以降の一〇余年は遠江に侵攻し、甲斐武田氏との攻防を繰り返した時代であり、上洛し西に展開した信長からみれば、家康は東の防禦を担う存在であり、その関係も信長に臣従する関係へと変わっていった。

天正十年（一五八二）の本能寺の変のあと、羽柴（のち豊臣）秀吉と対抗した時期を経て、秀吉に臣従する。その後の家康は、関東「惣無事」を秀吉から任され、その立場で小田原北条氏を含めた関東以北の諸大名と関係をもった。天正十八年の関東転封後も、葛西・大崎の一揆、九戸の乱、さらに伊達政宗の上洛などに深く関わるなど、豊臣政権のなかで関東・奥羽仕置の一端を担った。

文禄元年（一五九二）の秀吉の「唐入り」で、肥前名護屋に従軍するころから、豊臣政権の中枢での活動がみられるようになり、さらに四年後の秀次事件を機に豊臣政権のなかで重要な地位を占めるようになり、官位も秀吉に次ぐ正二位内大臣に叙任された。

秀吉の死後、家康は五大老の筆頭として、また加藤清正ら七将の石田三成襲撃事件をも処理し、伏見城西丸に入ったのを機に「天下殿」と呼ばれるようになる。慶長五年（一六〇〇）の関ケ原の戦いにより実質的に「天下人」となるが、豊臣秀頼へ年頭の挨拶に出向くなど、形式的には豊臣政権の五大老筆頭の地位を脱することはできなかった。

慶長八年の将軍任官は、家康を名実ともに「天下人」に押し上げた。もはや家康は、秀頼のもとに礼に出向くことはなくなり、秀頼の元で大名の惣礼が行なわれることはなくなる。しかし、秀頼と大名との間では端午や重陽などに際し物が送られ、それへの礼状が秀頼より大名へ送られる関係は続き、また公家たちは秀頼のもとに年頭などの礼に出向いた。こうした秀頼の存在を、家康は、慶長十六年の二条城の会見で秀頼から礼を受けることで、秀頼臣従のかたちをつくり、さらに秀頼から家康の元に年頭の使者が来るなど、臣従は深まっていくが、その存在を否定することはできなかった。

みずからの年齢、成長していく秀頼をみて、最後に家康は豊臣氏を滅亡させる戦略に出た。しかし、最初から豊臣氏滅亡を策したのではなく、秀頼を大坂城から出し、他に領地を与えることで、徳川の一大名とすることを考えたと思われる。だが、秀頼側の反発は大きく、結果として豊臣氏は滅亡した。

慶長十年に二代将軍となった秀忠が「天下人」としての地位を手にするのは、家康の死を待たねばならなかったが、家康は将軍職を秀忠に譲ると、江戸城も秀忠の城とし、大名の家督相続などの裁許には秀忠を主とし、さらに後陽成天皇の譲位、後水尾天皇の即位には秀忠の「名代」として上洛し、大坂の陣後の「武家諸法度」は秀忠の名で出させるなど、徐々に権力を秀忠に移譲していった。

家康の政治家としての処世は、行ないえる手立てを尽くし努力するが、最後は破滅を避け、無理押しをせず妥協し、次の段階ではその地位を受け入れ、それに応える行動をみせ、機を待って次の行動に出るというものだったように思われる。

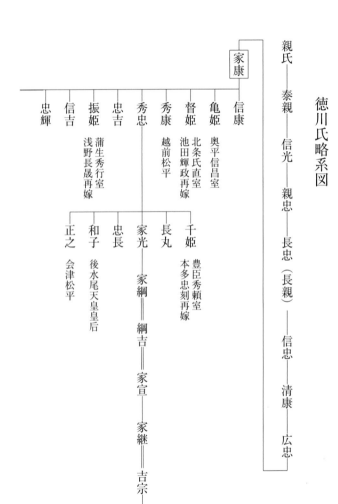

# 徳川氏略系図

親氏―泰親―信光―親忠―長忠（長親）―信忠―清康―広忠―家康

家康
- 信康
- 亀姫　奥平信昌室
- 督姫　北条氏直室　池田輝政再嫁
- 秀康　越前松平
- 秀忠
  - 千姫　豊臣秀頼室　本多忠刻再嫁
  - 長丸
  - 家光―家綱＝綱吉＝家宣―家継＝吉宗
  - 忠長
  - 和子　後水尾天皇皇后
  - 正之　会津松平
- 忠吉
- 振姫　蒲生秀行室　浅野長晟再嫁
- 信吉
- 忠輝

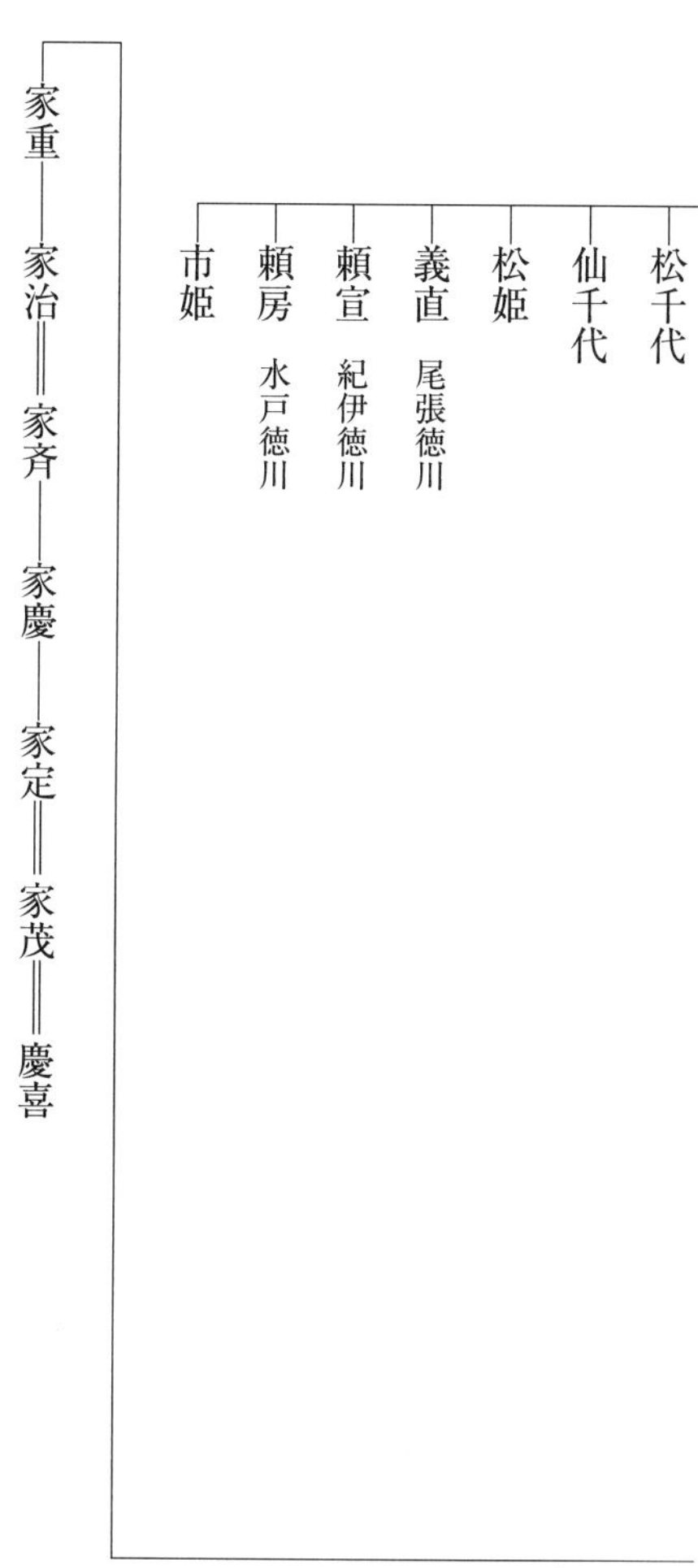
松千代
仙千代
松姫
義直
尾張徳川
頼宣
紀伊徳川
頼房
水戸徳川
市姫
家重
家治
家斉
家慶
家定
家茂
慶喜

# 略年譜

| 年次 | 西暦 | 年齢 | 事蹟並びに関連事項 |
|---|---|---|---|
| 天文一一 | 一五四二 | 一 | 一二月二六日、三河岡崎城に生まれる（幼名竹千代）、父松平広忠、母於大（水野氏） |
| 一三 | 一五四四 | 三 | 九月、水野信元が織田方に付いたので、於大、広忠と離縁 |
| 一六 | 一五四七 | 六 | 今川氏へ人質として送られる途中、戸田康光に奪われ、尾張織田氏の人質となる |
| 一八 | 一五四九 | 八 | 三月六日、父広忠が岡崎城中で岩松八弥に刺殺される（享年二四）○一一月、織田・今川との人質交換で駿府に行く、その途中岡崎の広忠墓所に詣でる |
| 弘治元 | 一五五五 | 一四 | 三月、元服、今川義元の一字を与えられ松平次郎三郎元信と称す |
| 二 | 一五五六 | 一五 | 六月二四日、母於大創建の岡崎大仙寺に寺地を寄進、この時の寄進状が元信文書の初見○この年あるいは三年に築山殿（関口氏純の娘）を娶る |
| 三 | 一五五七 | 一六 | 五月三日、三河高隆寺へ条々を出す、家康花押の初見 |
| 永禄元 | 一五五八 | 一七 | 二月五日、義元に命じられて岡崎に帰り、寺部城の鈴木重辰を攻める、元信の初陣○七月一七日までに元康と改名 |
| 二 | 一五五九 | 一八 | 三月六日、嫡男信康が駿府で誕生○五月一六日、岡崎の家臣に七ヵ条の定を出す |
| 三 | 一五六〇 | 一九 | 五月、今川氏の三河侵攻の先鋒として駿府を発ち、一八日、大高城への兵糧入れを果たす○一九日、桶狭間の戦い、今川義元戦死、夜半に大高城を出て、二三日に岡崎城に入城 |
| 四 | 一五六一 | 二〇 | 四月一一日、今川方と三河牛久保で戦う○一五日付の文書に源姓を用いる |

| | | | |
|---|---|---|---|
| 五 | 一五六二 | 二一 | 正月、将軍足利義輝、松平氏と今川氏との和睦を求める○二月、今川氏との人質交換で駿府にいた妻の関口氏・信康を岡崎に引き取る |
| 六 | 一五六三 | 二二 | 三月二日、嫡子信康、織田信長の娘徳姫と婚約○九月、家康家臣団を二分する三河の一向一揆が勃発○一〇月二四日までに家康と改名 |
| 七 | 一五六四 | 二三 | 二月二八日、一向一揆を鎮圧 |
| 八 | 一五六五 | 二四 | 三月、渥美郡吉田・田原城を攻略○五月一九日、将軍足利義輝、京都二条邸で殺害される○一〇月、足利義昭から入洛のための出勢を求められる |
| 九 | 一五六六 | 二五 | 一二月二九日、従五位下三河守に叙任（実際の叙任は翌年正月三日）、姓を松平から徳川と替え、本姓を藤原とする |
| 一〇 | 一五六七 | 二六 | 五月、信康が信長の娘徳姫と結婚 |
| 一一 | 一五六八 | 二七 | 二月、武田信玄と同盟○九月二六日、織田信長、足利義昭を奉じて入京○この月、朝廷の法事費用二万疋を進献○一二月二七日、掛川城の今川氏真を攻める○この年、左京大夫任 |
| 一二 | 一五六九 | 二八 | 五月一五日、今川氏真、掛川城を開城○七月、正親町天皇から後奈良天皇十三回忌法会の費用の拠出を求められ、二万疋を進上 |
| 元亀元 | 一五七〇 | 二九 | 三月五日、信長に随って上洛○四月二〇日、信長の越前朝倉攻めに参陣○六月、引間城を改修し入城、この時、引馬を浜松と改める○二八日、姉川の戦いに参陣○八月、武田信玄と絶縁、上杉輝虎と同盟○一〇月二日までに京都東福寺・清水・粟田口あたりに着陣 |
| 二 | 一五七一 | 三〇 | 八月、信長、近江小谷城の浅井長政を攻め、九月四日、比叡山焼き討ち○一二月、小田原を脱出し逃れた今川氏真を受け入れる |

| | | | |
|---|---|---|---|
| 元亀 三 | 一五七二 | 三一 | 一二月二二日、三方ケ原の戦いで武田軍に敗れる |
| 天正 元 | 一五七三 | 三二 | 四月一二日、武田信玄死去○七月一八日、槙島の足利義昭、信長に降伏○九月一〇日、長篠城を攻め落とす |
| 二 | 一五七四 | 三三 | 二月八日、二男秀康誕生○四月六日、浜松より北上し遠江犬居城を攻めるも落とせず○六月一七日、高天神城が武田方に奪われる○一〇月二八日、奥平久賀に剣法伝授を受ける |
| 三 | 一五七五 | 三四 | 五月二一日、長篠の戦い○五月二五日、岐阜の信長の元に行く |
| 四 | 一五七六 | 三五 | 三月、武田勝頼が高天神城に糧食を運び込もうとするのを聞いて横須賀・瀧堺に兵を出す |
| 五 | 一五七七 | 三六 | 八月、武田勝頼が遠江に侵攻したのをみて信康とともに出陣、この後も武田との攻防が続く○一〇月、横須賀の馬伏塚城に兵を出す |
| 六 | 一五七八 | 三七 | 三月、出陣し駿河田中城等を攻める○三月一三日、上杉謙信死去○七月、駿河へ信康とともに軍勢を動かし、八月二一日、遠江小山城を攻める○一一月二日、武田勢の進出を受けて馬伏塚に陣取る |
| 七 | 一五七九 | 三八 | 二月九日、国衆に一八日よりの浜松普請を命ず○三月、馬伏塚まで出陣○四月七日、三男秀忠誕生○二六日、再び馬伏塚まで出陣○七月一日、初めて伊達輝宗に書を送る○八月二九日、築山殿を殺害○九月一五日、信康自刃○九月、北条氏政と同盟○一〇月一九日、掛川まで出陣 |
| 八 | 一五八〇 | 三九 | 二月一七日、岡崎へ行き、信長の娘徳姫を安土へ送る○五月一日、掛川まで出陣し、三日には駿河田中まで進み、五日の合戦○六月一〇日、横須賀まで出陣○七月二四日、田中筋・小山筋で苅田○八月一六日、武田勝頼と対峙していた北条氏政から援助を求めら |

| | | | |
|---|---|---|---|
| | | | れる○一〇月一二日、高天神城へ向け兵を出す |
| 九 | 一五八一 | 四〇 | 三月二二日、高天神城を奪還○一一月八日、三河・遠江の宿宛に伝馬手形を出す |
| 一〇 | 一五八二 | 四一 | 二月一八日、甲斐に向かい出陣○三月一〇日、甲斐市川に着陣○一一日、武田勝頼自刃○一九日、上諏訪で信長を迎える○二三日に市川に戻る○二九日、信長から駿河を拝領○五月一五日、安土着○二一日、京都、二九日、和泉堺着○六月二日、本能寺の変、同日堺を発ち五日までには岡崎着（伊賀越え）○六月一三日、山崎の戦い○七月三日、浜松を出馬、九日甲府着○八月八日、甲府から新府に移り、一二月初めまで在陣○一〇月二九日、北条氏と和睦、北条・徳川の同盟が新たに成立○一二月一二日、平岩親吉を甲斐郡代とする○一六日、浜松に帰る |
| 一一 | 一五八三 | 四二 | 三月一九日ころ、駿河・甲斐を見回るために浜松出馬○二八日までに甲府に入る○四月二〇日、賤ヶ岳の戦い○五月九日、浜松に帰着○八月一五日、次女督姫と北条氏直との祝言○二四日、再び甲斐に出馬○一〇月二日には甲府から駿河江尻に移る○一一月一五日に北条氏直へ秀吉から「関東惣無事」について言ってきたことを伝える○一二月四日、浜松に帰城 |
| 一二 | 一五八四 | 四三 | 三月三日、三河・遠江に徳政令を出す○六日、織田信雄、羽柴秀吉と断交○一三日、尾張清須に着き信雄と会見（小牧長久手の戦い）○四月九日、長久手で豊臣秀次勢を撃破○一一月一一日、伊勢桑名矢田河原で秀吉と織田信雄両者が講和○一六日に家康は兵を引く○一二月一二日、二男義伊（結城秀康）を秀吉に送る |
| 一三 | 一五八五 | 四四 | 四月ころ、甲斐に行く○七月一一日、秀吉関白任○八月、上田城を攻めるも撃退される○九月一二日、正親町天皇からの比叡山再興を求める綸旨に対し叡慮の旨は承知したと返答○一〇月二八日、秀吉へ家老中から人質を出すか否かを協議させる○一一月一三日、 |

| 年号 | 西暦 | 年齢 | 事項 |
| --- | --- | --- | --- |
| | | | 岡崎の留守居石川数正が妻子を伴い秀吉の元へ立ち退く○一九日までに秀吉、「家康成敗」を決断○一一月二九日、東海地方で大地震 |
| 天正一四 | 一五八六 | 四五 | 正月二七日、秀吉と家康の和睦が成立○五月一四日、朝日姫を浜松に迎え婚儀、この時、天正一二年二月二七日付で従三位参議に叙任される○七月二四日、誠仁親王死去○一〇月二四日、上洛、二七日、大坂城で秀吉に拝謁○一一月五日、秀吉に従い参内、正三位中納言に叙任○七日、正親町天皇が譲位、二五日後陽成天皇即位○八日、京都発。 |
| 一五 | 一五八七 | 四六 | 二月はじめより駿府城の普請を開始○八月五日、上洛○八日、従二位権大納言に叙任○一二日、京都を発ち駿府へ |
| 一六 | 一五八八 | 四七 | 二月一日、上洛のため駿府を発つ○二九日、清華成○四月一四日より一八日まで後陽成天皇の聚楽行幸○一五日、三ヵ条の誓紙を秀吉に提出○二七日、駿府着○六月二二日、北条父子に秀吉への出仕を求める○七月二日以前に大政所の煩いの報を受けて上洛○八月二九日、豊臣秀長の迎えをうけ大和郡山へ、九月一日、奈良興福寺を訪れ、駿府へ |
| 一七 | 一五八九 | 四八 | 二月二八日、駿府を発ち上洛○五月二二日、織田信雄・豊臣秀長・宇喜多秀家とともに参内○六月、駿府着○七月七日以降、七ヵ条の郷村法令を三河・遠江・駿河・甲斐の村々に出す○八月、大仏殿の柱を富士山より伐り出すよう命じられる○一二月、小田原攻めに関わって短期間上洛 |
| 一八 | 一五九〇 | 四九 | 正月三日、秀忠を秀吉のもとに送る○一四日、正室の朝日姫が聚楽第で死去○二五日、秀忠、京より戻る○二月一〇日、小田原に向け駿府を発つ○三月二七日、駿河三枚橋に秀吉を出迎える○四月二日・三日、小田原まで進む○六月二四日、北条氏規が家康の元に投降○七月五日、北条氏直が投降○六日、榊原康政が小田原城を受け取り、一〇日、家康は小田原城に入る○七月一三日、秀吉から関東への転封を命じられる○この月、秀 |

| | | | 吉の命で、秀康が結城家を継ぐ○八月一日、江戸城に入る○一〇月、葛西・大崎で一揆 |
|---|---|---|---|
| 一九 | 一五九一 | 五〇 | 正月五日、岩槻まで出陣、一三日に岩槻より江戸へ戻る○閏正月二二日、上洛○二月二四日、九戸で一揆が起こる○三月一一日、京都発○四月二日、江戸の普請のため領知一万貫につき人夫五人を課す○六月二〇日、葛西・大崎一揆と九戸一揆の鎮圧とその後の仕置を秀吉から命じられる○七月一九日、江戸城を発つ○八月七日までに二本松着○九月四日、九戸一揆鎮圧○一〇月二九日、江戸帰着○一二月二八日、豊臣秀次関白任 |
| 文禄元 | 一五九二 | 五一 | 二月二日、江戸発○三月一七日、京都を発し肥前名護屋に向かう○六月、前田利家とともに秀吉の渡海延期を諫言○七月二二日、秀吉が母の大政所危篤の報を受けて名護屋を発ったのを受けて前田利家と留守を預かる |
| 二 | 一五九三 | 五二 | 五月一五日、明使の接待を命じられる○八月三日、秀頼誕生○八月二九日、大坂へ帰還、その後京都○一〇月三日、秀吉の参内に供奉○一四日、京都発、二六日、江戸着 |
| 三 | 一五九四 | 五三 | 二月四日、伏見城普請のため一万石に二〇〇人の人夫を家中に課す○五日、伏見城普請中の五ヵ条の法度を定める○二月一二日、江戸発、二四日、京着、秀吉の吉野の花見に同行○四月三日、秀吉の参内に供奉○六月五日、伏見の屋敷に秀吉を迎える○九月、拠点を京都から伏見に移す○九日、秀吉が伏見の家康邸を訪れる○一一月二五日、秀吉が茶湯に家康亭を訪れる○一二月二七日、秀吉の命で二女督姫が池田輝政に嫁ぐ |
| 四 | 一五九五 | 五四 | 三月二八日、秀吉、家康邸に御成○五月三日、江戸に向け京都発○七月八日、秀次関白の職を奪われて高野山に逐われ、一五日、自刃○二四日、伏見着○七月二〇日付で毛利輝元・小早川隆景と連署で起請文を上げる○八月三日、「御掟」「御掟追加」が出る、家康加判○九月一七日、お江、秀忠に嫁ぐ |
| 慶長元 | 一五九六 | 五五 | 五月一一日、五月八日の日付で正二位内大臣に叙任○一三日、秀吉・秀頼の参内に供 |

| | | | |
|---|---|---|---|
| | | | 奉○閏七月一一日、秀吉が伏見の秀忠の屋敷へ渡御、家康も秀忠亭に行く○一二日、慶長の大地震○利家とともに、秀頼の大坂移徙等を進言○九月五日、伏見を発して江戸へ下向 ○一二月一五日、江戸より伏見に戻る |
| 慶長二 | 一五九七 | 五六 | 三月八日、秀吉の醍醐の花見に従う○四月二七日、秀吉の参内に供奉○九月二八日、秀頼の参内に供奉○一一月一七日、伏見を発って江戸へ下向 |
| 三 | 一五九八 | 五七 | 三月一五日、伏見着○四月一〇日、秀吉、伏見の屋敷での茶湯に御成○一八日、秀吉・秀頼の参内に供奉○七月一五日、諸大名から秀頼への忠誠を誓う起請文があげられる○八月五日、五奉行に宛て八ヵ条の起請文を出す○一八日、秀吉死去○二五日、五大老連署で朝鮮在陣の諸将に順天・蔚山などからの撤退の方策と帰朝を指示○一一月一八日、後陽成天皇の譲位を無用とする○一二月一八日、豊国社に社参 |
| 四 | 一五九九 | 五八 | 正月一〇日、秀頼、伏見城から大坂城に移る○正月一九日、四大老らから詰問を受け、二月五日、四大老・五奉行に起請文を出す○三月一一日、大坂の前田利家を見舞う○閏三月三日、利家が病没○石田三成に遺恨を抱いていた加藤清正等七人の武将が三成襲撃を企てる、家康両者を仲裁、一〇日、三成、佐和山へ退去○一三日、伏見向島から伏見城西丸に入る○二一日、毛利輝元とのあいだで誓紙を交わす○四月一六日、朝廷より秀吉に「豊国大明神」の神号が与えられ、一八日、豊国社の正遷宮、一九日、秀頼の名代として社参○七月、大泥封海王に「日本国源家康」の名で書翰を送る○八月一四日、参内○一八日、豊国社に詣でる○九月七日、大坂に出向き、二六日、高台院が出たあとの大坂城西丸に入る |
| 五 | 一六〇〇 | 五九 | 三月一六日、オランダ船リーフデ号の船長クワケルナック、ヤン＝ヨーステン、ウイリアム・アダムスらを大坂城で引見○四月一八日、豊国社に社参○一九日、参内○五月一 |

九日、堺へ出向く○六月一六日、会津攻めのため大坂城を出て伏見城に入り、一七日、豊国社へ社参○一八日、伏見城を出陣○七月二日、江戸城に入る○七日、会津攻めの軍法を出す○一一日、石田三成・大谷吉継の反家康の動きが明確化○一七日、三奉行、家康と対決の檄文を諸大名に送る○一九日、毛利輝元大坂城西丸に入る○同日、秀忠、会津に向けて先発○二一日、江戸城を発つ○二五日、下野国小山に諸将を集め会津攻めの延期と西上とを決める○二九日ころ、大坂奉行衆の別心が伝わる○八月四日、小山を発ち、五日、江戸帰着○一三日、村越直吉を尾張清須に派遣、村越は二二日に江戸に帰還○二三日、岐阜城が落ちる○九月一日、江戸城を出陣○一四日、美濃赤坂着○一五日、関ケ原の戦いに臨む○二〇日、大津城に入る○二三日、秀忠と会う○二六日、大津城を出て、二七日、大坂城西丸に入る○一〇月一日、石田三成・小西行長・安国寺恵瓊を京都六条河原で処刑○一〇月一日ころより関ヶ原の戦いの論功行賞を始める○一〇日、毛利氏の処分が決まる○一一月二八日、九男義直が伏見城で誕生○一二月一九日、九条兼孝関白任

| 六 | 一六〇一 | 六〇 | 正月、東海道宿駅の伝馬を整備○三月二三日、大坂を出て伏見に移る○五月一一日、参内○一五日、門跡・公家への知行割を行う○二一日、「高野山寺中法度」を出す○この月、伏見に銀座を置く○八月、上杉景勝米沢三〇万石に減封、蒲生秀行を会津に封じる○八月二八日、前田利光（利常）と秀忠の二女珠姫との婚儀○九月、板倉勝重と加藤正次を所司代とする○一〇月一二日、伏見発○この月、安南、ルソンへ復書を送る（朱印船貿易）○一一月五日、江戸着○一二月五日、青山忠成を江戸町奉行と関東惣奉行とする |
|---|---|---|---|
| 七 | 一六〇二 | 六一 | 正月六日、従一位叙○一九日、江戸発、二月一四日、伏見着○三月七日、一〇男頼宣が |

| 年号 | 西暦 | 年齢 | 事項 |
| --- | --- | --- | --- |
| | | | 伏見城で誕生○一三日、秀頼への年頭の礼のため大坂へ下向、一五日、伏見に戻る○五月一日に参内○同日、諸大名に二条城の普請を命じる○六月一日、諸大名に伏見城の修築を命じる○八月五日、大泥へ復書○同月、ルソンへ復書○九月、ルソンに書を送る○一〇月二日、安南へ復書○一一月三日以前に江戸着○二六日、江戸発○二八日、武田信吉を常陸水戸一五万石に移す○一二月二五日、伏見着 |
| 慶長 八 | 一六〇三 | 六二 | 正月二八日、義直に甲斐二五万石を与える○この月、カンボジアへ復書○二月四日、秀頼への年頭の礼のため大坂へ下向○一二日、征夷大将軍任○三月三日、江戸の大普請を諸大名に命じる○二五日、将軍宣下の御礼のため参内○四月二二日、秀頼、内大臣任○この月、小笠原一庵を長崎奉行に任じる○七月二八日、秀頼のもとに千姫が輿入○八月一〇日、頼房が伏見城で誕生○九月二一日、武田信吉没○この月、正倉院に保存用長持三二を寄進○一〇月二日、淀川過書船条書を出す○五日、安南へ復書○一八日、伏見発○この月、カンボジアへ復書○一一月七日、頼宣に常陸水戸二〇万石を与える○同日、秀忠、右近衛大将・右馬寮御監任 |
| 九 | 一六〇四 | 六三 | 正月二七日、松前慶広に蝦夷統治に関する三ヵ条の定を与える○三月一日、江戸発○二九日、伏見着○五月三日、糸割符制導入○六月二二日、参内○七月一日、彦根城の普請助役を命じる○一七日、家光が江戸城西丸で誕生○八月一四日・一五日、豊国臨時祭○二三日、私に鷹を放ちまた鷹を売買することを禁止○二六日、安南へ復書○この月、諸大名に郷帳・国絵図の作成を命じる○閏八月一二日、ルソン国の使者を引見○一四日、伏見発 |
| 一〇 | 一六〇五 | 六四 | 正月三日、上洛にあたっての条々を出す○九日、江戸発、二月一九日、伏見着○正月二四日、秀忠一〇万騎を従え江戸を発ち、三月二一日に伏見着○三月五日、朝鮮使者を引 |

| | | | |
|---|---|---|---|
| | | | 見○四月八日、前田利光に松平姓を与える○一〇日、参内○一二日、秀頼右大臣任○一六日、秀忠、征夷大将軍任○九月一三日ルソンへ、一九日東埔寨へ、この月安南へ、復書を送る○九月一五日、伏見発、二八日、江戸着○一〇月・一一月、東埔寨へ復書 |
| 一一 | 一六〇六 | 六五 | 三月五日、江戸発○二〇日、駿府着、この地を退隠の地とする○四月六日、伏見着○二〇日、大坂の町に大坂奉行の名でキリシタン禁令を出す○二八日、武家に官位を家康の推挙なく与えないよう求める○この日、参内○六月六日、銅鋳の印字九万一二六一字を後陽成天皇に献上○八月一一日、義直・頼宣を元服させて参内、義直従四位下右兵衛督、頼宣従四位下常陸介に叙任○一五日占城へ書翰を、この月大泥とカンボジアへ復書○九月一五日ルソンへ、一七日安南国へ復書、一九日東埔寨へ、二一日暹羅国へ書翰を送る○二一日、伏見発○二三日、頼房に常陸下妻一〇万石を与える○一一月四日、江戸着○一二月七日、田弾へ書翰を送る○この年、駿府にも銀座を置く |
| 一二 | 一六〇七 | 六六 | 二月一七日、駿府城の普請開始○二九日、江戸発、駿府へ○三月五日、松平忠吉死去○閏四月八日、結城秀康死去○二六日、義直を尾張清須に移す○この月、耶蘇会の宣教師を引見○五月二〇日、朝鮮使節と対面、国交回復○七月三日、駿府城へ移徙○一〇月四日、占城へ書を送る○一二月二二日、駿府城焼失 |
| 一三 | 一六〇八 | 六七 | 三月一一日、再建された城へ移る○一五日、堀忠利に越後国の相続を認める○五月二〇日、駿府中から歌舞伎女・遊女を払う○七月六日、八月六日、ルソンに書翰を送る○八月六日、東埔寨へ復書○八日、「比叡山法度」○二六日に存応から血脈を受ける○一〇月四日、近江成菩提院に「成菩提院法度」○一〇日、本多正純に命じ暹羅へ書翰を送る○一一月一二日、増上寺を勅願所とすることが勅許される○一二月二日、江戸発、八日、駿府着○この年、伏見の銀座を京都へ移す |

| | | | |
|---|---|---|---|
| 慶長一四 | 一六〇九 | 六八 | 正月七日、駿府発○二五日、名古屋城築城の地を検分○二月一一日、駿府に帰る○三月一六日、大坂詰の能役者を駿府詰めとする○五月三日、灰吹銀をもって「つくり銀」鋳造を禁じる○二五日、傾城町を駿府阿部川辺に移す○二七日、聖護院に修験についての定を出す○六月二八日、己酉約条○七月七日、琉球を島津家久に与える○同日ルソン国へ書翰を、二五日オランダへ復書を送る○九月、中国地域の大名に丹波篠山城普請役を課す○一〇月六日、フィリピン臨時総督に遭難船の保護を約束○同日、船長エスケラ他二名にルソン船がノビスパンに渡海する折、いずれの湊への着岸を認める朱印状を与える○一二日、官女と若公家衆との密通事件の処罰として官女たちを伊豆新島へ配流、一一月一日、若公家衆五人を配流○一二月六日、有馬晴信に攻められたグラッサ号は自ら爆沈、ポルトガルとの通商は一時途絶える○二八日、ルソン太守に、ノビスパンから日本への黒船のいずれの湊への着岸を許可○この月、頼宣に駿河遠江五〇万石を、頼房に水戸二五万石を与える |
| 一五 | 一六一〇 | 六九 | 閏二月三日、堀家から越後を召し上げ、松平忠輝に与える○一七日、五女の市姫の死去を理由に後陽成天皇の譲位延期を求める○四月二〇日、「高野山寺中法度」○一八日、朝廷に七ヵ条の条書を出す○六月三日、大名助役で尾張名古屋城の普請開始○七月、柬埔寨・暹羅へ復書を送る○八月一四日、琉球王尚寧を引見○九月二五日、石清水八幡宮に五ヵ条の定を出す○一〇月一四日、駿府発、一一月一八日、江戸着○一二月一六日、本多正純に命じ福建道総督軍務部察院都御史所に勘合貿易を求める書翰を送らせる |
| 一六 | 一六一一 | 七〇 | 二月二六日、上洛に際しての条々を定める○三月六日、駿府発、一七日、二条城着○一八日、徳川家の元祖新田義重に鎮守府将軍の官を、父広忠に大納言の官を贈るよう申し入れる、即日勅許○二〇日、義直、右近衛権中将参議、頼宣、左近衛権中将参議、頼房、 |

左近衛権少将に叙任○二二日、新田義重に鎮守府将軍、広忠に権大納言が贈られる○二三日、参内○二七日、後陽成天皇譲位○二九日、仙洞御料二〇〇〇石を進献○二八日、豊臣秀頼と二条城で会見○四月一二日、後水尾天皇の即位礼、裏頭で拝観○同日、在京の外様大名二二名に三ヵ条の条々を誓約させる○一八日、京都発、二八日、駿府着○六月三日、メキシコ総督の使者、七月一日、マカオの使者を、一〇日、オランダ人を引見○九月一五日、ルソンの使者を引見○一〇月六日、駿府発、一六日、江戸着○二一日、江戸近辺で鷹野○二六日、江戸発、鷹野の途中から駿府に向う○一一月九日、存応に命じ新田義重の遺跡を探させる○二三日、駿府着○二八日、明人を引見○一二月一五日、琉球人を引見

一七　一六一二　七一　正月五日、東国大名らに前年の三ヵ条を誓約させる○七日、駿河発、名古屋へ向かう○二月一一日、駿河着○二月二二日、後陽成院と後水尾天皇のあいだでの相伝宝物をめぐる争いを裁許○三月二一日、有馬晴信を甲斐に配流し、岡本大八を火刑に処し、キリスト教を禁止○五月一日、「戸隠山法度」○一三日、「多武峰法度」○二一日、円光寺元佶に替わり金地院崇伝に外交文書などの作成を命じる○同日、修験道法度、「関東新儀真言宗法度」を出す○二八日、「曹洞宗法度」○六月七日、「公家衆法度」○この月、メキシコ国王への返書でキリスト教布教を禁止○一五日、明人鄭芝龍・祖官を引見○九月一日、ゴア総督の使節とルソン総督の使節を引見○二七日、「興福寺法度」○一〇月四日、「長谷寺法度」○この月、オランダへ復書○閏一〇月二日、駿府発、一二日、江戸着○一一月二日、江戸発、一五日、駿府着○一二月六日、越前福井藩の家中騒動を裁許○九日、林道春に駿府居住を命じる○この年、駿府の銀座を江戸に移す

一八　一六一三　七二　二月二八日、「関東天台宗諸法度」○四月一〇日、「智積院法度」○二五日、大久保長安

| | | | |
|---|---|---|---|
| | | | 死○六月六日、「公家衆法度」「紫衣法度」○七月九日、長安生前の私曲で子七人に切腹を命じる○八月二三日、ルソンの使節を引見○九月一日、イギリス使節を引見○一七日、駿府発、二七日、江戸着○一一月一八日、鷹野の路次で百姓らが目安をあげる○一二月一九日、大久保忠隣を「伴天連門徒」追放のために京都に派遣する○二三日、「伴天連追放文」を作成 |
| 慶長一九 | 一六一四 | 七三 | 二月八日、秀忠の娘和子入内受諾が伝えられる○三月九日、秀忠従一位右大臣叙任○一三日、守随兵三郎に関東中の秤目の管掌を命じる○七月二六日、方広寺鐘銘事件○同日、大海より天台血脈相承を、二七日、天台法問の儀を伝授される○九月一日、オランダ人引見○一〇月一日、大坂攻めを決定、一一日、駿府発○一三日、長崎に集められた宣教師・信徒たちをマカオ・マニラへ追放○二三日、二条城に入る○一一月一五日、二条城を発ち、一七日に住吉に着陣（大坂冬の陣）○一二月一九日、講和、二五日、二条城に戻る○二八日、参内 |
| 元和　元 | 一六一五 | 七四 | 正月三日、京都発○二月一四日、駿府着○四月四日、名古屋城で義直と浅野幸長の娘との祝言のため駿府発、事実上の出陣○一五日、名古屋発、一八日、二条城着○五月五日、二条城を出陣○六日、平岡着陣○七日、秀忠の娘千姫が城から脱出○八日、秀頼・淀殿自害○同日、茶臼山を発ち、二条城に入る○六月一五日、参内○閏六月一三日、「一国一城令」○七月七日、秀忠の名で「武家諸法度」が出される○一三日、「元和」改元○一七日、「禁中幷公家中諸法度」○二四日、諸宗寺院法度を出す○八月一日、南蛮人を引見○四日、京都発、二三日、駿府着○九月一〇日、松平忠輝を勘当○二九日、江戸へ向けて駿府発、一〇月一〇日、江戸着○二一日、鷹野のため江戸発、一一月二七日、江戸に戻る |

| | | | |
|---|---|---|---|
| 二 | 一六一六 | 七五 | 正月二一日、駿河の田中に鷹野に出、発病○二月二日、秀忠が駿府に来る○一一日、後水尾天皇、諸寺社に家康の病気平癒の祈禱を命じる○三月二一日、太政大臣任○四月二日、本多正純・天海・崇伝に後事を託す○一七日、死去（享年七五）、遺体は夜、久能山に移され、一九日夜、仮殿に埋葬○九月一六日、「東照大権現」の神号勅許 |

# 主要参考文献

## 一　史　料

『徳川家康文書の研究』中村孝也編　日本学術振興会　一九五八〜一九六一年
『新修徳川家康文書の研究』徳川義宣著　徳川黎明会　一八八三年（オンデマンド版　吉川弘文館発売）
『新修徳川家康文書の研究　第二輯』徳川義宣著　吉川弘文館　二〇〇六年
『増訂織田信長文書の研究』奥野高廣編　吉川弘文館　一九八八年
『豊臣秀吉文書集』名古屋市博物館編　吉川弘文館　二〇一五〜一九年
『大日本史料』第九編〜第一二編、東京大学史料編纂所編　東京大学出版会発売
『大日本古文書　浅野家文書』東京大学史料編纂所編　一九〇六年（復刻版　東京大学出版会発売）
『大日本古文書　上杉家文書』東京大学史料編纂所編　一九三一年（復刻版　東京大学出版会発売）
『大日本古文書　吉川家文書』東京大学史料編纂所編　一九二五年（復刻版　東京大学出版会発売）
『大日本古文書　小早川家文書』東京大学史料編纂所編　一九二七年（復刻版　東京大学出版会発売）
『大日本古文書　島津家文書』東京大学史料編纂所編　一九四二年（復刻版　東京大学出版会発売）
『大日本古文書　伊達家文書』東京大学史料編纂所編　一九〇八年（復刻版　東京大学出版会発売）

『大日本古文書　毛利家文書』東京大学史料編纂所編　一九二〇年（復刻版　東京大学出版会発売）
『黒田家文書』福岡市博物館編纂　福岡市博物館　一九九八年
『真田家文書』米山一政編　長　野　市　一九八一年
『愛知県史』資料編11・12　愛知県　二〇〇三・〇七年
『青森県史』資料編中世1・2　青森県　二〇〇四年
『茨城県史料』中世1〜5　茨城県　一九七〇〜九四年
『加賀藩史料』1、侯爵前田家編輯部　一九二九年
『神奈川県史』資料編三下　神　奈　川　県　一九七九年
『岐阜県史』古代中世　岐　阜　県　一九九九年
『群馬県史』史料7　群　馬　県　一九八一年
『静岡県史』資料編7〜10　静岡県　一九九四〜九六年
『静岡県史料』2〜4　静岡県　一九三三〜三四年
『千葉県史料』中世篇諸家文書　千　葉　県　一九六二年
『栃木県史』史料編中世1〜4　栃木県　一九七三〜七六年
『新潟県史』資料編3　新　潟　県　一九八二年
『福井県史』資料編3〜7　福井県　一九八二〜九二年
『三重県史』資料編中世2　三　重　県　二〇〇五年

『山梨県史』資料編4・5　山梨県　一九九九・二〇〇五年
『上越市史』別編1・2　上越市　二〇〇三・〇四年
『戦国遺文　後北条氏編』2〜6　東京堂出版　一九九〇〜九五年
『戦国遺文　武田氏編』2〜6　東京堂出版　二〇〇二〜〇六年
『戦国遺文　今川氏編』1〜5　東京堂出版　二〇一〇〜一五年
『記録御用所本古文書』下山治久編　東京堂出版　二〇〇〇年
『ねねと木下家文書』山陽新聞社編　山陽新聞社　一九八二年
『十六・七世紀イエズス会日本報告集』松田毅一監訳　同朋舎出版　一九八七〜九四年
『家忠日記』（続史料大成）　臨川書店　一九八一年
『異国日記』　東京美術　一九八九年
『石山本願寺日記』上松寅三編　清文堂出版　一九六六年
『お湯殿の上の日記』六〜九　塙保己一編　続群書類従　一九五七〜五八年
『兼見卿記』1〜6（史料纂集）　続群書類従完成会　二〇一四〜一七年
『義演准后日記』1〜4（史料纂集）　続群書類従完成会　一九七六〜二〇〇六年
『慶長見聞録案紙』（内閣文庫所蔵史籍叢刊）　汲古書院　一九八六年
『慶長日件録』1・2（史料纂集）　続群書類従完成会　一九八一・九六年
『増補駒井日記』藤田恒春校訂　文献出版　一九九二年

『三藐院記』（史料纂集） 続群書類従完成会 一九七五年
『舜旧記』1～5（史料纂集） 続群書類従完成会 一九七〇～八三年
『多聞院日記』2～5（続史料大成） 臨川書店 一九三五～七八年
『言経卿記』1～14（大日本古記録）東京大学史料編纂所編 岩波書店 一九五九～九一年
『言緒卿記』上・下（大日本古記録）東京大学史料編纂所編 岩波書店 一九九五・九八年
『新訂増補　言継卿記』3・4 続群書類従完成会 一九九八年
『時慶記』1～5、時慶記研究会編 臨川書店 二〇〇一～一六年
『晴右記　晴豊記』竹内理三編（続史料大成） 臨川書店 一九六七年
『本光国師日記』1～3 続群書類従完成会 一九六六～六八年
『鹿苑日録』2～5 続群書類従完成会 一九三四～三六年
『信長公記』奥野高廣・岩沢愿彦校注（角川文庫） 角川書店 一九六九年
『駿府記』（『史料雑纂』第二） 続群書類従完成会 一九七四年
『当代記』（『史料雑纂』第二） 続群書類従完成会 一九七四年
『朝野旧聞裒藁』（内閣文庫所蔵史籍叢刊） 汲古書院 一九八二～八四年
『東武実録』（内閣文庫所蔵史籍叢刊） 汲古書院 一九八一年
『武徳編年集成』 名著出版 一九七六年
『徳川家判物并朱黒印』（内閣文庫所蔵史籍叢刊） 汲古書院 一九八八年

『譜牒余録』国立公文書館内閣文庫編　国立公文書館　一九七三年
『寛永諸家系図伝』　続群書類従完成会　一九八〇年
『新訂寛政重修諸家譜』　続群書類従完成会　一九六四年
『徳川諸家系譜』　続群書類従完成会　一九七〇年
『徳川実紀』（新訂増補国史大系三八）　吉川弘文館　一九六四年
『萩藩閥閲録』　山口県文書館　一九六七年
『高山公実録』上野市古文献刊行会編　清文堂出版　一九九八年
『正倉院の世界』東京国立博物館他編　読売新聞社　二〇一九年

## 二　編著書・論文

相田文三「徳川家康の居所と行動（天正10年6月以降）」（藤井讓治編『織豊期主要人物居所集成』）　思文閣出版　二〇一一年
赤坂恒明「元亀二年の『堂上次第』について」（『十六世紀史論叢』創刊号）　二〇一三年
朝尾直弘『将軍権力の創出』　岩波書店　一九九四年
浅倉直美「天文～永禄期の北条氏規について」（『駒沢史学』九〇）　二〇一八年
跡部信『豊臣政権の権力構造と天皇』　戎光祥出版　二〇一六年
新井敦史「黒羽町所蔵の関ケ原合戦関係文書について」（『那須文化研究』一三）　一九九九年

粟野俊之『織豊政権と東国大名』吉川弘文館　二〇〇一年
池上裕子『織田信長』（人物叢書）吉川弘文館　二〇一二年
市村高男「関東における徳川領国の形成と上野支配の特質」（『群馬県史研究』三〇）一九八九年
岩生成一『朱印船貿易史の研究』弘文堂　一九五九年
遠藤珠紀「徳川家康前半生の叙位任官」（『日本歴史』八〇三号）二〇一五年
岡野友彦「家康生涯三度の源氏公称・改姓」（二木謙一編『戦国織豊期の社会と儀礼』）吉川弘文館　二〇〇六年
小和田哲男「徳川家康の源氏改姓問題再考」（『駒沢大学史学論集』三五）二〇〇五年
小和田美智子『地域と女性の社会史』岩田書院　二〇一二年
笠谷和比古「徳川家康の源氏改姓問題」（『日本研究』一六）一九九七年
笠谷和比古『関ケ原合戦と近世の国制』思文閣出版　二〇〇〇年
笠谷和比古『関ケ原合戦―家康の戦略と幕藩体制―』講談社　二〇〇八年
笠谷和比古『徳川家康』（ミネルヴァ日本評伝選）ミネルヴァ書房　二〇一六年
笠谷和比古編『徳川家康―その政治と文化・芸能―』宮帯出版社　二〇一六年
鴨川達夫『武田信玄と勝頼』（岩波新書）岩波書店　二〇〇七年
神田千里『織田信長』（ちくま新書）筑摩書房　二〇一四年

木下聡『中世武家官位の研究』 吉川弘文館 二〇一一年
北島正元『徳川家康』（中公新書） 中央公論社 一九六三年（再刊 中公文庫）
北島正元『江戸幕府の権力構造』 岩波書店 一九六四年
熊倉功夫『後水尾天皇』（中公文庫） 中央公論新社 二〇一〇年
黒田基樹「慶長期大名の氏姓と官位」（『日本史研究』四一四） 一九九七年
黒田基樹『戦国期東国の大名と国衆』 岩田書院 二〇〇一年
黒田基樹『羽柴を名乗った人々』（角川選書） 角川書店 二〇一六年
黒羽町教育委員会編『図録 関ヶ原合戦と大関氏』 黒羽町教育委員会 二〇〇〇年
桑田忠親『徳川家康』 秋田書店 一九七九年
五野井隆史『日本キリスト教史』 吉川弘文館 一九九〇年
柴裕之「足利義昭政権と武田信玄」（『日本歴史』八一七） 二〇一六年
柴裕之『徳川家康―境界の領主から天下人へ―』 平凡社 二〇一七年
柴田顕正『岡崎市史 別巻 徳川家康と其周辺』全3巻 一九三四～三五年
白峰旬「フィクションとしての小山評定―家康神話創出の一事例―」（『別府大学紀要』 一四） 二〇一二年
白峰旬「小山評定は歴史的事実なのか―拙稿に対する本多隆成氏の御批判に接して―」（1）～（3）（『別府大学紀要』五五、『別府大学大学院紀要』一六、別府大学

史学研究会『史学論叢』四四）　二〇一四年
白峰　旬　「小山評定は本当にあったのか」
（渡邊大門編『家康伝説の嘘』）　柏書房　二〇一五年
白峰　旬　「いわゆる小山評定についての諸問題―本多隆成氏の御批判を受けての所見、
及び、家康宇都宮在陣説の提示―」（『別府大学大学院紀要』一九）　二〇一七年
新行紀一　『一向一揆の基礎構造―三河一揆と松平氏―』　吉川弘文館　一九七五年
新行紀一　『新編岡崎市史　中世二』　一九八九年
曽根勇二　『片桐且元』（人物叢書）　吉川弘文館　二〇〇一年
高木昭作　『日本近世国家史の研究』　岩波書店　一九九〇年
高橋　明　「小山の『評定』の真実」（『福島史学研究』九一）　二〇一三年
高柳金芳　『徳川妻妾記』　雄山閣　二〇〇三年
竹井英文　『織豊政権と東国社会』　吉川弘文館　二〇一二年
田代和生　『書き替えられた国書』（中公新書）　中央公論社　一九八三年
谷口　央編　『関ケ原合戦の深層』　高志書院　二〇一四年
永積洋子　『近世初期の外交』　創文社　一九九〇年
中野　等　『石田三成伝』　吉川弘文館　二〇一七年
中村孝也　『徳川家康公伝』　東照宮社務所　一九六五年

中村孝也『家康の族葉』講談社　一九六五年
中村孝也『家康の臣僚　武将編』人物往来社　一九六八年
橋本政宣「慶長七年における近衛家と徳川家康の不和」（『書状研究』七・八）　一九八五・九〇年
橋本政宣『近世公家社会の研究』吉川弘文館　二〇〇二年
平野明夫『三河松平一族』新人物往来社　二〇〇二年
平野明夫『徳川権力の形成と発展』岩田書院　二〇〇六年
平野明夫編『家康研究の最前線』洋泉社　二〇一六年
福田千鶴『徳川秀忠』新人物往来社　二〇一一年
福田千鶴『豊臣秀頼』（歴史文化ライブラリー）吉川弘文館　二〇一四年
藤井讓治編『近世前期政治的主要人物の居所と行動』京都大学人文科学研究所調査報告三七　一九九四年
藤井讓治「慶長十一年キリシタン禁制の一史料」（『福井県史研究』一五）　一九九七年
藤井讓治「徳川秀忠」（『決戦　関ヶ原』）学習研究社　二〇〇〇年
藤井讓治『天下人の時代』（日本近世の研究1）吉川弘文館　二〇〇一年
藤井讓治『徳川将軍家領知宛行制の研究』思文閣出版　二〇〇八年
藤井讓治「『惣無事』はあれど『惣無事令』はなし」（『史林』九三―三）　二〇一〇年

藤井讓治編『織豊期主要人物居所集成』 思文閣出版 二〇一一年
藤井讓治『天皇と天下人』（天皇の歴史5） 講談社 二〇一一年
藤井讓治『戦国乱世から太平の世へ』 岩波書店 二〇一五年
藤井讓治「家康『忠恕』の印章」（『古文書研究』八四） 二〇一七年
藤井讓治「前久が手にした関ケ原情報」（『禁裏・公家文庫研究』六） 思文閣出版 二〇一七年
藤井讓治「徳川家康の叙位任官」（『史林』一〇一―四） 二〇一八年
藤井讓治「慶長五年の「小山評定」をめぐって」（『龍谷日本史研究』四二） 二〇一九年
藤木久志『豊臣平和令と戦国社会』 東京大学出版会 一九八五年
藤田達生『日本近世国家成立史の研究』 校倉書房 二〇〇一年
藤田達生編『小牧・長久手の戦いの構造―戦場論上』 岩田書院 二〇〇六年
藤田達生編『近世成立期の大規模戦争―戦場論下』 岩田書院 二〇〇六年
藤田恒春『豊臣秀次の研究』 文献出版 二〇〇三年
藤野保『新訂幕藩体制史の研究』 吉川弘文館 一九七五年
二木謙一『徳川家康』（ちくま新書） 筑摩書房 一九九八年
堀新「豊臣秀吉と「豊臣」家康」（山本博文・堀新・曽根勇二編『消された秀吉の真実』） 柏書房 二〇一一年

堀越祐一「豊臣「五大老」・「五奉行」についての再検討」（『日本歴史』六五九） 二〇〇三年
本多隆成『初期徳川氏の農村支配』 吉川弘文館 二〇〇六年
本多隆成『定本徳川家康』 吉川弘文館 二〇一〇年
本多隆成「小山評定の再検討」（『織豊期研究』一四） 二〇一二年
本多隆成「『小山評定』再考」（『織豊期研究』一七） 二〇一五年
本多隆成『徳川家康と武田氏』 吉川弘文館 二〇一九年
本多隆成「『小山評定』再々論」（『地方史研究』三九八号） 二〇一九年
三鬼清一郎「御掟・御掟追加をめぐって」（『日本近世史論叢』上） 吉川弘文館 一九八四年
光成準治『関ヶ原前夜―西国大名たちの戦い―』 日本放送出版協会 二〇〇九年
矢部健太郎『豊臣政権の支配秩序と朝廷』 吉川弘文館 二〇一一年
矢部健太郎「『源姓』徳川家への『豊臣姓』下賜」（『古文書研究』七四） 二〇一二年
矢部健太郎『関ヶ原合戦と石田三成』 吉川弘文館 二〇一四年
米田雄介「徳川家康・秀忠の叙位任官文書について」（『栃木史学』八） 一九九四年
渡邊世祐「徳川氏の姓氏に就いて」（『史学雑誌』三〇―一一） 一九一一年

# 家康の居所・移動表

1）天正10年６月以降の家康の居所と移動については，相田文三「徳川家康の居所と行動」『織豊期主要人物居所集成』をもととし，若干の補訂を加えた．

2）○数字は閏月を示す．

3）月日にあとの－はそれ以前，＋はそれ以降を示す．

4）同国内での移動は，一部を除き，示していない．

| | |
|---|---|
| 天文11 | 岡崎12/26誕生 |
| 天文16 | 名古屋10/－着←岡崎８/２発 |
| 天文18 | 名古屋発→岡崎11/９＋着 |
| | 岡崎発→駿府11/29着 |
| 弘治４ | 岡崎着←駿府２/－発 |
| | 岡崎発→駿府着 |
| 永禄３ | 大高城５/19着←駿府５/12－発 |
| | 岡崎８/20着←大高城８/19発 |
| 永禄11 | 岡崎発→浜松12/18着 |
| 永禄12 | 浜松１/17発→掛川 |
| | 浜松⑤/－着←掛川 |
| 元亀元 | 京都３/５着←岐阜２/－在←浜松発 |
| | 京都４/20発→越前４/25着 |
| | 京都４/30＋着←越前発 |
| | 京都発→岡崎５/３＋着→浜松６/－着 |
| | 京都７/４着←姉川６/28在←浜松発 |
| | 京都７/７発→浜松７/－着 |
| | 京都10/２－着←浜松発 |
| | 京都発→浜松着 |
| 元亀２ | 浜松在 |
| 元亀３ | 浜松発→三方ヶ原12/22着 |
| | 浜松←三方ヶ原発 |
| 天正元 | 吉田２/４－着←浜松発 |
| | 岡崎発→浜松着 |
| | 長篠９/－着←浜松発 |
| | 長篠９/10＋発→浜松９/－着 |

天正2　吉田6/19着←浜松発

吉田発→浜松着

天正3　長篠5/18着←岡崎←浜松5/6発

岐阜5/25着←長篠発

岐阜発→浜松着→駿河6/2着

浜松6/－着←駿河発

天正4　浜松発→駿河8/－着

浜松着←駿河発

天正5　浜松10/－発→横須賀着

浜松10/22着←横須賀発

天正6　浜松3/7頃発→駿河着

浜松3/18頃着←駿河3/9在

浜松5/－発→駿河着

浜松着←駿河発

浜松8/21－発→駿河着

浜松9/6着←駿河発

岡崎9/12着←浜松発

岡崎発→浜松9/14着

岡崎12/2着←浜松発

岡崎発→浜松着

天正7　吉良1/20着←岡崎1/19←浜松発

吉良1/29発→浜松着

浜松4/26発→駿河着

浜松4/29着←駿河発

岡崎着←浜松6/5発

岡崎発→浜松6/7着

西尾着←浜松発8/5発

西尾発→岡崎8/7着

岡崎発→浜松8/13着

浜松9/17頃発→駿河9/－着

浜松10/1着←駿河発

天正8　岡崎着←浜松1/16発

西尾着←岡崎1/24発

西尾発→岡崎1/27着

岡崎発→浜松2/5頃着

岡崎着←浜松2/17発

岡崎発──→浜松２/21着
浜松５/１発──→駿河５/３着
浜松５/５－着←駿河発
浜松７/20発──→田中筋７/24着
浜松７/27着←──駿河発
天正９ 浜松・高天神在
天正10 岡崎着←──浜松１/14発
岡崎発──→浜松着
浜松２/18発──→駿府２/21着
駿河３/８－発→甲斐３/10着
甲斐３/14発→信濃着
甲斐３/23着←信濃発
浜松４/16－着←駿河←甲斐４/10頃発
安土５/15着←──浜松５/11発
京都５/21着←安土発
堺５/29着←京都発
堺６/２発──→岡崎６/５－着
鳴海着←岡崎６/14発
鳴海発──→浜松６/21着
浜松７/３発→田中──→甲府７/９着
甲府８/８発→新府着
甲府12/11在←新府10/29＋発
浜松12/16着←──甲府12/12発
天正11 岡崎１/16着←浜松１/16発
星崎１/18着←岡崎発
星崎発──→吉良発──→浜松①/１着
浜松３/19頃発──→甲府３/28－着
浜松５/９着←──甲府発
浜松８/24発──→甲府着
浜松12/４着←駿河←甲府10/２発
天正12 岡崎３/７着←浜松３/７－発
小牧３/28着←──清須３/13着←岡崎３/８発
小牧６/12発──→清須着
伊勢７/５着←──清須６/16発
伊勢発──→清須７/13着
小牧８/18頃着←清須発

小牧10/11＋発→清須着
清須10/18発──→浜松着
清須11/9着←──浜松11/1発
清須11/16発──→浜松11/21着
天正13 岡崎1/16在←──浜松発
岡崎2/1発──→浜松着
浜松4/－発──────→甲斐4/－着
浜松6/7着←──────甲斐発
浜松7/19発→駿河7/－着
浜松9/15着←駿河発
岡崎9/30着←──浜松9/25発
岡崎発────→浜松10/3着
岡崎11/16着←──浜松11/15発
岡崎発────→浜松着
天正14 岡崎1/10着←──浜松発
岡崎1/29発──→浜松着
浜松発───→駿府2/26着
駿府発─────→三島3/9在
沼津3/11在←三島発
浜松3/21着←───────三島発
浜松7/17発→駿府着
浜松8/20着←駿府発
浜松9/7発→駿府着
浜松9/13着←駿府発
岡崎9/24着←──浜松発
岡崎9/27発──→浜松着
岡崎10/18－着←浜松10/14発
京都10/24着←──岡崎10/20発
大坂10/26着←京都発
大坂10/30発→京都着
京都11/8発──→岡崎11/11着
岡崎11/20発──→浜松着
浜松12/4発→駿府着
天正15 遠江着←──駿府3/11発
遠江発──→駿府3/17着
岡崎7/29着←────────駿府発

京都8/5着←岡崎発

京都8/12発→岡崎8/14着

岡崎8/17発→駿府着

田原9/21在←駿府9/18発

田原発→駿府10/3着

三河着←駿府11/23発

岡崎12/19発→駿河着

天正16　中泉着←駿河1/29発

中泉発→駿河2/5着

岡崎3/6着←駿府3/1発

大坂着←京都着←岡崎3/14発

大坂発→京都3/18頃着

京都4/18+発→駿府4/27着

京都7/2−着←岡崎6/23着←駿府6/22−発

大和着←京都8/29発

大和9/2発→田原大津9/4着→駿府着

三河11/22着←駿府発

三河12/24発→駿河着

天正17　中泉着←駿府1/29発

中泉発→駿府2/4着

京都3/−着←駿府2/28発

京都6/−発→中泉6/8在→駿府着

駿府8/27発→甲府着

駿府着←甲府9/26発

京都12/10−着←岡崎12/5発←吉田12/3発←駿府発

京都発→岡崎12/17着→吉田12/18在→駿府着

天正18　駿府2/10発→長久保2/24着

駿府着←長久保3/20発

駿府3/22発→箱根山4/1着

小田原4/3在

小田原7/16発→江戸7/18着

江戸発→宇都宮着

江戸着←宇都宮発

天正19　江戸1/5発→岩槻着

江戸着1/13着←岩槻発

京都①/22－着←清須在←江戸①/3発

京都3/11発→江戸3/21着

江戸7/19発→二本松8/7在→岩手沢8/18着

岩手沢発→関9/15着

江戸10/29着←古河10/27着←白河10/16在←関発

江戸11/23発→岩槻着

小田原10/14－←岩槻12/3発

小田原発→江戸12/17着

文禄1　京都2/24－着←江戸2/2発

肥前3/25－着←京都3/17発

文禄2　肥前8/－発→大坂8/29着→京都着

大坂着←京都9/15発

大坂発→京都着

京都10/14発→江戸10/26着

文禄3　京都2/24着←江戸2/12発

吉野2/29在←京都発

吉野発→京都3/9着

大坂着←京都5/12－発

大坂発→京都5/18着

大坂着←京都8/1発

大坂発→京都8/3着

文禄4　大坂2/11在←京都発

大坂発→伏見2/16－着

伏見5/3発→小田原5/13在→江戸着

伏見7/24着←見付7/20着←江戸発

慶長1　大坂2/12在←伏見発

大坂発→伏見着

堺2/30在←伏見発

堺発→伏見着

伏見9/5発→江戸着

伏見12/15着←江戸発

大坂着←伏見12/16発

大坂発→伏見12/18着

慶長2　大坂着←伏見5/13発

大坂発→伏見5/14着

伏見11/17発→江戸着

慶長3　伏見3/15着←岡崎3/6着←江戸2/末発
慶長4　大坂1/10着←伏見発
大坂発→伏見1/12着
大坂着←伏見3/10発
大坂発→伏見3/12着
大坂着←伏見6/21発
大坂発→伏見6/26着
大坂9/7着←伏見発
慶長5　大坂4/17発→京都4/18着
大坂着←京都4/22発
堺5/19着←大坂発
堺発→大坂5/21-着
大坂6/16発→伏見着
伏見6/18発→江戸7/2着
江戸7/21発→小山7/24着
江戸8/5着←小山8/4発
関ヶ原9/15着←江戸9/1発
大津9/20着←関ヶ原9/15発
大坂9/27着←大津9/26発
慶長6　大坂3/23発→伏見3/23着
大坂10/6着←伏見10/6発
大坂発→伏見10/7-着
伏見10/12発→江戸11/5着
慶長7　伏見2/14着←江戸1/19発
大坂3/13着←伏見3/13発
大坂3/15発→伏見3/15着
伏見10/2発→江戸11/3-着
伏見12/25着←江戸11/26発
慶長8　大坂2/4着←伏見2/4発
大坂2/5発→伏見2/5着
伏見10/18発→江戸11/3着
慶長9　伏見3/29着←熱海3/17着←江戸3/1発
伏見⑧/14発→江戸9/13-着
江戸発→川越→忍10/12着
江戸11/21着←忍発
慶長10　伏見2/19着←駿府2/5発←江戸1/9発

伏見９/15発→岡崎発→中泉10/１着
中泉10/15発→江戸10/28着
慶長11　駿府３/20着←――江戸３/15発
伏見４/６着←――駿府３/25発
伏見９/21発――→駿府10/６着
駿府10/26発――→江戸11/４着
江戸11/21発――→川越・忍
江戸12/26着←――川越・忍
慶長12　駿府３/11着←中原←――江戸２/29発
駿府10/４発――→江戸10/14着
江戸11/１発→浦和・川越・忍
駿府12/12着←――関東
慶長13　駿府９/12発→武蔵府中→江戸９/23在
駿府12/８着←――江戸12/２発
慶長14　清須１/25着←――岡崎１/20着←――駿府１/７発
清須発――→岡崎２/４着――→駿府２/11着
駿府10/－発→善徳寺10/26着→三島着
駿府11/５着←――三島発
慶長15　相良１/11着←――駿府１/９発
相良発――→駿府１/13着
中泉１/24着←――駿府１/19発
中泉２/２発――→駿府２/４着
駿河10/14発――→武蔵で鷹野→江戸11/18着
駿府12/10着←中原11/30在←江戸11/27発
慶長16　中泉１/９着←――駿府１/７発
中泉１/17発――→駿河着
京都３/17着←――駿河３/６発
京都４/18発――→駿河４/28着
駿河10/６発――→江戸10/16着
江戸発10/26→戸田→川越→忍11/５着
駿河11/23着←三島←中原←神奈川←稲毛←川越←忍11/13発
慶長17　岡崎１/20着←吉良１/14着←駿府１/７発
名古屋１/27着←岡崎発１/27発
名古屋１/29発→浜松２/３→中泉２/４着
中泉２/９発→駿府２/11着
駿府⑩/２発→江戸⑩/12着

江戸⑩/20発→関東中鷹野
江戸11/26着←関東中
駿府12/15着←——江戸12/2発
慶長18 駿府9/17発→中原→江戸9/27着
江戸10/20発 →浦和→川越10/23着
川越10/30発→忍10/30着
越谷11/20着←岩槻←忍11/19発
江戸11/29着←越谷11/27発
中原12/6着←江戸12/3発
中原12/13発→江戸12/14着
江戸12/24発→越谷・川越在
江戸12/28着←越谷・川越
慶長19 江戸1/7発→葛西→千葉→東金1/9着
江戸1/18着←葛西←千葉←東金1/16発
駿府1/29着←——江戸1/21発
京都10/23着←駿府10/11発
法隆寺11/16着←京都11/15発
住吉11/17着
茶臼山12/6在
茶臼山12/25発→京都12/25着
元和1 京都1/3発→岡崎1/9着
岡崎1/19発→吉良1/19着
吉良1/27発→中泉1/30着
中泉2/10発→駿府2/14着
名古屋4/10着←——駿府4/4発
京都4/18着←名古屋4/15発
大坂5/5着←——京都5/5発
大坂5/8発——→京都5/8着
京都8/4発→名古屋8/10着
名古屋8/13発→中泉→駿府8/23着
駿府9/29発→中原→江戸10/10着

江戸10/21発→戸田→川越→忍→越谷→東金11/17在
江戸11/27着←——葛西←—— 船橋←——東金11/25発
駿府12/16着←中原←稲毛←江戸12/4発
元和2 駿府4/17死

## 著者略歴

一九四七年　福井県小浜市に生まれる
一九七五年　京都大学大学院文学研究科博士課程単位取得退学
博士（文学）（京都大学）
京都大学大学院文学研究科教授を経て
現　在　京都大学名誉教授、石川県立歴史博物館長

主要著書

『人物叢書　徳川家光』（吉川弘文館、一九九七年）
『幕藩領主の権力構造』（岩波書店、二〇〇二年）
『徳川将軍家領知宛行制の研究』（思文閣出版、二〇〇八年）
『戦国乱世から太平の世へ』（岩波新書、二〇一五年）
『近世初期政治史研究』（岩波書店、二〇二二年）

人物叢書　新装版

# 徳川家康

二〇二〇年（令和二）二月十日　第一版第一刷発行
二〇二三年（令和五）三月二十日　第一版第三刷発行

著　者　藤井讓治（ふじいじょうじ）
編集者　日本歴史学会
代表者　藤田　覚
発行者　吉川道郎

発行所　株式会社　吉川弘文館
東京都文京区本郷七丁目二番八号
郵便番号一一三―〇〇三三
電話〇三―三八一三―九一五一〈代表〉
振替口座〇〇一〇〇―五―二四四
http://www.yoshikawa-k.co.jp/
印刷＝株式会社　平文社
製本＝ナショナル製本協同組合


ISBN978-4-642-05293-1

# 『人物叢書』（新装版）刊行のことば

人物叢書は、個人が埋没された歴史書が盛行した時代に、「歴史を動かすものは人間である。個人の伝記が明らかにされないで、歴史の叙述は完全であり得ない」という信念のもとに、専門学者に執筆を依頼し、日本歴史学会が編集し、吉川弘文館が刊行した一大伝記集である。

幸いに読書界の支持を得て、百冊刊行の折には菊池寛賞を授けられる栄誉に浴した。

しかし発行以来すでに四半世紀を経過し、長期品切れ本が増加し、読書界の要望にそい得ない状態にもなったので、この際既刊本の体裁を一新して再編成し、定期的に配本できるような方策をとることにした。既刊本は一八四冊であるが、まだ未刊である重要人物の伝記についても鋭意刊行を進める方針であり、その体裁も新形式をとることとした。

こうして刊行当初の精神に思いを致し、人物叢書を蘇らせようとするのが、今回の企図である。大方のご支援を得ることができれば幸せである。

昭和六十年五月

日本歴史学会

代表者　坂本太郎

大江広元　上杉和彦著
北条政子　渡辺保著
慈円　多賀宗隼著
明恵　田中久夫著
藤原定家　村山修一著
北条泰時　上横手雅敬著
道元　竹内道雄著
北条重時　森幸夫著
親鸞　赤松俊秀著
北条時頼　高橋慎一朗著
日蓮　大野達之助著
阿仏尼　田渕句美子著
北条時宗　川添昭二著
一遍　大橋俊雄著
叡尊・忍性　和島芳男著
京極為兼　井上宗雄著
金沢貞顕　永井晋著
菊池氏三代　杉本尚雄著
新田義貞　峰岸純夫著
花園天皇　岩橋小弥太著
赤松円心・満祐　高坂好著
卜部兼好　冨倉徳次郎著
覚如　重松明久著
足利直冬　瀬野精一郎著
佐々木導誉　森茂暁著
二条良基　小川剛生著
細川頼之　小川信著

足利義満　臼井信義著
今川了俊　川添昭二著
足利義持　伊藤喜良著
世阿弥　今泉淑夫著
上杉憲実　田辺久子著
山名宗全　川岡勉著
経覚　酒井紀美著
一条兼良　永島福太郎著
亀泉集証　今泉淑夫著
蓮如　笠原一男著
宗祇　奥田勲著
尋尊　安田次郎著
万里集九　中川徳之助著
三条西実隆　芳賀幸四郎著
大内義隆　福尾猛市郎著
ザヴィエル　吉田小五郎著
三好長慶　長江正一著
今川義元　有光友學著
武田信玄　奥野高広著
朝倉義景　水藤真著
浅井氏三代　宮島敬一著
里見義堯　滝川恒昭著
上杉謙信　山田邦明著
織田信長　池上裕子著
明智光秀　高柳光寿著
大友宗麟　外山幹夫著
千利休　芳賀幸四郎著

松井友閑　竹本千鶴著
豊臣秀次　藤田恒春著
ルイス・フロイス　五野井隆史著
足利義昭　奥野高広著
前田利家　岩沢愿彦著
長宗我部元親　山本大著
安国寺恵瓊　河合正治著
石田三成　今井林太郎著
黒田孝高　中野等著
真田昌幸　柴辻俊六著
最上義光　伊藤清郎著
前田利長　見瀬和雄著
高山右近　海老沢有道著
島井宗室　田中健夫著
淀君　桑田忠親著
片桐且元　曽根勇二著
徳川家康　藤井譲治著
藤原惺窩　太田青丘著
支倉常長　五野井隆史著
徳川秀忠　山本博文著
伊達政宗　小林清治著
天草時貞　岡田章雄著
立花宗茂　中野等著
宮本武蔵　大倉隆二著
小堀遠州　森蘊著
徳川家光　藤井譲治著
由比正雪　進士慶幹著

佐倉惣五郎　児玉幸多著
林羅山　堀勇雄著
松平信綱　大野瑞男著
国姓爺　石原道博著
野中兼山　横川末吉著
保科正之　小池進著
隠元　平久保章著
徳川和子　久保貴子著
酒井忠清　福田千鶴著
朱舜水　石原道博著
池田光政　谷口澄夫著
山鹿素行　堀勇雄著
井原西鶴　森銑三著
松尾芭蕉　阿部喜三男著
三井高利　中田易直著
河村瑞賢　古田良一著
徳川光圀　鈴木暎一著
契沖　久松潜一著
市川団十郎　西山松之助著
伊藤仁斎　石田一良著
徳川綱吉　塚本学著
貝原益軒　井上忠著
前田綱紀　若林喜三郎著
近松門左衛門　河竹繁俊著
新井白石　宮崎道生著
鴻池善右衛門　宮本又次著
石田梅岩　柴田実著

太宰春台　武部善人著
徳川吉宗　辻達也著
大岡忠相　大石学著
賀茂真淵　三枝康高著
平賀源内　城福勇著
与謝蕪村　田中善信著
三浦梅園　田口正治著
毛利重就　小川國治著
本居宣長　城福勇著
山村才助　鮎沢信太郎著
木内石亭　斎藤忠著
小石元俊　山本四郎著
山東京伝　小池藤五郎著
杉田玄白　片桐一男著
塙保己一　太田善麿著
上杉鷹山　横山昭男著
大田南畝　浜田義一郎著
只野真葛　関民子著
小林一茶　小林計一郎著
大黒屋光太夫　亀井高孝著
松平定信　高澤憲治著
菅江真澄　菊池勇夫著
鶴屋南北　古井戸秀夫著
島津重豪　芳即正著
狩谷棭斎　梅谷文夫著
最上徳内　島谷良吉著
遠山景晋　藤田覚著

渡辺崋山　佐藤昌介著
柳亭種彦　伊狩章著
香川景樹　兼清正徳著
平田篤胤　田原嗣郎著
間宮林蔵　洞富雄著
滝沢馬琴　麻生磯次著
調所広郷　芳即正著
橘守部　鈴木暎一著
黒住宗忠　原敬吾著
水野忠邦　北島正元著
帆足万里　帆足図南次著
江川坦庵　仲田正之著
藤田東湖　鈴木暎一著
二宮尊徳　大藤修著
広瀬淡窓　井上義巳著
大原幽学　中井信彦著
島津斉彬　芳即正著
月照　友松圓諦著
橋本左内　山口宗之著
井伊直弼　吉田常吉著
吉田東洋　平尾道雄著
緒方洪庵　梅溪昇著
佐久間象山　大平喜間多著
真木和泉　山口宗之著
高島秋帆　有馬成甫著
シーボルト　板沢武雄著
高杉晋作　梅溪昇著

川路聖謨　川田貞夫著
横井小楠　圭室諦成著
小松帯刀　高村直助著
山内容堂　平尾道雄著
江藤新平　杉谷　昭著
和宮　武部敏夫著
西郷隆盛　田中惣五郎著
ハリス　坂田精一著
森有礼　犬塚孝明著
松平春嶽　川端太平著
中村敬宇　高橋昌郎著
河竹黙阿弥　河竹繁俊著
寺島宗則　犬塚孝明著
樋口一葉　塩田良平著
ジョセフ＝ヒコ　近盛晴嘉著
勝海舟　石井　孝著
臥雲辰致　村瀬正章著
黒田清隆　井黒弥太郎著
伊藤圭介　杉本　勲著
福沢諭吉　会田倉吉著
星亨　中村菊男著
中江兆民　飛鳥井雅道著
西村茂樹　高橋昌郎著
正岡子規　久保田正文著
清沢満之　吉田久一著
滝廉太郎　小長久子著
副島種臣　安岡昭男著

田口卯吉　田口　親著
福地桜痴　柳田　泉著
陸羯南　有山輝雄著
児島惟謙　田畑　忍著
荒井郁之助　原田　朗著
幸徳秋水　西尾陽太郎著
ヘボン　高谷道男著
石川啄木　岩城之徳著
乃木希典　松下芳男著
岡倉天心　斎藤隆三著
桂太郎　宇野俊一著
徳川慶喜　家近良樹著
加藤弘之　田畑　忍著
山路愛山　坂本多加雄著
伊沢修二　上沼八郎著
秋山真之　田中宏巳著
前島密　山口　修著
成瀬仁蔵　中嶌　邦著
前田正名　祖田　修著
大隈重信　中村尚美著
山県有朋　藤村道生著
大井憲太郎　平野義太郎著
河野広中　長井純市著
富岡鉄斎　小高根太郎著
大正天皇　古川隆久著
津田梅子　山崎孝子著
豊田佐吉　楫西光速著

渋沢栄一　土屋喬雄著
有馬四郎助　三吉　明著
武藤山治　入交好脩著
坪内逍遙　大村弘毅著
山室軍平　三吉　明著
阪谷芳郎　西尾林太郎著
南方熊楠　笠井　清著
山本五十六　田中宏巳著
中野正剛　猪俣敬太郎著
三宅雪嶺　中野目　徹著
近衛文麿　古川隆久著
河上肇　住谷悦治著
牧野伸顕　茶谷誠一著
幣原喜重郎　種稲秀司著
御木本幸吉　大林日出雄著
尾崎行雄　伊佐秀雄著
緒方竹虎　栗田直樹著
石橋湛山　姜　克實著
八木秀次　沢井　実著
森戸辰男　小池聖一著

▽以下続刊